해방일기 9
해방된 자, 누구였던가

2014년 12월 8일 제1판 1쇄 인쇄
2014년 12월 15일 제1판 1쇄 발행

지은이   김기협
펴낸이   이재민, 김상미

편집   이상희
디자인기획   민진기디자인

종이   다올페이퍼
인쇄   천일문화사
제본   광신제책

펴낸곳   너머북스
주소   서울시 종로구 누하동 17번지 2층
전화   02)335-3366, 336-5131 팩스 02)335-5848
등록번호   제313-2007-232호

ISBN 978-89-94606-32-3 04900
ISBN 978-89-94606-05-7 (세트)

너머북스와 너머학교는 좋은 서가와 학교를 꿈꾸는 출판사입니다.

이 책에 실린 사진은 뉴스뱅크, 위키미디어 커먼스에서 게재 허가를 받았습니다.
저작권자를 찾지 못하여 게재 허가를 받지 못한 일부 사진은 확인되는 대로 게재 허가를 받고 통상 기준에 따라 사용료를 지불하겠습니다.

1948.1.2~1948.4.29

9

해방된 자, 누구였던가

김기협 지음

너머북스

김구의 각성은 때를 놓친 것이었던가?

역사 공부에는 국경이 있다!

3년째 해방공간을 면밀히 들여다보는 작업을 하면서 나 자신 생각을 바꾸게 된 일이 많다. 40년간 역사를 공부해오면서도 전공 분야가 아니라는 이유로 내가 속한 사회의 성격에 직접 관련된 영역의 이해를 너무 소홀히 해왔음을 반성한다. '나와바리'라고까지 불리는 '전공의 벽'의 폐해를 실감하지 않을 수 없다.

역사학을 '과거와 현재의 대화'라고 흔히 말하지 않는가? 과거와 대화하기 위해서는 현재가 세워져 있어야 한다. 내가 위치해 있는 이 사회가 어떤 성격의 사회인지 확실한 인식 없이 대화에 나선다면 누구와 어떤 말을 나눌 수 있겠는가. 대화를 나누는 시늉을 하더라도 거기에 어떤 의미가 있을 수 있겠는가.

동양의 선현들은 인간 사회의 원리를 가까운 데서부터 멀리로 미루어 나가는 데서 찾았다. 공자는 '인(仁)'을 그렇게 설명했고, 주희가 『근사록(近思錄)』을 쓴 것도 그런 의미였다. 가까운 사람을 아낄 줄 모르면서 먼 사람을 아낀다고 나서겠는가? 가까운 일을 알지 못하면서 먼 일을 알겠다고 나서겠는가?

역사학을 사회과학과 다른 '인문학'의 범주로 대개들 생각하지만 그 작업방법에서는 인문학다운 특성을 잘 살리는 일이 드물다. 인문학의 특성이 무엇인가를 놓고 여러 의견이 갈라질 수는 있어도, 한 가지는 분명하다. 19세기 중엽 사회과학이 발생할 때 배경이 되었던 자연과학의 '환원주의(reductionism)'에서는 벗어나야 한다.

환원주의는 인간의 이성이 분석적 탐구를 통해 모든 진리를 파악할 수 있다는 믿음이다. 나는 이것이 근대인의 오만이라고 본다. 근대 이전의 학자들은 그런 오만한 믿음을 갖지 않고도 학문을 보람 있는 활동으로 여겼다. 진리를 파악하지 못한다 하더라도 진리를 대하는 태도를 가다듬는 노력에서 가치를 찾았던 것이다.

나 자신 중년을 지날 때까지 그런 믿음에서 벗어나지 못하고 있었다. 학위논문을 작성하기 위해 마테오 리치(Matteo Ricci, 1552~1610)의 행적을 들여다보면서, 400년 동안 축적된 지식을 활용하면 리치 자신이 의식하지 못하고 있던 그의 동인(動因)을 밝힐 수 있을 것이라고 생각했다. 그가 처했던 불확실성 못지않은 불확실성에 지금의 우리 자신도 처해 있음을 깨달은 것은 한참 후의 일이었다.

환갑 가까운 나이에 한국현대사를 들여다보기 시작하고 3년에 걸친 '해방일기' 작업을 펼치게 된 것이 이 깨달음 때문이었다. 19세기의 어느 자연과학자는 "과학에는 국경이 없다."라고 선언했다. 그러나 나는 국경만이 아니라 겹겹의 울타리에 갇힌 존재로서 나 자신을 본다. 그 울타리는 질곡이기도 하면서 또한 역사학도로서 내 존재의 근거이기도 하다. 내가 속한 현재를 바라볼 줄 모르면서 어떤 과거와 대화하러 나선단 말인가?

우리 사회의 현대사 인식에 부족함이 많은 이유로 식민통치와 독재정치의 억압만을 생각했었다. 그런데 군사독재가 끝나고 20여 년이 지난 지금까지 뉴라이트가 활개 치는 것을 보며 다른 이유를 생각하게 된다. 이민족의 식민통치와 폭압적 독재정치를 미화하는, 상식과 직관에 어긋나는

기이한 주장을 이 사회의 꽤 많은 사람이 솔깃해 하는 까닭이 무엇이겠는
가. "역사의 종말"까지 외칠 수 있는 근대인의 오만한 믿음을 생각지 않을
수 없다.

반탁운동의 반민족적 성격

한국현대사에 대한 내 인식의 변화에서 중심축은 '민족주의'에 있다. 전
에는 민족주의를 당연한 것으로 생각했고, 또 균질(均質)한 것으로 생각했
다. 그런데 '해방'을 맞아 민족주의 표출이 자유롭게 되었을 때 민족주의
가 여러 정치세력에 이런저런 방법으로 이용당하는 가운데 어느 민족주
의자가 '순정(純正) 민족주의'를 외치는 것을 보며, 민족주의도 거저 주어
지는 것이 아니라 사람들의 노력으로 빚어지는 하나의 이념이라는 사실
을 깨닫게 되었다.

　민족주의의 큰 거울 하나가 김구였다. 평생을 독립운동에 바쳐온 김구
는 당시의 민족주의를 대표하는 인물이었다. 그런 김구가 민족주의의 지
상과제인 민족국가 수립과정에서 맡은 부정적 역할을 살펴보며 곤혹을
느끼지 않을 수 없었다.

　김구가 1945년 연말부터 주도한 반탁운동은 민족국가 수립을 어렵게
만든 일이었다. 수십 년 시간이 지난 지금 와서 결과만 놓고 들이대는 잣
대가 아니다. 조선과 비슷한 상황에서 '해방'된 오스트리아와 비교하면
반탁운동의 반민족적 성격이 당시에도 분명했다.

　조선과 오스트리아를 일본제국과 독일제국에서 분리 독립시킬 연합국
의 방침은 1943년 가을에 확정되었다. 그런데 막상 독일과 일본이 항복할
때 연합국의 눈에는 조선인과 오스트리아인의 독립 노력이 부족했다. 오
히려 일본과 독일을 도와준 죄가 컸다. 그래서 일정기간의 신탁통치 결정
에는 '벌책'의 의미가 있었던 것이다. 그래도 조선인에게는 임시정부와

광복군이라도 있었기 때문에 오스트리아의 10년보다 가벼운 5년의 신탁통치가 부과된 셈이다.

오스트리아인은 10년 신탁통치를 군말 없이 받아들이고 1955년 영세중립국으로 독립했다. 조선과 마찬가지로 자본주의국가와 공산주의국가의 분할점령에 놓였지만 오스트리아의 좌우익은 온전한 독립을 위해 단합해서 좌우합작정부를 세웠다. 그래서 어느 쪽 점령군에게도 분규의 빌미를 주지 않고 10년의 기간을 견뎌낼 수 있었던 것이다.

신탁통치를 반대한다는 '반탁'운동 자체에는 별문제가 없다. 독립 노력이 부족했다 해서 부과된 신탁통치에 대해 우리의 독립 노력이 그렇게 미미한 것이 아니었다고 당사자로서 항변하는 것은 당연한 일이다. 그런데 김구가 이승만과 손잡고 이끈 반탁운동은 순수한 '반탁'이 아니었다. '반공반소'운동을 위한 간판이었다.

나는 이것을 반탁운동의 반민족적 성격으로 본다. 식민지시대의 좌익운동에는 민족운동의 측면이 강했다. 물론 좌익인사 중에는 소련과 코민테른의 지시를 민족보다 앞세우는 사람들도 없지 않았지만, 우익인사 중에 자기 이익을 민족보다 앞세우는 사람들에 비해 더 많았다고는 할 수 없다. 일반 인민은 좌익의 도덕성에 큰 신뢰감을 갖고 있었다. 좌익의 민족주의 측면을 무시하는 맹목적 반공은 민족주의 진영에 대한 자해행위였다. 독일과의 합방 전 오스트리아의 좌우익 항쟁은 조선과 비교도 할 수 없이 참혹한 것이었다. 그런데도 전쟁 후 국가의 위기극복을 위해 누구도 나무랄 데 없는 합작을 이뤄내지 않았는가.

이승만의 맹목적 반공노선은 쉽게 이해가 가는 것이다. 그의 행적을 보면 그가 민족주의자가 아니라는 사실이 너무 분명하다. 하지만 김구는 속된 말로 "민족주의 아니면 쓰러지는" 사람 아니었나. 이승만이 원하는 방향의 반탁운동에 그가 말려든 이유가 무엇인가?

참으로 이해하기 힘든 일이다. 한민당의 '임정 봉대(奉戴)' 주장에 현혹되었다면 그의 지혜를 의심할 일이고, 민족주의 진영의 헤게모니를 노린 것이었다면 그의 도덕성을 의심할 일이다. 확실한 것은, 김구를 완전무결한 민족주의 지도자로 받들어 보던 우리 사회의 통념에서 거품을 뺄 필요다. 역사학자를 자칭하는 KBS 이사장 이인호가 김구의 건국 유공자 자격까지 왈가왈부하는 망동을 냉정하게 비판하기 위해서도 우리 시야에서 거품을 거둘 필요가 있다.

김구는 민족주의자의 진면목을 찾았으나……

우리 마음속에 생생하게 남아 있는 김구의 모습은 무엇보다도 "통일된 조국을 건설하려다가 38선을 베고 쓰러질지언정 일신에 구차한 안일을 취하여 단독정부를 세우는 네는 협력하지 아니하겠다."던 비장한 모습이다. 이 모습을 김구는 1948년 2월에야 보여주었다. 불과 두 달 전까지 그가 보여준 것은 이승만의 조직 민족대표대회(민대)를 자기 기반조직 국민의회(국의)에 통합시키기 위해 이승만의 눈치를 살피는 모습이었다.

1947년 12월 2일의 장덕수 암살에는 김구의 뜻이 어떤 식으로든 작용한 것으로 보인다. 그 전날 김구는 이승만을 만난 뒤 남조선 총선거를 지지하는 성명을 발표했다. 그리고 곧이어 민대와 국의의 통합 협상서가 발표된 것으로 볼 때 김구가 남조선 총선거를 지지해주는 대신 이승만은 조직 통합을 양해하는 '빅딜'이 이뤄진 것으로 보인다. 이 시점에서 김구는 한민당–이승만 진영에서 자신을 반대해온 책사 장덕수를 제거할 뜻을 가졌을 것이다.

장덕수 암살의 주모자 김석황은 김구의 최측근이었다. 1848년 1월 16일 김석황이 체포될 때 김구에게 보내려 한 것으로 보이는 편지 한 장이 그의 주머니에서 나왔다. 김구의 뜻에 따라 암살에 나섰다는 뜻을 풍기는 내용이었다. 김석황이 정말 부칠 뜻으로 쓴 편지가 아니라 체포될 경우 김구를 연루시키기 위해 보험용으로 써둔 것 같다.

이 편지가 김구를 곤경에 몰아넣었다. 군정재판에 증인으로 출두하는 수모를 겪었을 뿐 아니라 조직의 통합에까지 제동이 걸렸다. 이런 상황에서 그가 단독선거에 반대하고 남북협상을 제창하는 쪽으로 노선을 돌렸으니, 이 노선 전환의 정략적 동기도 의심할 만한 것이다.

그러나 경위야 어찌됐든 민족주의자로 다시 선 그의 모습은 당당했다. 나는 이 전환으로 김구가 득실에 연연하던 방황을 끝내고 진면목을 찾은 것으로 본다. 1948년 2월 10일에 발표한 "3천만 동포에게 읍고(泣告)함"이 그의 진심을 담은 것으로 보는 것이다. 그 글 중 "사은망념(邪恩忘念)은 해인해기(害人害己)할 뿐이니 통일정부 독립만 위하여 노력할 것"이란 대목은 자신의 방황을 반성하는 것처럼 들린다.

분단건국 반대진영은 김구의 가세로 기세를 올릴 수 있었다. 원래 좌우익 중도파가 좌우합작을 통해 이 진영을 형성해왔으나 1947년 7월 중도좌익의 구심점 여운형의 타계로 인해 혼선이 일어나고 있었다. 그런 상황에서 김구가 분단건국 반대에 나서자 김규식이 이끌던 중도 우익의 민족자주연맹(민련)은 좌우합작 대신 우익연합으로 방향을 잡았다.

민련과 한독당을 중심으로 형성된 우익연합이 4월 중·하순 평양에서 열린 남북협상에 임했으나 분단건국 저지의 성과를 거두기에는 역부족이었다. 좌우합작 없는 우익연합은 남조선의 절반밖에 대표할 수 없었다. 북조선 지도부는 남로당에 대한 배려 때문에 우익연합의 대표성을 백퍼센트 인정할 수 없었다. 유엔위원단에는 남북한 총선거를 위한 남북협상을 지지하는 위원들도 있었지만, 그들을 충분히 만족시킬 만한 성과가 남북협상에서 나오지 못했다.

당시 이북 지도부가 단독건국을 원하는 속셈 때문에 남북협상에 진지하게 임하지 않았다는 시각도 있다. 혁명 목표 지역의 일부를 먼저 확보한 다음 단계적으로 넓혀나간다는 '민주기지론'이 이 무렵 고개를 들고 있던 상황이 지적된다. 그러나 그 인과관계를 단정할 근거는 보이지 않는다. 미국과 이남 일부 세력의 단독건국 의지가 분명해지는 데 따라 대응책으로 민주기지론이 제기된 것으로도 볼 수 있다. 어떤 경우든, 이북 지도부가 단독건국의 방안을 나름대로 준비하고 있었다는 것은 남북협상에 한계를 지워주는 조건이었다.

분단건국을 도와준 소련의 보이콧

분단건국 추진세력은 유엔의 권위로 분단건국을 정당화하기 위해 유엔임시조선위원단을 상대로 적극적인 공작을 폈다. 모윤숙과 낙랑클럽의 역할이 회자되어오거니와 그것은 선정성 때문에 주목을 더 받는 것일 뿐이지, 위원단에 대한 전방위 로비활동의 일환일 뿐이다. 치안 책임자인 미군정도 로비활동을 단속하기는커녕 도와주기 바빴다.

당시의 유엔에서는 미국이 압도적인 영향력을 갖고 있었고 조선위원단을 보낸 것도 그 힘이었다. 그러나 미국의 힘이 절대적인 것은 아니었다. 총회에서도 대다수 회원국이 미국이 고집하는 정책에 정면 반대는 피하면서도 은근히 비판적인 태도를 보이는 일이 많았다. 조선위원단에도 미국이 속으로 바라는 분단건국 노선에 승복하지 않는 위원들이 많았다.

원래 위원단을 구성하려던 9개국 중 우크라이나가 빠진 8개국 가운데 중국, 필리핀, 엘살바도르 셋은 미국을 무조건 지지하는 나라였다. 오스트레일리아, 캐나다, 프랑스 셋은 미국의 독단을 견제하는 경향을 가진 나라였다. 시리아는 이스라엘 때문에 미국에 강한 반감을 가진 나라였다. 그리고 마지막으로 인도. 영국 식민지로부터 막 독립해서 약소국 민족주의에 동정심이 큰 입장인 인도가 미국의 조선민족 분단정책에 쉽게 동조하지 않을 것으로 예상되었다. 그래서 예상을 벗어난 인도의 태도가 많은 의혹을 일으키게 된 것이었다.

1947년 11월 14일 유엔총회의 조선위원단 설치 결정은 남북한 총선거를 목적으로 하는 것이었다. 그런데 1948년 2월 26일 소총회는 이와 다른 새로운 결의를 채택했다.

"조선위원은 그 사업을 추진시켜 미군이 점령하고 있는 남조선에만 선거를 실시하고 남조선에 조선 전체를 위한 정부를 수립할 수도 있다."

이것이 남조선 단독건국에 유엔이 나서는 출발점이었다. 미국이 제안한 이 결의안에 찬성이 31표, 반대가 2표, 기권이 11표였다. 반대한 나라는 조선위원단에 참여하고 있던 캐나다와 오스트레일리아였다. 소총회의 의결에는 참석회원의 3분의 2 찬성이 필요했다. 필요한 30표를 넘겼기 때문에 이 결의안이 통과된 것이다.

소련의 보이콧이 가진 의미를 여기서 다시 생각해볼 여지가 있다. 애초에 소총회를 1년간의 한시적 기구로 만든 것은 소련의 거부권이 있는 안보리를 우회하기 위해 미국이 제안한 것이었다. 대다수 회원국이 이 제안을 못마땅하게 여겼기 때문에 소총회의 결의 조건을 참석국의 3분의 2 찬성으로 까다롭게 만들어놓았다. 압도적 찬성이 아니면 통과될 수 없게 한 것이다.

소련과 동구 5개국이 2월 26일 소총회를 보이콧했기 때문에 찬성 30표가 필요했다. 6국이 참석했다면 34표가 필요했을 것이고, 조선 관계 새 결의안은 통과가 불가능했을 것이다. 그러면 단독건국보다 더 합당한 것으로 조선위원단이 추천했던 다른 방안, 즉 남조선만을 대표하는 임시정부를 일단 만들고 최종적 건국을 뒤로 미루는 방안이 채택되었을 것이다.

소총회 결의를 받아들이기로 결정하는 조선위원단의 3월 12일 회의를 보면서도 같은 생각이 떠오른다. 일부 대표는 별도의 결정 없이 소총회 결의를 그대로 받아들이자고 주장했지만 자체 결정이 필요하다는 주장이 우세했다. 과반수 찬성을 결의 요건으로 정했는데, 표결 결과는 찬성 4, 반대 2(캐나다와 오스트레일리아), 기권 2(시리아와 프랑스)였다. 우크라이나가 위원단에 참석했다면 그런 엉터리 결정은 막을 수 있었을 것이다.

소총회와 조선위원단에서 소련이 주도한 공산권의 보이콧은 결과적으로 미국을 도와준 셈이었다. 이것이 우연한 일일 뿐이었을까? 소련도 조선의 분단건국을 원하고 있었다는 확정적 증거는 아니라도 강한 심증을 불러일으키는 일이었다.

차례

머리말   김구의 각성은 때를 놓친 것이었던가? 5

1   유엔에서 온 '칙사'들   19
      1948년 1월 2~30일

1948. 1. 2.   경찰국가의 새해기 밝았다   21

1948. 1. 7.   유엔에서 온 '칙사'들   31

1948. 1. 9.   너무 좋아서 입을 다물지 못하는 이승만   41

1948. 1. 11.   전쟁과 독재는 분단건국의 당연한 결과   52

1948. 1. 14.   시리아대표 닥터 자비의 활약   59

1948. 1. 16.   김구가 과연 장덕수 암살의 배후?   68

1948. 1. 18.   '족청(族靑)'은 '제3의 길'이었던가?   78

1948. 1. 21.   소련의 협력 거부에 직면한 유엔위원단   85

1948. 1. 23.   경성전기에서 욕보는 사람들, 누구였나?   93

1948. 1. 28.   김구, 남북협상의 길로 돌아서다   109

1948. 1. 30.   "모든 것을 바칩니다!" 낙랑클럽   120

안재홍 선생에게 묻는다 "사실은 새해를 낙관하지 못하시는 거죠?"   130

            ● 해방의 시공간 — 일지로 보는 1948년 1월   139

2 진면목을 찾은 김구
1948년 2월 1~27일

141

1948. 2. 1.	당대 대표적 사상가들의 조선 현실 인식	143
1948. 2. 4.	국익에 충실한 조선위원단 위원들	152
1948. 2. 8.	남북협상의 길에서 벗어난 남로당 노선	160
1948. 2. 11.	'읍고(泣告)'를 통해 진면목을 찾은 김구	169
1948. 2. 13.	한민당 "전 조선 총선거를 이남에서 치르자!"	178
1948. 2. 15.	뉴욕으로 건너간 조선의 운명	188
1948. 2. 18.	건국에 앞서간 이북, 분단건국을 향해서?	199
1948. 2. 20.	메논 의장, 보고연설까지는 좋았는데……	207
1948. 2. 22.	남조선과도입법의원의 '막장 드라마'	215
1948. 2. 25.	소련도 미국의 '조선 결의안' 통과를 도와줬다!	225
1948. 2. 27.	남북협상…… 여운형이 있었다면!	233
안재홍 선생에게 묻는다 "김구 선생, 또 바뀌진 않겠죠?"		241
● 해방의 시공간 — 일지로 보는 1948년 2월		249

3 남북협상의 동상이몽
1948년 3월 1~29일

251

1948. 3. 1.	정면충돌로 치닫는 김구와 이승만	253
1948. 3. 6.	중간파의 태생적 갈등: 원칙론과 현실론	262
1948. 3. 8.	장덕수의 유령에게 시달리는 김구	271
1948. 3. 11.	단독선거안에 대한 캐나다대표의 맹렬한 반대	280
1948. 3. 13.	"가능지역 총선거" 드디어 결정되다!	289
1948. 3. 15.	김구와 김석황, 누가 거짓말을 한 것인가?	298
1948. 3. 18.	검찰이 경찰의 횡포에 항의하던 시절	309
1948. 3. 20.	"어떤 테러든지 보호해주겠다!" 우리 쪽 테러라면	320
1948. 3. 22.	핵무기 아닌 '돈 폭탄'을 걱정하던 이남 극우세력	329

1948. 3. 25. 북쪽에서 온 회답, 왜 그리 늦었나?   339

1948. 3. 27. 남북협상을 둘러싼 동상이몽   349

1948. 3. 29. 남북회담 성사를 위한 민족주의자들의 양보   357

안재홍 선생에게 묻는다   장택상의 '빨대질' 이야 개 짖는 소리로……   366

● 해방의 시공간 ─ 일지로 보는 1948년 3월   375

4   목소리를 빼앗긴 민족주의   377
1948년 4월 3~29일

1948. 4. 3.   4 · 3항쟁, '좌익 탄압' 아닌 '제주인 탄압'의 결과   379

1948. 4. 5.   인권을 거부당한 제주도 '인디언'   390

1948. 4. 8.   도청소재지에 한 번씩 들르는 '선거 감시'   400

1948. 4. 10.   한국여론협회: "자발적 선거인등록은 7퍼센트 미만!"   411

1948. 4. 12.   중간파의 선거 참여를 '기회주의' 라니, 뭐 묻은 개가……   422

1948. 4. 15.   김규식, "평양에 가기는 가야겠지만……"   430

1948. 4. 17.   남조선을 무법천지로 만든 조병옥의 '향보단'   440

1948. 4. 19.   막다른 골목에 들어선 김구   451

1948. 4. 22.   되돌아온 콤비, 김구 주석과 김규식 부주석   459

1948. 4. 24.   홍명희는 왜 '연석회의'에 들러리로 나섰을까?   469

1948. 4. 26.   민족갈등과 좌우대립이 겹쳐진 '한신(阪神) 교육투쟁'   479

1948. 4. 29.   목소리마저 빼앗긴 민족주의자들   491

안재홍 선생에게 묻는다   "미국의 잘못입니까, 조선인의 잘못입니까?"   502

● 해방의 시공간 ─ 일지로 보는 1948년 4월   512

찾아보기 513

일러두기

1. 이 책에서 인용한 1차 사료(신문기사, 포고문, 법령 등)는 국사편찬위원회 한국사데이터베이스 (http://db.history.go.kr)의 자료를 원본으로 하였으며, 일일이 출처를 명시하지 않는 대신 흐린 글씨로 표시하였다. 또한 지금은 별로 쓰지 않는 한자어를 우리말로 풀어쓰는 등 한글세대도 쉽게 읽을 수 있도록 일부 수정하였다.

2. 이 책에서 인용한 글의 서지사항은 처음 나올 때 표기하고, 이후에는 제목과 쪽수만 표기하였다.

3. 인명이 처음 나올 때 한자 또는 원어, 생몰연도를 함께 표기하였다(확인되지 않는 일부 인명의 경우 제외).

4. 단체명은 처음 나올 때 원래 명칭과 줄임말을 함께 표기하고 이후에는 줄임말을 사용하는 것을 원칙으로 하였다.

5. 각 장의 말미에 실은 '안재홍 선생에게 묻는다'는 해당 시점(예를 들어 1장 말미의 대담은 1948년 1월 말, 2장 말미는 1948년 2월 말)에 저자가 안재홍 선생과 나누는 것으로 가상하는 대담이다.

1

유엔에서 온 '칙사'들

1948년 1월 2 ~ 30일

유엔위원단을 환영하려고 늘어선 사람들을 통제하는 경찰. 분단건국 추진세력은 임시위원단을 '칙사'처럼 받들었다.

1948. 1. 2.

경찰국가의 새해가 밝았다

———

몇 달 동안 시민 생활을 옥죄어온 미곡 반입 금지 조치가 1월 1일부로
풀렸다. 이 해금 조치를 경찰계통 명령에서 제일 먼저 확인한다는 사
실이 좀 찜찜하다.

> 미곡의 자유반입에 대하여 수도경찰청장 장택상 총감은 1일부로 다
> 음과 같은 명령을 관하 각 관구에 통첩하였다.
> "수도관구경찰청 제1려·2관구경찰관에게 고함. 1월 1일을 위시하여
> 미곡 자유반입을 허가한다. 수량의 다과(多寡)를 막론하고 전기 관구
> 내에서는 미곡 자유반입을 할 수 있으니 경찰관은 간섭치 말 것을 명
> 령한다."
>
> (「미곡 자유반입에 경찰은 간섭 말라」, 『동아일보』 1948년 1월 4일)

쌀값 통제를 위해 대량 이동을 규제하되 자가 소비를 위한 소량 반
입은 허용하던 것을 전면 금지한 것이 작년 10월 중순의 일이었다. 그
런데 이제 소량 반입만이 아니라 "다과를 막론하고" 자유반입을 허용
한다니, 널뛰기가 심하다. 11월 말까지 철도경찰의 쌀 압수 기사를 보
면 소량 반입을 시도하던 사람들이 규제의 피해자였다. 6,422명으로

부터 약 5,000가마를 압수했다니, 대부분이 1인당 한 가마 또는 한두 말의 쌀을 휴대한 경우였을 것이다.

철도경찰청에서는 소량의 미곡반입이 금지된 이후 각 역 구내는 물론이요 철도 관내에 있어 미곡 반입 취체를 엄중히 실시하고 있는데 지난 10월 16일부터 11월 말일까지 철경이 압수한 미곡 수량은 33만 9,383킬로에 달하며 압수당한 인원은 6,422명이라 한다. 그런데 철도경찰에서는 앞으로 미곡수집이 끝나고 소량의 반입을 허가할 때까지 미곡 반입을 계속하여 취체하리라 한다.

(「철경(鐵警)서 압수한 쌀 1만 6,000두(斗)」, 『경향신문』 1947년 12월 4일)

새해 벽두부터 경찰의 모습이 너무 튄다. 1월 3일에 조병옥(趙炳玉, 1894~1960) 경무부장은 절전 비협력에 대한 가차 없는 처단 방침을 밝혔고, 장택상(張澤相, 1893~1969)의 수도경찰청은 관람료를 105원 받는 것이 불법이니 100원만 받으라는 경고를 시공관에 보냈다. 내용은 고마운 것이라도, 이런 일들에 경찰이 앞장서는 것이 불편하게 느껴진다.

조 경무부장은 3일 중앙청 출입기자단과 회견한 자리에서 자의적으로 전력의 비상사태를 인식하고 절전에 협력하여 중요 국가사업과 생산부면에 지장이 없도록 일반 가정에서는 아침에는 5시부터 8시까지, 저녁에는 5시부터 10시까지에만 전광용으로 사용하고 그 외 시간에는 소등하여야 할 것이거니와 만일 이에 기만하는 자는 법에 비추어 가차 없이 처단하도록 할 터이라는 경찰의 입장과 각오를 다시 천명한 바 있었다.

(「비상사태 인식코 절전(節電)에 협력하라」, 『동아일보』 1948년 1월 4일)

시공관에서 105원이라는 관람료를 받고 있음에 대하여 수도경찰청에서는 다음과 같은 견해로 3일 엄중한 경고를 시공관에 보내었다. "심포니와 오케스트라 연극에 100원의 요금을 받게 하였는데 그 위에 입관료라 하여 더 받는다는 것은 불법이다. 입관료 5원은 주최자 측에서 당연히 최고요금을 받는 만큼 지불하여야 한다."

(「입관료(入館料)는 불법-수도청서 경고」, 『동아일보』 1948년 1월 4일)

시민의 일상과 관계된 이런 자상한 역할보다 경찰의 엄숙한 본모습을 보여주는 일도 연초부터 마구 터져나왔다. 가장 어마어마한 것이 1월 3일 조병옥 경무부장의 '인민해방군' 사건 진상 발표였다. 『동아일보』는 1월 4일자와 6일자에 「남한 공산화를 기도-전율할 인민해방군 사건」이란 제목으로 이 발표를 보도했는데, 4일자 기사의 노입부만 소개한다.

남조선의 현 제도를 정복하고 공산주의화를 계획하기 위하여 민족진영을 파괴하고자 북조선노동당 김일성·김두봉·허가이 등과의 긴밀한 연락과 지령으로, 남로당의 강진·문갑송·한인식 등을 수반으로 작년 2월부터 비밀리에 활동을 개시하고 있던 소위 인민해방군 사건은 그동안 7관구경찰청에서 관계자 400여 명을 체포 문초 중이던바, 사건 전모가 확실하게 드러났으므로 지난달 29일 관계자 157명을 부산지방검찰청으로 송청하는 동시, 3일 조 경무부장으로부터 다음과 같은 사건 내용이 발표된 바 있었다.

발표 내용을 보면 공산당 대회파(1946년 가을 박헌영(朴憲永, 1900~1955)의 간부파에 맞서던 좌익인사들) 출신을 중심으로 무장봉기의 목적을 세우고 1947년 3월 경상남도군사위원회를 조직, 경남 지역 몇 개 군에 군별로 연대를 설치했다는 것이다. 조직 총동원 수 830명을 확보하고 교양훈련과 군사훈련을 실시하는 한편 군자금 마련을 위해 부호를 습격하고 경찰관 살해에 나섰다는 등 진부한 내용이 가득하다. 특히 눈에 띄는 내용은 관계된 국방경비대원 45명이 군법회의에 회부되었다는 것이다.

군대를 지향하면서도 경찰에 억눌려 있던 국방경비대의 위상을 1947년 10월 17일 일기에서 설명한 일이 있는데, 경찰에 비해 구성이 복잡하고 통제가 느슨하던 경비대에는 많은 좌익 청년이 탄압을 피해 몸을 담고 있었다. 이것이 건국 직후 여순사건 같은 사태의 배경이 되기도 한다.

'인민해방군' 사건의 실체가 어떤 것이었는지 확인하기 어렵다. 그 후 처리를 보면 2월 9일에 21명이 검찰로 송치되었고(『동아일보』 1948년 2월 10일) 그중 11명이 2월 19일에 포고령 제2호 위반으로 기소되었다(『동아일보』 1948년 2월 21일). 11명에 대한 공판이 4월 27일에 시작되었는데(『동아일보』 1948년 4월 28일) 어찌된 일인지 8월 13일 구형공판에서는 피고가 43명이었고(『동아일보』 1948년 8월 19일) 8월 23일 선고공판 기사에는 피고가 32명 나타나 있다(『동아일보』 1948년 8월 28일). 최고형은 징역 8년이었다.

'태산명동 서일필(泰山鳴動鼠一匹)'의 느낌이 드는 사건이지만, 이 사건은 남조선의 비상상황을 강조하고 경찰의 역할을 옹호하는 데 이용되기도 했다. 조선에 온 유엔위원회에서 경찰개혁의 필요성이 제기되었을 때 한국민주당(이하 '한민당'으로 줄임)은 이런 성명서를 발표했다.

"국제연합조선위원단 모국(某國) 위원이 조선의 국립경찰 기구와 그 구성 요소에 대한 개혁을 운운한 것은 우리의 실정과 국립경찰의 과거 3년간의 위대한 업적을 모르는 데서 나오는 말이다. 일제가 물러간 직후 무정부상태에 있어서도 단시일에 남조선의 치안과 질서를 확보하였음은 물론이거니와 학병동맹사건을 비롯하여 공산당 위조지폐 사건, 영남 폭동 사건, 8·15인민혁명 사건, 소위 인민해방군 사건 등 중대 사건을 사전에 또는 사후에 신속 적절하게 검거 제압하였음은 국립경찰의 신위(信威)를 높이기에 족한 바였다. 국립경찰 창립 이래 100명의 희생자를 내어가면서 국내치안 확보에 진력한 국립경찰의 명예와 업적을 찬양치 않고 도리어 고의로 왜곡 또는 중상하는 일부 진영에게 맹성(猛省)을 촉하는 동시에 국련위원 제공(諸公)으로서 여사한 중상과 모략으로 인하여 정확한 판단을 잃지 않도록 요망하는 바이다."

(「경찰기구 개혁 운운, 조선 실정을 무시」, 『동아일보』 1948년 2월 8일)

1948년 벽두 경찰의 모습이 두드러져 보이는 또 하나의 장면은 백형권(白瀅權) 운수경찰청장의 독직사건 발표였다. 최고위 간부의 비리 수사는 경찰이 성역 없는 개혁에 나섰다는 인상을 준다. 기사 속의 "성동경찰서장 사건"이란 며칠 전 성동서장 유철이 뇌물 20만 원을 받고 사기사건 피의자를 무단 방면했다는 혐의로 불구속 기소된 일을 말하는 것이다.

"강기숙청은 먼저 자기 부내에서부터"라는 구호 밑에서 성동경찰서장 사건을 송국한 경무부 수사국에서는 또다시 지난 2일 운수경찰청장 백형권, 동 경리과장 이종환 양 씨를 모종 사건에 관련한 독직사건 혐의로 문초 중에 있는데, 청장의 독직사건은 이번이 처음인 만큼 그 귀추는 자못 주목된다. 그리고 양 씨는 2일부터 정직처분이 되었으며 경찰청장 사무는 당분간 김 교육청장이 겸임하기로 되었다.

「독직 혐의로 백 운경청장(運警廳長) 문초 중」, 『동아일보』 1948년 1월 4일)

이 사건의 처리과정에서 재미있는 상황이 벌어진다. 백형권 체포 직후 수백만 원의 모리 혐의가 보도되었으나(『동아일보』 1948년 1월 7일) 1월 19일의 기소 내용은 철도경찰청 배급물자 약 60만 원어치의 부정이득이었고(『동아일보』 1948년 1월 21일), 3월 16일에는 45만 원의 배임 횡령 죄목으로 1년 구형을 받았다(『동아일보』 1948년 3월 18일). 그리고 3월 23일 징역 10개월을 선고받았는데, 선고 직후 어디론가 도망가버렸다(『동아일보』 1948년 3월 25일).

법정 탈주를 감행하고 도피한 백형권이 사람을 시켜 상고장을 제출했는데, 서류를 가져온 사람도 서류 제출 후 사라져버렸다. 꼭 만화를 보는 것 같다.

징역 10개월의 선고를 받고 행방을 감추어 화젯거리가 되어 있는 전 철도경찰청장 백형권은 돌연 26일 오전 9시경 1심 판결의 불복상고 신입서를 알지도 못하는 타인을 시켜서 서울지방심리원 형사과에 제출하고 접수인이 미처 펴볼 사이도 없이 그 대리인마저 어디로인지 행방을 감추어 관계관을 놀라게 하였다. 그리하여 그 상고신입서는 접수하는 것을 보류하고 있다 하는데 상고 기일은 오는 28일까지로 되어 있다.

「도망한 백형권 사람 시켜 상고(上告)」, 『경향신문』 1948년 3월 27일)

그 후 백형권이 신문지상에 나타나는 것은 연루되었던 이종환(李鍾

煥)이 아무 혐의 없음이 밝혀져 복직되었다는 기사(『동아일보』 1948년 5월 1일)와 백형권 본인이 2심 공판에서 징역 6월에 집행유예 1년의 판결을 받았다는 기사다(『경향신문』 1948년 9월 11일). 상고장이 어떻게든 접수되었던 모양이다. 백형권은 극히 사소한 이유로 탄압을 받았고, 그것이 억울해서 법정 탈주까지 감행했던 것이 아닌가 생각된다. 왜 그는 탄압을 받게 되었을까?

운수경찰청은 원래 식민지시대의 철도경찰을 이어받아 조병옥의 경무부와 별도로 운수부 산하에 설치되어 있었다. 1946년 8월 남조선 경찰의 고문 관행이 미국 언론에 보도되었을 때 조병옥은 보도된 사례가 자기 경찰이 아니라 철도경찰의 일이라고 담화문을 발표했다. 물론 자기 경찰에도 고문 사례가 있음을 부인하지는 못했다.

> "미국 신문기자가 보도한 바와 같이 경찰관이 범인에게 물을 먹여 고문하였다는 사건은 국립경찰관을 포함한 것은 아니다. 이와 같은 사건은 부산역에서 일어났는데 이 사건에 관련된 경관은 조선철도에 소속된 특별경찰기관인 철도경찰의 경관이었으며 이 경찰은 체포되었으므로 그 불법행위에 대하여 조선 법정에 기소될 것이다. (…)
> 국립경찰과 같은 큰 기관에 있어서는 물론 잔인한 고문이 있을 때도 있겠지만 그것은 결코 상례는 아니다. 범인의 고문에 관한 보고는 전부 신중히 조사 중이므로 만일 조사한 결과 그 보고가 사실이라면 고문을 범행한 자에게는 엄중한 징벌이 있을 것"이라고 조 박사는 말하였다.
>
> (「고문하면 엄중징벌」, 『동아일보』 1946년 8월 4일)

'철도경찰'이란 이름으로 흔히 불린 운수경찰이 무서운 경찰이 아니라 친절한 경찰을 지향한 노력도 보인다.

> 민주경찰로서 먼저 일반 승객들에게 친절한 인상을 주기 위하여 운수부 경찰청에서는 우선 이동승무 운수경찰원과 서울·용산 양 운수 경찰서원의 총기 휴대를 철폐하였다 한다. 이에 따라 앞으로는 총 대신 메가폰을 들고 친절하게 철도 관내 질서 유지에 정신하기로 되었으며 그 결과 얼마나 친절한 경관 노릇을 하는가를 살피기 위하여 사복 감독 경위를 각 방면에 파견한 후 지도 감시를 하기로 되었다 한다.
>
> (「총 떼어놓는 운경(運警), 메가폰 들고 지도(指導)」, 『경향신문』 1947년 2월 18일)

그런데 운수경찰은 1947년 3월 초 운수부에서 경무부로 옮겨져 조병옥의 지휘를 받게 되었다. 그때 조병옥은 이런 담화를 발표했다.

> "작년 1월 철도 재산을 보호하기 위하여 운수부장의 명령계통 아래 운수경찰서가 생겼던바 그 당시는 아직 국립경찰의 조직진용이 완성되지 못하고 사회는 혼돈무질서한 현상이었으므로 이러한 과도적 특수경찰을 조직하였던 것이나 그 후 국내 치안이 회복될 뿐 아니라 국립경찰의 기구진용도 완성되었으므로 이번에 운수경찰을 폐지하고 동 경찰 직원 전원을 국립경찰에 편입하여 경무부장의 명령계통 아래 한 관구로서 새로 운수관구 경찰청을 설치하고 철도 재산에 대한 보호 기타 경찰상 취체권을 국립경찰에서 집행하게 되었다."
>
> (운경(運警) 편입문제-조 경무부장 담화」, 『경향신문』 1947년 3월 5일)

운수경찰의 관할을 바꾼 까닭은 몇 주일 후의 아래 기사에서 알아볼 수 있다. 메가폰 대신 총을 도로 쥐어야 할 입장이 되었던 것이다.

> 21일 오전 6시를 기하여 24시간 파업에 돌입 계획이던 운수부 철도
> 국의 파업은 사전의 운수경찰의 간섭으로 인하여 부분적인 계획 수
> 행에도 불구하고 드디어 실패에 돌아가고 말았다 한다. 현재 서울역
> 을 중심으로 대부분의 차는 종전대로 운행되고 있으나 파업 계획의
> 일부 실시로 부산, 목포, 토성행 등 열차는 2시간 내지 4시간 연발하
> 였다. 한편 용산운수경찰서에서는 출근을 방해했다는 이유로 10여
> 명을 검거하였다. 또한 남조선 각 철도사무소 관내의 사태에 대하여
> 는 21일 밤 부산을 떠난 차가 아직 소식이 없다 한다.
>
> (「운수출로(運輸出勞)기관 등서 파업」, 『경향신문』 1947년 3월 23일)

그런데 1947년 10월 말 '운수경찰평의회'란 기구가 설치되었다.

> 운수관구경찰청에서는 현하 미묘한 정세에 비추어 운수행정 및 지방
> 장관과의 긴밀한 연락 아래 앞으로 많은 협력을 얻고자 운수경찰평의
> 회를 지난 28일 조직하였다는데 이로 말미암아 철도경찰은 더욱 책
> 임 완수를 강력히 추진시키게 되었으며 평의회 위원은 다음과 같다.
> 의장: 운수부장
> 위원: 운수부 미국인 고문, 서울지방검찰청장, 국방경비대 대장, 운
> 수경찰청장
>
> (「운수경찰평의회」, 『경향신문』 1947년 10월 31일)

운수부장이 의장이고 운수경찰청장 외에는 경찰 간부가 들어 있지
않은 평의회다. 일반 경찰과 달라야 하는 운수경찰의 특성을 운수경찰

이 주장하고 이것을 운수부장이 뒷받침해줘서 만들어진 것으로 보인다. 경찰관이 사회의 요구를 돌아볼 필요 없이 임명권자에게만 충성을 바치며 일사불란한 지휘체계에 따라야 한다고 주장하던 조병옥이 이 평의회 설치에 분노하는 모습을 상상하기가 어렵지 않다. 평의회가 만들어진 두 달 후 백형권이 독직사건에 걸려든 이유가 여기에 있었을 것 같다.

1948. 1. 7.

유엔에서 온 '칙사'들

───

뉴욕에서 1월 2일 출발한 유엔조선위원단(UN Temporary Commission on Korea, 정식 명칭은 '유엔임시조선위원단'인데, 이 일기에서는 알아볼 수 있는 한도 내에서 '유엔위원단' 또는 '조선위원단'으로 표시했다.) 본진이 샌프란시스코를 거쳐 1월 6일 오후 노쿄에 도착했다. 원래는 도쿄에서 하룻밤 묵은 후 7일 오후 서울로 떠날 예정이었으나 도쿄에서 몇 개 나라 대표와 서기국 직원들의 합류에 시간이 예상보다 많이 걸려 하루 늦은 8일 오후 늦게 서울에 들어왔다.

과도정부는 우익의 요구에 호응해 12월 중순부터 유엔한국임시위원단 전국환영위원회를 조직해놓고 환영행사를 준비하고 있었다. 환영위원회 명예의장은 이승만, 김구, 이시영(李始榮, 1869~1953), 의장은 오세창(吳世昌, 1864~1953), 위원장은 조병옥이었다. 환영위원회는 1월 5일 환영 동원계획을 발표했다.

3월 말일까지 조선독립정부를 구성할 대의원들의 총선거를 감시하고 계속하여 정부 수립을 원조할 국제연합조선위원단 9개국 대표 등 우크라이나를 제외한 프랑스, 캐나다, 오스트레일리아, 필리핀, 엘살바도르, 시리아 등 6개국 대표와 사무총장 등 30여 명은 조선 3천만 동포가 충심으로 환영하는 가운데 7일 저녁 김포비행장에 도착 입경할 예정으로 전국 환영위원회에서는 5일 공보부를 통하여 다음과 같은 환영 동원계획을 발표하였다.

1. 1월 7일 하오 6시 20분 전까지는 참가단체는 지정장소에 집합할 것.

2. 1대 100명을 2열로, 편성 지휘자는 1명으로 할 것.

3. 각 단체 지휘자는 동원 제1호차가 통과되면 환영태세를 취하고, 제2호·제3호차가 통과할 때까지 만세환호를 계속할 것.

4. 환영문은 다음과 같이 할 것.

(1) "세계평화는 조선독립으로부터."

(2) "유엔조선위원단 환영 자주독립 만세."

(3) "국제연합 만세."

(4) "환영 국제정의의 선양, 국제헌장의 수호자."

5. 각 단체 배치장소는 다음과 같음.

(1) 여학생: 위원단 숙소로부터 조선은행 앞 파출소까지.

(2) 각 동회 및 시민: 도동 입구까지.

(3) 각 관공서: 갈월동 입구까지.

(4) 각 은행, 회사 기타 직업단체: 용산중학 입구까지.

(5) 정당, 사회단체, 종교단체: 삼각지까지.

(6) 운수부 및 용산구민: 경전출장소 앞까지.

(7) 남학생: 용산우편국까지.

(8) 청년단체: 한강교까지.

(9) 영등포 및 김포 주민: 한강 이남 김포까지.

(「유엔위원단 명일 석(夕) 김포 착(着)-공보부 환영 동원계획 발표」, 『동아일보』

1948년 1월 6일)

유엔위원단 환영 간판. 유엔
기 대신 미국기가 그 위에서
휘날린다.

　거국적으로 동원된 인파가 8일 서녁 김포공항에서 시내로 들어오는
길가에서 위원단을 환영했다. 조병옥은 환영 인파가 50만에 달했다고
주장했는데(『서울신문』1948년 1월 10일) 『동아일보』1월 10일자 "북조선
입경 연구 중-위원단 제 씨의 소신 피력" 기사에서 "경찰 당국 추산에
따르면 (…) 도로 연변에 무려 25만에 달하였다 한다."라고 했다. 25만
명만 해도 대단한 숫자다. 당시 서울 인구가 백만을 조금 넘을 정도였
으니까.

　유엔위원단에 대한 조선인과 조선 언론의 기대는 엄청나게 컸다. 안
그럴 수 있겠는가. 1945년 8월 이래 30개월째 조선의 명운을 좌우하
는 외세로 조선에 주둔해온 미군과 소련군을 대신하러 유엔이 보낸
'칙사'였다. 1월 8일자『조선일보』에는 도착 예정인 일행 30여 명(통역
과 비서까지 포함해서)의 이름과 국적을 보도하기까지 했다. 오스트레일
리아대표 잭슨(S. H. Jackson, 주 도쿄 오스트레일리아위원단 고문관), 중국
대표 류위완(劉馭萬, 주 서울 중국총영사관 공사급), 프랑스대표 장 폴 봉

쿠르(Jean Paul-Boncour, 전 루마니아 주재 프랑스 공사), 필리핀대표 멜치오 아란즈(Melccio Arranz, 진 필리핀 상원의원 임시의장), 시리아대표 제키 자비(Zeki Djabi, 의사·정당지도자)의 이름이 있었다. 인도대표는 미정(未定)이라고 했다.

실제로 도착한 일행 중에는 인도대표 메논(K. P. S. Menon)이 있었고, 1월 12일의 첫 모임에서 메논이 위원장으로 선출되었다. 중국대표 류위완은 12월 중에 서울에 들어와 있었고, 필리핀대표 아란즈와 프랑스대표 폴 봉쿠르는 1월 12일에 도착했다. 캐나다대표 조지 패터슨(George Paterson)도 1월 12일에 도착했다. 1월 12일 오후 4시 반경 덕수궁 석조전에서 열린 첫 회의에는 오스트레일리아, 캐나다, 중국, 시리아, 필리핀, 인도, 프랑스 7개국 대표가 참석했다. 엘살바도르대표는 아직 도착하지 않았고, 우크라이나는 이 위원회를 보이콧하고 있었다.

1월 8일 김포비행장에는 누구누구가 나갔는가.

이날 조선 독립을 원조하기 위하여 세계 43개국의 찬성과 위임을 받아 3일 뉴욕을 출발하여 내조 도상에 있던 국련조선위원단 중 오스트레일리아·프랑스·시리아 및 인도대표 메논과 사무총장 후스쩌(胡世澤)를 비롯하여 수원(隨員) 30명은 오후 5시 55분 미주둔군사령관 하지 중장을 비롯하여 딘 군정장관, 랭든 미 국무성대표 및 브라운 소장 등 다수 군 수뇌부와 재경 중의 류위완 중국대표, 과정 측으로서 안 민정장관과 김규식 입의 의장, 김용무 대법원장, 환영위원회 측으로서 이승만을 비롯하여 이청천 장군과 조병옥, 정일형 등 조미인 군관 다수 출영리에 공로 김포비행장에 도착하였는데 비행장에 내린 일행은 류위완의 소개로 후스쩌를 위시한 각국 대표는 하지 중장과 군은 악수를 교환하였고 다음으로 하지 중장의 소개로 출영한

조미 인사들과 각국 대표 간의 우호에 넘치는 악수를 한 후 고황경,
모윤숙 씨 등이 증정하는 꽃다발을 가슴에 움켜 안고 도열한 수십만
시민의 환성을 받으며 동 7시경에 회현동 국제호텔과 수도호텔에 각
각 투숙하였다.

「유엔위원단 전 민족의 열광적 환호리(歡呼裡)에 작석(昨夕) 김포공항에 안착」,
『동아일보』 1948년 1월 9일)

음~ 모윤숙(毛允淑, 1910~1990) 씨가 꽃다발 증정하러 나갔었구나.
낙랑클럽 동지들의 활약상을 살필 기회도 불원간 있을 것이다.
당시의 신문기사 중에는 대표를 보낸 나라들에 관한 소개를 실은 것
도 있었다. 최근 독립을 성취한(또는 독립을 바라보고 있는) 나라들이 많
아서 조선인에게 이해심이 많고 우호적일 것을 기대한다는 쥐지를 많
이 보였다.

위원단은 최초 9개국 대표로 성립되었으나 우크라이나인민공화국이
대표 파견을 거부하였으므로 다음의 8개국으로 되어 있다. 즉 중국,
오스트레일리아, 캐나다, 엘살바도르, 프랑스, 인도, 필리핀, 시리아
등 8개국인 것이다.
이 위원단의 성격은 그 대표구성을 검토함으로 규지(窺知)할 수 있다.
이 위원단의 구성은 자유롭고 독립한 조선국가의 건설을 목적한 모스
크바협정의 파기를 의미하므로 이 위원단 속에는 모스크바협정에 서
명한 어느 국가도 가입되어 있지 않다. 다만 중국이 가입되어 있으나
중국은 모스크바협정에 추후로 참가했으며 조선 문제에 대해서 관심
이 지대하므로 특히 일원으로 참가하게 된 것이다. 이리하여 위원단
은 대체로 조선에 대하여 큰 동정을 가진 소국들로 구성되었다. 이 중

에 중국과 프랑스가 대국으로 생각되어 있으나 광범한 국제적 기관인 만치 그 위원 구성에서 지리적 배분을 중요시한 때문인 것이다.

그것은 어쨌든 8개국 중의 대다수가 극동이나 또는 아세아문제에 관련을 가진 자들인 것은 확실하다. 프랑스와 우크라이나가 구라파 국가이며 캐나다와 엘살바도르가 서반구 국가이지만 나머지 5개국은 아세아나 또는 극동에 직접 위치하여 있는 것을 보면 알 것이다.

이 같은 지리적 분배는 이 조선 문제가 세계적 문제이기는 하나 동시에 그 문제의 취급은 극동의 현 정세에 기초를 두어야 한다는 것을 시사한 것이다. 그리고 더욱이 이곳에서 강조하고 싶은 것은 이 8개국 대표가 각각 자국의 쓰라린 경험에 비추어 독립국 조선을 건설하는 데 큰 기여와 원조를 할 것이라는 것이다.

인도는 지금도 오히려 독립된 단일정부를 수립하려고 노력하고 있는 중이며 필리핀은 1946년 7월 4일에 독립을 획득하였으며 시리아는 1944년 1월 1일에 독립이 되었으며 오스트레일리아와 캐나다는 이전에는 영국 영토이었으나 제1차 세계대전 후에 독립을 획득하였다. 프랑스는 인도지나에 있는 식민지 해방에 진보적 의견을 가지고 있으며 이미 과거에 시리아, 알제리 등 식민지를 독립국가로 해방하여 주었다.

오스트레일리아와 캐나다는 영국의 자치령이다. 본래 두 나라는 영국의 식민지이었으나 제1차 세계대전 후에 자치령의 지위를 획득하여 내정과 외교에서 완전히 독립되었다. 오스트레일리아는 700만의 인구를 갖고 그 지리적 위치는 극동문제에 큰 관심을 갖게 되어 있다. 제2차 세계대전 시에 오스트레일리아는 일본에 의하여 중대한 상처를 받았으며 그 본토는 상륙작전의 위협까지 받았었다. 현재 오스트레일리아가 취하고 있는 대외정책은 극동에 있어서의 정치적 불안이나 또는 군사적 침략은 제3차 세계대전을 야기할는지 모른다는 것을 그 기본 관점으로 하고 있다.

캐나다는 2,000만가량의 인구를 옹하고 있다. 제2차 세계대전 전부터 캐나다는 극동문제에 강렬한 관심을 갖고 있었다. 그것은 그 나라의 서부 제항이 극동지역과 활발히 통상하고 있었기 때문이다. 오스트레일리아와 같이 캐나다도 중요한 생산국가로 이 양국의 식량생산은 현재 세계적인 식량부족을 해결하는 데 중요한 역할을 하고 있다. 그리고 캐나다는 농산물뿐이 아니라 점차로 공업국가화의 도정에 있어서 그 나라의 수출품의 태반이 완성된 제작품으로 되어 있다.

중국은 4억 5,000만의 인구를 옹하고 조선독립에 관해서 큰 열성을 갖고 있는 것은 이제 와서 췌언할 필요가 없다. 조선과 중국 간의 문화적·언어적·인권적·칠힉직 제 관계는 익사적인 싶은 뿌리를 박고 있어 각자의 문제에 대하여 쌍방이 다 큰 관심을 갖고 있다. 중국은 이제 일본 때문에 폐허화한 지역의 부흥에 전력을 경주하고 있으며 내란에 불구하고 정치적 통일에 노력하고 있다.

엘살바도르공화국은 중앙아메리카의 서해안에 위치하여 최근 10년간에 훌륭한 독립정부를 갖게 되었다.

프랑스공화국은 5대 강국의 하나로 생각되어 있으며 국제연합 안전보장이사회에도 한 의자를 갖고 있다. 인구는 3,800만으로 구라파의 정치적·경제적 위기의 중심이 되어 있다. 프랑스가 식민지 해방을 적극적으로 실행하여온 것은 상술한 바와 같다.

필리핀은 제2차 세계대전 전에 독립이 확약되었었다. 그러나 대전 중에 본토의 대부분이 침략되어 1944년에 맥아더 장군 지휘하의 미군에 의하여 해방되기까지 일본 점령하에 있었다. 이제 완전히 독립되어 국력 충실에 발분 중이므로 불원에 극동의 일대국가가 될 것이다. 인구는 1,600만이다.

시리아는 인구 166만으로 제1차 세계대전 후 오스만제국이 붕괴하자 프랑스의 위임통치령으로 되었다가 이번 제2차 세계대전 후에 독립국이 된 것이다. 아랍 블록의 중요한 멤버이다.

국제연합의 결정에 의하면 이 위원단의 기능은 조선인의 선거된 대표자가 자유롭고 독립한 조선국가의 해결에 참가하는 것을 촉진시키고 그 편의를 보아주는 것으로 그 위원단은 다음의 세 가지 기초 위에서 구성된 것이다.

1. 조선인민의 독립에 대한 긴급하고 정당한 요구를 인정한 것.

2. 조선의 국가적 독립이 재건되고 점령군이 최단기간 내에 철병할 것이라는 신념을 갖게 된 것.

3. 자유롭고 독립한 조선 국가는 조선인 대표의 참가 없이 정당히 해결될 수 없다는 결정을 갖게 된 것. (…)

（「유엔대표단의 성격, 구성원에 지리적 관계 중요시」, 『서울신문』 1948년 1월 9일）

유엔 출범 당시 아시아의 회원국은 9개국이었는데 그중 4개국이 조선위원회에 참여했으니 조선위원회가 아시아 국가에 중점을 두고 구성된 것은 사실이다(나머지 5개국은 사우디아라비아, 터키, 이란, 이라크, 미얀마). 오스트레일리아의 참여도 지역성에 입각한 것으로 이해할 수 있다. 8개국의 당시 사정이 어떠했는지, 위 기사를 보완해서 간략한 설명을 붙인다.

중국: 국제사회에서는 국민당정부가 중국을 대표하고 있었지만(소련 등 공산권에 대해서도) 국공내전에서 공산당의 입장이 계속 강화되는 중이었다. 1949년 여름까지는 국민당정부가 타이완으로 피해 가기에

이른다.

인도: 1820년대부터 영국의 지배를 받았던(초기에는 동인도회사를 통해) 인도는 1880년대 이래 꾸준한 독립운동의 전통을 키우고 제2차 세계대전을 계기로 독립을 쟁취했다. 인도의 생산력과 병력이 연합국 승리에 결정적 기여를 했기 때문이다. 1947년 8월 파키스탄과 분리되어 독립한 인도는 신생독립국 중 가장 큰 인적·물적 자원을 가진 나라였다.

필리핀: 스페인 식민지배로부터 19세기 말 미국에 넘겨졌던 필리핀은 제국주의시대의 식민지와 다른 형태의 종속관계를 미국이 실험하는 무대가 되었다. 점령 초기 100만 명 이상의 인명을 빼앗으며 독립운동을 진압했던 미국이 1935년 필리핀에 자치령(commonwealth)의 위상을 부여하고 10년 후 완전 독립을 계획했다. 이 계획은 일본의 침공 때문에 조금 늦어져, 1946년 4월의 총선거를 거쳐 1946년 7월 4일 정식으로 독립했다. 미국으로부터 독립한다는 나라가 미국 독립기념일을 자기네 독립기념일로 삼았다. 조선의 신탁통치와 독립에 대한 미국인의 관념은 필리핀을 모델로 한 것이었다.

시리아: 수백 년 동안 오스만터키 통치 아래 있다가 제1차 세계대전으로 터키제국이 해체될 때 시리아왕국으로 독립을 시도했지만 영국과 프랑스에 점령당해 남쪽의 팔레스타인 지역은 영국의 신탁통치령(mandate)이 되고 북쪽의 시리아·레바논 지역은 프랑스의 신탁통치령이 되었다(1920). 1925년부터 대대적 독립운동을 벌인 결과 1936년 프랑스와 독립을 위한 조약을 맺었으나 프랑스 의회의 인준을 받지 못해 수포로 돌아갔다. 제2차 세계대전 발발 후 비시정부의 통치가 1941년 영국군과 자유프랑스군의 진주로 끝났을 때 독립을 선언했지만 국제사회의 인정을 받지 못했고, 1944년 1월에야 연합국의 승인을 받았

다. 그러고도 프랑스군의 점령 상태가 계속되고 있다가 1946년 4월 프랑스군의 철수로 완전한 독립을 성취했다. 독립 후에도 20여 년간 극심한 정치적 불안정에서 벗어나지 못했다.

오스트레일리아: 오스트레일리아의 명절 중 우리의 개천절에 가까운 것이 '오스트레일리아 데이(1월 26일)' 아닐까. 1788년 1월 26일 열한 척의 배에 실려 온 1,000여 명의 정착민(그중 4분의 3이 죄수)이 시드니 부근에 자리 잡은 날을 기념하는 것이다. 그 이래 오스트레일리아는 영국의 모범적 식민지로 자라나 1901년에 자치령이 되었다. 원주민은 거의 존재를 감추고 오스트레일리아는 완전한 백인국가가 되었다. '백호(白濠)주의'를 공식화한 것도 자치령이 될 때의 일이었다.

캐나다: 역시 영국의 모범적 식민지로부터 자라난 자치령 형태의 백인국가.

엘살바도르: 스페인 식민지로 있다가 다른 라틴아메리카 국가들과 같이 나폴레옹전쟁의 여파 속에 독립운동을 시작해(1811) 1821년 중앙아메리카연합의 일부가 되었다가 1838년 연합의 해체와 함께 독립했다. 1931년 이래 군사독재정권 치하에 있었다(군사독재는 1979년까지 계속되다가 1980~1992년에는 내전을 겪는다).

프랑스: 위 기사에서는 "식민지 해방을 적극적으로 실행"해왔다고 했는데, '팩트'에 문제가 있는 소개다. 프랑스가 기존 열강 중 식민지 체제에 가장 강하게 집착한 나라였다는 사실을 당시 진행 중이던 베트남 독립전쟁이 보여주고 있었다.

1948. 1. 9.

너무 좋아서 입을 다물지 못하는 이승만

———

유엔위원단 입국에 즈음한 조선 정계의 반응을 한 차례 살펴본다. 우선 『경향신문』 1월 6일자에 실린 정계 개관 기사부터 보겠다.

> 국련조선위원단의 내조를 목전에 앞두고 국내 정계는 3분되어 과반 미소공위 시의 대립을 방불케 하고 있으므로 유엔사업 추진에 일루의 암운이 저회(低廻)하고 있다. 즉 구랍 31일 '5당캄파'를 중심으로 한 정협에서는 시내 모처에서 제9차 회의를 열고 유엔 반대의 성명서를 지난 3일부로 발표하였고 남로당에서는 1일부로 "1948년을 맞이하면서 남조선 전 동포들에게 호소함"이라는 발표문을 통하여 유엔 내조의 반대 성명을 발표하였다.
> 그런데 민련을 중심으로 한 그 산하단체에서는 금년 9월 미국 대통령선거가 끝나기 전에는 유엔으로서도 총선거를 단행하지 아니하리라는 관측을 가지고 있으며 우익 일부에서도 남북을 통한 총선거를 주장하고 있으므로 유엔사업 추진의 전도에는 낙관을 불허한다.
> 그러나 민족진영에서는 유엔 총체적 지지의 기치를 내걸고 이를 적극 추진해 총선으로 유엔의 일원이 되기를 기구(冀求)하고 이 길만이 이제 남은 유일의 희망으로 보고 있다. 그러므로 국의와 민대의 합동

을 추진시키고 5일 오후 1시부터 독촉국민회에서 열린 민족대표단
회의에서도 유엔위원단 협조 방침에 관한 건을 토의하였다 하는데
앞으로 그 귀추는 자못 주목된다.

「대표 내조(來朝) 앞둔 정계에 적신호」, 『경향신문』 1948년 1월 6일)

3분된 정계라 함은 좌익, 중간파, 우익을 가리키는 것이다. 한국독
립당(이하 '한독당'으로 줄임)이 빠져나간 후 중간-좌익 군소정당들이 계
속해온 각정당협의회(이하 '정협'으로 줄임)가 남조선노동당(이하 '남로
당'으로 줄임)과 함께 좌익으로 지목되는 것은 유엔 개입을 반대하고 소
련이 주장한 우선 철군을 지지하기 때문일 것이다. 중간파는 민족자주
연맹(이하 '민련'으로 줄임)으로 대표되고 있고, '우익'이나 '민족진영'은
반공세력을 가리키는 말로 쓰이고 있다.

『동아일보』 1월 7일자 1면에는 한민당, 조선민주당(이하 '조민당'으로
줄임)과 남조선대한국민대표민주의원(이하 '민주의원'으로 줄임)의 담
화·성명이 게재되었다.

우리 한국에 통일정부를 세우기 위하여 유엔위원단이 내한하게 되었
음을 충심으로 환영하는 바이다. 유엔위원단이 내한하는 목적은 남
북을 통한 총선거를 행하여 우리 한국에 민주주의적 통일정부를 수
립하는 것인 만큼 본당으로서는 유엔위원단이 그 사명과 목적을 달
성하기로 기대하는 바이다. 그러나 만일에 소련에서 보이콧을 고집
하여 남북을 통한 총선거가 불가능한 경우에는 남한 전체에서만이라
도 총선거를 단행하여 한국 전체의 정부를 세우지 않아서는 안 될 터
이니 이 점에 관하여 유엔위원단이 특히 노력하여 주기를 바라는 동
시에 3월 말일 이내라는 기간을 엄수하기를 요청하는 바이다.

(「유엔위원단 내조 환영. 3월 말일 이내로 총선거 실시 요망-한민당 담」, 『동아일보』
1948년 1월 7일)

우리가 초조하게 기대하던 유엔위원단이 조선 독립결의안을 실시키
위하여 내국하는 것은 한족의 광명이며 유일한 희망이다. 그런데 공
산분자들은 이와 같이 중대한 시기에 남북에서 반민족적 음모를 계
획한다 하니 그들은 골육이 한인이면서도 사상은 비민족이라는 것을
그 자신이 다시금 증명하는 것이다. 진정한 애국동포들은 거기에 현
혹되는 일이 절대 없을 것을 바라는 바이다.

(「유엔단 내조는 조선의 광명-조민당 담」, 『동아일보』 1948년 1월 7일)

우리는 유엔위원단의 내조를 충심으로 환영한다. 우리는 동 위원단
이 우리 한국 독립문제에 관하여 최종의 해결을 지을 것을 믿고 바라
는 바이다. 남북을 통한 총선거가 실시될 것을 기대하거니와 만일 소
련의 거부에 의하여 북에서의 선거가 불능할 경우에는 남에서만이라
도 총선거를 3월 말일 이내로 완료케 하여 정식 통일정부가 수립되
도록 동 위원단이 노력하여 주기를 우리는 3천만 한민족의 이름으로
요청하는 바이다.

(「소 보이콧하면 남한 선거 요청-민의 성명」, 『동아일보』 1948년 1월 7일)

한민당과 민주의원 담화가 똑같이 소련이 보이콧할 경우 남조선 선
거를 시행할 것, 3월 말 이내에 선거를 시행할 것을 강조한 것을 보면
이승만과 한민당을 포괄하는 반공세력의 노선이 확고하게 세워져 있
다는 사실을 알아볼 수 있다. 조민당 담화는 빤한 내용인데, "비민족(非
民族)"이란 말을 쓴 것이 눈에 띈다. 일제강점기에 제국 체제에 대한 반

1948년 덕수궁에서 열린 유엔위원단 첫 회의. 중국, 인도, 필리핀, 시리아 등 아시아 국가 대표들이 임시
위원단에 많이 참여했다.

대자들을 지목하던 "히고쿠민(非國民)"이란 말이 되살아난 것이다.

이승만은 1월 5일, 6일, 8일에 연거푸 담화를 발표했다. 너무 좋아
서 입이 다물어지지 않는 바람에 담화가 계속 나오는 것일까?

이승만은 5일 다음과 같은 담화를 발표하였다.

"지금 전설(傳說)을 듣건대 유엔대표단이 내도할 기회를 이용하여 우
익진영에서 시위운동을 계획한다 하니 이것이 사실이라면 이는 우리
를 방해하려는 사람들의 입장을 음조(陰助)하는 것이 되어 우리에게
대불리를 줄 것이므로 절대 정지시키기를 충고하는 바이다.

우리가 주장하는 과도총선거는 1년 전부터 준비하여오던 터이요 지
금은 유엔대표단 남북통일을 목적하고 오는 중인바 민족의 선거로
정한 대표들과 협의한다는 양해를 가지고 오는 터이니, 우리가 하루
바삐 공선으로 대표를 정하여 유엔을 도와야 할 것이므로 총선거의
필요성이 전보다 더욱 긴절하거늘, 하지 중장이 이를 허락지 아니하
며 동시에 외국에 전파되기는 과도총선거를 유엔에 반대하는 목적으

로 행하는 것이라 하여 오해를 만드는 이때에 우익 측에서 이러한 시
위운동이 있으면 불행이 될 것이니 유엔대표단을 진정으로 환영해서
그분들이 남북통일 목적에 대성공하기를 기대할 것이다."

(「오해될 시위 정지코 유엔대표 환영하라—이 박사 담」, 『동아일보』 1948년 1월 6일)

우익진영에서 시위운동을 계획한다는 것이 누구일까? 이승만의 지
휘 없이 시위를 계획한다면 김구 세력밖에 생각나는 데가 없다. 김구는
최근에 와서야 유엔 감시를 통한 총선거에 동의했다. 예상되는 소련의
보이콧을 전제로 한 남조선 단독선거까지 용인할 기색을 보이기도 했
지만 거기에는 가변성이 남아 있다. 그리고 이승만 세력의 민족대표자
회의(이하 '민대'로 줄임)를 김구 세력의 국민의회에 통합하는 작업이 진
행되고 있었다. 이승만의 경고는 김구 측을 향한 것으로 보인다.

이승만 박사는 6일 이화장에서 유엔위원단 내조에 제하여 각 정당·
사회단체에서는 자발적 정신으로 민족적 행동통일을 하여 국가대사
를 성공하라는 요지의 성명을 다음과 같이 발표하였다.
"지금 우리 형편으로는 각 정당이나 사회단체의 합동 여부를 문제 삼
아서 쟁변이나 토의를 할 시기가 아니요, 이런 문제는 다 초월해서
국권회복에 대한 목적으로 동일한 보조를 취하여 분투 매진할 때이
다. 다른 나라에서들도 각 정당의 주의 주장대로 투쟁하다가 국가사
태에 중요문제가 발생될 때에는 다 폐지하고 일치 행동으로 공공히
관계되는 문제를 먼저 해결하기로 공작하나니 이것이 통일된 국가의
통례이다.
우리나라에서도 기미년 운동에 각 사회나 교육단체가 먼저 통일을
이루어서 전국적 시위운동을 행하기로 하였으면 성과를 거두지 못했

을 것인데 기독교, 천도교, 유교, 불교, 천주교 등 각 종교단체가 자체를 해산하거나 명호를 개칭히거나 조직을 변동한 것이 조금도 없고 각각 자체가 여전히 있으며 독립목적에만 합작해서 자발적 정신으로 일어서매 전 민족 통일이 되어 사태를 성공한 것이다. 현금 남북을 물론하고 모든 정당이나 사회의 유일한 목적은 통일정부를 수립해서 독립을 완성하려는 것뿐이니 지금 세계 모든 우방의 대표자가 도래하여 남북총선거를 진행할 희망을 가지게 되는 이때에 우리가 주장하는 바는 우선 과도선거를 몇 주일 내로 실시해서 우리 민선 몇 대표와 유엔대표의 합작으로 대업을 완성하기를 바라는 바이다.

경향에서 청년 각 단체의 합동과 국의, 민대 합동에 대해서만은 문제가 되고 있으나 나로는 이 문제에 좌우간 간섭코자 아니하며 오직 나의 주장하는 바는 각각 자원(自願)으로 정신적 통일이 되기 어려운 경우에는 내가 위에 말한 바를 준행하면 다 같이 목적지에 도달할 첩경이 될 것이다. 이때에 정당이나 단체를 표준삼아 합작하자, 말자 하는 언론으로 민심을 현란시키는 것은 도리어 대사에 지장을 줄 염려가 불무(不無)하니 내가 바라는 바는 각 정당·사회단체가 각각 자체의 명목이라. 주의라 하는 것을 다 잊어버리고 공동 관계되는 목적으로 자기들의 목적을 삼아 독립 완성으로만 표준을 만들어 일심용진하면 전 민족의 유일한 목적을 성공할 것이니 그 후에는 정당과 단체가 필요도 하고 또한 성립할 토대도 있을 것이려니와 나라가 없이 정당 단체를 위해서 분립 대치가 되면 한인들이 각각 자기 앞길을 자기 스스로 막으며 전진하기를 바라는 것이다."

(「명목적 합동 중지코 실질적인 행동통일로 국권회복에 매진-이승만 박사 국민에 호소」, 『동아일보』 1948년 1월 7일)

　국민의회와 민대의 통합을 놓고 김구 측의 재촉을 받고 있는 상황 때문에 나온 성명으로 보인다. 두 조직은 이틀 후, 유엔위원단 본진 도착 날인 8일에 통합 절차를 마무리했다. 국민의회의 대회 소집이 장덕수(張德秀, 1894~1947) 암살사건 여파로 허가받지 못하고 있는 상황에서 약식 절차로 통합을 마무리했으니, 얼마나 그 처리가 급했는지 알아볼 수 있다.

　『동아일보』 1월 9일자에는 유엔위원단에 대한 이승만의 환영사가 실렸다. 나흘 동안에 나온 이승만의 세 차례 담화-성명을 모두 실은 신문은 『동아일보』뿐이었던 것 같다.

　　단장 후스쩌 씨와 나와는 친분이 막역한 사이에 있다. 후 씨는 레익제네바 국제연맹의 숭국대표단장이었다. 그때에 중국대표단과 협력하여 일한 일이 있었으며 특히 후스쩌 씨와는 밀접한 관계가 있었으므로 이번에 단장으로 오게 된 것을 개인적으로도 환영하는 바이다. 따라서 유엔대표단 일동은 세계와 동양정세를 보아서라도 협력하여주기를 바라며 그분들이 레이크석세스 유엔총회에서 우리 한국독립을 위하여 노력하여주신 데 대하여 감사를 드리는 바이다. 특히 남북을 통한 총선거 실시를 위하여 노력하여주기 바란다.

　　그리고 한인들이 주인이니만치 한인들과 협의해서 일하되 각 개인들의 의견을 많이 듣지 말고 한국의 손님이니만치 한족을 대표한 대표와 정의로 판결할 것이 유일의 해결책이니 이와 같이 해서 유엔위원단이 훌륭한 업적을 내고 돌아가기 바란다. 우리의 요구는 정의뿐이다. 세계평화라는 것은 정의를 표현해야만 평화가 올 것이며 우리 문제를 해결하러 오는 유엔위원단도 정의를 표현하여야 한다."

(「조선의 민주독립 달성에 위대한 업적 남기라—이 박사 환영사」, 『동아일보』

　　누구보다 빨리 19개월 전에 '정읍 발언'으로 분단건국 노선을 밝히
고 그를 위해 매진해온 이승만인데 이 환영사에서는 "남북을 통한 총
선거 실시"를 내걸고 있다. 속으로 꿀떡같이 바라는 것을 드러내 말하
지 않는 데서 그의 노회함을 알아볼 수 있다. 이 환영사 밑에 붙어 있
는 김성수(金性洙, 1891~1955)의 환영사에 단독선거의 희망이 노골적
으로 드러나 있는 것과 대조된다.

　　"우리는 유엔위원단의 내조를 충심으로 환영합니다. 카이로선언, 포
　　츠담회담의 약속이 구체적으로 실현되게 된 것을 기뻐하나이다. 이
　　원래(遠來)의 손님들에 대하여 우리는 그 임무수행에 관하여 충분히
　　협력하여야 하겠습니다. 이번에는 우리 독립문제가 꼭 해결될 것을
　　믿고 있습니다. 남북을 통한 총선거가 되면 물론 좋고 만일 소련이
　　거부하여 북에서는 선거가 시행되지 못하게 되면 남에서만이라도 선
　　거를 행하여 정부를 수립하여야 하겠습니다. 이 점에 관하여 위원단
　　은 적극적으로 노력하여주기를 바라는 바입니다. 이렇게 해서 성립
　　되는 정부는 누차 말한 바와 같이 전 조선의 통일정부가 될 것입니
　　다. 우리는 유엔 관계 우호 43개국에 대하여 열렬한 감사를 드리는
　　바입니다."

(「유엔 임무 수행에 적극적 협력 불석(不惜)-김성수 씨 담」, 『동아일보』

1948년 1월 9일)

　　『동아일보』 1월 11일자에는 「남조선 각 정당 견해」란 제목으로 위
원단 입국에 대한 몇 개 정당 단체의 반응을 모아 소개했다. 한민당과

민주의원의 발표는 앞서 소개한 것과 거의 같은 내용인데 "소련과의 교섭에 많은 일자를 허비하지 말고"란 말이 이번 발표에 똑같이 들어 있는 점이 눈에 띈다. 남조선 단독선거를 아주 기정사실로 만들어놓고 있는 것이다.

● 한민당: 우리는 유엔위원단의 안착을 기뻐하여 그 전도를 축복한다. 독립조선 건설이 그들의 사명인즉 소련과의 교섭에 일자를 많이 허비하지 말고 신속히 총선거를 실시하여 정식정부 수립에 노력하여 주기를 우리는 동 위원단에 갈망하는 바이며 3월 말 이내라는 총선거 기한을 엄수하기를 요청한다. 해방 후 이미 4개 성상 우리 동포는 얼마나 초조하였던지 연합국의 호의에는 신뢰하면서도 불안에 싸여 있었던 것은 엄폐치 못할 사실이었다. 이번에는 천연함이 없이 문제가 완전히 해결되어야 할 것이다. 북에서 선거에 응하지 아니할 시는 남에서만이라도 선거를 행하여 정식정부를 조직하여야 할 것은 조선민족 전체의 요청이고 사리상에도 당연한 일이니 위원단에서 신속 과감한 행동을 취하여주기를 우리는 요구한다.

● 민주의원: 3천만 동포와 함께 우리는 유엔위원단의 안착을 기뻐하여 그 전도를 축복한다. 소련의 교섭에 많은 일자를 허비치 말고 조속히 총선거를 실시하여 하루라도 더 속히 우리 정부가 수립되도록 동 위원단이 노력하여주기를 우리는 갈망하는 바이다. 북에서 선거에 응치 않는 경우에는 남에서만이라도 총선거를 실시하여 정식정부를 수립하는 것은 사리상 당연한 일이니 그때 그 절차에 관하여서도 민속히 활동하여주기를 우리는 동 위원단에 요청한다.

● 독촉청년단: 금반 남북총선거를 실시하여 한국의 자주독립을 협조하기 위하여 내조한 유엔한국위원단을 중심으로 환영하는 동시에 그 성공을 바라는 바이다. 그러나 유엔총회 석상에서 42대 0으로 통과된 한국독립을 위한 총선거안을 보이콧한 소련의 의도를 규지(窺知)할 수 있는 바이니 과연 유엔한국위원이 북한에까지 원활한 선거 실시를 하게 될 수 있을는지 우려하지 아니할 수 없다. 불행히 그런 경우에는 부득이 남한만이라도 총선거를 급속 실시하여 외국의 간섭 없는 독립정부를 수립하도록 하여 만방의 승인을 얻도록 선처하여 3천만에게 실망을 주지 않기를 유엔위원 제 씨께 절망하는 바이다.

● 근로당: 조선 독립문제에 대한 유엔 결정은 미·소 협조로 이루어진 것이 아니며 우리의 민족자결권을 무시하는 것으로 이는 조국의 통일 독립을 지연시킬 것이다. 그러므로 조선통일의 유일한 첩경은 외력 간섭 없는 남북통일 총선거를 실시함으로써만 가능한 일이다.

● 남로당: 유엔 결정은 조국의 민주독립을 복잡 지연화시키고 유엔 탁치의 길로 유도하는 것을 규정하기 때문에 우리는 동 결정을 반대한다. 그러므로 미·소 양군은 즉시 철병하여 우리 민족에게 외국의 간섭 없이 조국의 운명을 자유로 결정할 수 있는 기회를 줄 것을 요청한다.

● 민주독립당: 우리의 남북통일정부 수립을 원조하기 위하여 원로 내조한 유엔위원단에 대하여 만강의 사의를 표하는 바이다. 항간에는 유엔위원단의 북조선 입경을 소 측이 거부할 것은 기정사실이니 유엔위원단의 수고도 허사라고 속단하는 경향도 있는 듯한데 나는

남북통일을 열원(熱願)하는 나머지 일루(一縷)의 희망을 가지고 있다. 만일 소련 측이 남북총선거를 보이콧한다면 유엔의 조선독립에 대한 노력은 필경 수포로 돌아가게 될 것으로 보이는데 일이 그렇게 되고 보면 유엔(소총회)은 남조선에서만이라도 선거를 시행하여 정부를 수립하게 하느냐의 여부는 지금 예측을 불허하는 바이며 만일 조선의 단선(單選)이 시행된다 하더라도 우리는 이에 추호의 흥미도 느낄 수 없다. 왜 그런고 하니 남조선 단선에 의해서 우리의 정부가 수립되더라도 주권의 회수와 민생문제의 해결은 난기(難期)한 까닭이다.

근로인민당(이하 '근민당'으로 줄임)과 남로당의 유엔 결정 반대는 예상한 대로인데, 대안 제시가 아쉽다. 잠시 후 민련에서 내놓을 남북연석회담 같은 것이 의미 있는 대안이 될 수 있는 것인데, 남북합작은커녕 좌우합작에조차 비협조적이었던 남로당은 과연 북조선 단독건국을 원했던 것일까? 그렇다면 참으로 '적대적 공생관계'의 전형적 사례라 할 것이다.

1948. 1. 11.

전쟁과 독재는 분단건국의 당연한 결과

———

『임꺽정』의 작가 홍명희(洪命熹, 1888~1968)를 대표로 하는 민주독립
당(이하 '민독당'으로 줄임)에서는 1월 13일 남조선 단독선거를 반대하는
담화를 발표했다.

> "일부에서 소련의 비협력으로 남북통일, 완전독립이 불가능할 때에
> 는 남부만의 단선에 의한 정부 수립을 적극 주장하는 편도 있으나 이
> 결과는 우리 독립을 포기하는 것이고 우리 민족을 멸망의 구렁이로
> 몰아놓는 것 이외에 아무 소득이 없다는 것을 명백히 지적한다."
>
> (「남조선 선거 반대-민독당 담화 발표」, 『조선일보』 1948년 1월 14일)

유엔위원단이 들어와 활동을 시작하는 시점에서 이런 담화를 발표한
것은 유엔을 통한 건국이 분단건국이 될 전망이 분명했기 때문이다.

유엔위원단의 임무는 1948년 3월 말 이전에 총선거를 시행하는 것
으로 명시되어 있었다. 또한 그 선거는 남북을 통한 총선거여야 할 것
으로 명시되어 있었다. 소련이 협조하지 않는 상황에서 이뤄질 수 없
는 임무였다. 이남 반공세력은 소련이 협조하지 않을 경우 남조선에서
만이라도 정해진 기일 내에 선거를 시행하라고 주장하고 있었다. 이남

인구가 조선 인구의 3분의 2에 달하니 남조선 선거로 뽑은 대표를 전 민족의 대표로 볼 수 있다는 주장이었다. 북한 지역까지 영토로 규정하는 대한민국 헌법도 이 주장에서 파생된 것이다.

좌익은 유엔의 개입 자체에 반대였는데, 중간파의 입장은 어정쩡했다. 유엔이 도와주는 선거를 반대하는 것은 아닌데, 남조선만의 선거에는 반대였다. 그런데 현실상 유엔이 도와주는 선거는 남조선만의 선거가 되기 쉬운 상황이었다.

남조선 단독선거의 개연성 또는 필연성에 대한 당시 사람들 생각은 어땠을까? 유엔이 도와주는 선거가 남북총선거가 될 수도 있다는 희망을 조금이라도 갖고 있었을까? 오기영(吳基永, 1909~?)의 글을 보면 그런 희망이 보이지 않는다. 이 글은 5월 10일의 남조선 선거가 지난 7월 17일에 쓴 것이지만, 유엔위원단 입국 전부터 단독선서의 불가피성은 확실했다고 적고 있으며, 그 불가피성의 원인을 분명히 밝히면서 이 예견이 상식적 추론일 뿐이라고 주장한다.

「북조선정부」

조선에는 또 하나의 정부가 선다.

남조선에서 이른바 가능지역선거에 의하여 수립되는 정부가 전 조선을 대표하는 정부라 하는데 북조선에서 수립되는 정부도 전 조선을 대표할 정부라고 한다. 이리하여 하나의 조국을 대표하는 두 개의 정부가 생겼다.

나는 별고(別稿)에서 가능지역정부가 아무리 전 조선을 대표한다 할지라도 실제에 있어서 반쪽밖에 더 볼 수 없는 애꾸적 성격을 말한 바 있거니와 이로써 또 하나의 정부도 그것이 실제에 있어서 북조선을 대표하는 이상의 아무 능력도 없을 때에 그 역시 반쪽밖에 더 볼 수 없는 애꾸적 성격을 부인하지 못한다. 그러니까 왼쪽 눈이 멀었거나 오른쪽 눈이 멀었거나 멀기는 마찬가지라, 애꾸는 마찬가지 애꾸다.

이것은 결코 다행한 일이 아니다. 두 개의 애꾸적 반쪽 정부를 우리가 바라지 않고 하나의 구안적(具眼的) 통일정부를 바라는 마음이 간절할수록 현재 불구의 신세를 비통하지 않을 수 없는 것이다.

이 사태는 오늘에 의외로 나타난 사태는 아니다. 조선 문제에 대한 미·소의 합의가 불가능할 때에 넉넉히 예견할 수 있었던 바요, 드디어 소련과의 협조를 단념한 미국이 조선 문제를 유엔에 제소할 때에 결정적으로 예견할 수 있었던 것이다.

그래서 필자는 1월 초 내한하는 유엔위원단에게 보내는 공개장에서 그들의 임무가 미국 점령하의 남조선에 국한될 가능성을 지적하였고 그래서, "아무리 한 편이 주장하기를 조선을 대표할 자는 오직 유엔위원의 감시하에 선거된 자뿐이라 하더라도 실제에 있어서 이를 반대하고 배격하여 보이콧한 세력하에서 그 세력의 지지하에 선출된 대표자도 조선의 대표자라고 주장할 것이다. 이것은 하나의 통일정부가 아니라 두 개의 분열정부를 의미한다."고 말해둔 것도 그게 무슨 나 혼자 용한 점을 쳐서 알아낸 것도 아무것도 아니라 누구나 알 수 있는 상식론의 강조에 불과하였던 것이다.

그런데 이 불행한 예측은 드디어 불행하게도 적중하는 사태의 진전을 보이고 있으니 유엔위원단 입경의 불가능지역이요 선거 감시의 불가능지역인 북조선에서도 8월 25일 선거를 실시한다는 평양방송이 그것이다. 이 선거에 대한 UP통신의 해설에 의하면, "이 투표는 북조선 소련 점령 지역 내의 입법의원 의원을 선거하려는 것이며 이 입법의원은 북조선과 남조선 미국 점령 지역의 양 지역에 대한 지배권을 주장할 것이다. 그러나 미국 점령 지역인 남조선에서는 이미 입법의원이 성립되었으며 그도 역시 전 조선에 대한 관할권을 주장하고 있다"는 것이다.

이것을 누가 몰라서 새삼스럽게 외인의 친절한 해설이 필요하랴. 이를테면 두 애꾸가 서로 애꾸가 아니라고 주장하는 셈인데 이것이 남의 연극이라면 웃고 말아서 무방하려니와 우리 자신의 현실이니 웃지 못할 비극인 것이다.

남조선 제헌의회는 드디어 '대한민국 헌법'을 오늘 공포하였고 급히 서두는 품이 정부도 한 달 내에 성립할 기세다.

이것은 물론 9월의 유엔총회에 나가서 발언권 내지 정식 가입을 목표로 하는 것인 줄 알겠거니와 북조선에서도 일찍 북조선 인민회의 특별회의에서 결정한 '조선민주주의인민공화국 헌법'을 7월 10일부터 실시히며 8월 25일에 선거가 실시되면 곧장 정부의 수립을 보게 될 것도 확실한 일이라 이것은 9월 유엔총회로 하여금 가능지역에서 수립된 정부의 발언 내지 가입을 불가능하게 하려는 중대한 포석인 것도 확실한 일이다.

이로써 유엔은 두 개의 조선정부를 앞에 놓고 어느 것을 승인하거나 어느 것을 불승인하거나 말썽이 일어날 가능성만은 충분히 짐작할 수 있다. 그러고 나면 어떻게 된다?

그러기에 애당초 유엔에서 소련의 보이콧을 무시하고 조선의 선거 실시와 그 감시를 위한 위원단의 파견을 46 대 0으로 결정할 때 많은 사람이 작약(雀躍)하였지마는 그들은 막상 조선에 벌어진 냉엄한 현실은 46 대 0이 아니라 1 대 1이라는 사실을 무시하고 있음을 필자는 지적했던 것이다.

이제야 유엔은 46 찬성에 의한 가능지역 선거와 그 정부를 지지하려 할지라도 0에도 기능이 있어서 불가능지역이 생겼고 이 불가능지역에서도 선거를 실시하며 헌법을 발포하며 정부를 수립하였음을 무시할 수는 없을 것이다. 설혹 무시가 가능할지라도 이 가능한 무시는 역시 가능지역에서만 가능할 것이지, 불가능지역인 북조선에서는 일찍 46 찬성이 무시된 역사를 반복하는 데 불과할 것도 충분히 예견할 수 있는 것이다.

이로부터 두 개의 정부는 서로 각자의 능력을 육성하기까지 그 기반의 강화에 노력할 것은 각자의 입장에서 틀림없이 당연한 일이다.

그러기 위하여 38선은 철폐는커녕 더욱더 철벽화할 것이다. 비록 미·소 양군이 무슨 생각이 들어서 철퇴한다 할지라도 이것은 처음에 미·소의 국경선이던 38선이 이제는 조선민족끼리 이 동혈동육끼리의 국경선으로 정하는 것이거니와 두렵건대 이 동혈동육을 찢어놓은 배후세력으로서의 미·소 양군은 철퇴는커녕 장기 주둔할 수밖에 없는 이유가, 이 부당한 이유가 국제적으로 승인되는 결과가 없으리라고 보장할 자신은 아무도 가지지 못할 것이다.

이것은 무엇을 의미하는가? 이 하나의 조국이 국제적 승인하에 결정적으로 분열되는 것이라는 기막힌 사실을 누가 또 모르겠기에 구태여 설명이 필요할 거냐. 그리하여 우리는 현재 이상의 불행을-그 암담과 비참과 내지 유혈을 보게 될 위험한 가능성을 누가 모르겠기에 또다시 강조할 필요가 있을 것이냐.

이론이야 어떻거나 남의 정부가 반쪽 정부라면 북의 정부도 반쪽 정부를 면하지 못한다. 명분이야 어떻거나 남의 정부가 미국의 세력하에서만 권위를 유지할 때에 북의 정부도 소련의 세력하에서만 권위를 유지할 수 있을 것이다.

장차 이 두 개의 정부는 각자의 권위를 민중에게서 획득하려고 노력할 모양이지만 모르거니와 이 노력은 부자연한 흥분상태에서 발휘되

지 않을까? 이 말은 무슨 말이냐 하면 민중에게 진정한 자유가 용인
되기 어려우리라는 말이다. 남의 민중이 남의 정부를 반대할 자유가
허락되지 않고 북의 민중이 북의 정부를 반대할 자유가 허락되지 않
을 것이다.

그러나 우리는 자유를 포기할 수는 없는 것이다. 그러므로 우리는 두
개의 반쪽 정부를 원치 않고 하나의 통일정부를 원하는 자유를 포기
할 수는 없는 것이다. 그래서 우리는 북의 정부도 그대로 완전한 정
부가 아니라고 말하는 자유를 포기할 수는 없는 것이다. (오기영, 『진짜
무궁화』, 성균관대학교출판부, 2002. 4, 94~98쪽)

유엔총회에서 미국이 제안한 조선 관계 결의안은 찬성 46국에 반대
없이 통과되었다. 소련과 그 휘하의 동구권 국가들이 반대를 하지 않
고 기권을 한 데는 어떤 의미가 있는 것인가? 이 결의안을 유엔총회에
서 다룰 성격의 것이 아니라고 원천적으로 부정한 것이다. 만약 46 대
6의 표결이 이뤄졌다면 반대자들도 다수결에 따라야 한다. 그러나 소
련 등 공산국들은 결의안의 성립 자체를 거부함으로써 보이콧 입장을
밝힌 것이다. 우크라이나가 조선위원단 참여를 거부한 것도 이 보이콧
의 일환이었다.

조선 문제가 46 대 0의 문제가 아니라 1 대 1의 문제라고 오기영이
말한 것은 사태의 본질을 꿰뚫은 탁견이다. 소련은 조선에 현실적 영
향력을 가장 크게 끼치고 있는 두 나라 중 하나인데 유엔 결정은 소련
을 설득하는 아무런 힘도 갖지 못한 것이었고, 따라서 조선 문제의 평
화적 해결에 도움이 되지 않는 것이었다.

오기영의 위 글에는 이미 일어난 일과 일어나고 있던 일만이 아니라
앞으로 일어날 일에 대한 전망도 담겨 있다. 분단건국이 어떤 사태를

몰고 올까 하는 것이다.

분단건국의 문제점은 통일국가를 이루지 못했다는 미진함에만 있는 것이 아니다. 통일되어 있는 것이 자연스러운 민족이 두 국가로 분단되어 있을 때 그 부자연스러운 상황이 일으키지 않을 수 없는 문제들이 있다. 전쟁과 독재다. 자연스러운 통합 상태로 돌아가려는 민중의 의지가 분단 상대에 대한 공격성으로 나타나 전쟁을 일으킬 것이다. 그리고 이쪽 체제만 정당하다는 양보할 수 없는 주장에 매달리면 어느 쪽도 국민에게 사상과 표현의 자유를 허락할 수 없을 것이다.

오기영의 말대로 모두 상식적으로 추론할 수 있는 일들이었다. 식견 있는 사람들이 모두 걱정을 하고 있는 중에 1948년의 조선은 분단, 독재, 전쟁을 향해 치닫고 있었다.

1948. 1. 14.

시리아대표 닥터 자비의 활약

———

유엔위원단의 활동이 시작되었다. 9개국 중 참여 거부를 선언한 우크라이나만이 아니라 엘살바도르대표도 도착하지 않아 7개국 대표가 1월 12일 저녁 때 첫 회의를 열었다. 중국대표 류위안은 연말에 입국해있었고, 인도대표 메논, 시리아대표 자비, 오스트레일리아내표 색슨 3인이 후스쩌 사무국장과 함께 1월 8일 입국했으며, 필리핀대표 아란즈와 프랑스대표 폴 봉쿠르, 캐나다대표 패터슨이 1월 12일에 도착했다.

지난 1월 7일 일기에서 엘살바도르를 포함한 여덟 나라가 어떤 나라인지 간략히 소개했는데, 각국 대표가 어떤 사람인지는 정확히 파악하기가 힘들다. 1월 9일자 『경향신문』에 실린 「내조한 각국 대표 약력」을 우선 옮겨놓고, 필요한 일이 있을 때 가능한 범위에서 인물 소개를 보충하겠다.

> 사무총장 후스쩌 박사: 저장(浙江)성 오홍(吳興)현 사람. 1894년 미국 워싱턴에서 출생. 1899년 그의 부친이 주 러시아 공사로 임명되자 러시아로 가서 소·중학교를 졸업, 프랑스 파리대학에서 수학 후 법학박사 학위를 받고 1921년 워싱턴회의 중국대표부 비서, 1925년 베이징정부 외교부 참사, 1927년 동 외교부 조약사 과장, 1928년 베

이징정부 도괴 후 남하하여 상하이시정부 참사 겸 국민정부 건설위원회 비서로 취임. 동년 외교부에 들어가 동부 비서 겸 총무사 과장에 취임. 1930년 외교부 아주사장, 1932년 국제연맹 전권대표 판사처장, 1933년 주아(駐亞) 공사로 취임 후 외교관으로 많은 활약을 하였고, 제2차 유엔총회의 부사무총장으로 활약 중. 금반 유엔조선위원회 사무총장으로 취임.

중국대표 류위완 박사: 1946년 11월 주 서울 중국총영사로 부임. 제2회 유엔총회에 출석하여 유엔 중국대표 왕스제(王世杰) 씨를 보좌하고 금반 유엔조선위원단 중국대표에 선임되었다.

인도대표 포파나 에노인 씨: 전시 중에는 중국 주재 인도대표로 충칭에 체류하였으며 지금은 인도 국무차관인 동시에 인도대표단 사무국장으로 활약하고 있다.

프랑스대표 폴 봉쿠르 씨: 1898년 7월 30일생. 1922년 이래 외교관으로 활약. 1931년 군제연맹 부사무국장 취임. 1933년 런던군축회의 프랑스대표로 출석. 현재는 주 루마니아 프랑스 대사이다.

오스트레일리아대표 S. H. 잭슨 씨: 재일(在日) 오스트레일리아 사절의 고문관으로 당년 55세의 오스트레일리아의 저명한 외교관.

시리아대표 파라 제키 자비 박사: 동 박사는 시리아의 저명한 정치가인 동시에 의사이며 모국의 독립운동의 열렬한 투사이다.

설명은 지금 독자들이 알아보기 쉽게 손을 보고 표제는 원래대로 두었다. 인도대표 메논의 이름은 아주 엉뚱하게 되어 있는데, 도착 후에야 이름이 알려졌기 때문에 옮겨 적는 데 착오가 있었던 것 같다.

모두 직업외교관인데 시리아의 자비 대표만이 의사 출신의 정치가로 나와 있다. 제3세계의 독립운동이나 혁명운동에서는 의사가 중요

1948년 1월 12일 메논이 유엔위원단 의장으로 선출된 직후 사무총장 후스쩌에게서 의장봉을 넘겨받고 있다. 인도는 유엔에서 미국의 독주에 맹종하지 않는 나라였기 때문에 인도대표 메논의 입장이 위원단에서 매우 중요했다.

한 역할을 맡는 일이 많다. 고급 지식인이며 활동을 위한 재정적 근거를 가진 직업이기 때문일 것이다.

외교관은 고급 직종 치고는 별로 존경받지 못하는 직업이다. 우리 사회에 무슨 사, 무슨 사 해서 "면허 받은 도둑놈"이란 말을 하는데, 외교관은 세계적으로 "면허 받은 사기꾼"으로 통한다. 개개인의 도덕성이 그리 저열한 것도 아닌데 이렇게 평판이 좋지 못한 것은 한 사회를 대표하는 위치에서 외부와 교섭하는 역할을 맡기 때문에 '정체성(identity)'의 불안감을 느끼게 되는 때문이 아닐까? 우리 사회에서 외무공무원의 행태가 곧잘 물의를 일으키는 이유도 여기에 있는 것 같다.

유엔위원회의 활동에서도 직업외교관들에게는 상식적 수준을 넘어서는 헌신성을 기대하기 힘든 것이 그 직업의 부정적 평판 때문일지 모른다. 그렇다면 의사 출신 정치가라는 시리아대표는 그와 달리 혁명가다운 면모를 보여줄까? 자비의 활동 내용은 이 기대를 충족시켜주는 것 같다. 자비는 첫 회의 전에 벌써 조선인 정치인을 만나기 시작했다.

> 유엔조선위원단을 위요(圍繞)하고 국내 정계의 동향은 주시되는 바 있는데 10일 오후 4시경 김규식은 단독으로 시리아대표 자비 박사를 방문하여 30여 분간 면담하였고 11일에는 오전 11시 동 자비 박사가 시리아 교체위원(부대표) 무길을 대동하고 이화장으로 이승만을 방문하고 40여 분간 회담하였는데 양 박사와의 회담에서는 일체 정치문제에는 언급치 않았다 한다. 동 면담에 대하여 무길은 양 박사의 인상에 대하여 다음과 같이 말하였다. "이, 김 양 박사를 만났는데 동석상에서 정치문제는 이야기하지 않고 민정에 대한 이모저모를 말하였다. 그런데 두 박사의 첫인상은 아주 좋았다."
>
> 「시리아대표 이, 김 양 박사 회담」, 『경향신문』 1948년 1월 13일)

김규식(金奎植, 1881~1950)이 여러 위원 중 유독 자비를 찾아간 까닭이 무엇일까? 1920년대에 김규식의 활동 범위가 넓었기 때문에 어디선가 자비와 연고를 맺었을 가능성도 있다. 그러나 자비가 다른 위원들과 달리 활발하게 움직인 사실에 비추어 보면 연고가 있든 없든 자비의 요청으로 찾아갔을 것으로 짐작된다. 자비는 유엔위원회 위원 노릇을 잘하기 위해 중요한 사람들과의 만남을 서둘렀던 것이다. 1월 17일에는 김성수를 만났고, 1월 18일에는 장면(張勉, 1899~1966)을 만났다. 이렇게 열심히 조선 정치인들을 만난 다른 위원은 없었다.

국련조위 시리아대표 자비는 17일 오후 3시 시내 모처에서 한민당 위원장 김성수와 회견하고 장시간 요담하였다 한다.

(『경향신문』 1948년 1월 21일. 이 기사는 『자료대한민국사』에 나타나는데 『네이버 뉴스라이브러리』에는 나오지 않는다.)

입의 중앙선거준비위원 장면은 국련조위 시리아대표 자비와 동 교체위원 무길을 18일 숙사 국제호텔로 방문하고 2시간여에 걸쳐 회담하였는데 조위대표로서 조선인 인사와 2시간여나 회담한 것은 이번이 처음이라 한다.

(「입의 장면 씨 자 박사와 요담」, 『경향신문』 1948년 1월 22일)

1월 14일 경무부 고문 H. E. 에릭슨 중령이 경찰의 유치인 명부를 상세하게 작성해 제출할 것을 명령했는데, 이것도 자비 위원의 요청에 따른 것으로 알려졌다.

유엔조선위원단에서는 돌연 국립경찰에 대하여 단시일 내로 1월 15일 현재의 유치인 명부와 그 실태를 조사해주도록 의뢰해왔다. 즉 유치인 연령·씨명·직업은 물론 체포자의 씨명과 그 소속(국립경찰 혹은 미군 당국, 검찰청 등)이며 그 결과 처리일자와 송청 혹은 군정재판 회부의 여부 그리고 체포한 정확한 이유와 법적 근거 등 상당히 자세한 점에 걸쳐 있다. 이에 경무부 고문관 에릭슨 중좌는 14일 아침 수도관구청을 비롯하여 남조선 전 경찰관구에 1월 19일까지 이상의 조사서류가 자기 손에 도착되도록 지령한 바 있었는데 이는 12일 유엔단 첫 회의석상에서 시리아대표 자비가 우리의 임무를 공명정대히 수행하기 위해서는 우선 조선 각계의 대표와 협의해야 되고 그러려면 현재 미·소 양군 점령지구 내에 정치관계의 범인을 석방해야 할 것이라고 발언한 바도 있었고 다시 13일 비공개회의의 석상에서도 재론이 된 모양으로 우선 남조선 유치인 조사를 하게 된 것으로 관측하는 편도 있는바 장차 북조선에 대해서는 어떻게 되는지 또 남조선에서의 본 조사가 과연 어떠한 결과를 빚어낼는지 자못 주목되고 있는 터이다. 이에 관하여 시리아대표 자비는 다음과 같이 말하였다. "지난 13일 과도정부에 대해서 유치인 명부와 그 실태조사를 의뢰한 것은 사실이다. 그 이유에 대해서는 아직 언명할 수 없다."

(「위원단에서 체포 이유, 근거 등 유치인 실태 조사 경찰에 의뢰」, 『조선일보』
1948년 1월 15일)

그런데 에릭슨 중령이 위 명령을 내린 이튿날 유엔위원단 정보관 알베르 그랑(Albert C. Grand)은 그것이 위원단의 공식 요청에 따른 것이 아니라고 부인했다. 에릭슨 중령의 명령에 불만을 가진 일각에서 위원단의 요청이라면 미군정에 대한 월권이라고 항의한 결과였으리라고 짐작된다.

12일 유엔위원단 제1차 회합석상에서 시리아대표가 정치범 석방에 대하여 언급한 사실이 있었는데 일부에서는 유엔위원단의 명의로 15일 현재의 이남의 정치범의 명부와 그 구치경위를 정식으로 동 위원회에 제출할 것을 경무부에 요청하였다는 풍설이 돌고 있는데 유엔위원단 정보관 그랑은 그 사실 여부에 대한 본사 기자의 질문에 대하여 천만의외라는 표정으로 "절대로 그런 사실은 없다. 시리아대표가 그런 발언은 한 사실이 있었으나 유엔위원단은 그런 요청을 한 일도 없고 또한 그럴 것도 못 된다. 나는 금시초문이다."라고 하며 부인을 하였다.

조 경무부장 담: 경찰 자체로서 이러한 것을 조사하는 일은 있으나 유엔위원단의 위촉을 받고 그러한 것을 조사한 일도 없으며 그러한 조사를 의뢰할 리도 없을 것이다.

(「'정치범 석방설 금시초문이다.' 그랑 유엔정보관 사실 부인」, 『동아일보』 1948년 1월 17일)

그랑 정보관의 부인은 유엔위원단의 월권행위가 없음을 강조한 것으로 보이는데, 자비 위원은 이에 불만을 느꼈을 것이다. 그는 1월 17일 회의에서 "총선거에 있어 자유로운 분위기를 확립할 수 있게" 하기 위한 분과위원회 설치를 제안하고 그에 따라 만들어진 제1분과위원회에 참여했다. 경찰의 정치 탄압을 조사할 공식 임무를 만든 것이다.

국련조위 제5차 회의는 17일 오전 10시부터 덕수궁 회의실에서 캐나다·오스트레일리아·프랑스·필리핀·중국·시리아·인도 등 7개국 대표 전원이 참석한 가운데 임시의장 메논 씨 사회로 시작하여 정오 12시 45분에 폐회하였는데 동 회의에서는 방금 조선 사람이 최대의 관심을 가지고 있는 선거문제와 조선인과의 협의문제에 관한 준비를 하기 위하여 토의한 결과 2개의 분과위원회를 설치하기로 결정하였다. 즉 시리아대표 자비 박사의 제의로 총선거에 있어 자유로운 분위기를 확립할 수 있게 하기 위하여 프랑스·캐나다·시리아 3국 대표로서 제1분과위원회를 구성하고 또 프랑스대표 폴 봉쿠르 씨의 제의로 조선인의 의견을 진술한 서면 혹은 건의문을 접수하기 위하여 프랑스·오스트레일리아·중국·필리핀 4국 대표로서 제2분과위원회를 구성하였다. 그리고 공보 제13호를 다음과 같이 발표하였으며 조위 제6차 회의는 19일 오전 10시부터 덕수궁에서 속개하기로 되었다.

● 공보 제13호
"국련조선위원단 제5차 회의에서는 좌기 2개 분과위원회를 설치하기로 결의하였다.
1. 캐나다·프랑스·시리아로써 구성된 분과위원회를 제1분과위원회라 칭하고 동 분과위원회에서는 총선거에 있어서 자유로운 분위기를 확립할 방법을 수립할 것이다.
2. 오스트레일리아·중국·프랑스·필리핀으로써 구성된 분과위원회를 제2분과위원회라 칭하고 동 분위에서는 조선 사람으로부터 이미 받은 또는 장차 받을 문서를 처리하고 또 본 위원회에 유조(有助)한 재료가 될 조선 사람들의 의견을 진술한 문서를 취급할 것이다."

(「1, 2분과위원회 설치, 선거와 협의대상 문제 추진」, 『경향신문』 1948년 1월 18일)

자비의 활동이 조선 반공세력의 즉각 반발을 불러일으킨 것은 당연한 일이었다. 민주의원의 1월 20일 성명을 보면 자비가 총선거의 자유분위기 보장을 위해 정치범 석방을 제안했다는 사실을 알아볼 수 있다.

민주의원에서는 20일 "과반 국련위원회 석상에서 시리아대표가 정치범 석방을 제언한 것은 조선 사정을 전연 모르는 언론으로서 단호 반대한다."는 성명서를 발표하였다.

(「선거 급속 실시. 우익 정당 등 건의, 정치범 석방 반대-민의 성명서 발표」.
『조선일보』 1948년 1월 21일)

　지난 1월 2일 일기에서 한민당 선전부의 1948년 2월 7일자 담화문을 소개한 일이 있는데(『동아일보』 1948년 2월 8일) 이 담화문에서 경찰 개혁을 요구한 "모국 위원"이라 한 것이 시리아대표를 지칭한 것임이 확실하다. 자비는 자유로운 총선거의 요건으로 경찰 개혁까지 지적하고 나선 모양이다.

　시리아에서 무난한 직업외교관 대신 자비처럼 열성적인 인물을 조선위원회에 보낸 까닭이 당시 시리아가 처한 상황에도 일부나마 있지 않았을까? 자비가 서울에서 열심히 일하고 있는 동안에도 시리아에는 미국이 후원하는 이스라엘 독립을 둘러싼 긴장이 흐르고 있었다.

〔예루살렘 17일 발 AFP＝합동〕 유대인 대표기관 대변인 언명에 의하면 현재 아랍연맹 국가인 시리아-레바논 양국은 팔레스타인 유대인에 대한 대규모적 공격을 계획하고 있음이 확실하다 하며 유대인에 대한 본격적인 진공까지도 기도하고 있는 것이라 한다. 또 최근 미국으로부터 귀환한 동 기관 집행위원 실버 씨 언명에 의하면 미국 내 유대인은 팔레스타인 유대인에 대하여 온갖 수단으로 원조를 부여할 것이며 무기도 제공할 태도를 결정하였다 한다. 한편 하이파에서는 유대인 자위단체 하가나의 공격으로 인하여 80명의 아랍인이 살해되었고 또 아랍 군사단체 나자다의 본부건물에 방화하였다 한다.

　　　(「시리아-레바논 대 유대 진공(進攻)을 기도」, 『경향신문』 1948년 1월 18일)

1948. 1. 16.

김구가 과연 장덕수 암살의 배후?

———

장덕수 암살 관계로 수배 중이던 김석황(金錫璜, 1894~1950)이 사건 달포 만인 1월 16일 체포되었다.

수도청장 장 총장은 고 장덕수 살해사건에 관하여 16일 중간 특별발표를 하였는데 그 내용 전문은 다음과 같다.

"16일 새벽 4시 10분에 고 장덕수 살해관련범인 김석황(54, 한독당 중앙위원, 국민의회 정무위원 겸 동원부장, 대한보국의용단장)은 광주군 중대면 오금리 민병만(47) 방에서 수도청 형사 최난수 경위에게 체포되어 방금 수도청에 인치되어 있다. 우자는 금번 장 씨 살해사건에 중대한 역할을 하였고 또 추측건대 해방 전후 좌우익 요인 살해사건에 관해서도 우자의 취조에 따라 그 암운이 일소되고 그 배후의 흑수(黑手)도 법망에 걸려 조선 정계를 명랑케 할 것같이 보인다. 경찰로서 가장 취미 있게 생각함은 주머니 속에서 발견된 일건인데 이 서한의 내용은 마치 차천자(車天子)식이다. 이자들의 안중에는 조국도 없고 민족도 없고 다 못 일개인의 권리욕에 눈이 뒤집힌 모양으로 대개 범죄는 이와 같은 과대망상증 환자에서 많이 나는 것 같다. 이자들을 소탕치 않으면 좌우를 막론하고 금후 유위한 조선 요인들이 많이 살해될 것이므

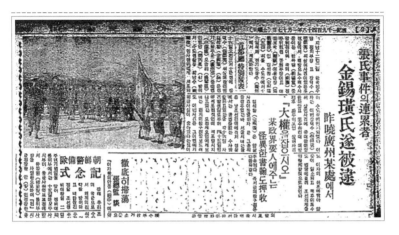

동아일보 1948년 1월 17일자 2면. 장덕수 암살사건의 배후조종 혐의를 받은 김석황의 체포기사. 조판 후 지운 자국이 김석황이 갖고 있던 편지 내용이 실렸던 곳이다.

로 경찰은 이들의 소탕을 목표로 전력을 기울일 방침이다."

(『자료대한민국사』에 "조선일보, 동아일보, 경향신문 1948년 1월 17일"로 표시된 기사인데 『네이버 뉴스라이브러리』로 확인되는 『동아일보』, 『경향신문』 동일자 기사는 이와 대략 같은 내용이지만 똑같지는 않다.)

장택상의 담화문은 비서나 직원을 시키지 않고 손수 작성한 것이 많은 것 같다. 치졸한 속마음이 여과 없이 드러나 보이기 때문이다. 이 발표도 그렇다. 김석황 "배후의 흑수"라는 것이 김구를 겨냥한 말 같은데, 이제 김석황을 체포해 김구를 걸고 들어갈 빌미를 잡게 되었다고 신이 난 것이다. 장택상이 김구와 김석황 등 임정 인사들에게 반감을 갖고 있었다는 사실은 그 딸들이 쓴 그의 자서전 『대한민국 건국과 나』(장병혜·장병초 엮음, 창랑장택상기념사업회 1992) 120～122쪽 "임정 인사의 고자세"에 드러나 있다. 임정 환국 직후 한민당 인사들이 죽첨장으로 김구에게 인사드리러 갔을 때의 일이다.

> 국내 정치인의 대표로 고 송진우·김성수 씨를 위시하여 고 조병옥·
> 백관수·김준연·허정 씨 등과 나까지 6인이 이분들을 만나려고 최창
> 학 씨 집으로 찾아갔다. 그날 날씨는 영하 15~16도나 되는 몹시 추
> 운 날씨였다. (…) 우리는 추운 날씨에 장구한 시간을 셨기도 어렵고
> 하여 할 수 없이 문 밖 맨땅 위에 그대로 주저앉았다. (…)
> 약 1시간 반 후에 이자가 나타나더니 "주석이 바쁘시니 더 기다리
> 라."고 명령하다시피 말하고는 그대로 들어가버리고 말았다. 그래서
> 우리는 3시간을 추운 날씨에 맨땅 위에 그대로 앉아서 기다렸다. 6시
> 가 좀 지나자 자칭 주석 비서격이라는 김석황이라는 사람이 나타났
> 다. (…)
> 김이 들어간 지 약 30분이 지나서야 웬 중국 옷 입은 자가 하나 나타
> 나더니 우리들을 옥내로 안내하는 것이었다. 우리는 그자를 따라서
> 일본식으로 된 최창학 씨 집 2층 방문을 열고 들어갔다. 주석 김구
> 씨는 좌석에 앉은 채로 요지부동, 우리 여섯 사람의 큰절을 차례로
> 받았다. (…)
> 이것이 국내에서 정치에 마음을 두었던 우리들의 임정 인사에 대한
> 첫인상이었다. 나는 인상이 나빴다. 그리고 나의 임정 인사에 대한
> 그 나쁜 인상은 미군정 3년간을 통하여 일관하였다.

조금만 유의해 읽으면 화자의 성품이 적나라하게 드러나는 글이다.
11월 하순에 기온이 무슨 영하 15도씩이나 내려갔겠는가. 그리고 김
구가 아무리 거만하다 해서 세 시간 넘게 문밖에서 기다리라고 했겠는
가. 기다릴 만한 장소가 안에도 충분히 있는 큰집인데. 사람을 만나지

않으니 돌아가라고 했을 것이고 부득부득 우기고 버티니까 할 수 없이 만나준 것 아니겠는가. 빤한 사실을 뒤틀어서 상대방을 욕하려는 비뚤어진 심사가 눈에 흰하다.

속은 뒤틀려 있어도 장택상이 김구에게 정면으로 대들 엄두는 감히 내지 못했을 것이다. 김규식에게도 값비싼 담뱃대를 자기 집 가보라고 갖다 바치며 자기 진심을 오해하지 말아달라고 눈물까지 글썽였다는 장택상 아닌가(심지연, 『송남헌 회고록: 김규식과 함께한 길』, 한울 2000, 88쪽). 속으로 벼르고만 있다가 이제 미군정의 힘을 빌려 김구와 김석황을 괴롭힐 길을 찾아 환희작약하고 있는 것이다.

발표문 중에 '차천자'는 왜 나오나. 차천자는 1920년대에 성세를 떨친 보천교 교주 차경석(車京石, 1880~1936)의 별칭이다. 김석황 주머니에서 나왔다고 히는 편지가 김석황이 김구 앞으로 쓴 것이었다. 이것이 김구의 사건 연루 증거가 된다고 생각해서 득의양양한 장택상이 김구의 위세를 차천자에 비유한 것이다. 미군정 고위층은 이 편지를 공개하지 않을 방침이었는데, 장택상은 김구의 연루 사실을 흘리기 위해 차천자를 갖다 댄 것이다. 원조 빨대다.

1월 17일자 『동아일보』에는 「'대권을 잡으시오' 모 정계요인에게 주는 괴이한 서한도 압수」란 제목으로 이 편지 내용을 소개한 기사도 실렸는데, 편지 내용은 삭제되어 있다. 기사의 남아 있는 앞부분은 이런 내용이다.

김석황은 암살사건이 돌발하자 곧 그 종적을 감추었던바 서울 시내는 물론 남조선 전역에 걸쳐 경찰에서는 물샐 틈 없는 수사망을 펴고 있던 중 작 16일 사건 발생 45일 만에 체포된 것인데 체포 당시 지니고 있던 모 정계요인에게 보내는 편지의 한 구절을 보더라도 이번 사건은 그 이면에 기괴한 사실이 숨어 있다는 것이 추측된다. 즉 서한의 한 구절은 다음과 같다.

이렇게 먹칠을 당하고도 『동아일보』는 부득부득 편지 일부를 지면에 올리고야 말았다. 1월 20일자 제2면의 절반을 점하는 큰 기사로 김석황 체포 경위를 밝히는 중에 살짝 끼워넣은 것이다. 김구를 욕보이려는 장택상과 한민당의 의지가 합쳐진 성과다. 이 기사에는 사건 자체와 별도로 당시 상황을 보여주는 재미있는 내용이 많이 담겨 있어서 길지만 모두 옮겨놓는다.

한국민주당 정치부장 장덕수 씨 암살사건에 관련되어 한국독립당 중앙위원, 국민의회 정무위원 겸 동원부장, 보국의용단장인 김석황이 지난 16일 새벽 광주서 체포된 사실은 이미 보도된 바이어니와 그 체포의 경로를 들으면 엽기적 흥미를 일으키는 점도 없지 아니하여 이 사건의 중대성을 더 한층 뚜렷이 나타내고 있다.

김석황에게는 서제 김모가 있는데 그 불화야말로 금번 김석황 체포에 중요한 역할을 하게 된 것이다. 김석황은 황해도 출신으로 전에 광산을 경영한 바 있었는데 이때에 운이 좋아서 30만 원의 거금을 손에 쥐게 되었다. 서제는 형이 졸부된 것을 보고 물론 그저 있지 아니하였을 것이다. 그러나 형 김석황은 단돈 천 원밖에 주지 아니하였다고 한다. 30만 원에서 천원을 떼어내 주었으니 그도 물론 적지 아니한 돈이지마는 서제의 마음에는 이것이 철천의 한으로 맺혀 있었던 것이다. 그래서 그 분풀이할 기회를 엿보고 있었던 것이었다.

때는 왔다. 장덕수 씨 암살사건이 발생하자, 김석황은 도피하여버렸다. 서제는 그 형 김석황을 잡기 위하여 수십 일간 경찰에 협력한 것이다. 그리하여 백방으로 그 형의 종적을 살피는 것이었다.

경찰에서는 김석황의 애첩 이숙자(가명)에게 두 명의 형사를 미행시켰는데 금월 2일에 이숙자는 경북여관으로 들어갔다가 한참 있다가 나왔다. 그래서 형사 한 사람은 종로서에 와서 다수 경관의 응원을 얻어가지고 경북여관을 포위하고 엄밀한 가택수색을 해보았으나 하등의 수확도 없었고 객실이 7, 8이나 되는데 다만 한 사람의 장님을 발견하였을 뿐이었다. 그래서 형사들은 이 장님을 붙들어서 "지금 왔던 여자가 무슨 말을 하더냐?"고 물었더니, 장님이 말하기를 "자기 남편이 관려(官戾)가 있어서 어느 곳에 있는데 그대로 거기 있어야 좋은가, 혹 그 자리를 옮겨야 좋은가?" 하고 물었다〔고 대답했다〕.

그래서 경찰에서는 이 사실을 김석황의 서제에게 보고하였더니 서제는 김석황이 서울시내에는 있지 않다는 것을 단정하고 여러 가지로 연구한 결과 뚝섬 국방예비대 연대 내에 그 둘째아들과 같이 있겠다고 말하였다. 김석황의 서제의 이 단정에 의하여 15일에 경찰에서는 뚝섬 국방경비대로 갔었다.

그랬으나 국방경비대에서는 경찰의 수색을 거절하고 들이지 아니하였다. 경찰에서는 수도청장 장택상 씨가 직접 나서서 미인 장교 6명과 통위부 미인 고문 프라이스 씨에게 교섭하여 통위부 소속 미인 장교 두 명과 함께 노〔덕술〕 수사과장, 최〔난수〕 사찰과장 외 수십 명의 경관을 인솔하고 뚝섬 국방경비대 연대로 가서 무난히 가택수색을 하였으나, 김석황 부자는 흔적도 찾아낼 수 없었다.

다수의 미인 장교까지 출동시켜 가지고 자신 있게 나갔던 경찰의 면목은 전혀 없어지고 말았다. 그래서 미인 장교들은 "이런 일도 있어야 재미있지 않으냐?"고 말하여서 수도청장을 위로하는 듯 빈정대는 듯 말하였다. 수사대 일행은 허탕 짚고 돌아오게 되었는데, 최난수

경위 한 사람은 남아 있겠다고 고집하였었다. 그래서 형사 두 명을 남겨주고 전부 돌아와 버렸던 것이다.

더군다나 미인 장교들까지 대동원하여 가지고 김석황을 체포하러 나갔다가 실패하고 돌아온 장 수도청장은 마음의 둘 곳을 아지 못하여서 전전반측하여서 잠을 이루지 못하였었다. 15일은 지나고 16일이 되었다. 새벽 세 시 반이 되었다. 전화소리가 땔~ 하고 들렸다. 수화기를 손에 잡아드니 최난수 경위의 목소리였다. "김석황 잡았습니다!" 하였다. "어디 있느냐?" 하였더니 "광주 있습니다!" 하였다. "어찌된 일이냐?" 물었더니 "네~" 하고 대답하고 그 경로를 말하였다. 그 경로는 다음과 같은 것이었다.

최난수 경위는 수사대 일행을 보낸 후에 국방경비대 중대장을 만났다. 그래서 말하였다. "당신도 애국자이고 나도 애국자가 아니오? 그래서 우리가 건국에 협력하기 위하여서 이런 일을 하는 것이 아니겠소. 그런데 오늘은 장덕수 씨 살해범인 김석황이가 꼭 여기 있는 줄 알고 수도청장 이하 다수 경관이 외국인 장교 여러 사람과 같이 오지 아니하였습니까. 그런데 허탕을 잡고 가니 우리 꼴이 무엇 되었습니까. 나는 당신의 애국심에 호소합니다. 당신의 양심에 호소합니다. 어서 범인을 내주십시오!" 하고 간곡히 애원하였다.

그래서 중대장은 최난수 경위의 성의에 움직였다. 그래서 흥분된 어조로 대답하였다. "네, 나는 소의(小義)를 버리고 대의(大義)를 살리겠소. 이리 오시오." 하고 최 경위의 손을 잡고 한 곳으로 인도하였다. 거기는 김석황의 둘째아들이 국방경비대의 군복을 입고 불을 쪼이고 있었다. 최 경위도 본래 잘 아는 얼굴이라 감별하는 데 그다지 시간이 걸리지 아니하였다. 그래서 김석황의 이 아들에게 수갑을 질러서 동행을 요구하였다.

김석황의 큰아들은 이 병영에 소위로 있는 터이라 그래서 연락이 되었던 모양이다. 수갑을 질러서 동행의 최촉(催促)을 받은 김석황의 아들은 말하였다. "나를 잡아갈 것이 무엇 있소. 내 아버지 있는 곳을 대리다!" 하였다. 그래서 지프차는 광주군을 향하여 밤 장막을 뚫고 질주하였다. 광주군 중대면 오금리 민병만의 집이었다. 거기서 김석황은 소대성(蘇大成)이처럼 코를 골고 꿈나라에 잠겼던 것이었다. 밤 두 시가 지난 때이었다. 그래서 김석황은 무난히 경관들에게 취박(就縛)되었다.

김석황을 체포한 후에 물론 그 신체수색이 있었다. 그 주머니 속에서 미발송의 편지 한 장이 발견되었는데 김석황은 그 편지를 장택상 경무총감에게 보내려고 하였다고 말하였다. 그 편지의 요지는 다음과 같다.

"선생님께서 대권을 잡으실 때까지 소생은 유리개걸(遊離丐乞)하기로 하였습니다. 복원(伏願) 선생님은 기어코 대권을 잡으십시오. 대권은 반드시 선생님에게 돌아갈 것입니다.

선생님은 천명을 받으셨으니 소생은 잡힐 리가 만무합니다. 이 박사와 한민당 찬역배가 음모를 하오니 선생님은 특별히 신변을 조심하십시오. 대권이 이 박사에게 가면 인민이 도탄에 빠지고 애국자의 살상이 많이 날 것입니다. 선생님은 이 대권을 추호도 사양치 마시고 기어코 대권을 잡으십시오. 운운."

이 편지의 내용을 읽어보면 아무리 생각하여보아도 장택상 씨에게 보내려고 한 것으로는 생각되지 않는다. 그는 독자의 판단에 맡길 수밖에 없다. 이러한 차천자적·백백교도적 광신자들로부터 조선 민중이 해방되어야 민주주의국가의 성립이 용이하게 될 것이다.

〔「고 장 씨 사건 연루자 김석황 체포 경로, 서제(庶弟)와의 불화가 단서」, 『동아일보』

　　김석황의 동생이 수십 일간 경찰에 협조하는 동안 어디에서 묵고 있었을까? 경찰서 유치장이 아니었을까? 뚝섬에서 피의자의 아들에게 수갑을 채웠다는 얘기를 보니 피의자의 동생이라 해서 더 좋은 대우를 받았을 것 같지 않다. 그 아들놈은 경찰이 제 아버지 찾는다고 자진해서 있는 데를 알려주었겠는가? 뚝섬에서 몇 시에 붙잡혔는지 몰라도 새벽 두 시에 오금리 도착하기까지 혼날 시간은 충분하고도 남는다. 병신이나 되지 않았으면 다행이겠다.

　　최난수(崔蘭洙) 경위의 성심어린 호소가 중대장의 애국심을 불러일으켜 협조에 나서게 했다는 이야기도 신기하기 짝이 없다. 최난수는 노덕술(盧德述, 1899~1968)과 함께 앞서 정판사사건에서도 대활약을 했고 장차 반민특위 파괴 공작에도 앞장설 인물인데, 그가 왜『친일인명사전』에 수록되어 있지 않은지 이상하다. 1937년 7월 16일자『동아일보』에 그가 군산경찰서 순사부장으로 나오는 기사가 하나 있다. 노덕술은 순사부장 진급 10년 만에 경부로 승진했는데, 1937년에 순사부장이었던 최난수가 1945년까지 경부 승진을 못하고 있었던가?『친일인명사전』의 경찰 출신자 수록 범위는 경부 이상이다.

　　체포된 김석황은 와세다대학교에서 수학하고 상하이임정에 참여했는데 무장항쟁에 힘을 쏟고 군자금 조달 활동을 많이 벌였다. 1920년 말 일경에 체포되어 5년간 복역했다(선고는 10년). 해방 후 한독당 중앙위원과 국민의회 동원부장으로 활동했고 1946년 6월 23일의 반탁시위를 배후 교사한 혐의로 엄항섭(嚴恒燮, 1898~1962)과 함께 체포당한 일이 있었다. 김구 세력의 행동대장으로 알려진 인물이었다.

　　김석황 등의 재판 과정에서 김구는 증인으로 출정해야 하는 수모를

친일경찰의 대명사인 노덕술(앞줄 왼쪽에서 첫 번째)과 최난수(앞줄 오른쪽에서 첫 번째). 한국전쟁 중 노덕술이 헌병사령부에서 근무할 때의 모습이다.

겪었고 검찰과 재판부는 그가 장덕수 암살의 진정한 배후라는 심증을 거리낌 없이 표현했다. 김석황은 1948년 3월 2일에서 4월 21일까지 군정청 제1회의실에서 열린 특별군정재판을 통해 무기징역을 선고받고 한국선생이 일어날 때까지 복역하다가 개전 직후 인민군에게 처형당한 것으로 알려졌다.

1948. 1. 18.

'족청(族靑)'은 '제3의 길'이었던가?

———

해방공간에서 청년층은 장래를 담당할 세대라는 의미에 그치지 않고, 현실의 움직임을 좌우하는 중요한 변수의 하나로 당장 작용하고 있었다. 식민지체제하의 조선인에게 교육의 기회도 경영의 경험도 빈약했기 때문에 기성세대의 지도력이 취약했던 것이 그 배경이었다. 착한 마음으로 새 세상을 꿈꾸는 이상주의 기질의 젊은이에게도, 악한 마음으로 혼란을 이용하고자 하는 이기주의 기질의 젊은이에게도 부형의 만류와 억제는 큰 힘이 없었다.

학교제도의 부실과 높은 실업률도 많은 청년을 길거리로 내몰았다. 좌우익 정치세력은 이 청년들을 조직하고 동원하는 일을 큰 사업으로 삼았다. 류상영은 "해방 이후 좌·우익 청년단체의 조직과 활동" 맺음말에서 (『해방전후사의 인식 4』, 한길사 2006, 99~100쪽) "좌익 청년단체는 조공-민전-남로당 등의 외곽단체로서 이들의 통일적 지도에 따라 정치활동을 전개"한 반면 "우익 청년단체는 (…) 단일 정치조직에 의해 통일적으로 지도된 것이 아니라 주요 우익 정치지도자들의 노선 분열에 따라 복잡하게 이합집산되어갔다."라고 대비했다. 좌익 청년들이 이념에 따라, 우익 청년들이 이해관계에 따라 움직인 경향이 비쳐진 대비다.

'조선민족청년단(족청)'의
사열식 광경. 선두 말에 탄
사람이 이범석 단장이다.
이범석은 미군정의 대대적
지원을 받아 중국 국민당
청년조직을 모방해서 족청
을 조직했다.

우익에 비해 이념을 중시한 좌익 청년운동에서도 청년들 자신과 사회의 미래를 기준으로 운동방법이 정해지지 못하고 정파의 득실에 따른 면이 크다. 현실이 긴박하고 몰지각한 지도자가 많았기 때문이다. 국립대 설치 반대를 명분으로 고등교육 중심부를 초토화한 '국대안' 사태가 대표적인 경우다.

해방공간의 청년운동은 좌우 정치세력의 이용 대상에 그치는 경우가 많았다. 사회의 미래와 젊은이들 자신의 장래를 위해 교육과 훈련에 노력을 쏟는 자세가 정치적 청년운동에서는 전반적으로 부족했다. 이념보다 돈과 주먹의 힘을 중시한 우익 쪽이 더 심했다.

우익 쪽 청년운동 중에 이례적으로 교육과 훈련에 노력을 치중한 단체가 있었다. 광복군 지도자 출신의 이범석(李範奭. 1900~1972)이 이끈 조선민족청년단(이하 '족청'으로 줄임)이었다. 이 단체는 불과 2년 남짓 존재했지만 대한민국 역사에 큰 자취를 남겼다. 족청 해산 후 30여 년이 지난 때까지도 어느 정치인의 위상이 부각될 때 나이든 분들이 "그 사람 족청계야." 하는 말을 들었다. 해방공간의 우익 청년단체로서 예외적으로 뚜렷한 정체성을 확립했던 것이다.

"해방일기" 작업 중에 족청 소개도 넣어야겠다고 진즉부터 생각하고 있었지만 계기로 삼을 만한 특정 사건도 보이지 않고 참고문헌도

부족하게 여겨져 미루고 있었다. 그러다가 족청에 관한 사실과 의견을 잘 정리한 후지이 다케시의 『파시즘과 제3세계주의 사이에서』(역사비평사 2012)가 나온 것을 보고, 특정 사건과 관계없이 족청의 존재와 특성을 설명해둘 필요를 느꼈다. 족청은 조직과 운영의 원리에 따라 현실 사건에 개입하지 않고 있었지만 그 존재 자체가 하나의 중요한 사건이기 때문이다.

1945년 11월 임시정부(이하 '임정'으로 줄임) 환국 때 이청천(李靑天/池靑天, 1888~1957)과 이범석 등 광복군 간부들은 함께 돌아오지 않고 중국에 남았다. 광복군이 광복군의 이름으로 입국할 수 없는 상황이었기 때문에 당분간 중국에서 광복군을 유지하고 있다가 적당한 시기에 인솔해서 들어오려는 뜻이었다. 그러나 그런 상황은 끝내 오지 않았기 때문에 이범석은 1946년 6월에, 이청천은 1947년 4월에 각각 개인 자격으로 귀국했다.

이청천은 이승만이 미국에서 돌아오는 길에 중국에 들렀을 때 같은 비행기로 데려왔고, 기존 우익 청년단체들을 통합하는 대동청년단(이하 '대청'으로 줄임)을 만들어 이승만을 지원하는 활동을 했다. 반면 이범석은 미군정의 지원을 얻어 1946년 10월에 새로운 청년조직 족청을 세우고 독자노선을 걸었다.(반탁운동에 적극 나서지 않았다는 말이다.)

미군정의 족청 지원은 같은 시기 좌우합작의 지원과 같은 동기에 입각한 것으로 보인다. 1946년 5월 미소공동위원회(이하 '미소공위'로 줄임)가 무기정회에 들어갈 무렵부터 미군정 수뇌부가 조선 정계의 좌우익에 대해 단순한 2분법을 넘어 중도파와 극단파를 구분해서 응대하는 태도를 보이기 시작했다. 극우파 대신 중도우파가 주도권을 쥐게하고 좌익 탄압을 극좌파에 집중해서 중도좌파를 끌어들인다는 것이 미군정의 좌우합작 지원 목적이었다.

미군정 수뇌부는 적어도 두 가지 의미에서 족청의 설립을 반가워했을 것으로 보인다. 첫째, 엄격한 기율을 추구하는 족청은 온갖 정치공작에 동원되던 기존 우익 청년단체처럼 치안에 위협이 되지 않았다. 둘째, 교육훈련을 중시하는 족청은 우익의 기반을 확충하는 착실한 장치로 보였다.

당시의 '극우'가 갖고 있던 기형적 성격을 생각할 필요가 있다. "민족지상 국가지상"을 표방한 족청은 이념적으로 확실한 극우였다. 그런데 반탁운동에 나서고 있던 현실의 극우는 반동세력일 뿐이었다. 미군정은 이 반동세력의 친미·반공 구호가 구미에 맞아 진주 이래 그 힘을 키워줬는데, 민심의 이반 등 폐단이 드러나기 시작했기 때문에 좌우합작 지원에 나선 것이다. 좌우합작을 지원하면서도 좌익을 키워줄 생각은 추호도 없었다. 미군정은 '정상적 우익'의 성장을 원했기 때문에 족청을 반긴 것이었다.

족청은 미군정의 방대한 물적 지원을 받으면서 미군정 눈치를 보는 처지임에도 반외세 성향을 강하게 보였다. 정치체제에 대해서도 자본가 독재와 무산자 독재를 모두 반대하는 주장이 강했다는 점은 극좌와 극우를 배척하는 주체적 노선으로 볼 수 있다. 해방 당시 조선인에게 이민족 지배에서 벗어나려는 민족주의와 경제적 불평등을 완화하려는 사회주의가 가장 강력한 염원이었다는 사실에 비추어 보면 족청이 가능성을 보여준 '사회주의적 민족주의' 내지 '민족주의적 사회주의'가 유력한 대안으로 받아들여졌을 것 같다.

해방공간 남조선의 조직 활동 가운데 족청이 가장 탁월한 성공을 거둔 데는 확고한 민족주의와 함께 자본주의와 공산주의 사이의 중간적 노선이 환영받았다는 점이 크게 작용을 했으리라고 생각한다. 1948년 8월 건국 당시까지 족청 단원 수는 백만 명을 넘어섰다. 그것

장개석과 손문. 이범석은 장개석이 손문을 계승한 것
처럼 자신이 이승만을 계승하기를 바랐던 것일까?

도 이름만 걸어놓는 단원이 아니라 초보적 훈련이라도 받은 단원이었
으니, 구성원들이 자발적으로 참여한 조직으로는 60여 년이 지난 지
금까지도 대한민국이 다시 가져보지 못한 최대의 조직이었다(종교조직
을 제외하고). 이범석이 초대 국무총리로 발탁된 것도 이 조직의 발판
위에서였다.

족청은 해방공간의 남조선에서 최대의 정치운동이었다. 그리고 극
좌(공산당-남로당)와 극우(반탁-반공세력)가 휩쓸고 있던 남조선에서 강
력한 중간노선을 일으켰다는 점에서 그 정치적 유산에 기대할 바가 있
을 것 같다. 그러나 실제로는 이승만의 반민족적·반민중적 독재체제
를 이념적·조직적으로 뒷받침해준 것 외에는 눈에 띄는 효과를 남기
지 못했다. 어디에 문제가 있었던 것일까? 제일 먼저 떠오르는 것은

이범석이 족청에 도입한 기본 이념이 파시즘의 범주에 들어가는 것이라는 사실이다.

이범석은 1939년 6월에서 7월에 걸쳐 중국국민당 중앙훈련단의 당정훈련반에서 훈련받은 일이 있다. 중앙훈련단은 장개석(蔣介石, 1887~1975)이 교육훈련을 통한 국민당 간부층 양성과 전국적 조직 강화를 목적으로 만들어 스스로 단장을 맡은 역점 사업이었고, 당정훈련반은 그 핵심 과정이었다. "민족지상 국가지상"의 이념부터 훈련방법까지 이범석이 베껴서 족청에 도입한 사실을 후지이는 폭넓게 밝혀놓았다.

장개석의 중앙훈련단은 소련공산당의 간부 훈련제도와 독일·이탈리아의 파시스트 조직을 모델로 한 것이었다. 이범석이 1933년 봄(히틀러 집권 직후) 독일에 잠깐 체류한 일이 있어서 그때 나치즘을 접해봤을 수 있지만, 체류 기간이 너무 짧았다. 그의 파시즘 학습은 장개석의 국민당을 통한 것이라고 봐야겠다.

이범석이 장개석을 모델로 삼았다는 후지이의 설명이 무엇보다 실감나게 느껴지는 것은 이승만과의 관계에서다. 자신과 이승만의 관계를 장개석과 손문(孫文, 1866~1925)의 관계와 닮은꼴로 만들고 싶어했다는 설명이다. 장개석은 손문과 삼민주의를 숭배의 대상으로 떠받들면서 자신은 그 실천을 위해 조직과 군대를 장악하는 역할로 내세웠다. 안호상(安浩相, 1902~1999), 양우정(梁又正, 1907~1975) 등 이범석 주변의 이데올로그들이 이승만의 일민주의를 만들어줬는데, 장개석이 손문과 삼민주의를 팔아먹은 것처럼 자신이 이승만과 일민주의 팔아먹는 날이 오기를 바란 것 아니겠는가. 정말 그럴싸한 설명이다.

이범석과 족청을 살피면서 한국 사회의 파시즘에 대해 생각을 더 많이 할 필요를 느낀다. 제2차 세계대전 이후 '파시즘'은 사람들이 너무 쉽게 생각하는 말의 하나가 되었다. 그런데 파시즘은 전쟁 한 차례로 그 의미를 잃어버릴 존재가 아니다. 혼란스럽고 암담한 상황에 놓인 사람들에 대한 파시즘의 소구력은 사라지지 않았다. 1948년의 조선에서도 소구력이 있었고 지금의 대한민국에서도 소구력이 있다.

1948. 1. 21.

소련의 협력 거부에 직면한 유엔위원단

———

유엔위원단 메논 위원장의 1월 21일 방송(서울중앙방송국)은 위원단 활동의 본격적 출범을 고하는 것이었다. 여러 신문에 긴 전문이 게재되었는데 요점만 인용한다.

"국제연합조선임시위원단은 10일간 그 업무를 이행하였습니다. 본 위원단은 방금 그 업무의 준비단계를 완료하였다고 말할 수 있으며 당분간 본인을 임시의장으로서 선출하여 본인으로 하여금 남북군사령관을 예방할 것을 가결하였습니다. (…) 본 위원단의 위원 9명 중 7개국 대표는 현재 조선에 와 있으며 엘살바도르대표는 불원간 내조할 것으로 기대되며 나머지 미착한 우크라이나대표에 관해서는 하등의 통첩도 접하지 못하고 있습니다. (…)
본 위원단의 업무는 아직 본격화하지 않았으나 그 업무가 본격화될 준비는 되어 있습니다. (…) 본 위원단에서는 3분과위원회를 설치하여 제1분과위원회에서는 선거를 위하여 자유로운 분위기를 보장할 방도를 강구하고 제2분과위원회에서는 조선 인사의 의견 진술을 검토하고 제3분과위원회에서는 선거법을 검토할 것입니다. (…)
우리 위원단은 38선을 인정하지 않습니다. 38선은 마땅히 철거하여야 할 것이며 정치적 분규를 야기하는 것입니다. 우리 안중에는 조선은 난일체이며 결코 분단되어서는 안 될 나라입니다. 이렇게 단언하면서 본인은 조선 사람의 가슴에 품고 있는 염원을 반드시 반영시킬 각오를 가지고 있습니다.

더욱 중대한 것은 기구보다 정신입니다. 그러기 때문에 선거를 위하여 자유로운 분위기를 보장할 목적으로 제1분과위원회를 설치한 것입니다. 만약 선거를 원만히 실시하려면 자유롭고 속박 없는 환경이 보장되어야 할 것입니다. 본 위원은 틀림없이 이 기본원칙을 선거 시 뿐만 아니라 선거 전에도 준수할 것입니다. 우리는 무실(無實)한 선거의 구경꾼이 된다면 차라리 짐을 싸가지고 단연 집으로 돌아가는 것이 좋을 것입니다.

(…) 소련은 선거 실시 전에라도 철병의 용의가 되어 있으며 타면 미군은 확고한 정부가 수립되고 그 보안군이 조직된 후에 철병함이 가하다고 생각하였던 것입니다. 사전 철병이나 사후 철병의 가부를 막론하고 나는 이 군대의 존재가 선거과정에서 하등의 영향을 주리라고는 생각지 않으며 또 주려고 하더라도 그것은 허용되지 못할 것을 보증할 수가 있습니다. (…)

여러분이 좋아하든 싫어하든 귀국은 권력의 압박을 받아왔고 또 이 권력 이상으로 더 강력한 미·소 양대국의 상이한 2개 이념으로 인하여 충격을 받았습니다. 여러분은 우리 위원단의 구성으로 보아 안심과 희망을 가질 수 있고 또 본 위원회 이외에 현재 귀국에서 머물러 있는 2대 강국의 역사와 전통으로 미루어 보아도 넉넉히 안심과 희망을 가질 수 있을 것입니다. (…)

(…) 양국은 전쟁을 하지 않으면 안 된다는 어떤 이유가 존재한다고는 생각하지 않습니다. 이 세계는 넓어서 양 주의를 넉넉히 포섭할 수

있습니다. 그리고 본인은 이 두 제도를 체험한 조선은 장차 쌍방의 장단을 취하여 그 전통과 문화에 적합한 조선적인 조직을 육성시킬 수 있다고 믿는 바입니다. 그리하여 조선이 군사기지로 존재하지 말고 양대 세력 간의 황금의 다리〔橋〕가 되기를 바라는 바입니다. 여러분! 이 황금교는 우리 안전에 놓여 있습니다.

우리의 최종 목적은 조선의 독립 달성 외에는 없습니다. 5개월 전 우리나라가 독립할 시에 자유주의 개척자인 마하트마 간디와 공동명의로 자와하랄 네루는 본인에게 격려사를 보내어 인도와 중국의 우호관계를 수립하도록 명하였습니다. 그 서신에 "금일 아세아의 수평선에는 자유의 신성(新星)이 나타났다."고 말하였습니다. 본인의 동료와 본인은 수 개월 후에 아세아의 수평선에 다른 신성 즉 자주독립의 조선의 별이 나타날 것을 시구하는 바입니다.

(「메논 조위의장 방송(상·하)」, 『동아일보』 1948년 1월 23~24일)

훌륭한 연설이다. 그럴싸한 말을 그냥 나열한 것이 아니라 인도인의 경험을 바탕으로 새 이웃과 연대감을 나누려는 뜻이 잘 나타나 있다. 그리고 미·소 양국과의 경험을 주체적으로 활용하라는 권유에는 인도가 주도해나갈 제3세계주의의 취지도 비쳐 보인다.

자유로운 선거분위기 보장을 임무로 하는 제1분과위는 자비 시리아 대표를 중심으로 움직이고 있었고, 선거법을 맡은 제3분과위의 임무는 기술적인 것이므로 복잡한 문제가 예상되지 않는다. 문제는 조선인의 의견 수렴을 맡은 제2분과위였다. 미소공위 파탄의 직접 원인이 되었던 문제를 맡은 것이 제2분과위였다. 제2분과위는 그 전날의 회의를 계기로 본격적 활동을 시작하고 있었다. 제2분과위원장 잭슨은 21일 하오 기자단과 회견했다.

(문) 공보로 보면 1월 28일 전까지 조선인의 의사를 듣기로 되어 있는데 북조선에 있는 사람들과 만날 수가 있을까?

(답) 일을 속히 처리하기 위한 조치이다.

(문) 북조선과는 통신 곤란으로 지연될 것인데 이에 관한 문서는 보냈는가?

(답) 아직 안 보냈다. 이는 전 조선에 관한 것이며 남조선에도 아직 다 알려지지는 않았을 것이다. 그러나 가급적 속히 알리도록 하겠다.

(문) 분위에서 출석을 요구하는 조선인은 어떻게 정하는가?

(답) 일부 단체에 대해서는 초청장을 준비했으나 발송은 아직 안 했다. 그리고 초청에 있어서는 좌우에 편파함이 없이 동등 평균히 취급할 방침이다.

(문) 그런데 현재 형무소 소재자는 어찌하나?

(답) 될 수 있는 한 이와도 역시 협의하려 한다.

(문) 초청장이 준비되었다면 그 대상이 된 인물은 누구인가?

(답) 그 성명은 말할 수 없다.

(문) 초청장을 발송할 인물은 결정하였는가? 미군 당국에 의뢰한 것인가?

(답) 우리는 우수한 서기국을 가지고 있다. 조선 사정을 잘 연구하여 온 것이다.

(문) 그러면 의견서는 어디로 제출하기로 되어 있나?

(답) 본 위원단의 제2분과위원회로 보내면 된다. 그리고 1월 28일 이후에는 전연 협의치 않을 것이 아니라 다만 사무 처리상 결정이므로 그 후에도 의견을 제출할 수 있는 것이다.

(「각층각계의 의견을 청취」, 『경향신문』 1948년 1월 22일)

미소공위에서는 두 구성원인 미국과 소련 사이에 협의 대상 범위를 합의하지 못했다. 이제 9개국으로 이뤄진(한 나라는 보이콧하고 한 나라는 대표가 아직 도착하지 않았지만) 유엔위원단에서는 이 합의가 이뤄지는 데 어려움이 없었다. 참여국들이 직접 이해당사자가 아니기 때문에, 그리고 국제사회를 대표한다는 유엔의 권위가 공정성을 보장해주기 때문에 사무국원들의 조사를 근거로 쉽게 합의할 수 있었던 것이다.

위원단의 이북 방문을 위한 노력도 진행되고 있었다. 메논 의장은 후스쩌 사무국장과 함께 1월 20일 하지(John Reed Hodge, 1893~1963) 사령관을 예방했다. 미·소 양군 사령관에게 협력을 청하며 예방을 알리는 편지를 보냈고, 하지의 회답을 받은 후 예방한 것인데 소련군 쪽 회답은 아직 없었다.

유엔임시위원단은 그 사업 실천을 위하여 남북 조선군 사령관에게 협력을 구하는 정식 서한을 발송하였고 이에 대하여 미 주둔군사령 관 하지 중장은 이미 회답을 보내어 20일 상오 10시 위원단 임시의 장 메논은 사무총장 후스쩌와 동반 24군사령부인 반도호텔로 하지 중장을 방문하고 약 1시간 동안에 긍하여 위원단 사업실천에 관한 정식 인사를 마치었거니와 북조선사령관으로부터는 아무 회한도 없 어 그 귀추가 주목되고 있다고 한다.

위원단 수원(隨員)의 언명에 의하면 위원단이 발송한 서한에는 그 회 답기일이 전연 언급되지 않았다 하며 회답을 기다리는 기간의 장단 에 관하여서는 아직 별다른 고려가 없다 한다. 즉 위원단은 기(旣) 조 직 3분과위원회의 활동을 사정이 허락하는 환경 내에서 그대로 추진 할 것이며 선거 실시를 위한 준비 추진에는 북조선의 회답 여부가 근 본적 영향을 미치는 일은 없을 것이라 한다. 그리고 위원단이 여사한 준비사업 즉 적당한 선거법을 결정하는 일이 완료될 때까지 북조선에서 아무 회답이 없는 경우에는 위원단은 그가 적당하다고 인정하는 선거안을 남조선에서만 실시할 것인가의 여부에 관하여 총회와 연락하게 될 것으로 추측된다 한다.

그리고 우크라이나가 무기한 보이콧하는 경우에 위원 1개국을 더 보선하여 구성단 수를 9개 멤버로 채우느냐의 여부도 총회의 소관사항으로서 아직 분명치 않으나 당지 각국 대표의 의견은 우크라이나가 원래 소련 측 의견을 대표할 수 있도록 선임되었던 만큼 동국의 보이콧이 소 블록 전체의 의사를 표시하는 이상 조위의 현 결원은 여타의 국가에서 보선하는 일은 무의미한 것이며 따라서 조위는 8개국으로서 사업을 추진할 것으로 보고 있다.

(「총선거 준비 추진, 북조선 회답 여부에 불관(不關)」, 『서울신문』 1948년 1월 22일)

유엔총회에서 보였던 소련의 분명한 보이콧 방침은 유엔위원단에도 적용될 것이 확실했지만 위원단은 소련의 협력을 전제로 업무를 진행하고 있었다. 1월 18일 메논 의장이 보낸 편지에 하지가 즉각 회답하자 바로 찾아가 만나고 위원단 활동의 본격 시작을 라디오방송으로 조선인들에게 알렸다.

소련이 반응을 보인 것은 메논이 방송한 다음 날이었다. 소련군사령관의 답신이 온 것이 아니라 소련 유엔대표 그로미코(Andrei Gromyko, 1909~1989)가 할브단 리(Trygve Halvdan Lie, 1946~1952 재임) 사무총장에게 보낸 편지를 통해서였다.

[레이크석세스 14일발 AP 합동] 22일 유엔에서는 소련이 유엔조선위원단의 소 점령하의 북조선 입경 요구를 거절하였다고 발표하였

다. 사실에 있어 남조선 미군 점령하에 있어서의 위원단의 노력을 제
한하는 소련의 태도는 소련 외상대리 그로미코로부터 유엔사무처장
트리그브 리 보좌 안드류 코이어에 대하여 전달된 1월 22일부의 서
한 중에 표명한 것으로서 동 서한의 내용은 다음과 같다.

"북조선 소련군사령관 방문의 희망을 표명한 조선위원단 임시의장으
로부터 서한 원문을 전달한 1948년 1월 18일부의 서한에 관련하여
서는 우리는 귀하에게 1947년의 제2차 유엔정기총회 석상에서 유엔
조선위원단 수립에 대하여 이미 소련정부에 의하여 표명된 부정적
태도를 상기함이 필요하다고 생각하는 바이다."

(「중대 관두(關頭)에 선 국련 조위 업무, 북조선 입경 거부, 소련 외상 대리 정식 통
고」, 『조선일보』 1948년 1월 25일)

**소련의 협조 거부에 대한 유엔의 대응은 이런 방향으로 전망되고 있
었다.**

〔레이크석세스 24일발 AP 합동〕 소련이 조선위원단의 북조선 방문
을 거절한 데 대하여 당지에서 즉시 이에 대한 대책을 강구하지 않을
것으로 보고 있는 것이 일반적 관측이다. 유엔의 결의안에 의하면 동
위원회는 유엔소총회와 협의하도록 되어 있다. 따라서 평상적 코스
로는 동 위원회는 소총회에 대하여 소련 태도로 말미암아 사명의 수
행이 불가능하다는 것을 보고하고 원조를 요청할 것이다. 목하 연중
개회 예정으로 개최 중의 소총회는 총회 특별회의를 소집할 권한이
있다.

(「북조선 예방을 소 측 거부, 조위 소총회에 원조 요청?」, 『서울신문』
1948년 1월 25일)

　　서울의 유엔위원단은 그로미코가 리 사무총장에게 보낸 편지를 확정직인 거부로 보지 않고 위원단 앞으로 정식 통보가 올 것을 기다리며 업무를 계속 진행하기로 했다. 1월 22일에는 공보 제17호로 업무 진행 상황을 발표했다. 그 발표 중 제2분과위에서 작성 중인 "협의를 희망하는 조선인 대표의 명부"를 언급했는데, 유엔본부에서 입수한 자료와 조선 입국 후 수집한 자료를 종합적으로 검토하고 있다고 했다. 이승만, 김구, 김규식, 김성수, 조만식, 김일성, 허헌, 박헌영, 김두봉의 아홉 사람 이름을 발표 속에 넣었는데, 위원단이 만날 사람의 범위는 이것보다 넓을 것이라고 그랑 정보관이 밝혔다(『경향신문』 1948년 1월 24일).

　　특히 제3분과위의 업무 진행이 빨랐다. 1월 23일 금요일에 구체적 토의를 시작했는데 26일 월요일까지는 윤곽이 완성되었다고 한다. 임무 수행을 최대한 서두르려는 노력에는 의문의 여지가 없었다.

　　소식통이 전하는 바에 의하면 조위 제3분과위원회에서는 연일 선거법 급 선거시행세칙에 관한 심의를 계속하여오던 바 거주(去週)로서 일단락을 지었으므로 26일 오후에는 입의 사무총장과 회견하고 세부에 관한 토의가 있으리라고 한다. 그리고 제3분과위원회의 업무 진행 상태로 미루어 보아 대개 금월 내에 선거법 및 기타에 관한 심의가 완료되리라고 하며 한편 국민회의 구성원의 수에 관하여서는 조선인의 의견을 듣기 위하여 제2분과위원회에 대하여 자문하기로 하였다 한다. 선거구역 문제도 세간에 여러 가지 설이 유포되고 있으나 옵서버 측의 관측에 의하면 조선 내의 실정으로 보아서 행정구역에 별로 상위(相違)되지 않으리라고 한다.

　　　　「조위분위 업무 활발. 선거법 심의 금월 중 완료」, 『동아일보』 1948년 1월 27일)

1948. 1. 23.

경성전기에서 욕보는 사람들, 누구였나?

———

경성전기주식회사(이하 '경전'으로 줄임) 노동조합이 회사 측의 인사이동 명령에 항의, 전차 운행 거부를 시작한 것은 1월 19일부터였다. 노동부가 중재에 나서서 22일부터 운행이 재개되었고, 쟁의 사안은 22일 오후 회사 내 노자위원회를 열어 처리하기로 했다.

> 160만 서울시민의 발이라고 하는 경전 전차 135대가 경전 당국의 사원에 대한 인사이동 문제를 계기로 19일부터 태업을 계속하여 화제와 관심을 사회에 던지게 하더니 21일 하오 노동부의 알선으로 경전 당국자와 태업 종업원 대표들이 모이어 신중 협의한 결과 22일 아침에 20여 대, 정오에 70여 대의 전차운전을 보게 되어 서울 시민들의 마음을 풀리게 하였다.
>
> 경전 당국에서 9명의 사원을 본래의 부서에 다른 부서로 이동 발령한 인사문제가 부당하다고 하여 259명이 연명 사직을 결의하고 사표를 제출하게 되자 동사 운수부 직원 전체의 문제로 파급되었던 것으로 21일 노동부장의 알선으로 전기 259명의 사표는 회사에서 수리하지 않기로 하는 동시 이동 발령된 9명에 대하여서는 다시 그 이동의 사정을 경전 노자위원회에서 재심사 후 결정할 것을 조건으로 22일

부터 일부 전차가 취업하기로 된 것으로 22일 노자위원회에서 원만 협조를 보게 되면 23일 아침까지에는 135대가 운전될 것이며 이번 문제의 해결 여하는 남조선의 노동운동과 노사협조에 대한 새로운 발전적 전례를 만들어줄 것으로 각 방면의 관심과 기대는 참으로 큰 바 있다.

● 대한노총 경전조합 담: 이번 태업문제에 관하여서는 21일 하오 11시 노동부와 경전 당국 3자가 회합하여 타협한 결과 이번 인사이 동에 관한 사령을 철회하고 이 문제를 노자위원회에 회부하여 22일 하오 1시 동 위원회를 열어서 가부를 심사 결정할 것을 조건으로 22일 상오 9시까지 사표를 제출한 260명이 취업할 것을 수락하였는데 만약 이번 노자위원회의 조정 결과가 우리의 요구조건에 적합지 아니할 때에는 우리의 정당성과 경전 측의 회오 반성을 주장하여 여전히 총사직을 단행할 것이다.

(「인사 재심사 조건으로 경전 태업문제 일단 해결」, 『동아일보』 1948년 1월 23일)

경전의 뿌리는 1898년 설립되어 이듬해 전차 운행을 시작한 한성전기회사에 있었다. 미국인 출자로 시작된 한성전기를 일본인이 장악하고 1915년 경성전기주식회사로 이름을 바꾼 것이었다. 1961년 한국전력주식회사(이하 '한전'으로 줄임) 설립에 흡수되면서 그 주축이 되었다.

직원이 5,000명인 경전은 해방 당시 철도 부문에 이어 조선에서 가장 크고 활발한 사업이었다. 당연히 노동운동에서도 중요한 현장의 하나였다. 1947년 초까지는 경전에서도 전국노동조합평의회(이하 '전평'으로 줄임)의 세력이 강했다. 그러나 1946년 가을 이후 미군정의 전평 탄압이 계속되는 가운데 전진한(錢鎭漢, 1901~1972)이 이끄는 우익 성향 대한노동조합총연합회(이하 '대한노총'으로 줄임)가 경전을 장악하게 되었다.

> 공보부 발표에 의하면 19일에 거행된 경전 종업원 조합 선택의 투표 결과는 유권자 4,291명 중 3,805명이 투표하였는데 대한노총을 희망한 자 3,260명, 조합이 필요치 않다고 기입한 자 394명, 백지투표 151명이었다 한다.
>
> (「조합 선정의 경전 투표 결과」, 『경향신문』 1947년 4월 22일)

이 무렵 대한노총의 경전 장악이 어떤 분위기에서 이뤄졌는지 보여주는 기사가 있다.

> 29일 오후 4시 20분경 시내 원효로4가 경전 가스제조소 부근에서 전평원 10명이 우익 청년단체를 비방하는 삐라를 붙이는 것을 목격한 전 대한민청 용산지부장 김영만 외 20여 명은 전기 10명을 원효로2가 대한민청 사무실로 납치한 후 구타를 가하여 1명 중상, 9명 부상의 불상사를 내었는데 가해자 김 외 5명은 동일 오후 6시경 용산서에 검거되었으며 피해자는 이홍식 외 9명으로 판명되었다.
>
> (「원효로에 불상사」, 『경향신문』 1947년 5월 1일)

성한표는 "9월 총파업과 노동운동의 득세"에서 대한노총의 득세 과정을 서술하던 중 경전의 조합 선택 투표를 언급했다.

> 전평은 [1946년] 9월과 10월에 걸쳐 지도자가 대량 검거됨으로써 조

직중추가 붕괴되었다. 8·15 후 노동운동을 이끌었던 거의 유일한 조직이었던 전평의 붕괴로 이 땅에는 한때, 사실상 '노동조합이 없는' '노동운동'의 공백상태가 찾아왔다. 이 공백을 메워나간 것이 대한노총이다. 그러나 전평의 조직중추가 무너졌다고 해서 대한노총이 일사천리로 진입해 들어갔던 것은 아니다. 검거의 선풍 속에서도 피해 나온 하부조직의 활동가들 일부는 여전히 현장노동자들에게 강력한 영향력을 행사하고 있었다. (…)

그러나 철도를 제외하면 거의 모든 부문에서 대한노총의 진출에 강력한 저항이 일어났다. 예를 들면, 광산 부문에서는 전평의 불법화가 선언되기(1947년 6월) 전에는 대한노총의 진출이 극히 지지부진했다. 철도노조와 더불어 전평의 강력한 거점으로 알려지고 있던 경전에서의 대한노총 진출은 1947년 3월의 총파업으로 전평조직이 다시 한번 큰 타격을 입은 후에야 노동부가 '숨겨둔 카드'를 내놓음으로써 실현되었다. 노동부의 '숨겨둔 카드'란 앞에서 소개한 바 있는 '종업원의 투표에 의한 노조 선택' 제도였다. 이러한 카드는 "종업원들이 투표로 선택한 노조에 대해 독점적인 단체교섭권을 준다."는 '선물'과 함께 제시되었다. (『해방전후사의 인식 2』, 한길사 2006, 441~442쪽)

경전 종업원들은 이런 상황에서 대한노총을 선택했다. 그러나 대한노총의 경전 장악이 확고하지 못하다는 사실을 1947년 7월 25일의 한 사건에서 알아볼 수 있다.

25일 오후 4시 30분경 시내 을지로 경전 본사에서는 운수과를 제외한 각과의 종업원대회가 있어 이 자리에서 24시간 파업 관계로 파면된 375명의 복직 등을 비롯한 수 개 조 요구조건을 결의하고 나오는

버스 파업으로 전차를 타려고 몰려든 시민들. 전차를 운행하는 경성전기는 가장 중요한 노동운동 현장의
하나였다.

종업원을 외부에서 대기하고 있던 모 단체원 수십 명이 테러를 감행
하자 부근은 일대 소동을 일으키게 되어 중경상자 다수를 내고 MP,
CIC 경찰 등의 출동으로 해산되고 종업원 100여 명이 무허가집회라
는 이유로 중부서에 검거되었다.

(「만행으로 민족을 좀먹는 자 준동(蠢動), 테러는 의연(依然) 계속」, 『경향신문』

1947년 7월 27일)

경찰 출동이 테러 때문이었는가, 종업원대회 때문이었는가? 테러를
감행한 "모 단체원"의 검거 이야기는 없고 종업원들이 '무허가집회'로
검거되었다는 이야기만 있다. 1947년 3월 23일의 총파업으로 종업원
의 10퍼센트 가까운 375명이 해직되었다면 이것은 노동운동의 '지도
부'만 제거된 것이 아니다. 적극적 운동가 모두가 제거된 것이다. 그런

상황에서 '노조 선택' 투표가 행해진 것이었지만, 종업원 대다수는 375명의 해직이 부당한 것이었다고 4개월 후까지 생각하고 있었던 것이다.

이 시기 대한노총이 진정한 노동조합이 아니었다는 사실을 박지향은 「한국의 노동운동과 미국, 1945∼1950」에서 이렇게 밝혔다.

대한노총은 1947년 말 현재, 12개 산업 2,911개 지역노조에 걸쳐 조합원이 85만 명에 달한다고 보았으며, 1948년 1월에는 조합원이 100만이 넘는다고 주장했다. 그러나 미 국무부는 대한노총의 실세를 1947년 9월 현재 조합원 약 9만 명으로 추산했다. 대한노총에 대한 미국인들의 평가는 하나같이 비판적이었다. 한국소위원회는 대한노총이 조사 당시까지 조합원들에게서 회비는 거두지 않은 채 정치인 및 기업주들한테 재정지원을 받아왔고 사용자와 교섭을 벌인 증거도 없다는 점을 들어 대한노총을 "사이비 노동단체"라고 규정짓고 이 단체의 "유일한 목표는 노동자들을 정당한 노동조직으로부터 분리시키는 것"이라고 비난했다. 한국소위원회는 더 나아가 대한노총이 실상 정치단체이므로 정당 등록을 강제하고 있는 군정법령 제55호 위반 여부를 조사해야 할 것이라고 지적하는 한편, 앞으로의 법령에도 그러한 사이비 단체의 성립을 저지하는 보호책이 마련돼야 한다고 권유했다.

미첨이 조사한 바로도 대한노총은 주로 감독이나 십장으로 구성되어 있어 노동 대중에 기반을 두고 있지 않았다. 부산의 한 방직회사에서는 사장이 노조위원장이면서 회사 청년단 단장이라는 희극적인 사례도 있었다. 대한노총이 노동조건 개선 등을 시도했다는 사례는 거의 없었으며 1947년 9월 현재 그들이 주도한 파업도 전혀 없었다. (『해방

서북청년단의 창설자이자 중앙집행위원장을 지낸 '선우기성(鮮于基聖).' 서북청년단은 테러활동의 총본산으로 공포의 신화를 남겼다.

전후사의 재인식 2』, 책세상 2006, 132~133쪽)

경전은 노동조합만이 아니라 청년단체의 이해관계가 복잡하게 부딪치는 현장이기도 했다. 1948년 1월 23일자 각 신문 광고란에는 큼직한 성명서 두 개가 나란히 실렸다. 하나는 "대동청년단 총본부 중앙감찰위원회 부위원장 겸 중앙검찰분과위원회 위원장 차종연 외 5,600명"의 명의였고 또 하나는 "대동청년단 경전특별지단 단장 김기하 외 350명" 명의로, 대청을 탈퇴하여 서북청년회(이하 '서청'으로 줄임)의 깃발 아래로 돌아간다는 것이었다((〔사진 참조): 『경향신문』 1948년 1월 23일자 제1면).

1947년 4월 귀국한 광복군 지도자 이청천의 명성을 발판으로 우익청년단체를 통합해 1947년 9월 결성된 대청은 통합 수준이 낮아 분쟁이 끊이지 않았다. 서청은 대청 출범을 앞두고 통합파와 잔류파로 갈라져 있었는데 그 힘겨루기가 계속되고 있었다는 사실을 이 광고에서 알아볼 수 있다.

1948년 1월 23일자 『경향신문』에 실린 대동청년단 광고.

1947년 7월 25일 경전 종업원대회에 관한 앞의 기사에서 이 대회가 운수과를 제외한 것이었다고 했는데, 운수부가 경전 중 정치색이 가장 강한 부서로 대한노총 등 우익세력이 장악한 곳이었기 때문 아니었나 하는 생각이 든다. 1947년 5월 8일자 『경향신문』 「시정수감(市井隨感)」 난에 전차서비스의 문제점을 지적한 김동인의 글 "전차"를 보면 경전 운수부 전차과에 할 일 없는 직원이 무척 많았다는 느낌이 든다. 앞부분만 옮겨놓는다.

진주(晋州)에는 파리〔蠅〕의 수효보다 기생의 수효가 세 마리 더 많다

는 말이 있거니와 우리나라의 수도 서울에는 순경과 전차종업원의
수효가 분명 파리보다 더 많다. 거리에고 골목에고 나서면서 둘러보
면 순경 몇 명과 전차종업원 몇 명의 모양은 꼭 눈에 띈다.
어떻게 어떻게 하여 간신히 부비적거리어 전차에라도 올라타면 그
만원전차 안에는 전차종업원이 열 명 가까이, 순경이 대여섯 명 이상
은 전차마다 빠짐없이 반드시 타고 있다. 우리의 상식으로는 한 전차
에는 운전사 한 명, 차장 한 명만 있으면 되는 XX다. 그런데 해방 후
의 서울 전차에는 반드시 5, 6명 내지 7, 8명의 XX승무원인지 앞뒤
에 둘러 타고 있어 가뜩이나 좁은 차를 더욱 좁히고 있으니 알 수 없
는 일이다. (…)

집단항의를 불러온 운수과 직원 9명에 내한 1월 12일사 이동 발령
은 운수부 분위기를 바꾸기 위한 회사 측 시도였던 모양이다. 노동부
중재로 이 쟁의를 해결하기 위한 경전 노자위원회가 1월 22일 열렸으
나 해결을 보지 못하고 중앙노무조정위원회로 넘겨졌다.

인사문제는 노자위원회에 회부한 채 우선 전차만 완전히 다시 움직
이게 되었다 함은 기보한 바이어니와 이로써 23일 12시 현재로 전차
는 134대가 운전되어 있다 한다. 그러나 인사문제는 22일 오후 1시
경전 본사에서 개최된 노자위원회에서도 해결을 보지 못하고 문제는
결국 중앙노무조정위원회로 회부되었다 하는데 3일간의 파업으로서
경전에서는 백수십만 원의 수입이 감소되었을 것이라 한다.

「결국 노무조정위원회로 회부」, 『경향신문』 1948년 1월 24일)

노무조정위원회의 판정은 1월 30일에 나왔다.

경전의 인사이동 문제는 중앙노무조정위원회에 회부되었다 함은 기보한 바이어니와 동 위원회에서는 쌍방의 의견을 절충하여 30일 이에 대한 판정을 내리었는데 판정은 결국 조합 소속으로부터 본사로 전출하는 9명에 대한 사령은 취소하기로 되고 간부 사직 등에 대한 2조항은 기각하였다.

한편 본사로부터 전차과로 전임하기로 된 9명은 그대로 시행하기로 되었다 한다. 전기 판정에 대하여 노조 측에서는 그 부당성을 지적하고 간부사직 등을 주장하는 투쟁을 계속하고 있어 그 귀추가 주목되고 있는데 양측의 의견을 들어보면 각각 다음과 같다.

● 경전본사 담: 노자쟁의에 대한 최고 판결은 중앙노무조정위원회인 만치 본사에서는 부득이 그 명령에 복종할밖에 없다.

● 대한노총위원장 전진한 담: 이번 판정으로서 인사이동이 법적으로 성립하지 못한다는 것을 증명하였다. 그러니 부당한 인사문제로 인하여 일반에게 고통을 끼치게 한 배후조정자의 퇴진을 요구하며 우리 요구가 관철될 때까지 투쟁을 계속할 것이다. 이 투쟁에서 우리가 굴복하면 노동자는 자본가에게 예속하게 될 것이므로 노동자의 이익을 위하여 절대로 양보하지 않을 것을 다시 한 번 강조하는 바이다.

● 경전노조위원장 정대천 담: 전입자 9명은 4개월 내지 8개월의 재사 경험밖에 없으므로 전차업무의 능률 저하와 또는 직장혼란의 결과를 야기할 것이므로 전기 9명의 전차과로 전입하는 것은 부당하며 이것은 자파세력을 부식시키려는 의도에 불과하다.

(「쌍방 합의는 언제, 경전 인사문제 상(尙)미해결」, 『경향신문』 1948년 1월 31일)

경전의 노자쟁의는 지난번 노동부 노자쟁의위원회의 판정으로 해결을 본 감이 있었으나 노조 측에서는 아직 만족지 못하다 하여 각계 요로 당국에 간부 사직 등을 진정하고 있어 그 귀추가 주목되고 있는데 경전 본사에서는 수일 전에 중역회의를 열고 전번 태업 시 방관 혹은 방조한 본사 내의 일부 간부에게 사규를 위반하였다 하여 사직하기를 권고한 일도 있다 하여 문제는 또다시 점차 악화의 일로를 걷고 있다 한다.

이에 본사 측의 말을 들어보면 노조 측에서 암암리에 간부 사직 등을 각계에 진정하고 있으니 이것은 노동운동이라 할 수 없으며 그 의도가 나변(那邊)에 있는지 이해하기가 곤란하다고 말하며 노조 측의 말을 들어보면 우리 노동자에게 폭군처럼 군림하고 있는 현 간부 밑에서는 불안과 공포로 안심하고 일을 할 수 없나고 말하여 쌍방에서 서로 강경한 태도를 보이고 있다.

(「경전 인사문제 쌍방 태도 강경」, 『경향신문』 1948년 2월 7일)

간부 사직 운동의 표적 중 한 사람이 우리에게 좋은 글을 많이 남겨준 오기영이었다. 오늘 이야기가 이미 길어졌지만, 이 상황에 대한 그의 해명은 들어봐야겠다.

「인욕(忍辱)」

요즈음 나는 가위 명진사해(名振四海)라 하게끔 유명하여졌다.

서울 시민이면 소학교 아동으로부터 남녀의 구별이 없이 매일같이 타야 하는 그 전차가 벌써 일주일이나 파업을 하였는데 거리의 벽보마다 신문마다 악질간부 오기영 등의 추방 목적을 관철하기까지 전차는 움직이지 않을 것이라 한다.

타야 할 전차는 움직이지 않으니 긇는 것은 죄 없는 시민이다. 하다
면 이 죄 없는 시민이 불의의 교통난에 빠져서 문제의 핵심은 어하간
에 우선 전차 파업을 일으킨 장본인이 누구냐 할 때에 오기영이라는
이름이 누구의 입에서나 오르내리지 않을 수 없이 되었다.

전차 타기가 한참 힘들던 작년 5월에 나는 아주 온당한 계산으로서
경전이 시민에게서 먹는 욕은 하루에 십만 마디는 되리라 하였더니
이번에는 전차가 아주 없어져 버렸으니 그보다 훨씬 더 할는지도 모
르겠다.

그러나 이것은 사필귀정을 기다리고 참았지 별수가 없는 일이다. 여
기는 인욕이 필요하다.

나같이 수양이 부족한 인물로서 인욕은 용이한 것이 아니지마는 그
래도 달고 치면 맞았지 별수가 없는 일이다. 참을 수 있는 데까지 참
아야 한다.

하기는 경전생활 3년에 나는 많은 욕을 보았다. 그러나 이것을 모두
참고 견디어야 하였다. 지금 조국재건의 진통기에 있어서 이 혼란을
극복해야만 한다면, 그렇고서만 신생의 조국을 볼 수 있다 하면, 그
러므로 모든 것을 참아야 한다면 일제하의 옥고와 고형(拷刑)도 견디
었으랴. 더 참는 공부가 필요할 것이다.

지금까지 몇 번이나 겪은 여러 가지의 욕스러운 사태에 나는 '시가인
야(是可忍也), 숙불가인(孰不可忍)'이냐고 생각해보았다. 그러나 참아
야 한다면 이러한 경구는 도리어 방해스러운 것이다. 그래서 나는 이
것을 뒤집어서 나 자신을 격려하여왔다. '시불가인, 숙가인야(是不可
忍, 孰可忍也)'냐고.

노동운동을 한다는 영웅들이 스탈린 이상의 혁명의욕을 이 경전 직
장에서 날마다 용감스러운 솜씨로 발휘하였다. 8시간 노동제를 실시

하였더니 이들은 7시간 노동을 주장하여 정각 한 시간 전에 수위로부터 종을 뺏어서 땅땅 치고는 종업원들을 내몰았다.

소련서도 스탈린과 사동은 그 국가에서 받는 보수에 차등이 있는 것이라고 타일러도 이들은 사장과 사동의 동등 대우를 요구하며 이것을 안 듣는다고 나는 옥상에 끌려가 인민재판을 두 번이나 겪었던 것이다. 회사의 정문, 후문을 막아버리고 각 사무실에 있는 직원을 옥상으로 강제집합을 시킨 뒤에 나를 끌어가는 것이다. 그 다음의 광경에 대해서는 나는 더 생각을 하지 않기로 한다. 그 뒤에는 또 한 번 운수부 전차과 집합실에서 천여 명 포위 중에 감금된 일이 있다. 전재동포를 위하여 월 25원씩 두 달 동안 내자는 회사 방침을 반대한 것이다.

이 전차과 집합실에서는 김구 선생을 모셔나 좋은 기회를 이용하여 사장을 포위 감금한 일도 있었다. 다만 나의 경우와 다른 것은 전자는 '파괴적 적색분자'의 책동이요, 후자는 '민족진영 건설파'라는 것이 다른 것인데, 방법과 인물은 비슷비슷하니까 묘미가 있다.

작년 3월에 나는 수년간의 독신생활을 집어치우고 결혼하였다. 가난한 살림이라 별수 없어 피로연은 이다음 독립한 뒤에 하기로 하였고 회사간부 수 씨와 그 밖에 친지 6, 7명으로 십수 명의 가족적인 만찬을 차린 일이 있다. 〔오 씨 결혼은 1947년 3월 15일(『경향신문』 1947년 3월 13일)〕

그런데 이 자리에 곤봉 가진 수십 명이 달려들었다. 대한노총의 거두들이다. 우리는 밥을 굶으며 직장을 지키는데 너희는 술만 먹느냐는 것이다. 이것이 이번 나를 배척하는 파업 이유의 하나라 하거니와, 그 뒤 운수부장 서정식 씨는 기어이 이들의 곤봉에 난타되어 만 3개월 이상을 와석신음하였다.

나는 작년 8·15의 서울 기념 광경을 시골 계신 칠십 노모에게 보여 드리고 싶어서 어머니를 모시러 시골을 내려갔다. 그때 마침 좌익에 모종 대사건이 있다 하여 검거선풍이 불었는데 기민한 책략자들이 '빨갱이 오 부장'은 체포령이 내려서 피신하였다고 하였다. 이래서 또 애꿎은 비서과장을 납거(拉去)하여다가 나의 행방을 대라고 두들기게 하였다.

이들은 또 경찰, 검찰청 혹은 미군 수사기관에 여러 가지 무고의 투서를 하였다. 업무횡령 혐의자로 문초를 받을 때에, 천하가 뒤집히기로 내게 이런 피의가 당한가고 나는 앙천탄식하였다. 그러나 참았다. 공산당에서 어떤 책임을 가지고 있는가라는 문초도 받은 일이 있고 박헌영을 감춘 자라는 밀고에 의하여 가택수색을 당하고 나 대신 식모가 따귀를 맞은 일도 있다. 지폐 위조범의 하나로 지목하는 문초도 받았고, 나의 평론집 『민족의 비원』이 공산당 선전문집록이라니 사실이냐는 조사도 받았다. 물론 이것이 다 나를 경전에서 몰아내자는 계략에서 나온 일이다.

같은 조선 사람끼리의 문초일 때에는 문초하는 사람은 비록 나를 범죄자처럼 대우하나 그래도 핵변하기가 쉽건마는 외국인에게서야 이것이 용이치 않다. 그들이 나를 알 까닭도 없고 그들은 조선 사람이면 다 거짓말하는 사람으로 알아서 누구나 믿지도 않는 때문이다. 이럴 때마다 나는 민족적으로 비상한 모욕을 느꼈다. 그러나 참았다.

생각할수록 나는 무던히 참아왔다. 그러나 이번 사태를 겪으면서 나는 정말로 '시가인야(是可忍也), 숙불가인(孰不可忍)'인가를 생각하여 본다. 이렇듯 폭력과 비행이 횡행하되 이것을 방지하는 도리가 없다하면 장차 이 사회는 어떻게 될 것인가.

말재주 있는 사람들이 '5천 대 3'이라는 이론을 전파했다. 5천 종업원의 의견이 중하냐, 세 사람의 지위가 중하냐 하는 말이다. 그러나 나는 순진하기 양과 같은 5천 종업원인 것을 누구보다도 잘 알고 있다. 그들은 지금 오도되고 있는 것이다. 양의 껍질을 쓴 이리를 따르고 있는 것을 나는 보고 있다. 나는 이것이 슬프다. 그들과 더불어 같은 골육이기 때문에 나는 이것이 슬프다.

진정코 5천 대 3이라면, 아니 2천5백 대 3이라 하더라도, 아니 5백 대 3이라 하더라도 나는 물러갈 것이다. 본시가 있을 자리에 있는 것이 아니거늘, 하고 싶은 고생을 하는 것도 아니거늘 종업원조차 싫다 할 때에 내가 무엇 때문에 있을 건가? 체면 때문에? 스트라이크를 만나는 것은 체면상 좋은 일인가?

그런 것이 아니니까 아직 참고 있어야 하겠다. 사악(邪惡)이 물러가기까지 나는 이 직장을 인욕(忍辱)의 도장(道場) 삼아 좀 더 견디는 수밖에는 없다. 시불가인, 숙가인야(是不可忍, 孰可忍也)(1948. 3. 15). (『진짜 무궁화』, 성균관대학교출판부 2002, 68~72쪽)

'빨갱이'로 몰리는 사람들이 1948년 초까지 경전 간부로 버티고 있는 것을 보며 벌써 2년 전 우익에 '결탁'한 금융조합 생각이 난다. 금융조합 교육과장이던 김성칠은 당시 일기에 이렇게 적었다.

장덕수 씨 등 민주의원 측이 하상용, 임홍식 씨 등을 초청해서 공작한 결과 과장회의에서 중역들이 우익과 결탁하기를 선포하였을 때 나는 그 비(非)를 지적하고 두 시간 동안 고군분투하였다. 다시 3월 9일 오후 인민비판사 주최로 좌익 편에서 금융조합 문제를 논의하고 민전, 전평, 전농, 해방일보 등 좌익의 논객들이 금융조합에 공격의 일제 화살을 보내왔을 때 나는 그들의 공식주의적인 관념론을 상대로 세 시간 동안 항변하였다.

그러나 금융조합의 우익 편향은 이제 결정적인 사실이 되고 말았다. 이러한 의미에서도 나는 이 기관을 물러나야겠다. 나는 현하의 조선에 있어서 좌익의 경거망동을 싫어한다. 그러나 우익의 혼란도 보기 숭하다. 어느 편으로든 나 자신이 규정받는 걸 나는 좋아하지 않는다. 그러한 기관에 간부의 일원으로 몸을 담아두는 것도 생각할 문제이다. (『역사 앞에서』, 창비 1997, 1946년 3월 19일자)

1948. 1. 28.

김구, 남북협상의 길로 돌아서다

유엔위원단 제2분과위는 서면 접수를 기본으로 하면서 몇몇 중요 인
물은 위원회에 출석시켜 토론도 벌이기로 했다. 1월 26일 오전에는 이
승만이, 오후에는 김구가 위원단 전체회의에 초청되었다.

> 초회의 이래 제3주에 들어간 유엔조위는 26일 오전 10시 반부터 캐
> 나다·오스트레일리아·프랑스·인도·필리핀·중국·시리아 등 7개
> 국 대표 전원 출석하에 덕수궁에서 제2분위 제4차 회의를 열고 조선
> 인의 의사를 청취하기 시작하였는데 이날 최초로 이승만 박사와 회
> 담하였다. 즉 제1분과위원회는 오전 11시부터 이승만 박사를 초청하
> 여 비공개리에 동 오후 1시 15분까지 2시간 15분간 회담하였는데 동
> 회의 내용은 별항과 같다. 그리고 오후에는 1시 반부터 김구 씨와 회
> 담하였고 27일에는 오전 10시부터 김규식 박사와 회담하기로 되었
> 다. 이로써 제2분위는 조선 정치요인과 회담을 개시하였다.
>
> (「두 영수와 초(初)회담, 작일 2분위 4차 회의에 초청, 이 박사와 김구 씨의 의견을 청
> 취」, 『경향신문』 1948년 1월 27일)

이승만은 회담 직후 기자들과 이런 문답을 나눴다.

(문) 유엔위원단과 회담한 후의 감상은?

(답) 그들이 가지고 있는 생각이나 내가 생각하는 바니 별로 차이가 없다고 보았다.

(문) 제2분위와 회담한 내용은?

(답) 상세한 것은 별항과 같다. 나는 남북통일을 위하여 유엔과 협의하여 먼저 남조선 총선거를 하는 것이 옳다고 생각한다. 이렇게 되면 유엔과 미국이 협조하는 것이요, 우리와도 협조하는 것이 될 것이다.

(문) 유엔조위의 북조선 입국거부에 대한 동 조위의 태도는?

(답) 그것은 나로서는 말 못하겠다. 유엔조위가 대책을 강구할 것이다.

유엔위원회는 1월 27일 오전에 김규식을 초청했고 오후에는 여운홍(呂運弘, 1891~1973)을 초청했다. 그사이에 한경직(韓景職, 1902~2000) 영락교회 목사와 백영엽(白永燁, 1892~1973) 재남 평북도민회장이 함께 회담에 참석한 시간이 있었는데, 이북 사정을 진술하기 위한 것이었다. 김성수도 27일 초청 예정이었는데 29일로 미뤄졌다. 그런데 1월 29일 제2분과위가 유엔위원회 공보 제20호를 발표했다.

유엔조위는 29일 공보 제20호를 다음과 같이 발표하였다.

● 공보 20호 "조위 제2분과위원회의 초청을 받은 인사 중 1인이 자기가 분과위원회에 진술한 의견은 동 분과위원회의 의견과 동일 회의에 출석한 조위 대표들의 의견에 합치하였었다고 기자단에게 발표하였다고 보도된 것을 조위 제2분과위원회는 알게 되었다. 제2분과위원회는 보도된 바의 이러한 발표가 동 분과위원회 구성원들의 입장을 그릇 표시한 것이라는 점을 명백히 하고자 한다. 제2분과위

원회가 현재 내밀(內密)로 협의를 하고 있는 그 목적은 각계의 조선인 여론 대표들의 의견을 알기 위함이다. 동 분과위원회는 자신의 의견을 발표치 않았으며 따라서 동 분과위원회의 초청을 받은 인사가 여하한 발표를 하더라도 그 책임은 전적으로 발표한 그 인사에게 있다."

(「조선인과의 협의는 의견 청취가 목적」, 『동아일보』 1948년 1월 30일)

위원단은 그 인사의 이름을 밝히지 않았지만, 이 글을 읽는 독자들이 바로 짐작하는 것과 마찬가지로 당시의 독자들도 바로 짐작했을 것이다. 유엔위원들이 자기와 같은 생각을 갖고 있다고 제멋대로 선전할 사람이 누구겠는가. 이승만은 1월 31일 이런 담화를 발표했다.

"내가 유엔 제2분과위원과 회담한 후 서울 어떤 신문에서 내가 한 말이라고 기재하여 내 의사가 유엔 제2분과위원들의 의사와 합치했다고 한 것은 전연 오전(誤傳)이다. 내가 이런 말을 발하지 않았을 뿐 아니라 유엔대표들이 자기들이 의사를 발한 일이 없었으니 내 의사가 어찌 합하고 합하지 않을 것을 말할 수 있겠는가?
해 신문기자가 내 말을 오해한 것이 분명하니 나의 뜻한 바는 유엔의 목적이 총선거로 독립정부를 수립하자는 것은 다 우리와 같다는 것을 표명한 것이다. 한인 공산분자들이 유엔위원단원에 대해서 의혹과 우려를 주게 했으므로 이런 설명이 필요한 것이다. (…)"

(「조위와 의사합치설은 자기 진의를 오전(誤傳)」, 『동아일보』 1948년 2월 1일)

이승만이 일으킨 구설수는 구설수일 뿐이었다. 반면 유엔위원회에 제출한 김구의 의견은 엄청나게 큰 파장을 몰고 왔다. 김구는 1월 28

일 자신의 의견서를 공개했다. 1월 29일자 『서울신문』에 전문이 게재되었는데, 요점은 이런 것이었다.

1. 우리는 신속한 총선거에 의한 한국의 통일된 완전자주적 정부만의 수립을 요구한다. 그러므로 현 군정의 연장이나 또는 임시적으로 군정을 연장시키는 우려가 있는 소위 남한 단독정부도 반대하는 것이다.

2. 총선거는 인민의 절대 자유의사에 의하여 실시할 수 있게 되기를 요구한다. 북한의 선거가 소련군정의 세력을 등지고 공산당이 비민주적으로 선거를 진행한 것과 같이 남한에서도 미군정하에 모 1개 정당이 농단할 것이다. 말로만 자유로운 선거를 할 수 있다고 성명하고 형식적으로만 선거를 진행한다면 이것은 반대하지 아니할 수 없다.

3. 북한에서의 소련의 입경 거절로 인하여 완전 자주독립의 통일적 한국정부를 수립하는 과업을 유엔이 포기하거나 혹은 그 과업에 사호(絲毫)라도 위반되는 다른 공작을 전개하려 한다면 반드시 불행한 결과를 보게 될 것이다.

4. 현재에 남조선에서 이미 구금되어 있으며 혹은 체포하려는 일체 정치범을 석방하기를 요구한다. 남한에서만이나 북한에서만의 정치범 석방을 요구하는 것이 아니라 양 지역에서 동시에 석방하기를 주장한다.

5. 미·소 양군이 즉시 철퇴하고 한인으로 하여금 자유로운 입장에서 민주적으로 총선거를 실시하여 통일정부를 수립케 하자는 소련의 주장은 원칙적으로 정당한 것이다. 그러나 한국정부 수립 후에 철퇴하자는 미국의 주장도 무리한 것은 아니다. 그 절충안은 미·소 양군을

즉시 철퇴시키고 한국의 치안책임을 유엔이 담당하는 것이다.

6. 남북 한인 지도자회의 소집을 요구한다. 미·소 양군이 철퇴하는 대로 즉시 평화로운 국면을 조성하고 그 평화로운 국면 위에 남북지도자회의를 소집하여 조국의 완전 독립과 민족의 영원 해방의 목적을 관철하기 위하여 공동 노력할 수 있는 방안을 작성하자는 것이다.

(「국련 임무 태만치 말라, 철병 후 진공기 치안은 국련 책임–김구 씨 의견서」, 『서울신문』 1948년 1월 29일)

지난 11월의 정협 노선으로 되돌아간 것이다. 김구는 11월 말 이래 정협 노선을 포기하고 이승만의 이남 총선거 노선을 받아들이면서 민대를 국민의회에 통합시키는 데 주력해왔다. 장덕수 암살사건의 여파로 이 통합 작업이 난항을 겪다가 1월 중순에 와서 통합대회도 열지 못한 채 형식적 통합의 절차만 밟았다. 그러나 그로부터 십여 일이 지나는 동안 두 조직의 진정한 통합이 이뤄질 전망은 사라지고 있었다.

이런 상황에서 김구는 유엔위원단에 대해 이승만과 다른 견해를 밝힌 것이다. 전국학생총연맹(이하 '전국학련'으로 줄임), 여자국민당, 국민청년대, 청년조선총동맹, 대한독립촉성국민회(이하 '독촉국민회'로 줄임), 서청, 조민당 등 우익 단체들이 벌떼처럼 비판에 나섰다. 그분이 그럴 리가 없는데, 도저히 이해할 수 없다든가, 지금까지 해오신 주장과 어긋나지 않느냐는 지적이 주였다.

그런 가운데 가장 신랄한 비판은 한국독립정부수립대책협의회(이하 '한협'으로 줄임)에서 나왔다. 반탁세력 일부가 제2차 미소공위에 참여하면서 임시정부수립대책협의회(이하 '임협'으로 줄임)를 결성했는데, 최근 이름을 한협으로 바꾼 것이었다. 그 주축인 한민당이 장덕수 암살을 계기로 김구에게 적대적 태도를 굳힌 흔적을 느낄 수 있다. 한민당의 자체 논평은 이 시점에서 따로 없었다.

지난 26일 김구 씨는 유엔위원단과의 협의에서 남북총선거와 남북요인회담 그리고 미·소 양군이 철퇴한 후에 남북총선을 실시하여야 한다고 주장하였다고 기자에게 말한 바 있었는데 각 정당 단체에서는 이것은 결국 군정을 연장시킬 것이며 공산주의자들의 주장과 동일하다 하여 다음과 같은 담화를 발표하였다.

● 한국독립정부수립대책협의회 성명서: 저 마의 38선을 제거하고 남북을 통한 총선거를 행하여 통일정부를 수립하여야 할 것은 우리 삼천만 동포 전체의 절실한 요구이다. 유엔총회의 결의도 이 점에 있어서 우리 민족 전체의 요구에 합치되는 것으로서 우리의 절대 환영하는 바이니 그 실현이 하루라도 속하기를 바라마지 않는 바이었다. 저 공산당 좌익계열에서 앵무새와 같이 소련의 주장을 암송하여 미·소 양군이 동시철병한 후에 남북 요인이 회담하여 정부 수립 문제를 해결하라고 주장하는 것은 소련을 조국으로 아는 그들로서는 당연한 일이라고 하겠지마는 그렇지 않은 부류의 사람들이 그런 종류의 언설을 행한다는 것은 이해할 수 없는 바로서 그들도 결국 모스크바 방향을 지향하는 것으로밖에 볼 수 없는 것이니 우리는 계선(界線)을 명백히 하여야 할 것이다.

김구 씨는 신문기자들에게 말하기를 "미·소 양군이 철퇴하지 않고 있는 남북의 현 상태로서는 자유스러운 분위기를 가질 수 없다. 양군이 철퇴한 후 남북요인이 회담을 하여 선거준비를 한 후 총선거를 하여 통일정부를 수립하여야 할 것이다."라고 하였다.

김구 씨의 이 주장은 유엔총회에 있어서의 소련대표의 주장과 꼭 일치한 것으로서 소련은 조선의 김구에게서 그 충실한 대변인을 발견하였다고 생각할 것이다. 이 소련의 주장은 유엔총회에 있어서 43 대 0으로 패배한 것으로서 조선의 독립 결의와는 정반대되는 것이다. 외국 군대의 철퇴, 남북요인의 회담 후의 총선거정부 수립, 듣기에 퍽 달콤하고 좋은 듯한 논(論)이다.

그러나 조선의 현실에 비추어 볼 때에 이것은 조선 전체를 소련에 넘겨주는 것이라고 하여서 민족진영에서는 전체적으로 반대하고 또 김구 씨 자신도 반대하고 세계의 민주주의적 제 국가도 단호히 반대하였던 것이 아니었던가? 그런데 한독당의 위원장인 김구 씨가 가장 중요한 이 시기에 그와 같은 발언을 하였다는 것은 결코 조변석개적·일시적 과오라고는 볼 수 없는 것이고 심사숙고의 결과라고 보지 아니할 수 없는 것이니 이는 그의 자살적 행동으로서 참으로 해괴한 일이라고 하지 아니할 수 없다.

동씨가 평소 주장하여오던 민족주의적 입장과는 판이한 것으로서 결국 조선을 소련의 위성국가화하려고 하는 의도를 표현한 것으로밖에 볼 수 없는 것이다. 우리는 금후에는 김구 씨를 조선민족의 지도자로는 보지 못할 것이고 크렘린궁의 한 신자라고 규정하지 아니할 수 없음을 유감으로 생각한다. 우리는 유감으로 생각하지마는 사실은 어디까지든지 사실로 인식하고 그에 대처해나가지 아니하면 아니 될 것이라고 생각하는 바이다.

(「철병과 남북회담설은 소련 주장을 대변-김구 씨 민족진영 이탈?」, 『동아일보』
1948년 1월 30일)

한독당은 이 한협 성명서를 "한민당 선전"으로 간주하고 담화문으로 반박했다.

한독당에서는 김구 씨의 의견서에 대하여 공박한 한민당 선전에 대하여 여좌한 요지의 담화를 발표하였다.

"1. 북한으로부터 입경 거부의 정식 통지도 없는 이때에 남한의 단독 조치를 부르짖는 것은 한민당이 본래부터 통일정부를 희망치 않았음을 대중 앞에 고백하는 바이다.

2. 금일 미·소 양군 철퇴를 반대하는 그들은 전일의 주장과 모순됨을 증명하고 있다. 그들은 미군정을 희망하고 있다.

3. 김구 선생의 주장은 유엔이 치안책임을 진 뒤에 철퇴하라는 것이다. 한국의 통일을 성공할 수 있는 첫 조건은 한국을 미·소 양국의 세력범위에서 분리시키는 것이다.

4. 정치관계로 죄명을 쓰고 있는 이들은 정치범이라고 생각한다. 우리의 입장은 북에 있는 정치범 석방에 더 큰 관심을 가지고 있다.

5. 남북 요인의 회담을 주장하였으나 한민당의 중상모략과 남로당의 무성의로 인하여 역효과를 보게 되어 일시 보류하였으나 미·소 양군이 철퇴할 자유로운 환경이 될 때에는 이것을 다시 한 번 소집하는 것이 당연하다. 우리는 외인의 주장에 앞서 먼저 통일을 도모하는 것이 옳다.

6. 한민당에서는 자기 이해로 타산하여 민족영수를 모략한다. 우리는 민족진영의 건전한 발전을 위하여 이런 모략을 분쇄하여야 한다.

7. 김구 선생은 애국운동을 위하여 모욕당하는 것을 개의하는바 아니다."

(「한협 성명에 한독당 반박」, 『경향신문』 1948년 2월 1일)

유엔위원단에 밝힌 김구의 의견은 분명히 일반의 예상과 다른 것이었고, 그로부터 일어난 파장이 신문 지면에 크게 나타났다. 『동아일보』는 2월 1일자부터 5회에 걸쳐 아무 신분 표시 없는 김희경이란 필자의 글「김구 선생님에게 올리는 글월」을 연재했다. 한 '여성 숭배자'의 목소리를 빌려 한민당의 공격을 쏟아 부은 것이다. 그 도입부만 옮겨놓는다.

> "이번 유엔위원단과 협의하신 결과 선생님께서는 미·소 양군의 철퇴와 남북요인회담에 의한 통일선거를 주장하셨다고 하는데 저는 이 말씀을 듣고 놀랐습니다. 미·소 양군의 철퇴와 남북통일의 선거! 이 얼마나 우리의 갈망하는 일입니까마는 백만으로 기도해도 이것이 안 되니까 만부득이해서 남한만이라도 전국적 총선거를 하자고 한 것이 아닙니까. 한데 선생님이 오늘날 반동분자들의 구두선을 그대로 되풀이하여 우리의 독립전선에 이상을 야기하셨으니 이런 기막힐 일이 또 어대 있단 말이오."

한편 『경향신문』에는 2월 3일부터 4회에 걸쳐 '고쟁생(苦諍生)'이란 필명의 필자가 쓴 「3영수 협의론」을 연재했다. 선정적인 『동아일보』 연재물과 달리 문제의식이 투철한 칼럼이었다. 필자는 김구의 주장을 비판하지만 『동아일보』나 한민당의 비판과는 다른 차원이었다. 한 대목을 옮겨놓는다.

> "김구 선생은 한국의 통일된 완전 자주적 정부 수립을 위해서는 인민의 절대 자유의사에 의하여 전국을 통한 총선거가 실현되어야 하며 그러기 위해서는 미·소 양군이 즉시 철퇴하되 철퇴 후의 소위 진공상태의 치안은 미·소 양국 대신에 유엔이 책임져서 남북에 현존한 군대 혹은 반 군사단체를 해산하여서 일단 평화로운 국면을 조성하

『경향신문』 1948년 2월 4일자에 실린 고쟁생의 글.

면 유엔도 그 감시의 목적을 달할 것이요 한인도 자유스러운 선거를
할 수 있을 것이라고 했다.

이것은 유엔 소대표가 무조건으로 금년 정월까지 동시 철퇴하자고
주장한 것에 비해 볼 때 철퇴 후의 진공상태 기간의 치안책임을 유엔
이 져야 한다는 점이 다르고 보니 이것을 곧 소련 주장과 동일시하는
한협의 견해는 망단(妄斷)이라 할 것이다. 요는 유엔이 소위 진공상태
의 치안을 책임질 능력이 있느냐가 문제이다. 유엔이 그러한 능력 내
지 권한을 가졌다면 우리는 김구 선생의 의견을 절대 지지하겠다.

그러면 유엔은 과연 그러한 권한을 가졌을가. 필자의 과문으로서는
아직껏 연합국헌장에 규정되어 있는 국제경찰군이 설치된 것을 듣지

못하였고 필자의 우견(愚見)으로써는 그러한 조직은 불선(不尠)한 시간과 곡절을 겪은 뒤에 실현될지 말지 한 한 개의 구상에 지나지 않는다고 본다. 유엔기구를 일국의 형성에 비겨 볼 때 세계적 여론을 추진력으로 한 외교적 절충력밖에 없는 것이 아닐까. 이러한 기구에다 치안적 책임을 지운다는 것은 대상의 과대평가라 할 것이다."

유엔의 성격과 그 한계에 대한 인식이 놀랄 정도로 현실적이다. 이런 수준의 인식은 당시 조선뿐 아니라 세계적으로 드문 것이 아니었을까 생각된다. '고쟁생(苦諍生)', '쓴소리꾼'이란 필명도 예사롭지 않다. 내 검색능력으로 그가 과연 누구였는지 밝혀내지 못했다.(이 영역의 전문 연구자인 후지이 다케시에게 문의하였으나 그도 파악하지 못하고 있었다.) 이 필자는 1947년 4월 7일부터 15일까지 7회에 걸쳐 『경향신문』에 「총선거의 환경과 태세」라는 제목으로 남북협상파를 비판하는 글을 싣기도 하는데, 일반적인 단독선거 제창자들과 수준이 다른 그의 논설에는 음미할 점이 많다.

1948. 1. 30.

"모든 것을 바칩니다!" 낙랑클럽

2012년 봄 『이승만과 메논, 그리고 모윤숙』(기파랑)이란 책을 낸 최종 고는 그 무렵 "제14회 이승만포럼"에서 같은 제목의 발표를 했다. 그 에 관한 기사를 보고(『뉴데일리』 2012년 4월 8일 「여류시인 모윤숙과 '낙랑클 럽'의 재발견」) 나는 그 책을 구해 보지 않기로 했다. 기사 중에 이런 내 용이 있었다.

> 모윤숙이 활동했던 당시 해방은 됐지만 나라의 세움에 대해 근원적 으로 이야기가 이루어지지 않던 시절이었다. 대한민국의 건국을 위 해서 유엔의 도움이 필요했던 시기였다. 미국과 소련의 냉전과 좌익 과 우익의 갈림에서 중재를 맡아줄 사람이 없었다.
> 유엔은 '조선위원단(또는 한국위원단)'을 대한민국 건국을 돕고 갈등을 중재하기 위해 1948년 1월 국외국가의 대표 60여 명을 서울에 파견 한다. 당시 유엔한국위원단 단장을 맡은 메논은 한국의 다양한 사람 들과 인적 교류를 펼쳤고 문학적 식견이 높았던 메논은 모윤숙 시인 과 가까워졌다.
> 이승만 박사를 돕던 모윤숙 시인은 유엔에서 대한민국의 건국에 메 논이 긍정적인 역할을 하도록 민간외교를 펼쳤다. 모윤숙은 정치적

인 주제를 통하지 않고 문화적 접근을 통해 외교적 역량을 펼쳤다.

그간 모윤숙과 메논의 민간외교는 스캔들 정도의 가십으로 다뤄졌지만 최 교수는 "직접 인도에 가서 메논에 대해 연구하면서 모윤숙과의 관계를 단순히 연분으로 설명하기에는 부족한 부분이 많다는 사실을 깨달았다."며 "뉴델리에 있는 네루기념도서관에서 10일간 메논 관련 서적을 연구한 결과 모윤숙에 대한 언급이 여러 번 있었던 것을 발견했다."고 새로운 사실을 설명했다.

최종고 교수는 이승만 박사와 모윤숙이 메논에게 펼쳤던 외교를 다시금 파악하며 대한민국 건국의 비사를 파고들었고 여성들로 구성된 외교사교단 '낙랑클럽'에 대해서도 설명했다.

낙랑클럽은 영어를 잘하는 교양 있는 여성들에게 주한 외국인을 상대로 고급외교를 하도록 조직한 비밀사교단체다. 총재는 김활란이었고 모윤숙이 회장으로 주도적인 역할을 했다. 주로 이화여자전문학교 출신으로 150여 명 정도가 한국의 문호를 알리는 사명을 띠고 민간외교단을 자청했다.

이승만 박사의 후원을 받아 운영됐던 낙랑클럽을 통해 최 교수는 "한국여성의 건국운동에 대해 처음 알게 됐다."며 "과거 일본이 1860년대 메이지유신으로 처음 서양에 개방될 때 서양인들의 마음을 잡으려 여성들을 동원해 춤도 추고 접대도 했는데 낙랑클럽은 일본의 방향과는 달리 여성 문인들이 주도해 문학적·문화적 교류를 통해 외교를 펼쳤던 것으로 파악된다."고 설명했다.

같은 주제에 대해 정경모는 2009년 6월 15일자 『한겨레신문』「〔길을 찾아서〕 야합이 낳은 '반쪽 건국」에 이렇게 쓴 일이 있다.

낙랑클럽을 이끈 모윤숙과 인도대표 메논. 대한민국의 국모와 국부로 받드는 사람들이 있다.

　'태곳적부터 통일된 하나의 국가였던 조선을 둘로 가르는 단독선거는 절대로 있을 수 없다'고 공언해오던 사람이 메논 단장 아니오이까. 그런데 1948년 3월 12일 유엔한위원단 표결에서 그는 찬성표를 던져 결국 4 대 2의 다수결로 단독선거안이 통과됐소이다.

　메논의 돌연한 변심에는 시인 모윤숙의 미인계가 주효했던 까닭인데, 이에 대해서는 모윤숙 자신의 증언을 들어보는 것이 좋지 않을까 하오이다. "만일 나와 메논 단장과의 우정 관계가 없었더라면 단독선거는 없었을 것이며, 따라서 이승만 박사가 대한민국 대통령 자리에 계셨다는 것도 생각할 수 없는 사실일 것이다." (『신동아』 1983년 2월호)

　메논 자신은 또 뭐라고 하고 있나. "외교관으로 있던 오랜 기간 동안 나의 이성(reason)이 심정(heart)에 의해 흔들렸다는 것은 내가 유엔조선임시위원단 단장으로 있던 그때가 처음이자 마지막이었는데 나의 심정을 흔들었던 여성은 한국의 유명한 여류시인 매리언 모(모윤숙)였다." (『메논 자서전』 1974년 런던)

사소한 우연이 어떻게 한 민족과 국가의 운명을 결정적으로 좌우할 수 있는가에 대해, 메논과 모윤숙의 치정 관계는 매우 적절한 일례를 남겨주었노라고, 오스트레일리아국립대학 매코맥 교수는 말하고 있소이다. (『씨알의 힘』 제9호, 1987년 10월)

최종고는 모윤숙과 낙랑클럽의 활동을 "문학적 · 문화적 교류를 통해 외교를 펼쳤던 것"으로 파악한다고 했다. 개항 초기의 일본에서 여성을 동원해 서양인과 춤도 추고 접대도 하게 했던 것과는 달랐다는 것이다.

최종고 자신의 감각이 고상하기 때문에 남들에게 '매춘'으로 보일 만한 행위에서도 문학적 · 문화적 의미를 찾은 것인지 모르겠다. 그러나 전숙희가 『사랑이 그녀를 쏘았다』에서 설명한 낙랑클럽은 최종고의 생각과는 다른 것이었다. 전숙희는 여류문인으로서 낙랑클럽 핵심 멤버들과 절친한 사이였기 때문에 낙랑클럽의 활동에 정말 문학적 · 문화적 의미가 있었다면 포착하지 못했을 리가 없다.

해방 이듬해인 1946년, 남한의 우파 정치인들과 친분이 두텁던 모윤숙이 주동이 되어 발족한 낙랑클럽은 미군 고급 장교와 한국 정치인을 상대한, 기지촌과는 비교할 수 없는 사교클럽이었다. 고구려 시대 낙랑공주와 같이 고귀한 신분을 가진 여성들만이 선택되어 입회되었던 것이다.

미군을 만난다지만 상대는 미 군정청의 실력자들인 장성급, 고급 장교에 한정되었고, 남한에 들어와 있던 각 나라 외교관과 유엔 산하 각종 단체장이었다. 사교적인 파티에 참석하여 그런 외국인들로 하여금 남한에 호의를 갖게 만드는 역할을 했다. 그러다 보니 이화 출신을 중심으로 한 달 만에 1백여 명이 낙랑클럽 회원으로 지원했다. 그들 중에는 정부가 수립되고 장관급에 오른 주요 정치인의 부인들도 다수 포함되어 있었다. (…)

낙랑클럽이 처음 발족했을 때는 회현동에 있던 모윤숙의 집에 회원들이 모였으나 미 군정청과 선을 대고 있던 우익정치인이 주선하여 일본인 호화 저택을 적산가옥으로 불하받았다. 회원들이 그 저택의 넓은 다다미방에서 자주 모임을 가졌다. 클럽 운영의 리더였던 모윤숙은 사교적인 호탕한 기질을 십분 발휘하여 위트와 유머 섞인 이야기로 대부분 이화 후배인 회원들을 사로잡았고, 항상 옆에 있던 김수임은 명랑한 웃음으로 분위기를 즐겁게 했다. (전숙희, 『사랑이 그녀를 쏘았다』, 정우사 2006, 117~118쪽)

이 책의 "책머리에"에서 전숙희는 "수임 언니"의 진심을 살려내기 위해 이 글을 쓴다고 했다. 이강국(李康國, 1906~1955)의 애인으로 미 군정 간부와 동거하다가 간첩죄로 체포되어 처형된 김수임의 실존을 '비극적 사랑'의 관점에서 부각하겠다는 뜻이다. 김수임의 활동무대로서 낙랑클럽을 설명하는 전숙희로서는 낙랑클럽의 성격을 비하할 아무 이유가 없다.

그런데도 전숙희는 낙랑클럽을 기지촌에 비교했다. "기지촌과는 비교할 수 없는 사교클럽"이라 한 것은 신분의 기준으로 비교할 수 없다는 말이며, 성격에서는 기지촌과 같은 것으로 보는 것이다. 실제로 책 속에서 모윤숙과 김수임의 모습은 고급 매춘부로 그려져 있다. 김수임이 베어드 헌병사령관과 가까워지는 과정의 한 장면을 옮겨놓는다. 베어드의 집에 두 사람이 저녁 초대를 받아 간 장면이다.

분위기가 이상해져 가고 있었다. 사령관은 식사가 끝나자 일어나 음악을 틀었다. 진도아리랑이 아리, 아리랑 하고 흥을 돋우었다. 모윤숙도 분위기를 바꾸려고 먼저 일어나 한국춤을 추었다. 모윤숙은 의자 위에 걸쳐놓았던 반짝거리는 남색 목도리를 잡아당겨 김수임에게 훌쩍 던져주며 나오라고 손짓을 했다. 그리고 전축 옆에 서 있는 사령관의 손을 잡고 아리랑을 부르며 두 팔을 폈다 돌렸다 하며 둘이서 돌아갔다. 사령관도 아리랑만은 익숙한 솜씨로 장단을 맞춰가며 춤을 추었다.

김수임이도 양복을 입어 망설이고 있다가 윤숙 언니가 던져준 보자기처럼 넓은 목도리를 두 손으로 펼쳐들고 마주 나와 합세했다. 길고 짧게, 또 흥겨웁다가도 서러운 가락에 세 사람은 어깨춤을 추어가며 가락에 맞추어 흥겹게 돌아갔다.

춤이란 참으로 인간 근본의 기쁨인가보다. 음반에서 아리랑이 끝나자 사령관은 흥이 꺼지기 전에 분위기를 바꾸어 베르디의 오페라 라 트라비아타 중 "축제의 노래"를 틀었다. 그리고 식탁에서 조그만 잔에 남은 '크림 디 맨트'를 절반씩 부어서 돌린 다음 그 잔을 비우자, 세 사람이 둥글둥글 함께 춤추며 돌아갔다. 한 잔의 술과 춤은 어색했던 방 안 분위기를 금방 돌려주었다.

김수임은 자기가 주인공이나 된 듯이 평소에도 잘 부르던 "축배의 노래"를 마음껏 신나게 부르며 술잔을 사령관과 부딪치기도 하고 나비처럼 온 방 안을 춤추며 돌아갔다. 음악이 끝나자 숨이 찬 세 사람은 소파에 몸을 던지고 자기들끼리 손뼉을 치며 "브라보!"를 외쳤다. 기쁨이 온 방 안에, 세 사람의 가슴속에 넘쳐났다. 순간 세 사람의 마음의 벽도 다 허물어져 한마음이 되는 듯했다. (『사랑이 그녀를 쏘았다』, 131~132쪽)

최종고는 이런 장면에서도 "문학적·문화적 교류"만이 눈에 들어올까? 그럴 리야 없겠지. 글쓴이가 '문화'보다 '사랑'을 내세운 장면이니까. 그런데 이런 장면에서 '사랑' 아닌 '욕정'을 떠올리는 것은 뭐 눈에 뭐만 보이는 격일까? 그렇지도 않을 것 같다. 김수임의 진정한 사랑은 이강국이라는 사실을 전숙희는 확신을 갖고 말해주니까.

'낙랑클럽'이란 이름부터 참 고약하다. 우리 역사 초창기 이민족의 침략과 지배를 상징하는 이름이 '낙랑'이다. 해방 조선에서 외국인 접대를 목적으로 모인 엘리트 여성 집단이 하필 '낙랑'이란 이름을 쓰다니. 2,000년 전 토착문화보다 우월한 중국 문명을 이민족 지배 아래 누리던 '식민지 낙랑'이 이 집단의 소망이었다면 더 할 말 없다.

더 고약한 것은 '낙랑'과 '여성'이 합쳐질 때 바로 떠오르는 '낙랑공주'의 이미지다. 이웃나라 왕자와 사랑에 빠져서 침략의 길을 열어주는 데 목숨 바친 '미친 년' 아닌가. 정말 '문학적·문화적 교류'가 이뤄져 낙랑공주 설화를 알게 된 외국인이라면 낙랑클럽 멤버의 환대를 받으면서 상대를 어떤 눈으로 보았겠는가.

낙랑클럽과 모윤숙의 이름이 유엔조선위원회에 대한 로비활동으로 회자되는 것은 '매춘'의 선정성 때문이다. 나는 모윤숙의 성적 매력이 한국현대사의 전개방향에 결정적 작용을 했다고 믿을 수 없다. 중국고대사에는 말희니 달기니 포사니 하여 지나친 성적 매력으로 나라를 멸망시킨 여성의 이야기가 꼬리를 물고 있어서 '경국지색(傾國之色)'이란 말까지 만들어지기에 이르렀는데, 대중적 설화일 뿐이라고 생각한다. 십여 년 전 IMF사태 속에 그 생각을 한 번 적은 일이 있다.

「양귀비의 누명」

양귀비(楊貴妃)는 중국에서 미인의 대표이자 사치와 퇴폐의 상징이기도 하다. 그 옷을 짓기 위해 비단 짜는 사람과 재단하는 사람을 천여 명씩 궁중에 뒀다는 둥, 유모 수백 명에게서 짠 젖으로 목욕을 했다는 둥, 그녀의 전설은 황당하고도 화려하다. 아편을 내는 풀의 요염한 꽃을 그녀의 이름으로 부르는 것은 그 상징성의 압권이다.

이 아름다운 여인은 당(唐)나라의 국운을 기울게 한 책임자로도 지목된다. 원래는 영명한 황제였던 현종(玄宗)을 미혹시키고 민간에까지 사치와 음일의 풍조를 퍼뜨렸다는 것이다. 안록산(安祿山)의 난을 피해 촉(蜀)땅으로 몽진(蒙塵)할 때 성난 군사들이 현종을 핍박해 양귀비를 죽이고야 어가(御駕)를 계속 모셨다고 한다.

'경국지색(傾國之色)'이라는 말이 보여주듯 중국에서는 나라 하나 망쳐야 미인 축에 드는 전통이 있었다. 하(夏)나라 걸(桀)임금, 은(殷)나라 주(紂)임금이 말희(末姬)와 달기(妲己) 때문에 천하를 잃었다 하고, 뒤이어 주(周)나라 유왕(幽王)이 동쪽으로 쫓겨간 것도 포사(褒姒) 때문이라 한다. 나라가 망했을 때는 무조건 요사스러운 여자를 이유로 갖다 대는 것이 편리했던 모양이다.

일본 역사학자 미야자키 이치사다는 현종 이래 당나라의 쇠퇴를 무력(武力)국가에서 재정(財政)국가로의 국가성격의 변화로 설명했다. 경제적 번영의 결과로 중세적 징병제인 부병제(府兵制)가 무너짐으로써 중앙집권력의 군사적 근거가 사라졌다는 것이다. 지방의 군사세력인 절도사(節度使)의 발호가 당 후기를 주름잡은 사실로 보면 납득이 가는 설명이다.

천하가 어지러워진 원인을 일개 여인에게 뒤집어씌우는 것은 오늘의 상식으로 보아 억울한 일이다. 그러나 전통시대 유교사회에서는 이런 설명이 그럴싸하게 통했다. 사실 큰 일이 있을 때 손쉬운 대상을 지목해 죄를 씌우는 일은 흔하다. 나치독일의 유대인, 칸토(關東)대지

1948년 파리에서 열린 유엔총회에 한국대표로 참석한 모윤숙(왼쪽). 나는 모윤숙의 성적 매력이 한국현대사의 전개방향에 결정적 작용을 했다고 믿을 수 없다.

진 때의 조센징이 그런 예다.

오늘날의 금융파탄사태를 놓고 일반 국민의 소비풍조를 규탄하는 일이 도를 넘어서는 것 같다. 물론 그동안 사치와 낭비가 지나친 감이 있고 웬만큼 억제할 필요는 있다. 그러나 정부와 재계의 잘못이 분명한 일을 놓고 애매한 국민을 너무 탓하면 진정한 책임의 소재가 흐려질 염려가 있다. 난세가 양귀비를 있게 한 것이지, 양귀비가 난세를 불러온 것이 아니다. (김기협, 『미국인의 집』, 아이필드 2003, 171~172쪽)

낙랑클럽의 활동은 당시 조선의 유산계층을 배경으로 하는 한민당-이승만 세력이 펼친 로비활동의 일환이었다. 반공·반탁을 간판 삼아 분단건국을 추진한 그 세력은 풍부한 재력을 비롯해서 자기네 목적을 추구하는 데 동원할 자원을 많이 갖고 있었고, 낙랑클럽은 그 일부였다. "이성이 심정에 의해 흔들렸다."라는 메논의 회고는 사랑 때문에 저지른 잘못을 그리 부끄럽게 여기지 않는 통념 때문에 나올 수 있는 것이었다. "양식이 뇌물에 의해 마비되었다."라는 고백이 나오지 않았다 해서 뇌물의 작용이 없었다고 단정할 수는 없다. 몸까지 바치는 판에 재물이라고 아낄 리는 없었으리라고 짐작해둔다.

"사실은 새해를 낙관하지 못하시는 거죠?"

김기협 | 『한성신문』 1월 1일자의 신년사 「독립전취(獨立戰取)의 금 1
년」을 먼저 읽어보겠습니다. 질문을 위해 문단마다 번호를 매
겨놓습니다.

(1) 근역(槿域) 3천리에 서색(瑞色) 새로워 무자(戊子) 새해의 아침 고
요히 밝으니 3천만의 비통한 부르짖음 한곳에 묶어 성스러운 정도(征
途)에 나아갈 찬란한 새벽일새 분명하다. 악몽과도 같은 지난 한 해
는 이미 낡은 과거가 되었거니, 5천 년의 민족 혈조(血潮)에 맥맥한
토지 다시 한 번 가다듬고 혹독한 시련에 둔해진 도검 빛나게 갈아들
고 새외변성(塞外邊城)에 민족의 정기를 크게 떨치리라.

(2) 동포여! 일어나라! 민족의 참된 '삶'을 위해 너는 즐겨 네 자신을
바치라. 잃어버린 자유를 광복키 위해서 나는 용감한 전사이어야 한
다. 굳게 네 자신을 움직이라. 남의 번롱(翻弄)을 면할 수 있으리라.

(3) 합(合)하라! 합하는 곳에 '힘'이 있느니라. 곧 너희끼리의 싸움을
정지하라. 엿보는 자 틈을 타고자 하나니! 준비는 되었느냐? 4281년
은 합일의 해, 자주의 해, 독립의 해이다.

(4) 지난 한 해는 우리 민족에 가장 가혹한 시련의 1년이었고, 우리
역사에 가장 비참한 수난의 한 해였다. 국제적으로는 미·소의 이해

상극이 갈수록 첨예화하여 마침내 공위의 최종적 파열을 초래하였고, 국내적으로는 사대의타적(事大依他的) 악폐를 기연(棄捐)치 못한 채 좌우알력과 동족상잔의 비극으로 시종하고 말았다.

(5) 지금 세계 도처에서 견아대치(犬牙對峙)한 국제세력은 우리의 강토에서 봉첨(鋒尖)을 맞닥뜨린 채 공약된 '조선독립'은 오로지 외교적인 설전응수에 비하(飛下)하는 듯하며, 우리 민족은 인도, 팔레스타인, 독일, 그리스 등의 분할의 소식이 전해질 때마다 웅크려 몸서리치면서, 철폐되기는커녕 굳어만 가고 있는 원한의 38선을 목메어 울어왔다.

(6) 정치적 실망과 경제적 혼란은 병약한 우리 민족사기를 여지없이 협박 유린하였으니, 대중은 나아갈 바 지향을 잃고 심각한 생활의 도탄에 숨차 허덕이며, 사정없이 밀려오는 험난한 국제조류에 불안과 동요를 거듭하면서 기복과 부침을 맡길 수밖에 없었다.

(7) 동포여! 이 얼마나 비통한 현실이었더냐? '애국애족'의 신성한 구호가 한갓 붕당적 각축에 한 개의 편의적 구실을 제공하였을 뿐 갖은 악풍과 모든 폐습이 상하를 통하여 민족도의를 잠식하고 무슨 열성병(熱性病)과도 같이 우리 사회에 만연하였다. 거대한 실망에 따르는 퇴폐와 윤락, 이것이 지난해의 감출 수 없는 우리의 실정이었다.

(8) 그러나 역사 차륜은 결단코 역전하지 않는 것이며, 정의는 반드시 보장된 정당한 권리를 옹호할 것이다. 반만년 역사에 엉키고 뭉친 민족의 '피' 또한 최후의 일선에서 반드시 통합 단결의 광휘 있는 전통에 빛날 것이다. 암흑에서 광명을, 사멸에서 신생을, 파괴에서 건설을 힘 있게 부르짖으며 용감히 돌진해야 한다.

(9) 물론 피안(彼岸)에의 길은 평탄치 않을지도 모른다. 유엔위원단의 내조(來朝)를 계기해서 통일독립의 길이 의외에 신속히 오게 될 것

이냐? 일이 뜻과 같지 못하여, 소위 남조선의 단독조치가 미군정에 의해서 실시될 것이냐? 또 그 후에 오는 문제는? 비록 그 귀추에 대해서 속단을 피한다 하나 금년이야말로 양단간의 한 전기(轉機)를 지어 민족역사에 커다란 분수령을 이룰 것만은 파악키 불난(不難)한 듯싶다.

(10) 그러나 피안은 가까이 있다. 철쇄(鐵鎖) 이미 끊어졌으니 여하한 형태의 새로운 예속도 다시 우리를 구속할 수는 없다. 독립의 관건이 비록 미·소 양국의 협의에 그 많은 부분을 의존한다 하더라도 계급을 초월한 전 민족적 총단결이 보다 먼저 전제되고 요청된다. 우리는 멀지 않은 피안을 향해 3천만 각자가 빠짐없이 전진하여 첨병됨을 다시 한 번 자각하고, 먼저 난마 같은 국내 정국을 정돈하고 수습해야 하겠다. 우리의 용기가 목전의 생활 위협에 비겁하게 굴복함은 용서될 수 없다.

(11) 우리는 인내해야 하고, 자애해야 하고, 민족의 위대한 정열이 무용한 내부적인 투쟁 대신에 객관적·외래적인 모든 압력에 대항해서 방사(放射)되어야 하겠다. 그리하여 3천만이 한 뜻 한마음 한데 묶어 나아가자! 독립전취의 전열에로! 그리하여 금년에는 기어코 통일 민주정부를 수립하자! 나아가서 자주 독립국가를 완성하자! (안재홍선집간행위원회, 『민세 안재홍 선집 2』, 지식산업사 1983, 244~246쪽)

(4)에서 작년(1947년)을 "가혹한 시련"과 "비참한 수난"의 해로 규정했습니다. 그 원인으로 (5)에서 불리한 국제정세를, 그리고 (6)에서 민족사기의 침체를 들었습니다. (7)에서는 '애국애족'의 구호마저 악용되는 악풍과 폐습의 만연을 개탄했습니다. 1947년과 같은 상황이 1948년에도 계속되어서는 안 되겠다는 결의가 느껴집니다.

이 비관적 회고를 1년 전 같은 자리에 올린 글에서 1947년을 불안한 마음으로 맞이하던 대목과 비교해봅니다.

가장 강맹하고도 각승적(角勝的)인 미·소 양국이 전면적으로 자웅을 결하려는 최대한 역량으로써 견고 트는 봉망(鋒鋩)을 38선에 마주대어, 그 막강한 영향력과 함께 영맹(獰猛)한 대립을 하고 있다. 이리하여 우리들은 장구한 역사상에 드물게 만나는 새 광명을 보는 채, 실은 또 절대(絶大)한 민족적 위기에 맞닥뜨렸다. 억세고도 웅성굳은 의기로써 이 위기를 타개하고 창의적 신건설에 돌진할 것인가. 망상거리고 잣드됨으로 다만 파멸과 윤락과 새로운 예속에서 웅대한 비극 속에 자지러질 것인가. 신(新) 1년은 결코 우리에게 어리무던한 무위(無爲)를 다시 허억하지 않을 줄을, 바싹 성신 차려야 한다. 동포여. 지쳤는가, 잊었는가. 야속하고도 몸서리나는 36년의 쓰라린 경험을.

(『민세 안재홍 선집 2』, 164~165쪽)

1947년이 어떤 해가 될 것인지 불안하게 내다보신 길 중에 나쁜 쪽으로 판명이 된 셈입니다. 이렇게 나쁜 결과를 가져온 원인을 파악해야 1948년에는 나쁜 길에서 벗어나 좋은 길을 열어갈 수 있겠지요. 외부적 문제, 즉 불리한 국제정세와 내부적 문제, 즉 민족사기의 침체 중 어느 쪽을 더 큰 문제로 보십니까?

안재홍 │ 국제정세는 우리 노력으로 바꿀 여지가 적은 문제입니다. 꾸준한 노력으로 국제정세가 평화로운 방향을 찾는 데 도움이 되도록 하기는 해야겠지만, 우선 당장은 주어진 국제정세를 있는 그대로 받아들여야 합니다. 미·소 대립은 1년 전에 이미 분명해져 있었고 지금까지 계속 고착되어온 문제입니다.

미·소 대립의 배경 위에서 미소공위의 성공을 바라보기 위해서는 조선인의 큰 노력이 필요했습니다. 좌우합작위원회는 이 필요에 부응하기 위해 최선을 다했습니다만, 역량이 부족했습니다. 한편 극좌와 극우는 민족의 단결보다 분열에 더 힘을 써서 미소공위 성공을 더욱 어렵게 만들었습니다.

민족국가 건설보다 공산혁명을 더 중시하는 극좌는 어쩔 수 없다 하더라도, 민족진영만이라도 통일된 모습을 보이지 못한 것이 무엇보다 아쉬운 일입니다. 민족 자존심을 내세운 반탁운동이 누구를 위한, 무엇을 위한 운동이 되었습니까? 불리한 국제정세를 조금이라도 걱정한다면 알량한 자존심을 내세울 때가 아니었습니다. 그러다 보니 민족진영을 자칭하면서 자기 욕심을 위해 '애국애족'을 팔아먹는 풍조까지 일어났으니, 이제는 외부문제보다 내부문제를 더 심각하게 생각하지 않을 수 없습니다.

김기협 | 한민당은 원래 '지주당'이란 별명처럼 식민지시대 특권층이 기득권을 지키기 위해 모인 집단이니 그 속성이 환히 드러나 있거니와, 평생을 독립운동에 바쳐왔다는 이승만 씨의 행보에 놀란 사람들이 많습니다. 선생님도 이 씨의 귀국 때 그를 지도자로 추대하려고 애를 많이 썼죠. 지금 이 씨에 대한 생각을 말씀해주세요.

안재홍 | 이 박사가 미국에서 어떤 활동을 하고 어떤 생활을 했는지 김호(金乎) 씨, 김용중(金龍中, 1898~1975) 씨 등 미국에서 활동하던 분들의 이야기를 그사이에 들을 수 있었습니다. 그분의 미국에서의 30여 년 활동을 과연 '독립운동'이라고 할 수 있는지 의문스러운

생각도 드는군요. 잘 먹고 잘살기 위한 노력, 높은 자리 차지하려는 책략 같은 것이 우리가 '친일파'라 부르는 사람들과 아무 차이 없더군요. 그 사람들은 국내에 있었고 그분은 미국에 있었다는 차이 외에는.

서재필(徐載弼, 1864~1951) 박사를 군정청 고문으로 모시고 있는데, 여느 미국인과 아무 차이가 없는 분이죠. 조선인과 어울리기를 좋아하지도 않고요. 그런데 이 박사가 서 박사보다도 더 미국인 같다는 생각을 합니다. 서 박사는 자기 혼자 미국인으로 살려는 것뿐인데, 이 박사는 다른 사람들까지 미국식으로 끌어들이려 드는 거예요. 재작년 초 민주의원 만들 때 내게 참여를 권하면서 그게 출세영달의 길이라고 내세우시는 것을 보고 하도 실망해서 그분을 잘 찾아뵙지도 않게 됐고, 어디 가서 그분 이야기도 하지 않습니다.

김기협 이승만 씨보다 김구 선생 받드는 데 선생님은 공을 더 들였죠. 국민당을 한독당에 통합시키기까지 하고요. 그런데 그 합당 무렵부터 소원해졌고, 결국 한독당에서 물러나게 되었습니다. 한편 김구 선생께서는 지나치게 과격한 반탁운동으로 사람들 의구심을 불러일으키다가 근래에는 이승만 씨의 남조선 총선거 노선을 지지했다가 말았다가 갈팡질팡 행보를 보이고 있습니다. 민족 지도자로서 그분 역할을 어떻게 내다보십니까?

안재홍 그분 귀국 며칠 후에 경교장으로 찾아가 국내 정세를 보고드리던 때가 생각납니다. 아무 말씀 없이 들으며 고개만 이따금 끄덕이셨죠. 그것이 참 미덥게 느껴졌습니다. 반탁운동 시작 후에도 나서서 말씀하시는 일을 아꼈습니다. 그래서 민족 지도자로서 그분의 신뢰감이 이 박사보다 많이 남아 있습니다.

그러나 말씀 적으신 것이 과묵한 성품 때문만이 아니라 생각이 적으신 까닭도 있는 게 아닐까 하는 생각이 차츰 들게 되었습니다. 제2차 미소공위를 앞두고 반탁운동을 재개한 것은 아무래도 생각이 모자라신 일이었어요. 미소공위가 실패하면 충칭임시정부 중심으로 건국이 될 것이라고 그분은 진짜 생각하신 모양입니다. 미소공위를 통해 소련의 협력을 얻어내지 못하면 38선 없애는 것이 얼마나 힘든 일이 될지 그분은 생각 못하신 것 같아요.

특히 지난달 동안 국민의회와 민대 통합문제가 걸려 있는 상황에서 이 박사 노선에 붙었다가 떨어졌다가 반복하면서 위신을 크게 잃었습니다. 하지만 그분 문제는 모자라는 문제이지 지나치는 문제가 아니라는 점에서 그분의 지도력에는 기대를 버리지 않고 있습니다. 나쁜 마음을 품어서가 아니라 바른 생각을 못해서 생긴 문제라면 언제든 생각을 바로잡을 때 옳은 길을 지켜주실 것으로 생각하는 겁니다.

김기협 │ 여운형(呂運亨, 1886~1947) 씨에 대해 "나무라고 싶다가도 탐탁스러이 생각되고, 미운 듯하다가도 그리운 인물"이라고 회고하신 일이 있죠(『민세 안재홍 선집 2』, 198쪽). 뜻이 엇갈리는 점도 많지만 크게는 생각이 통하던, 그런 상대로 여기신 것 같습니다. 그분의 서거는 1947년 조선의 혼란스러운 상황을 단적으로 보여주는 일이면서, 또한 이 상황을 풀어나갈 중요 인물의 상실이기도 합니다. 그 일에 대한 선생님 생각을 말씀해주세요.

안재홍 │ 나랑 인연이 참 깊은 분인데, 생각하는 방식도 행동하는 방식도 나랑은 영판 다른 분이었죠. 그런데 서로 다른 것 같다가도 크고 중요한 일에서는 같은 자리에서 만나게 됩니다. 그러니 기본적인 가치관은 비슷한 사람이라고 생각되는 거죠.

나보다 다섯 살 연상인데 그냥 동년배로 어울릴 것을 그분은 청했고, 내가 그대로 따른 것은 사실 그분을 좀 우습게 보는 마음이 있어서였어요. 일 처리하는 걸 보면 어설픈 것이 많고, 겁도 많고, 약속도 곧잘 어기는 사람이죠. 그런데 정작 중요한 일에 대한 생각은 그렇게 대범할 수가 없는 거예요. "천망회회 소이불루(天網恢恢 疏而不漏, 하늘의 그물이 넓고 커서 성긴 것 같은데도 새는 것이 없다)"란 말을 생각게 하는 사람입니다.

해방 직후 건국준비위원회 이래 그분의 행보를 석연치 않게 본 것이 많습니다. 그런데 한참 지나고 나면 무릎을 치게 된단 말이에요. 그분이 가지 않았다면 역할이 클 뿐 아니라 나도 배울 것이 많았을 텐데, 정밀 안타까운 일입니다.

김기협 | 이승만 씨는 민족통일국가를 포기했고, 김구 선생의 위신도 많이 떨어졌고, 여운형 씨는 세상을 떠났습니다. 널리 알려진 지도자로 역할을 지금까지 이어오고 있는 것이 김규식 박사와 선생님 정도인 것 같습니다. 김규식 박사 역할에는 어떤 기대를 하시는지요?

안재홍 | 나는 '지도자' 이름이 안 맞아요. 나는 내 역할을 잘하기 위해 사람들의 '신뢰'를 얻고자 노력하지, '존경'을 얻을 생각을 안 해요. 풍채에서도 성격에서도 나는 앞장서는 위치에 맞지 않는 사람입니다.

김규식 박사는 지도자 역할을 잘 키워온 분입니다. 귀국 후 그분이 어느 일에도 나설 생각을 않고 냉소적인 태도를 많이 보이기 때문에 마음이 좁은 분이 아닌가 하는 인상을 받았어요. 그런데 합작위원회 출범 이후 온갖 고비를 겪는 동안 그분의 의연한 태도에 탄복한 일이 많습니다. 특히 1946년 말 조미공동위원회에서 경찰과 군정청 개혁에 대한 강경한 태도에 많이 놀랐죠. 한편 구성이 복잡한 입법의원을 이 끌면서 그 유연한 자세는 다른 면에서 놀라운 것이었습니다. '능소능대(能小能大)'가 이런 것이구나 하는 생각을 했어요.

그러나 지도자로서 그분 역할에는 한계가 있을 겁니다. 아니, 그분만이 아니라 조선 상황이 몇 분 지도자의 역량으로 풀어낼 단계를 지나가버린 것 같습니다. 대중의 각성 없이는 민족의 장래를 밝게 내다볼 수 없다고 나는 생각합니다.

김기협 | 1948년 신년사의 뒷부분에서 새해를 어떻게든 밝은 눈으로 내다보고 싶어하는 안간힘이 느껴집니다. (8)에서 "역사의 차륜"과 "민족의 피"를 내세워 낙관을 내놓으려 하지만 (9)에서는 "남조선의 단독조치"와 "그 후에 오는 문제"에 대한 걱정을 떨치지 못합니다. (10)과 (11)에서 불리한 정세를 무릅쓰고 "3천만 각자가 빠짐없이 전진"할 결의를 강조하지만, 지난 1년보다 오는 1년이 더 좋아질 근거를 내놓지 못합니다. 선생님 스스로 낙관하지 못하고 있는 거죠?

안재홍 | 어떻게 낙관을 할 수 있겠습니까? 해방 후 새해를 맞을 때마다 1년 전보다 마음이 어두워져 있다는 사실을 감출 수 없습니다. 1년 전에 걸었던 희망이 헛된 것이었다는 사실을 번번이 확인하면서 마음이 쓰라립니다. 지금 바라는 것은 그저 분단건국만 피할 수 있었으면 하는 것인데, 그마저도 자신 있는 희망이 되지 못합니다.

일지로 보는 1948년 1월

1월

- 1일 이승만, 김구 등 정계요인 연두사 발표
- 2일 유엔한국임시위원단 대표 뉴욕 출발 전에 소신 피력
- 3일 수도경찰청, 시공관의 입관료 징수에 경고
- 8일 장서각 소장 조선왕조실록 일부 분실
- 12일 국어정화위에서 편성한 우리말 도로 찾기안 검토 심의
- 16일 전남 여수항이 개항장으로 지정
- 17일 국립맹아학교가 보건후생부에서 문교부로 정식 이관

   중앙경제위원회, 전기요금 6배 인상 발표
- 19일 서울시내 전차 일시 운휴
- 21일 선거대비 문맹퇴치운동 전개 예정
- 23일 입의에 대마도를 조선 영토로 복구시키자는 제의 제출
- 24일 경인지방 폭설로 서울과 용산역의 교통 두절

   수도경찰청장 장택상 피습
- 26일 조선교육연합회, 교과서 출판 건의
- 31일 인도 수상 네루, 간디 서거에 애도문 보낸 유엔조선임위에 감사

2

—

진면목을 찾은 김구

—

1948년 2월 1 ~ 27일

서울 남산에서 바라본 중구 일대.

1948. 2. 1.

당대 대표적 사상가들의 조선 현실 인식

1948년 2월 1일자 『경향신문』 제2면은 「3인 정담(鼎談)—정치, 경제, 문화에 걸쳐」로 채워졌다. 참석자는 한협 외교위원장 장면, 불교총무원 원장 김법린(金法麟, 1899~1964), '무소속' 김정설(金鼎卨, 1897~1966) 3인이었고 사회자는 오종식(吳宗植, 1906~1976) 경향신문 주필이었다.

장면과 김법린은 당시 입법의원 의원이었는데, 장면은 한협 직책으로 밝혀져 있는 것처럼 한민당 중심의 반공세력 소속이었고 김법린은 중간노선이었다. 그러나 『경향신문』의 이 초청은 두 사람을 정치세력이 아니라 종교·사상을 대표하는 입장으로 내세운 것으로 이해된다. 두 사람이 입법의원에 관선의원으로 지명된 것도 가톨릭계와 불교계를 대표한 것이었다.

이 정담이 종교·사상의 대표자로 기획되었다는 사실은 제3의 참석자 김정설의 존재로 확인된다. '범부(凡夫)'라는 아호로 더 널리 알려진 김정설은 동양철학 연구에서 출발해 화랑정신 연구에 정진해온 민족주의 사상가였다. 『화랑외사(花郎外史)』를 이해에 발표한 김정설은 소설가 김동리(金東里, 1913~1995)의 가형이기도 하다.

1948년 초의 조선 상황을 당시 50세 전후의 대표적 사상가들이 어떻게 보고 있었는지 살펴보기 위해 정담 기사 전문을 옮겨놓는다. 지금까지의 작업에서 당시 사람들의 생각을 살피는 데 아쉬웠던 섬들이 일부라도 메워지기 바란다.

「3인 정담(鼎談)-정치, 경제, 문화에 걸쳐」
우리 민족은 가장 중대한 시기에 봉착하여 있다. 정치적으로 경제적으로 또는 문화적으로 그 지향할 바를 찾아 헤매고 있는 오늘날의 절박한 현실에 비추어 본지는 그 몇 분지 일이라도 민족의 갈구에 기여하고자 이에 장면, 김정설, 김법린 세 분 선생의 고견정담을 게재하는 바이다.

사회(인사생략)=유엔조선위원단이 덕수궁에서 지금 그 업무를 진행시키고 있는데 이 유엔위원단을 중심으로 하여 우리 국내문제와 세계문제의 현재와 장래에 대하여 세 분 선생님께서 말씀해주셨으면 한다.
장면=유엔위원단이 그 본래의 사명대로 꼭 성공할는지 어쩔는지 그 결과를 미리 똑똑히 알 수는 없으나 우리는 그것(사명의 성취)을 희망하며 따라서 성의껏 협력해야 되리라고 생각하는데 이에 대해서는 무엇보다도 먼저 국내 여론 통일이 긴급하다고 생각한다. 협의대상으로 나아간 단체나 개인들이 각인각설의 의견 제출을 해서는 여러 가지 의미로 곤란한 노릇이라고 생각한다. 전부가 다 같은 의견을 제출할 수야 없겠지만 그러나 같은 진영 내에서라도 어느 정도 통일이 되어야 할 것이 아닌가?
김정설=국론 통일이 문제된다면 어느 정도 가능성이 없지도 않다고 생각한다. 사상 통일은 잠깐 두고라도(이건 더 복잡하고 곤란한 문제니까)

정책적 통일은 노력 여하에 따라서는 어느 정도 가능성이 있다. 오늘날의 현실을 볼 때 민중은 민중대로 지도자들의 통일 합의를 희망하고 있으며 지도자들은 지도자대로 또 민중을 향해 통일되기를 요청하고 있다. 이것이 위에서 말한바 가능성의 조건이 된다.

한걸음 나아가서 그러면 이 현상을 통하여 그 분열의 책임소재를 묻는다면 그것은 지도자층에 있음이 분명하다. 지도자 자신이 분열되어 있으면서 민중을 향해 통일하라는 것은 무책임한 요청이다. 지도자가 분열되어 있다면 그 지도자에 의하여 지도받는 민중이 분열되어질 것은 당연한 일이 아닌가? 이 기회에 지도자들의 단결이 절실히 요청된다.

김법린=그런 의미에서 보면 오늘날 우리의 분열이란 더욱이 범상한 것이 아니다. 조선 문제란 것이 세계문제와 아주 분리된 것이 아닌 이상 세계문제에 있어 이미 미·소가 대립되고 동·서구가 분열되어 있다면 그 여파가 우리들에겐들 미치지 않을 수 없을 줄 안다.

이런 의미에서 오늘날 우리는 지도자고 민중이고 너무 이론을 세우는 것보다 우리의 민족적 현실에 입각하여 최대 노력으로 단결에 힘써야 할 것이다. 유엔은 공정한 기구이다. 유엔위원단이 전번 미소공위의 전철을 밟지 않도록 서로 협력하고 성심껏 노력해야 할 것이나 유엔위원단이 이번에 또 실패한다면 이건 비단 조선 문제 하나만의 실패에 그칠 것이 아니라 유엔기구 자체의 파산이요 세계평화의 논의도 수포로 돌아갈 것이다.

사회=조선 경제문제의 기본대책은?
장면=토지개혁은 시일문제다. 최속기일 내에 단행되어야 할 것이며 단행될 것을 믿는다. 이와 아울러 생각할 문제는 중소공업의 문제다.

농업의 기업화 문제, 토지 못 가진 사람의 중소공업에의 전향 문제 등이다. 중소공업 발전의 대책 없이 토지개혁만 단행한댔자 조선의 경제는 반신불수 상태에서 더 나아가지 못할 것이다. 오늘날 일부에서는 토지개혁만 단행하면 경제문제가 해결될 것같이 생각하는 사람들도 있으나 이것은 잘못이다. 모든 경제는 상호관련을 가진 이상 중소공업의 발전대책은 토지개혁보다도 못지않은 중대문제다.

김법린＝계획경제이어야 할 것은 당연한 문제다. 그리고 자원 개발 문제도 함께 넣어 생각해야 할 것이다.

장면＝자원개발이라면 첫째 광산 개발, 그다음 수산도 중시된다.

김법린＝목축도 중요하다.

사회＝사유를 인정한다면 무슨 원칙에서인가? 자본주의와 공산주의의 절충인가? 개량사회주의인가?

김정설＝현실은 그것을 요구하고 있으나 아직 그 원칙이 제출되지는 않았다. 자본주의가 그대로 연장될 수 없는 것은 결정적이다. 공산주의는 소련이 대표적으로 실험해본 결과 더 바라볼 여지가 없다. 그러나 '절충'이니 '개량'이니 하는 것도 말이 덜 된다. 무엇이라 표어를 달 수는 없으나 첫째 국가를 인정할 것, 둘째 민족적 개성을 인정할 것, 어쨌든 건전한 의미에 있어서의 사회주의임에는 틀림이 없을 것이다.

사회＝세계정부와 조선민족의 장래에 대하여

김정설＝지금까지 있어온 국제연맹이니 유엔기구니 하는 것은 모두 열강 본위의 기구였다. 그러나 인류는 앞으로 좀 더 현명해질 수 있을 것이다. 그때는 이러한 기구가 열강 본위가 아니라 약소민족 본위로 구성될 것이다. 참된 의미의 세계정부가 논의될 수 있다면 그것은 약소민족 본위가 아니고는 안 될 것이다. 그리고 이러한 참된 의미의 세계정부가 실현된다면 그때는 각 민족의 군사적 실력보다 문화적 실력이 중시될 것이다. 이러한 의미에 있어 나는 조선민족의 장래를 낙관하는 것이다.

첫째 조선민족은 지리적 조건에 있어 무력 본위의 시대에는 여간 불리하지 않았다. 주위가 모두 강적들이었다. 그러나 문화 본위의 시대가 온다면 그동안 불리하였던 지리적 조건이 전화위복으로 도리어 유리한 조건이 될 것이다. 동서문화의 교류지라고도 할 수 있을 것이며 대륙과 해양의 교회지(交會地)라고도 할 수 있다. 게다가 산명수려(山明水麗)하여 일반적으로 총명한 천자(天資)들을 타고나 있다. 오늘날과 같은 교통이 빌딜되어가고 있는네나 너구나 문화 본위의 시대가 온다면 특히 앞으로의 문화가 지역적 문화가 아니요, 국제적 성격의 세계적 문화라면 조선민족은 전 세계에 가장 우수한 문화를 산출해낼 것이다.

장면＝각 민족의 문화적 성격이 각이(各異)할 뿐 아니라 지금까지는 동서문화란 것이 또한 그 체계에 있어서나 사명에 있어서 여간 다르지 않았다. 그러나 오늘과 같이 교통이 발달되어 있으면 이러한 장벽은 아주 감소될 것이다. 특히 장래의 문화는 지금까지 서로 충분히 교류되지 않은 동서문화의 완전한 회통(會通)에서 새로운 세계적 문화가 건설되지 않을 것인가 생각된다.

김법린＝그러나 아무리 앞으로 세계적 성격의 문화가 온다 하더라도 민족적 개성이 전적으로 결여된 세계문화란 불가능할 것이다. 교통이 발달되고 국경이 완화되면 우리들의 민족적 생활은 점차 국제성을 띠게 될 것은 사실이다. 그만큼 각 민족의 문화적 성격이 또한 국

제적 성격을 띨 것은 알 수 있는 일이나 그렇다고 전연 민족적 개성
이 배제된 국제문화가 일어난다고 볼 수는 없는 것이다.

사회＝유엔기구의 역사성과 그 장래에 대하여는?

김정설＝유엔기구를 의식적으로 멸시하려는 일부 국가군은 별문제
로 하고라도 일반적으로 이를 다소 경시하려는 경향들이 있는데 이
것은 옳지 않다. 특히 이번의 유엔조선위원단의 구성을 보고 나는 유
엔기구의 세계사적 성격을 중시하고 싶다. 오늘날의 세계사적 사명
의 과제는 약소민족 해방에 놓여 있다. 유엔조선위원단이 대부분 약
소민족 대표들로서 구성되어 있다는 것은 약소민족 해방의 문제가
세계사적 궤도 위에 점차 원칙화되고 있다는 사실을 증명해주고 있
는 것이다. 약소민족은 약소민족의 손으로 해방되지 않으면 원칙적
해방이랄 수는 없는 것이다.

김법린＝동감이다. 지금까지의 약소민족의 해방은 열강의 힘으로만
성취되어온 기회 해방이었다.

김정설＝열강의 세력균형을 위하여 열강의 손으로 된 약소민족 해방
은 원칙적 해방이 아니다. 기회 해방은 가해방(假解放)이다.

사회＝그러나 유엔위원단(약소민족으로 구성된)을 보낸 그 모체는 역시
열강이 아닌가.

김정설＝유엔기구 그 자체가 약소민족 본위가 아니라고 치자. 그렇
더라도 약소민족 본위가 아닌 유엔기구는 그러면 왜 유엔조선위원단
을 약소민족으로 하여금 구성케 하였는가? 열강은 왜 유엔조선위원
단을 구성하는 데 약소민족들을 '이용'하지 않으면 안 되었는가? 무
엇이 그렇게 이용하지 않으면 안 되게 하였는가? 누구의 힘으로도

어찌할 수 없는 역사의 압력이 그렇게 한 것이다. 열강 본위의 세계는 지금 바야흐로 무너져가고 있는 것이다. 종금(從今)의 세계문제의 대상은 약소민족 해방문제에 놓일 것이다.

사회＝무산계급혁명의 문제는 오늘날과 같은 상태에서 정체된 채 약소민족 해방의 문제가 세계문제의 중심으로 또는 전경(前景)으로 화하게 된 이유는?

김정설＝소련은 제2차 세계대전에서 왜 무산국가와 결합하지 않고 부대(富大)국가와 결탁하게 되었던가? 왜 그 자신 제국주의로 화하고 말았는가? '공산주의'든 '민주주의'든 일체의 관념은 현실을 전적으로 커버할 수 없는 것이다. 소련은 처음 공산주의를 의도하였으나 공산주의란 관념 밑에서 신행하다 보니 이제 제국주의적 현실에 봉착하고 말았다고 할 수 있다.

장면＝소련도 현재 세계무산계급혁명보다 약소민족 정책에 치중하고 있다고 볼 수 있다.

사회＝그러면 소련식 약소민족 정책과 미국식 약소민족 정책은 어느 것이 승리할 것인가?

김정설＝보다 더 현실성을 가진 것이 승리할 것이다. 어느 쪽의 약소민족 정책이 보다 더 약소민족 해방을 원칙화하는 데 가까우냐 하는 데 승패는 달려 있을 것이다. 이 점에서 본다면 소련의 약소민족 정책은 원칙부터 고쳐야 한다. 지금의 '연방정책'으로써는 세계사적 현실로서의 약소민족 해방의 원칙에 맞지 않는다. 이에 비하여서는 미국에서 오래전부터 부르짖고 있는 소위 민족자결주의란 것은 우수한 편이라 하겠다.

그러나 우리는 양자의 이론을 믿는 것이 아니다. 그들의 실천을 주목하는 것이다. 어느 쪽이 보다 더 약소민족을 해방시키는 편이며 어느 쪽이 보다 더 약소민족을 침식하고 유린하는 편인가. 그들의 현실은 그들의 이론 이상의 역사적 운명인 것이다.

사회＝새로운 국민도의의 형태는?

장면＝인류생활엔 점차 고도의 도의가 요청되리라고 생각한다. 유엔기구 같은 것도 인류생활이 점차 도의의 수준을 높이는 데서 생긴 것이라고 볼 수 있다. 그리고 과거에 있어서나 미래에 있어서나 또 개인적으로나 민족적으로나 국제적으로나 모든 도의의 기본적 중심은 신(神)에 두어져야 할 것이라고 생각한다. 그러한 의미에 있어 국민도의를 수립하는 데 있어서도 종교교육이 필요하다고 생각한다.

김법린＝그러나 오늘날의 교육방침엔 일정한 기본이념이 서 있지 않는 것 같다.

김정설＝그것이 큰 문제다. 우리는 과거 40년 동안 국가생활을 가져보지 못한 난민들이다. 엄격하게 말하면 40년 여부도 아니다. 국가 없는 국민이란 상상할 수 없다. 우리가 항용 국민, 국민 그런 말을 들을 때처럼 나는 비극을 느낄 때가 없다. 국민이란 일조일석에 만들어지는 것이 아님을 일본국민이나 영국국민이나 독일국민이나 프랑스국민을 보면 우리는 알 수 있다. 그것은 그들이 그들의 국민형을 가지기 때문이다.

조선의 국민형은 무엇인가? '군자'인가 '신사'인가 '사무라이'인가? '화랑'은 신라의 국민형이었고 '유자(儒子)'도 지나간 이야기다. 오늘날 조선의 국민형은 무엇인가? 국민형의 구상이 없는 교육이란 과목 나열에 불과한 것이다. 근본적으로 우리가 국가란 것을 부정할 수 없

다면 우리의 교육은 국민훈련에 기본을 두어야 하는 것이며 우리의
머릿속에 일본국민이나 미국국민이나 혹은 소련국민들의 '형(型)'만
가지고서 조선국민을 만들어낼 수는 없을 것이다.

조선국민을 훈련하려면 먼저 조선국민의 '형'을 예상할 수 있어야 한
다. 가장 긴급하고 중대한 문제이나 그렇다고 추상적으로 설명할 수
도 없는 일이다.

65년이 지난 후의 우리는 당시의 세계가 냉전에 빠져들고 있었다는
사실을 안다. 유엔의 권능에 어떤 한계가 있었는지도 안다. 유엔위원
단의 결정에 미국의 의도가 얼마나 강한 영향을 끼치고 있었는지도 안
다. 분단건국이 전쟁을 불러온 사실도 안다.

65년 전의 최고 지성인들이 이런 것들을 우리처럼 확실한 사실로
인식하지는 못했다 하더라도, 그 개연성을 어느 정도는 알아보고 있었
을 것이다. 그러나 이 자리에서는 될 수 있는 대로 희망적인 전망을 그
려보려고 애썼을 것을 이해할 수 있다.

그 전망이 이후의 사실과 어긋난 것을 놓고 그들의 눈이 밝지 못했
음을 탓하기보다, 위기를 주체적으로 극복할 길을 찾기 위해 고심한
흔적에서 가르침을 얻어야겠다. 2013년 대한민국에 닥쳐 있는 위기가
1948년 조선의 위기보다 덜 심각한 것이라고 장담할 수 있을까? 적어
도 '리더십' 측면에서는 지금 대한민국의 문제가 더 심각하다는 사실
을 최근의 인사청문회에서 거듭거듭 확인하고 있다. 지금과 달랐던 위
기상황 속에서 우리 선인들이 무엇에 희망을 걸고 있었는지 면밀히 살
펴본다면 최소한 전철(前轍)을 알아볼 수는 있을 것이다.

1948. 2. 4.

국익에 충실한 조선위원단 위원들

———

장택상 수도경찰청장이 2월 4일 기자회견을 했다고 한다.

> 경찰관의 질적 향상을 위하여 장택상 총감이 취임 이래 파면된 경관
> 이 수도청 관하에서만 5,773명이 1946년 1월부터 1947년 12월 말
> 사이에 숙청되었다는데 매일 평균 7명의 파면자를 낸 셈이다. 이에
> 대하여 장 총감은 다음과 같이 말하였다.
> "건전한 민주경찰을 확립하고자 노력하고 있다. 일부 직업정치배들
> 은 경찰을 자가 수중에 도구로 사용하기 위하여 모략과 중상을 하나
> 건전한 민주경찰 노선으로 매진하고 앞으로도 비민주적 경찰은 단연
> 숙청할 방침이다."
>
> (「부정경관 파면 5,700여 명, 수도청 관하」, 『동아일보』 1948년 2월 5일)

5,700여 명이라면 수도청 인원 전체에 맞먹는 숫자다. 6,000명 규
모의 조직에서 2년 동안 파면자 숫자가 6,000명이라면 그 조직이 어
떤 상태에 놓여 있었던 것일까? 낚시터에 고기가 많다는 말을 "물 반,
고기 반"이라고 과장하기도 하는데, 그 2년 동안 수도청 경찰관 노릇
한 자들 중 절반이 범죄자였단 말 아닌가. 범죄를 목적으로 한 조직이

아니고는 범죄자 비율이 이렇게 높을 수 없다. 그렇다면 결국 수도경찰청이 범죄조직이었단 말인가?

그런데 파면자 통계가 2월 초순에 나온 게 웬일일까? 거대한 경제현상처럼 집계가 어려운 것도 아닌데, 전년도 말까지의 통계가 나온다면 연초에 나오는 게 정상이다. 한 달이 지난 뒤에 이런 통계를 내놓는 것이 무슨 까닭일까?

경찰개혁 문제가 유엔위원단에서 제기되었기 때문이다. 경찰이 일으킨 잘못된 문제들을 다 감춘다는 것은 불가능한 일이었다. 장택상은 어마어마한 파면자 수를 내놓으며 "그 문제 일으킨 놈들은 다 잘랐습니다. 이제 깨끗한 수도경찰청이 되었습니다." 하고 있는 것이다. 수하 경찰관의 절반이 범죄자가 되어 파면당하도록 수도청을 조직하고 이끈 자신에게 책임이 있을 수 있다는 생각은 떠오르지도 않는 모양이다.

유엔위원단 제1분과위의 자비(시리아)만이 아니라 제2분과위의 잭슨(오스트레일리아)도 공정한 선거를 위해서는 경찰의 큰 변화가 필요하다는 인식에 도달하고 있었다. 1948년 2월 7일자 『경향신문』 「5월 중에 총선거를 실시」 기사 중 "서울 UP특파원 스탠리 리치 제공 조선"이란 바이라인 아래 이런 내용이 있다.

> 위원단 대변인의 담(談)에 의하면 잭슨 오스트레일리아대표는 조선의 여론이 일종의 선거를 행하기를 요구는 하고 있으나 이는 남조선 경찰제도를 어느 정도 근본적으로 변경하고 위선 레이크석세스로부터 이에 관한 권한을 확보하는 것을 조건으로 할 것을 요구하고 있다는 견해를 표명하고 있다. 잭슨 대표는 조선인 대표와 협의하고 있는 제2분과위원회의 위원장인데 자유선거를 실시하려면 남조선 경찰제

도를 근본적으로 개혁하여야 할 것이라고 주장한 것으로 보인다.

2월 초에 들어 유엔위원단은 1차 활동을 마무리하고 있었다.

3일 전체회의를 개최할 예정이던 유엔조위에서는 재작 2일 군정청
안[재홍], 조[병옥] 양 씨와의 협의를 하고 주목을 끄는 전체회의를
금 4일로 연기하였음은 기보하였거니와 작 3일에도 하오 3시부터 제
2분과위원회를 열고 조선 인사와의 협의를 계속하여 장건상 씨를 초
청하여 협의하기로 되었는데 불참으로 협의치 못하였다.

서면으로 제출하는 의견서는 앞으로도 계속 접수하여 조선민족의 자
국의 독립을 향한 구상을 규찰(窺察)할 것이거니와 초청 협의는 이것
으로 일단락을 짓고 선거법도 유엔조위의 법률고문 슈라이버 박사가
그동안 입의 4씨 및 중앙선거위원 등을 초청하여 연일 선거법 세칙
문제에 관하여 토의하여왔는데 선거법 세칙문제에 관한 토의도 지난
2일까지의 회합으로 완료하였다 하며 이에 대하여 소식통의 전하는
바에 의하면 회합에서 토의한 선거법 세칙은 입의에서 제정한 선거
법과 대동소이하다고 한다.

입국 이후 여러 방면으로 협의를 마친 조위의 4일 전체회의는 소련
의 입국거부 고집에 대처할 결정적인 유엔조위의 대책이 조선 민중
의 대표적 인사들과 협의한 결과를 참작하여 결정될 것이므로 조선
전 민족의 주목을 끌고 있다.

(「조선인 초청 협의 일단락, 금일 전체회의 개최, 조위 업무 결정적 단계에」, 『동아일
보』 1948년 2월 4일)

2월 4일 전체회의에서 몇몇 위원의 발언에 대한 이런 보도가 나왔다.

〔주 서울 AP특파원 로버츠 제공 합동〕유엔조선위원단은 4일 소련 측의 입경거절 문제를 토의하였는데 석상 중국대표 류위완 씨는 남조선 선거를 역설하여 다음과 같이 말하였다. "만일 총선거가 근근 실시되지 않는다면 이 아세아국가에는 문제가 발생할 것이다. 조선인은 너무도 오랫동안 정부를 갖지 못하였다. 본 위원회는 미군 점령하에 있는 남조선에 있어서의 선거를 추진하지 않아서는 안 될 것이다."

또한 필리핀 교체대표 루나 씨는 동 씨와 동일한 견해를 표명하고 남조선은 전 인구의 3분지 2를 포괄하고 있다고 말하였다.

그런데 프랑스대표 폴 봉쿠르 씨는 동 위원회는 좀 더 사태를 연구할 시간을 가져야 할 것이며 유엔소총회는 조선에 관한 인식이 부족하나고 말하었나. 그리고 농 씨는 노쿄, 상하이, 난징의 프랑스 당국자와 조선 사태에 관하여 협의코 2일 서울에 귀착하였던 것이다.

한편 시리아대표 자비 씨는 동 위원회는 모든 문제를 일체 소총회에 회부할 것을 주장하여 다음과 같이 말하였다. "현재로서는 선거를 위한 자유로운 분위기를 운위하기가 곤란하다. 남조선 지역에 있어서의 선거를 즉시 실시할 것이냐에 대하여는 상당히 광범한 반대가 있다. 나는 본위원회가 유엔에 대하여 남북조선 정치지도자들로 하여금 그들의 감정을 표명하기 위한 공동회담의 개최를 건의할 것을 제시하는 바이다."

<small>(「중·필리핀 대표 총선거로 주장, 외인 기자가 본 조위 전체회의 내용」, 『경향신문』
1948년 2월 6일)</small>

위에 일부 인용한(2월 7일자 『경향신문』에서) "서울 UP특파원 스탠리 리치 제공 조선" 바이라인 기사는 2월 7일자 『조선일보』에도 게재되

었는데, 『경향신문』 기사에 없는 이런 내용이 들어 있다.

> 5일의 회의가 끝남에 있어 남조선 즉시선거를 희망하고 있는 나라는
> 필리핀뿐이며 중국대표 류위완도 이 제안에 어느 정도 찬성이며 그
> 는 소총회가 조선 문제를 담당하기에는 너무나 약체라고 생각하고
> 있다 한다. 위원단 대변인은 회의경과에 관하여 또한 다음과 같이 말
> 하였다.
> "캐나다, 인도, 엘살바도르 각국 대표는 대체로 위원단이 그의 조사
> 결과를 소총회에 보고하고 훈령을 요청하라는 오스트레일리아대표
> 결론을 지지하였다. 소총회의 대표를 파견할 것인지는 6일에 표결될
> 것이며 기술적으로는 미결이나 동 제안이 가결될 것은 거의 확실시
> 된다. 그리고 위원단은 비공식으로 5월 1일을 선거 실시기간으로 정
> 하고 있다."
>
> (「비공식 선거기일, 5월 1일로 결정호(決定乎)」, 『조선일보』 1948년 2월 7일)

위원들의 의견은 세 갈래로 갈라져 있었던 것으로 보인다. (1) 중국
과 필리핀대표는 소총회에 보고할 필요도 없이 바로 남조선 총선거 실
시를 주장했고, (2) 소총회 보고를 지지한 위원 중에 일부는 그 보고를
요식적인 것으로 여긴 것 같으며, (3) 시리아와 오스트레일리아 대표
처럼 총선거를 실시하기 위해서는 여건의 근본적 변화가 필요하다고
본 위원도 있었다.

유엔위원단의 사명은 조선 독립의 길을 순탄하게 닦아줌으로써 세
계평화를 굳건히 하는 데 있었다. 그러나 위원들의 실제 판단은 자국
형편, 특히 미국과의 관계에 좌우되지 않을 수 없었다. 중국과 필리핀
은 미국의 원조와 정책에 크게 의존하는 나라들이었다. 시리아는 미국

의 이스라엘 독립 지원 정책에 불만을 가진 나라였다. 프랑스는 미국을 못마땅하게 여기면서도 국제관계에서 미국을 따라가지 않을 수 없는 착잡한 관계를 맺고 있었다.

캐나다와 오스트레일리아는 미국과 관계가 나쁘지 않으면서도 미국과의 관계에 크게 의존하지 않는 나라들이었다. 자국 형편에 크게 좌우되지 않고 본래 사명에 충실할 수 있는 나라들이 많았다면 유엔이 제구실을 훨씬 잘할 수 있었을 것이다. 그러나 조선위원단 안에만이 아니라 1948년의 세계 전체에 그런 나라가 몇 되지 않았다.

결국 유엔위원단은 3월 12일에 '가능지역 선거'를 4 대 2(기권 2)로 의결하게 된다. 중국, 필리핀, 엘살바도르, 인도가 찬성, 캐나다와 오스트레일리아가 반대, 시리아와 프랑스가 기권이었다. 찬성 4개국 중 3개국은 사국 형편에 따라 찬성이 예상되는 나라들이었는데, 인도의 찬성이 뜻밖이었다. 그래서 모윤숙이 대한민국 "건국의 어머니", 메논이 "건국의 아버지"란 말까지 나오게 된 것이다.

1948년 1월 30일자 『경향신문』에는 「남조선 단독선거는 소 측 소망 허용 결과 초래」란 제목으로 미국 『스크립스 하워드』 사설을 소개한 기사가 실렸다. 인용된 사설 내용은 이런 것이었다.

오랫동안 기다리던 조선 문제에 관한 분의(紛議)는 이제 결정적 단계에 이르렀다. 소련은 유엔조선위원단의 북조선 소련점령지대 입경을 거부함으로써 고의로 총회를 무시하였다.

그러나 만일 유엔조선위원단이 남조선에만 단독선거를 실시한다면 이는 소련의 북조선 노예화 및 남조선에 대한 적색침투와 함께 조선을 분해하려는 크렘린의 소망을 허용하는 것이 될 것이다. 총회의 결의는 전 조선의 총선거 실시와 이에 의한 임시정부 수립을 명확히 규정한 것이다. 그러므로 합법적·도의적 그리고 전략적 견지에서 유엔 위원단은 소련 측 거부에 의한 위원단의 사무상 장해를 소총회에 보고하는 동시에 지시를 요청해야 할 것이다.

한편 소총회는 동 위원단에 대하여 소련군 당국의 방해로 말미암아 저지당할 때까지 동 위원회 사무를 진행시키도록 지시해야 할 것이다. 그리고 만일 폭력이 행사되는 경우에는 소총회는 소련에 의한 유엔의 권한무시 거역행위를 공공연히 선언해야 할 것이다. 이러한 연후에는 안전보장이사회 내 소련 측 거부 행사로 말미암아 강요되는 미국 기타 연합국의 여하한 조치도 조선의 자유와 국제권한을 옹호할 수 있을 것이 분명하다.

논조로 보아 우익 신문이 분명하지만, 남조선 단독선거가 북조선의 분리로 귀착될 수밖에 없는 현실을 직시하고 있다. 당시 이승만은 그 현실을 어떻게 보고 있었던가? 몇 주일 후 3·1절에 단독선거 추진 세력이 연 중앙정부 수립 결정안 축하 국민대회의 이승만 연설 중에 이런 대목이 있었다.

"남조선에 정부 수립이 되면 남북 분열을 영구히 인정하는 것으로 남북이 병행할 수 없으므로 총선거는 지지할 수 없다는 말이 있으나 이것은 사리에 당치 않는 말이다. 사람의 몸에 한편이 죽어가는 경우에는 살아 있는 편이라도 완전히 살려서 죽은 편을 살리기를 꾀할 것인데 다른 방책 없이 운명을 기다리고 있다면 살아 있는 편까지 마저 죽여 버리자는 것은 누구나 알아들을 수 없는 말이다."

(「3·1 식전에 각계 축사」, 『동아일보』 1948년 3월 2일)

이런 것 보면 이승만, 참 말은 잘한다. 비유가 정말 그럴싸하다. 하지만 아무리 그럴싸해도 비유는 비유일 뿐이다. 현실과 겉도는 비유는 사기꾼의 벌이를 도와줄 뿐이다.

해방을 맞은 조선민족은 죽어가고 있는 게 아니라 살아나고 있는 중이었다. 그런데 일어날 자리가 제대로 마련되지 않고 있어서 고통을 겪고 있는 것이었다. 건국을 늦추고 분단을 피한다 해서 민족의 숨이 넘어갈 상황이 아니었다.

이승만이 문제 많은 사람이기는 해도 결코 바보는 아니었다. 미국 기자가 알아보는 현실을 그가 알아보지 못했을 리가 없다. 그런데 엉터리 비유로 현실을 가려가며 분단건국으로 일로매진한 것은 민족을 위해서가 아니라 자기 욕심을 위해서였다. 그리고 그가 욕심을 채울 때 넝날아 넉을 볼 수 있다고 생각하는 사람늘이 그를 떠받늘었다.

1948. 2. 8.

남북협상의 길에서 벗어난 남로당 노선

1947년 3월 22일의 '24시간 총파업'에 이은 좌익 주도의 기습적 총파업이 근 1년 만에 다시 시도되었다. 1948년 2월 8일자 『경향신문』 3면 머리에 관련성이 있는 몇 개 기사가 나란히 실렸다.

「남조선 통신망 일시 두절-전화전신회선 절단, 파괴 등으로」
2월 7일 새벽을 기하여 서울 영등포, 대전, 대구, 군산 등지를 비롯한 남조선 각지의 체신관서에서는 기계파괴, 전화전신 회선(回線) 절단 사건이 일제히 발생하여 남조선의 통신망을 일시 마비시킨 사건이 돌발하였다. 이 사건 발생과 동시 현장에는 월급 5할 인상, 소비조합 적립금 반환, 쌀 특배, 광목 특배, 양군 철퇴 등을 열거하고 총파업을 지지한 다수의 삐라가 살포되어 있다 한다. 현재 이 사건의 전모는 아직 분명치 않으나 체신부에 들어온 정보에 의하면 각지의 상황은 다음과 같다. (…)
그런데 체신부의 복구활동으로 7일 정오 현재 부산·대구·대전·전주·이리·인천·부평·수색·목포는 전화가 개통되었다 하며 이 사건에 대하여 체신부 총무국장 황갑성은 다음과 같이 말하였다. "이 사건 발생에 앞서 전평노조로부터 체신부장에 대우개선 등의 요구서가

전달되었다. 목하 체신부 내에는 파업은 발생되지 않은 듯하다. 체신
부로서는 복구에 활동 중이므로 7일 오후 5시까지 복구될 것이다."

「송전선 수처(數處) 절단-소행범 도주, 배후 조사 중」

서울 남대문 옆에 있는 순화변전소의 송전선이 수 개처가 절단된 괴
사건이 발생하였다. 이 변전소는 영등포 공장지대와 전차에 송전되
고 있는 가장 중요한 곳이라 하는데 7일 오전 4시에 근무원이 전차
송전선이 펜치로 절단된 것을 발견하고 즉시 경전 본사와 경찰에 연
락하는 한편 오전 7시부터 복구 작업을 시작하고 있으나 원체 여러
곳이 절단되어 있으므로 오후 2시가 되도록 아직 완전히 수리되지
못하고 있다 한다. 그런데 범인은 도주하였으므로 그 의도와 배후관
게 등은 일체로 모르고 있다 하는데 수일 선 유엔위원회 반대 삐라사
건도 있고 때가 때인 만치 이 사건이 무엇을 암시하는 것이 아닌가
하여 자못 주목되고 있다. 한편 서대문경찰서에서는 당일 숙직한 7
명을 인치하여 엄중 취조를 하고 있다 한다.

「총파업 미연 방지-철도 관계」

철도국 일부 종업원들이 7일을 기하여 파업을 단행하려던 것이 미연
에 방지되었다 한다. 즉 전평 계통의 일부 종업원들은 철도 관내의
각 기관구의 기관차를 파괴하고 남조선의 동맥을 정지시킬 음모를
계획하였으나 철도경찰에 발각되어 미연에 방지되었다는데 7일 오
후 3시까지 판명된 소식에 의하면 서울 관내에서만 일부 불순분자들
로 말미암아 1대의 기관차가 파괴되었고 그 외 부산지방을 비롯하여
대전지방과 안동지방에서도 기관차 등이 파괴되었다 하는데 철도경
찰에서는 계속하여 관계자들을 검거하고 있다 한다.

「삐라 등으로 수도청 긴장」

수도청에서는 7일 아침부터 일반인의 출입을 엄금하고 모종의 삐라 기타 문제를 둘러싸고 취조를 하고 있는데 이것은 7일 아침부터 서울 순화동변전소에서 광화문 고압선 발전을 차단하여 수 명이 구금되는 동시에 중앙전화국 국원 4명이 모종의 삐라를 붙이다가 체포되어 취조 중이라고 한다. 그런데 당시 삼엄한 경계로 보아 순화동변전소와 중앙전화국 삐라문제가 같은 관련성이 있는 듯하다고 한다.

2·7총파업은 1년 전의 3·22총파업과 거의 같은 목적이었다. 그러나 양상에는 크게 다른 점이 있다. 비교를 위해 1947년 3월 23일자 『경향신문』의 관계기사를 발췌해놓는다.

「운수, 철로 기관 등서 파업-서울을 위시 남조선 각지에 파급」

경무부에 들어온 보고에 의하면 22일 오전 4시를 기하여 남조선 각지에서 운수교통기관의 총파업과 학생들의 맹휴 사건이 발생되었다고 한다. 서울에서는 경전 전차과 종업원들이 파업을 하여 전차 운행이 전면 두절되었고 일부 학생들의 시위행렬이 있었는데 거리에 살포된 삐라에는 "노동자 지도자인 전평 간부 즉시 석방, 불법해고 반대, 불법 공장폐쇄 반대, 10월 봉기 이후 해고당한 직원의 복구 요구, 반공 테러단의 즉시 해체" 등 기타 요구조건과 학생 측에서는 "국대안 반대, 민주학원 건설, 경찰의 학원 간섭 반대" 등의 슬로건을 내세웠다고 한다. 그리고 각지의 정세는 다음과 같다. (…)

「전평 산하단체 24시간부 파업」

3·1 기념을 계기로 단행된 제주도 관공리 총파업 선풍이 아직도 종

식되지 않은 22일 서울에서는 오전 6시부터 10시를 기하여 돌연 철
도, 경전, 출판노조를 비롯한 전평 산하의 각 단체에서는 24시간부
총파업을 단행하였다.

3·22총파업에 비해 2·7총파업에서는 참여 범위가 좁고 투쟁방법
이 파괴적이 되었다. 이튿날 신문에까지 파업의 요구 내용은커녕 총파
업 사실조차 완전히 확인이 되지 못하고 있는 것이다. 경찰과 미군정
이 파업의 전파를 가로막고 싶어한 것은 1년 전이나 지금이나 다를 바
없었다. 그런데 이번에는 신문사에서 파업 목적을 제대로 파악하기 힘
들 정도로 삐라 살포조차 원활치 못했던 것으로 보인다.

전차 파업은 서울 시민들에 대한 파업 선전의 중요한 수단이었다. 1
년 전에는 경성전기(경선) 운수부 직원들이 파업에 대거 참여했다. 그
런데 그 파업 후 전평 계통 직원 수백 명이 경전에서 쫓겨나고 경전 운
수부는 대한노총의 아성이 되어 있었다. 그러니 전차 운휴를 위해 파
괴적 사보타지 방법에 의존하지 않을 수 없었다.

2·7총파업은 민전과 남로당의 '구국총력투쟁'이었으며 남로당 선언
문에서는 "남한만의 단독정부 수립을 분쇄하기 위해 미 제국주의의
앞잡이 유엔한국위원단을 국외로 추방하자."는 강경노선을 천명했다
고 한다(안재성, 『이현상 평전』, 실천문학사 2007, 215쪽). 유엔위원회의 작
업 진행에 대한 극좌파의 반응이었음은 그 시점으로 보아 설명이 없어
도 짐작할 수 있는 일이다.

유엔위원단을 "미 제국주의의 앞잡이"로 볼 수 있는 것일까? 미국
은 소련과 1 대 1로 협상하는 미소공위를 포기하고 조선 문제를 유엔
에 상정, 조선위원단 설치를 제안했다. 유엔조선위원단은 미국의 요청
에 따라 만들어진 것이 사실이다. 그러나 그 이유만으로 유엔위원단을

"미 제국주의의 앞잡이"로 규정하는 데는 무리가 있다.

미국은 소련과의 협상보다는 유엔에서의 토의가 자기네 뜻을 관철하는 데 유리할 것으로 판단했다. 유엔 회원국 중에는 미국의 주장이 설령 정당하지 못하더라도 지지할 나라들이 없지 않았고, 조선위원단 중에도 마찬가지였다. 그러나 위원단 설치에 찬성한 나라들, 그리고 위원단에 참여한 나라들이 모두 미국의 허수아비는 아니었다. 동구권 국가들이 소련 뜻에 따르는 것보다는 훨씬 더 주체적 결정을 내리는 나라들이 많이 있었다.

조선위원단을 대하는 태도에서 극좌파와 중도파의 입장이 갈라졌다. 유엔위원단을 이용해서 남조선 단독선거를 치르려는 극우파의 획책에 반대하는 데는 극좌파와 중도파의 입장이 같았다. 그런데 중도파는 유엔위원단을 설득해서 총선거 전에 남북협상을 진행시키려 했다. 반면, 극좌파는 유엔위원단을 거부했다. 극좌파 노선은 "남은 남, 북은 북" 제 갈 길로 가게 해서 소련에 의지하는 '혁명기지'를 이북에 확보하는 길이었다.

노동당 간부를 지낸 박병엽(1922~1998)의 회고에 따르면 중도파와의 연합을 거부하는 극좌노선은 북조선노동당(이하 '북로당'으로 줄임)보다 남로당 측의 주장이었고 2·7총파업도 남로당이 고집한 것이었다고 한다. 박헌영을 비롯한 남로당 여러 간부가 이북에 체류 중이었는데, 1947년 12월 초와 1948년 1월 말의 두 차례 남북 노동당 연석회의에서 이와 관련된 논쟁이 있었다는 것이다.

"두 차례의 회의 분위기는 예전과 달리 싸늘했습니다. 연합전선을 싼 노선 갈등이 불씨였지요. 박헌영과 이승엽은 '남로당의 힘이 강하기 때문에 유엔한국위원회의 활동을 파탄시킬 수 있다'고 강조했어요.

이들은 '남한에서의 단정 반대 세력과의 연합은 현 단계에서는 필요 없다'고 잘라 말할 정도였습니다.

허가이 등은 당 중앙위원회 10차 전원회의 결정사항을 들먹이며 연합전선은 당의 공식노선이라고 퍼부어댔어요. 이들의 논리는 '남로당 지도부가 자체 역량을 과대평가하고 있다'는 것이었습니다. 우여곡절 끝에 남한 내의 중간파나 우익 계열 단선단정 반대 세력과의 연합문제는 북로당이 떠맡는 식으로 결론 났습니다."

이런 가운데 남로당은 남한에서의 유엔한국위원회의 단독선거를 막기 위해 실력행사에 들어갔다. 이른바 '2·7구국투쟁'이었다. (…) 남로당은 2·7구국투쟁을 통해 단선을 막는 동시에 북로당에 세를 과시하려 했다. 그러나 북로당은 '2·7투쟁이 일정한 성과를 올린 것은 사실이시만 남로낭, 민전의 투쟁만으로는 미국과 이승만의 단선단정을 좌절시키기에 역부족'이라는 공식 평가를 했다는 게 서 씨의 증언이다. (『비록 조선민주주의인민공화국 하』, 중앙일보사 1992, 314~315쪽)

남로당 지도부 거의 전원이 이북이나 지하에 피신해 있는 상태에서 남로당 노선이 극단적 모험주의로 기울어 자원과 역량을 낭비하게 된 상황을 심지연은 이렇게 고찰했다.

공개석상에 모습을 나타내지 않는 지도부로서는 당원과의 접촉이 불가능해 당원이 처해 있는 상태를 파악할 수 없었고, 이로 인해 당원과 격리되어 거리감이 생길 수밖에 없게 된다. 당원과의 격리는 자연적으로 대중과의 대화 단절로 이어지며, 이전 정세판단에 오류를 초래하게 된다. 현장과 떨어져 있고 당원 및 대중과 격리된 상태에서 전략과 전술을 결정한다는 것 자체가 잘못된 판단을 유도하는 요인이 되기 때문이다.

그리고 이러한 상태는 최종적으로는 딩 지도부를 남한의 정치현실로부터 소외시키게 된다. 정치현실에 대한 정확한 판단에 입각해서 전략·전술을 마련해야 하는데, 그럴 수 있는 여지가 없어지기 때문이다. 그럼에도 불구하고 은둔해 있는 지도부로서는 자신의 존재를 대내외적으로 과시해야 할 필요성을 느꼈고, 이로 인해 남로당의 노선은 더욱더 급진성과 폭력성을 띠게 마련이었다.

지하활동을 하는 이주하도 그렇지만, 북한에 있는 박헌영의 경우 급진성과 폭력성에 대한 의존은 더욱 커질 수밖에 없었다. 자신을 추종하는 집단의 존재와 그들의 활동을 지속적으로 확인하고 싶은 유혹에 빠졌고, 그럴수록 남한의 정치지형을 자신의 존재를 과시하게 하는 쪽으로 지시하게 되었기 때문이다. 그리고 이를 위해 시위와 폭력 등 비합법적인 수단이 선택된 것인데, 박헌영의 입장에서는 이것이 다른 방식보다도 더 효과적인 방법이라고 생각했을 것으로 판단된다.

자신의 활동근거지를 떠난 상태였기에 박헌영은 남한의 정치현실에 대해서는 간헐적이고 피상적인 정보에 의존하게 되며, 이로 인해 그는 부정확한 판단을 하기 쉽게 된다. 부정확한 판단을 토대로 박헌영은 남한의 현실에 적실성이 없는 급진적인 지시를 내리게 되고, 이러한 지시를 이행하는 과정에서 남로당 조직은 적지 않게 노출되고 파괴되는 결과를 맞게 된다. 그럼에도 불구하고 당의 투쟁활동은 보고의 과정에서 과장되어 박헌영이 부정확한 판단을 하는 데 일조를 하며, 이것이 다시 그로 하여금 급진적이고 폭력적인 지시를 내리게 하는 악순환의 고리를 만들었던 것이다. (심지연, 『이주하 연구』, 백산서당 2007, 93~94쪽)

심지연의 고찰 위에 박병엽의 증언을 얹어서 본다면, 박헌영 등 남로당 지도부는 경쟁심리 때문에도 독단적 모험주의 노선으로 나아가게 되었던 것이다. 북로당 지도부에는 이남에서 민족주의 세력의 도움 없이 남로당의 힘만으로 단선단정 분쇄의 목적을 이룰 수 있다고 과시할 필요가 있었고, 소련 측에는 북로당보다 남로당이 더 선명한 투쟁노선이라고 내세우고 싶었을 것이다. 소련의 유엔위원단 무시와 거부는 유엔을 대하는 소련 입장에서 나온 것이었으므로 조선민족 입장에서는 아무리 공산주의자라 하더라도 꼭 따라갈 필요가 없는 것이었다. 그런데 남로당은 소련의 입장을 북로당보다도 더 철저하게 따랐다.

남북협상은 중간파의 지론이었는데 김구의 가세로 현실적 힘을 부쩍 키우게 되었다. 유엔위원단도 남북협상의 길을 가로막지 않았다. 이제 이북 지도자들, 즉 북로당 지도부에 공이 넘어갈 참인데, 이남의 극좌파, 즉 남로당 지도부가 이 과정에 참여하기를 거부하는 것은 '협상'의 의미에 제한을 주고 있었다.

3일간으로 기획된 이 '총파업'을 하지 중장은 2월 10일 발표한 성명서에서 '폭동'으로 규정했다. 『경향신문』에 2월 11일과 12일 두 차례에 걸쳐 게재된 긴 성명서는 분노와 경멸로 가득했다. 한 미국 신문의 칼럼을 인용해 "공산주의자의 목소리는 구덩이에 빠진 도야지보다도 더 시끄럽다."라는 말까지 했다.

좌익의 파업과 시위를 '폭동'이나 '반란'으로 몰아붙이는 것이 미군정과 경찰의 상투수단이기는 하지만, 사보타지에 주력한 2·7총파업은 그런 규정에 꽤 맞는 것이었다. 2월 11일 경무부가 발표한 피해 내용은 이러했다.

一. 경찰지서 및 출장소 파괴 33건

1. 경찰관 사망 6명, 부상 및 납치 14명

2. 관공리 및 우익간부 사망 5명, 부상 및 납치 13명

3. 폭도 사망 28명, 부상 10명, 피검인원 1,489명

一. 방화 건수 3건

一. 교통 · 통신 피해

1. 전선 절단 68개소

2. 기관차 손상 39대

3. 궤도 파괴 3개소

4. 도로 파괴 2개소

一. 기타

1. 파업 15건

2. 맹휴 8건

3. 데모 81건

4. 봉화 67건

5. 기타 파괴 4건

(「무력한 여파(餘波)가 남았을 뿐. 피검 인원은 1,489명」, 『경향신문』 1948년

2월 12일)

1948. 2. 11.

'읍고(泣告)'를 통해 진면목을 찾은 김구

김구의 글 중 가장 널리 회자되는 「삼천만 동포에게 읍고함」이 2월 10일에 발표되었다. 아래 옮겨놓는 것은 『서울신문』에 3회에 걸쳐 실린 내용인데 전문으로 보인다. 『조선일보』와 『경향신문』, 『자유신문』 등 대다수 신문은 발췌한 요지만을 2월 11일자에 실었다.

　『동아일보』는 이 글을 보도하지 않았다. 내용 중 "xxxx는 xxx란 여자의 이름까지 빌려가지고 나를 모욕하였다."라고 한 것이 『동아일보』가 김희경이란 이름의 "김구 선생님에게 올리는 글월"을 2월 1일부터 5일까지 5회에 걸쳐 연재한 사실을 가리킨 것이기 때문일 것이다. 자신에 대한 비판이 담겼다 해서 이런 중요한 성명을 묵살하는 데서 '동아일보 저널리즘'의 수준을 알아볼 수 있다.

　친애하는 삼천만 자매형제여! 우리를 싸고 움직이는 국내외 정세는 위기에 임하였다. 제2차 세계대전에 있어서 동맹국은 민주와 평화와 자유를 위하여 천만의 생령을 희생하여서 최후의 승리를 전취하였다. 그러나 그 전쟁이 끝나자마자 이 세계는 다시 두 개로 갈리어졌다. 이로 인하여 제3차 전쟁은 되고 있다. 보라! 죽은 줄만 알았던 남편을 다시 만난 아내는, 죽은 줄로만 알고 있던 아들을 다시 만난 어

머니는, 그 남편과 그 아들을 또다시 전장으로 보내지 아니하면 아니
될 운명이 찾아오고 있지 아니한가?

인류의 양심을 가진 자라면 누가 이 지긋지긋한 전쟁을 바랄 것이
냐? 과거에 있어서 전쟁을 애호하는 자는 파시스트 강도군밖에 없었
다. 지금에 있어서도 전쟁이 폭발되기만 기다리고 있는 자는 파시스
트 강도 일본뿐일 것이다. 그것은 그놈들이 전쟁만 나면 저희들이 다
시 살아날 수 있다고 믿는 까닭이다.

현재 우리나라에 있어서도 남북에서 외력(外力)에 아부하는 자만은
혹왈 남침 혹왈 북벌하면서 막연하게 전쟁을 숙망(宿望)하고 있지마
는 실지에 있어서는 아직 그 실현성도 없을 뿐만 아니라 전쟁이 발발
된다 할지라도 그 결과는 세계의 평화를 파괴하는 동시에 동족의 피
를 흘려서 적을 살릴 것밖에 아무것도 아니 될 것이다. 이로써 그들
은 새 상전의 투지를 북돋을 것이요 옛 상전의 귀여움을 다시 받을
수 있을 것이다. 그들은 전쟁이 난다 할지라도 저희들의 자질(子姪)만
은 징병도 징용도 면제될 것으로 믿을 것이다. 왜 그러냐 하면 왜정
하에서도 그들에게는 그러한 은전(恩典)이 있었던 까닭이다.

한국은 일본과 수십 년 동안 계속하여 혈투하였다. 그러므로 일본과
전쟁하는 동맹국이 승리할 때에 우리도 자유롭고 행복스럽게 날을
보낼 줄 알았다. 그러나 왜인은 도리어 환소(歡笑) 중에 경쾌히 날을
보내고 있으되 우리 한인은 공포 중에서 죄인과 같이 날을 보내고 있
다. 이것이 우리의 말이라면 우리를 배은망덕하는 자라고 질책하는
자도 있을 것이다. 그러나 이것이 미국 신문기자 리처드의 입에서 나
온 데야 어찌 공정한 말이라 아니하겠느냐? 우리가 기다리던 해방은
우리 국토를 양분하였으며 앞으로는 그것을 영원히 양국 영토로 만
들 위험성을 내포하고 있다. 이로써 한국의 해방이란 사전상에 새 해

석을 올리지 아니하면 아니 되게 되었다.

유엔은 이러한 불합리한 것을 시정하여서 인류의 행복을 증진하며 전쟁의 위기를 방지하여서 세계의 평화를 건설하기 위하여 조직된 것이다. 그러므로 유엔은 한국에 대하여도 그 사명을 수행하기 위하여 임시위원단을 파견하였다. 그 위원단은 신탁 없는 내정간섭 없는 조건하에 그들의 공평한 감시로서 우리들의 자유로운 선거에 의하여 남북통일의 완전 자주독립의 정부를 수립할 것과 미·소 양군을 철퇴시킬 것을 약속하였다.

이제 불행히 소련의 보이콧으로서 그 위원단의 사무 진행에 방해가 불무하다. 그 위원단은 유엔의 위신을 가강(加强)하여서 세계평화 수립을 순리(順利)하게 진전시키기 위하여 또는 그 위원 제공들의 혁혁한 업적을 한국독립운동사상에 남김으로써 한인은 물론 일체 약소민족 간에 있어서 영원한 은의(恩誼)를 맺기 위하여 최선의 노력을 다할 것이다. 만일 자기네의 노력이 그 목적을 관철하기에 부족할 때에는 유엔 전체의 역량을 발동하여서라도 기어이 성공할 것을 삼척동자라도 상상할 수 있는 것이다.

우리에게는 이와 같이 서광이 비치고 있는 것이다. 미군주둔 연장을 자기네의 생명연장으로 인식하는 무지몰각한 도배들은 국가 민족의 이익을 염두에 두지도 아니하고 박테리아가 태양을 싫어함이나 다름이 없이 통일정부 수립을 두려워하는 것이다. 그리하여 그들은 음으로 양으로 유언비어를 조출(造出)하여서 단선 군정의 노선으로 민중을 선동하여 유엔위원단을 미혹게 하기에 전심전력을 경주하고 있다.

미군정의 난경(難境)하에서 육성된 그들은 경찰을 종용하여서 선거를 독점하도록 배치하고 인민의 자유를 유린하고 있다. 그래도 그들은 태연스럽게도 현실을 투철히 인식하고 장래를 명찰하는 선각자로서 자임하고 있다. 그러나 이러한 선각사는 매국매족의 일진회식 선각자일 것이다. 왜적이 한국을 병합하던 당시의 국제정세는 합병을 면치 못하게 되었던 것이다. 아무리 애국지사들이 생명을 도(賭)하여 반항하였지만 합병은 필경 오게 되었던 것이다. 이 현실을 파악한 일진회는 도쿄까지 가서 합병을 청원하였던 것이다.

그러나 이자들은 영원히 매국적이 되고 선각자가 되지 못한 것이다. 설령 유엔위원단이 금일의 군정을 꿈꾸는 그들의 원대로 남한단독정부를 수립한다면 이로써 한국의 원정(寃情)은 다시 호소할 곳이 없을 것이다. 유엔위원단 제공은 한인과 영원히 불해(不解)의 원(怨)을 맺을 것이요, 한국 분할을 영원히 공고히 만든 새 일진회는 자손만대의 죄인이 될 것이다.

통일하면 살고 분열하면 죽는 것은 고금의 철칙이나 자기의 생명을 연장하기 위하여 남북의 분열을 연장시키는 것은 전 민족을 사갱(死坑)에 넣는 극악극흉의 위험한 일이다. 이와 같은 위기에 있어서 우리는 우리의 최고 유일의 이념을 재검토하여 국내외에 인식시킬 필요가 있는 것이다. 내가 유엔위원단에 제출한 의견서는 이 필요에서 작성된 것이다.

우리는 첫째로 자주독립의 통일정부를 수립할 것이며 이것을 달성하기 위하여 먼저 남북 정치범을 동시 석방하여 미·소 양군을 철퇴시키며 남북지도자회의를 소집할 것이니 이와 같은 원칙은 우리 목적을 관철할 때까지 변치 못할 것이다. 우리는 이 불변의 원칙으로서 순식만변(瞬息.萬變)하는 국내외 정세를 순응 혹은 극복하여야 할 것이다. 이것이 중국 장 주석의 이른바 '불변으로 응 만변'이라는 것이다.

독립이 원칙인 이상 독립이 희망 없다고 자치를 주장할 수 없는 것을 왜정하에서 충분히 인식한 바와 같이 우리는 통일정부가 가망 없다고 단독정부를 주장할 수 없는 것이다. 단독정부를 중앙정부라고 명명하여 자기위안을 받으려 하는 것은 군정청을 남조선과도정부라고 하는 것이나 다름이 없는 것이다. 사은망념(邪恩忘念)은 해인해기(害人害己)할 뿐이니 통일정부 독립만 위하여 노력할 것이다.

삼천만 자매형제여!

우리가 자주독립의 통일정부를 수립하려면 먼저 국제의 동정을 쟁취하여야 할 것이요, 이것을 쟁취하려면 전 민족의 공고한 단결로써 그들에게 정당한 인식을 주어야 할 것이다. 그런데 불행히도 미군정의 앞잡이로 인정을 받은 한민당의 영도하에 있는 소위 임협은 나의 의견에 대하여 대구소괴(大口小座)한 듯이 비애국적·비신사적 태노로서 원칙도 없고 조리도 없이 후욕(詬辱)만 가하였다.

한민당의 후설이 되어 있는 xxxx는 xxx란 여자의 이름까지 빌려가지고 나를 모욕하였다. 일찍이 조소앙, 엄항섭 양 씨가 수도청에 구인되었다고 허언을 조출하던 그 신문은 이번에 또 '애국단체가 제출한 건의를 김구 씨 동의표명'이라는 제목으로써 허언을 조출하였다. 이와 같은 비열한 행위는 도리어 애국동포들의 분노를 야기하여 각 방면에서 시비의 성한(聲恨)이 높았다. 이리하여 내가 바라던 단결은 실현도 되기 전에 혼란만 더 커졌을 뿐이다. 시비가 없는 사회에는 개량이 없고 진보가 없는 법이니 여론이 환기됨을 방지할 바이 아니나 천재일우의 호기를 만나서 원방에서 내감(來監)한 귀빈을 맞아가지고 우리 국가민족의 운명을 결정하려는 이 순간에 있어서 이것이 우리의 취할 바 행동은 아니다.

일절 내부투쟁은 정지하자! 소불인(小不忍)이면 난대모(難大謀)라 하였으니 우리는 과거를 잊어버리고 용감하게 참아보자.

삼천만 지매형제어!

한국이 있어야 한국 사람이 있고 한국 사람이 있고야 민주주의도 공산주의도 또 무슨 단체도 있을 수 있는 것이다. 그러면 우리의 자주 독립적 통일정부를 수립하려 하는 이때에 있어서 어찌 개인이나 자기의 집단의 사리사욕을 탐하여 국가민족의 백년대계를 그르칠 자가 있으랴? 우리는 과거를 한 번 잊어버려 보자. 갑은 을을 을은 갑을 의심하지 말며 타매(唾罵)하지 말고 피차에 진지한 애국심에 호소해 보자! 암살과 파괴와 파공(罷工)은 외군의 철퇴를 지연시키며 조국의 독립을 방해하는 결과를 조출할 것뿐이다. 계속한 투쟁을 중지하고 관대한 온정으로 임해보자!

마음속의 38선이 무너지고야 땅위의 38선도 철폐될 수 있다. 내가 불초하나 일생을 독립운동에 희생하였다. 나의 연령이 이제 70유 3인바 나에게 남은 것은 금일 금일 하는 여생이 있을 뿐이다. 이제 새삼스럽게 재물을 탐내며 영예를 탐낼 것이냐? 더구나 외군 군정하에 있는 정권을 탐낼 것이냐?

내가 대한민국임시정부를 주지하는 것도 일체가 다 조국의 독립과 민족의 해방을 위하는 것뿐이다. 그러므로 내가 국가민족의 이익을 위하여는 일신이나 일당의 이익에 구애되지 아니할 것이요. 오직 전 민족의 단결을 위하여서는 삼천만 동포와 공동 분투할 것이다. 이것을 위하여는 누가 나를 모욕하였다 하여 염두에 두지 아니할 것이다. 나는 이번에 마하트마 간디에게서도 배운 바가 있다. 그는 자기를 저격한 흉한을 용서할 것을 운명하는 그 순간에 있어서도 잊지 아니하고 손을 자기 이마에 대었다 한다. 내가 사형언도를 당해본 일도 있고 저격을 당해본 일도 있었지만 그 당시에 있어서는 나의 원수를 용서할 용기가 없었던 것이다. 나는 이것을 지금도 부끄러워한다.

현시에 있어서 나의 단일한 염원은 삼천만 동포와 손을 잡고 통일된 조국 독립의 달성을 위하여 공동 분투하는 것뿐이다. 이 육신을 조국이 수요한다면 당장에라도 제단에 바치겠다. 나는 통일된 조국을 건설하려다가 38선을 베고 쓰러질지언정 일신에 구차한 안일을 취하여 단독정부를 세우는 데는 협력하지 아니하겠다.

나는 내 생전에 38이북에 가고 싶다. 그쪽 동포들도 제 집을 찾아가는 것을 보고서 죽고 싶다. 궂은 날을 당할 때마다 38선을 싸고도는 원한의 곡성이 내 귀에 들리는 것도 같았다. 고요한 밤에 홀로 앉으면 남북에서 헐벗고 굶주리는 동포들의 원망스런 용모가 내 앞에 나타나는 것도 같았다. 삼천만 동포 자매형제여! 붓이 이에 이르매 가슴이 억색하고 눈물이 앞을 가리어 말을 더 이루지 못하겠다. 바라건대 나의 애달픈 고충을 명찰하고 명일의 건전한 조국을 위하여 한 번 더 심사(深思)하라.

(「삼천만 동포에게 읍고함」, 『서울신문』 1948년 2월 11~13일)

이 글의 제목은 널리 알려져 있지만 흔히 인용되어온 것은 맨 끝의 두 문단뿐이다. 이것만을 보고 이 글을 우리 역사상 명문의 하나로 많이 인식하는데(나 자신도 그랬다), 전문을 읽어보면 그렇게 품격 높은 글이 아니다. 좌절된 영웅의 비장한 모습보다 분노에 찬 투사의 일그러진 표정이 더 많이 나타나는 글이다.

"해방일기" 작업 동안 내 마음속에서 매우 큰 변화를 겪은 것의 하나가 '김구 선생'의 모습이다. 서술에 일체의 경칭을 쓰지 않기로 원칙을 세우고 내 아버지에게까지 그 원칙을 적용하면서도 김구 이야기를 할 때는 그 이름 뒤에 '선생'을 붙이지 않는 것이 마음속으로 불편하게 느껴졌다. 1946년이 다 지나갈 때까지도 그랬다.

그런데 1947년 들어 반탁운동을 새개할 무렵부터 그 불편함이 사라졌다. 경칭 안 쓰는 원칙에 익숙해진 탓도 있겠지만, 내 마음속의 민족의 영웅 '김구 선생'이 그동안 '상대화' 과정을 겪었다는 데 더 큰 이유가 있을 것이다. 그를 존경하는 마음이 아주 사라진 것은 아니지만, 이제 그의 인간적 한계를 바탕에 깔고 그의 고뇌를 이해하게 된 것이다.

후세의 우리에게 가장 잘 알려져 있는 김구의 모습은 1948년 1월 하순 이후 분단건국에 반대한 모습이다. 그로부터 불과 몇 주일 전까지 그가 이승만의 분단건국 노선을 전폭 지지하고 있던 모습은 잘 알려져 있지 않다. 그에 앞서 귀국 이래 그가 혼신의 힘을 기울여온 반탁운동이 미소공위를 좌초시킴으로써 분단건국 노선을 도와준 것이라는 사실도 잘 알려져 있지 않다.

김구의 반탁운동이 임정의 법통(法統)에 대한 집착에서 나온 것이라는 점에 내가 참고한 모든 연구자의 견해가 일치한다. 귀국 당시 그의 나이가 칠순이었다는 사실에 비추어 이 집착을 '노욕(老慾)'으로 이해하기도 한다. 임정이 건국의 주체가 됨으로써 자신이 최고지도자의 자리를 차지하게 되기 바랐다는 것이다.

이 관점을 나는 원천적으로 부정할 수 없다. 극단적 방법을 서슴없이 쓰는 그의 독단적 성향은 임정을 운영하는 방법에서도 널리 나타난 것이므로 송진우(宋鎭禹, 1890~1945)와 장덕수의 암살에 책임이 있다는 혐의도 쉽게 부인될 수 없는 것이다. 비밀을 좋아하는 독단적 성향이라면 자신의 의도를 감추고 살았다는 의심도 피할 수 없다.

그러나 나는 1948년 1월 이후 분단건국에 반대한 그의 태도가 그의 진면목일 것이라고 생각한다. 귀국 이래 그의 행보가 그 스스로 원치

경교장 앞에 모여든 군중. 김구
에 대한 인민의 존경심이 아직
무너지지 않고 있었다.

않은 결과를 향해 움직여온 것은 상황 인식의 결함 때문이었다고 생각
한다. 상황을 너무 만만하게 봤다는 것이다. 미·소 대결이 심화되고
있던 당시 상황에서는 민족주의자들이 좌우합작에 적극적으로 나설
필요가 있었는데, 그가 좌익 일부에 대한 의심 때문에 좌우합작 자체
를 외면한 것은 좌우합작 없이도 민족국가 건설이 가능하다고 믿었기
때문일 것이다. 그가 민족주의 자체를 개인 영달을 위한 수단으로 여
겼을 리는 없다고 생각한다.

　이제부터 김구가 보여주는 태도가 과연 그의 진면목이었는지 상황
진행을 보며 확인할 것이다. 그에게는 계속 온갖 유혹과 위협이 제기
된다. 그런 유혹과 위협 속에서 그가 지킨 자세를 통해 민족주의자로
서 그의 입장을 확인할 수 있을 것이다.

　그 확인 과정에서 우리가 그로부터 얻는 가르침의 내용도 조정될 것
이다. 아무리 투철한 민족주의자라도 독단에 빠질 경우 민족사회에 오
히려 해악을 끼칠 수 있다는 점. 민족의 독립과 번영을 위해 민족주의
가 하나의 필요조건일 수는 있지만 충분조건일 수는 없다는 사실.

1948. 2. 13.

한민당 "전 조선 총선거를 이남에서 치르자!"

유엔위원단 도착 이래 남조선 단독선거 추진세력은 이승만, 김성수의 면담을 비롯해 여러 가지 방법으로 자기네 주장을 위원단에 알리려 애썼다. 그 내용은 1946년 6월 이승만의 '정읍 발언' 이래 발전시켜온 분단건국 논리를 종합 정리한 것이다. 『동아일보』는 1948년 2월 1, 3, 5일 세 차례에 걸쳐 한민당이 유엔위원단으로 보낸 의견서를 게재했는데, 이것을 그 시점에서 분단건국 주장의 '집대성'이라고 볼 수 있다. 그 요점을 소개한다.

　의견서 모두에서 한민당은 조선민족이 "권력과 물질을 위해서 더러운 투쟁을 하지 않고 도덕과 예의를 숭상하는 극히 청렴하고 겸양한 백성"이며 "외국의 침략군을 격파하는 데 극히 강하였을 뿐이요, 한 번도 남의 세력을 침략한 적이 없"는 평화를 사랑하는 민족이라고 전제한 다음, 당시의 혼란스러운 상황을 이렇게 변명했다.

어느 국가인들 전연 경찰이 필요 없을 만큼 범죄자가 없는 나라가 있겠으며 어느 민족인들 반사회적인 분자가 하나도 없는 민족이 있겠습니까. 오늘날 우리 사회에 다소의 암살, 폭행 등 무질서가 있는 것은 일본민족의 살벌성에 물든 극소수분자의 정치적 · 경제적 · 정신

적·육체적 불안과 고통을 감내하지 못해서 하는 행동이거나 소련의
무자비한 공산주의 잔인성을 배운 전 세계적 파괴음모의 일단인 것
입니다. (…)

평화를 사랑하고 도덕을 숭상하며 빈궁과 고난을 잘 참는 한민족이
기에 이 정도의 혼란으로 그치고 이만한 질서라도 유지한다고 하여
도 결코 턱없는 자만이 아닐 줄 압니다. 그러므로 모든 불안, 공포,
무질서, 혼란은 국가적·민족적 안정 세력인 민족 스스로의 정부가
섬으로써 해결될 것이며 따라서 그 정부를 세우기 위한 총선거를 하
루빨리 시급히 실시하는 것이 무엇보다도 필요하다는 것을 깊이 명
심하시기 바랍니다.

(『동아일보』 1948년 2월 1, 3, 5일)

'자유롭고 공정한 선거'를 치르는 데 사회의 혼란, 경찰의 폭력성,
(좌익에 대한) 정치 탄압 등이 심각한 장애물로 위원단 내에서 지적되고
있었다. 한민당은 혼란의 책임을 좌익에게 돌리며 혼란 극복을 위해
총선거의 빠른 실시가 필요하다고 주장한 것이다. '자유롭고 공정한
선거'의 여건에 관해서는 아무런 의견도 없었다.

이어 한민당은 "북한의 소군 당국과 교섭하더라도 그 결정을 기다
리기 위해서 총선거를 지연시키는 일이 없기" 바란다고 했다. 그리고
"도의적·평화적 해결의 길은 없는 듯하니 유엔 결의대로 3월 31일에
가능한 지역만이라도 선거를 단행하는 것"이 타당한 방책이라고 주장
했다. "가능한 지역"을 넓히기 위해 노력할 필요가 전혀 없다는 것이
다. 그러면서 이북 지역의 대표까지 뽑을 길이 있다고 주장했다.

특별선거구 문제도 또한 38도선으로 인한 특수 부득이한 일입니다.

이번 총선거는 전국을 통한 총선거이니 한국 국민이면 남에 있거나 북에 있거나 다 10만 넹에 1인씩 (⋯) 자기의 이익과 의견을 충실히 대표할 인물을 택할 권리가 있는데 북한에서 부득이 월남하여온 북한에 원적을 둔 국민들은 이재민으로서의 특수한 사정과 독특한 이해관계가 있으니 그들이 잘 아는 인물로서 그들과 같은 환경에 처해 있고 같은 이익관계에 있어서 누구보다도 그들을 잘 대표할 그들의 고향의 인사를 선출하도록 하는 것이 민주적 선거정신에 가장 합당한 일이라고 생각합니다.

만일 그들에게 이 특별선거구를 허하지 않는다면 그것은 사실에 있어서, 내용에 있어서 그들에게 선거권의 행사를 불가능케 또는 무의미하게 하는 것이니 결과가 그들에게는 선거권을 부여하지 않는 것이나 마찬가지입니다. 그리고 북한의 공산독재를 반대하고 진정한 민주주의를 원하는 국민을 대표할 만한 유식하고 유능한 인사는 거의 전부가 남한으로 왔다는 것도 오늘의 현실입니다.

『동아일보』 1948년 2월 1, 3, 5일)

한민당을 비롯한 반공세력은 이북 주민 400만 명이 이남으로 넘어왔다고 주장하고 있었다. 해방 당시 이남 주민은 2,000만 명이 조금 안 되고 이북 주민은 1,000만 명이 조금 넘는 수준이었는데, 이제 이북에는 600만 인구밖에 남아 있지 않으니 인구의 75퍼센트 이상이 살고 있는 이남에서 총선거를 실시해도 남북총선거와 큰 차이가 없다는 주장이었다. 1948년 1월 25일자 『경향신문』에 실린 안호상의 논설 「독립아관(獨立我觀)」에 이런 대목이 있다.

전일까지 인구가 38 이남엔 2,000만, 이북엔 1,000만이던 것이 현재엔 이북에서 약 350만이 남하하였다. 그러므로 전 인구의 4분의 3은 이남, 4분의 1이 이북이요. 또 이북 인구 전체와 남하한 인구 비례로 본다면 이북엔 3분의 2가 이남엔 3분의 1이 있다. 그러면 만일 인구의 4분의 1이 총선거에 참가 못한다는 의견을 존중하여서 총선거가 타당치 않다면 이 논법에 따라서 북조선 인구 3분의 1이 총선거를 절대 지지하는 의견을 존중해서 3분지 2의 총선거 반대 의견을 도리어 반대라고 무시하지 않으면 안 된다. 논리적으로나 법리적으로나 38 이남의 총선거로써 세운 정부가 통일중앙정부가 될 수 있다.

독일에서 철학을 공부해왔다는 사람의 '논리' 구사가 이러했다. 이승만이 그를 초대 문교장관으로 발탁한 자격도 이런 난폭한 추리력에 있을 것 같다. 논리고 나발이고, 근거 사실부터 엉터리라는 것을 두 달 전 군정청의 인구동태 발표에서도 확인할 수 있다. 이북인의 월남 비율은 5퍼센트 전후에 불과했고, 그 사실은 당시에도 잘 알려져 있었다.

과도정부 외무처에서는 남조선에 있어 오늘까지 팽창일로를 더듬어 온 인구이동 상황과 이에 따르는 행정문제의 중요성을 설명 발표하였다.

그에 의하면 만주 등지로부터 38선을 넘어온 이동상황으로서 52만 9,301명이 해방과 동시에 제1차로 귀환했고 작년에는 52만 1,541명, 금년도에는 오늘까지 12만 4,216명이 이주하여 도합 83만 9,816명이 문제의 38선을 넘어 소련 점령지대로부터 이동했다.

그러나 아직 만주 등지에는 100만여 명, 태평양 지역에 50만 명이 남아 있는 것으로 추측되고 있어 이들이 귀환하면 남조선은 필경 인구 과잉을 초래할 것으로, 따라서 이들의 수용문제를 위시해서 안녕질서, 보건, 취직, 교육, 치안, 식량공급 기타 정치운동에까지 영향을 주게 되어 남조선의 중대한 당면문제의 하나로 주목되고 있다.

(「인구 과잉? 팽창일로의 남조선 인구 동태」, 『조선일보』 1947년 11월 19일)

『한국사데이터베이스』에서 뽑아온 이 기사에는 숫자도 맞지 않고 이동한 인구 중 해외귀환자의 비율도 분명히 표시되어 있지 않다. 같은 자료를 보도한 것으로 보이는 『경향신문』 1947년 11월 21일자 기사에서 더 많은 것을 더 확실히 알아볼 수 있다.

중국, 만주, 북조선으로부터 남조선으로 넘어오는 인구동태에 관하여 외무처에서는 다음과 같이 발표하였다.

"해방되던 해 중국에 있던 동포는 (⋯) 고국을 향하여 조수와 같이 물결치게 되었다. 이들의 대다수는 소련 점령 북조선 지대를 통과하여 미군 점령지대인 남조선에 들어올 것을 선택하였고 그들 대부분은 원래 북조선에 살던 사람이다. 약간은 북조선에 재류하였으나 대부분은 소군이 조직한 인민위원회의 지배에 불만을 느끼고 남하한 것이다.

1946년도에 넘어온 사람들은 본래 만주에서 살던 사람들이 아니다. 그해 38선을 넘어온 사람들 중에 50퍼센트는 적어도 북조선 공산주의 사회제도 아래에서 생활할 수 없음을 깨닫고 온 사람들이고 그들 중에 대부분은 많은 유능한 사람과 최고 교육을 받은 문화인이다. 그 대부분은 지주 상인뿐만 아니라 의사, 법률가, 기술자, 교육가, 정부 관리가 더 많았다.

1946년도 이주는 그 수에 있어서 1945년에 비할 것은 못 되나 그 대부분이 계획적 이주라는 것은 유의할 점이다. 이들의 이주는 서리 나리는 엄동으로부터 시작하여 이듬해 봄에 최고조에 달하였고 여름을 거쳐 장마가 그치기 전까지 계속되었다. 이러한 현상은 북조선과 만주의 신 사회제도에 대하여 불만을 가지고 생활의 편의를 찾아 이동되는 것이고 이동자들은 그 사회제도를 불가능한 것이라고 생각하고 있다.

1947년도, 즉 금년에는 남조선으로의 이동은 정상적 현상을 나타내었다. (…) 이러한 이민은 현상을 변화시키기 위한 계획적 조정에 의한 국민의 이동을 의미하는 것은 아니고 일종의 피난민들이라고 한다. 그들의 대부분은 농토와 농작물을 버리고 추수도 아니 하고 도망하여온 것이다.

1947년도 이민은 일본 패퇴 후의 변화로 인한 것이 아니고 북조선의 소련화 진전의 결과라는 것은 명백한 것이다. 금년도 이민 중에는 만주로부터의 이민은 소수에 불과한데 이것은 소련 당국이 조선에 입국하는 북조선의 국경지대를 봉쇄한 사실에 의하여 명백한 것이라고 한다. 금년도의 이민은 작년도의 50퍼센트 미만이라고 하는데 이것은 소련의 지시에 의하여 북조선 당국자가 38선을 넘어서 조선에 들어오는 이민을 방지하고 있는 데 기인한 것으로 명기할 사실이라고 한다."

(「대부분 북조선 제도의 불만으로-외무처 발표」, 『경향신문』 1947년 11월 20일)

총선거를 최대한 빨리 실시하기 위해 '가능한 지역'을 더 넓히려 애쓰지 않아도 그 선거를 통해 세워지는 정부는 이남의 단독정부가 아니라 전 조선인의 정부가 될 것이라고 한민당은 주장했다. 그것이 당연한 일이라고 강변했다.

세계평화 수립의 책임을 진 유엔의 실행력과 위신을 보이기 위해서나 한국의 초미의 급박한 사정으로 보아 남한만이라도 소정의 기일 안에 선거를 실시하기 바랍니다. 이렇게 해서 성립된 국회는 당연히 한국 전체를 대표한 국회가 되어야 할 것이며 그 국회에 의해서 수립된 정부는 당연히 한국 전체를 대표한 통일적 중앙정부로 유엔에서 승인해야 할 것입니다.

그 이유는 금번 총선거 자체가 유엔의 결의로써 전국을 통한 통일선거이니 외국 군대의 불법 방해나 천재지변 등으로 인해서 일부 의원의 선출 혹은 출석이 불가능하게 된다고 그것으로써 전국을 대표한 국회가 아니라고 할 수 없을 것입니다. 만일 아니라고 한다면 그것은 결과에 있어서 한국 독립에 대한 결정권을 유엔 결의의 실행을 보이콧한 일개국에 맡기는 것이 될 것입니다.

(「조위에 보내는 한민당 의견서 2」, 『경향신문』 1947년 11월 21일)

"초미의 급박한 사정"이 무엇이기에 "소정의 기일" 안에 선거를 실시해야 한다는 것인가? 유엔총회에서 1948년 3월 말 이전에 총선거를 실시하도록 한다는 결의를 하기는 했지만, 선거를 제대로 실시하기 위해 시간이 더 필요하다고 조선위원단이 판단하면 날짜야 얼마든지 조정할 수 있는 것이었다. 실제로 날짜는 5월 10일로 조정되지 않았는가. 해방 후 30개월째 되는 시점에서 두 달 내에 꼭 선거를 실시해야 한다고 주장하는 까닭이 무엇인가?

남북총선거와 엄정한 선거관리가 불가능하게 되기를 바란 것이라고밖에 이해할 길이 없는 주장이다. 남북총선거가 실행된다면 5·10선거보다 엄격한 선거관리가 되지 않을 수 없었다. 1948년 초 시점의 이남 상황 그대로 선거가 실시되어야 한민당이 가장 유리한 결과를 바라볼 수 있었던 것이다.

　유엔위원단에서 엘살바도르대표와 중국대표가 벌써 '가능한 지역' 만의 선거 실시를 주장하고 있었다. 이에 대해 '유엔정신'에 어긋난다 는 점이 지적되지 않을 수 없었다. 그래서 그 문제를 우회하기 위해 우 선 이남만의 선거를 실시하되 이북 몫의 의석을 비워두었다가 형편이 될 때 채우도록 한다는 절충안이 제기되고 있었다. 한민당은 이것에까 지 반대했다.

　　풍문에 의하면 남북에 동시 선거가 불가능한 때에는 남한만 선거해 서 국회를 성립시키되 북한에 해당한 의원 수의 의석을 비워두었다 가 언제든지 북한에서 응하면 참가시키도록 하자는 의견이 있다는 말을 늘었는데 이것은 사실이 되지 않기를 바랍니다.
　　만일 그렇게 된다면 크게 위험한 일이니 남한의 선거 결과가 또는 남 한의 의원에 대해서 부단히 암살, 위하, 매수 등 모략을 써서 남한의 공산주의에 가담할 의원 수와 북한의 공산당 의원 수와 합해서 승산 이 있을 때는 북한에 해당한 수의 의원을 보내서 정부 수립에 협력해 가지고 장차 헝가리처럼 공산화할 것이요, 그렇지 못할 때는 38선의 철막을 그대로 언제든지 딱 닫아둘 것입니다. 이와 같이 한다면 북한 이 소련으로 하여금 한국의 전체를 가지느냐 우선 반분만 가지느냐 의 자유선택을 하게 하는 것이 될 것입니다.

　　　（「총선거는 3월 내로 가능지역만 단행하라, 한민당서 조위에 서한」, 『동아일보』
　　　　　　　　　　　　　　　　　　　　　　　　　　1948년 1월 31일）

　문장이 통하지 않는 부분도 있지만 취지는 대개 알아볼 수 있다. 이 남에서 선출되는 의원 중에는 좌익도 상당수 있을 텐데（한민당 눈에는 중간파는 물론, 이제 한독당도 좌익으로 보였을 것이다.), 이북에서는 전원 빨갱이들이 몰려올 테니(아무리 민족주의자라도 이북에서 지금까지 숨 쉬고 살아왔다면 한민당 기준으로는 빨갱이다.) 공산화를 피할 수 없으리라는 것이다.(한민당이 득세하지 못하는 상황은 무조건 공산화로 보였을 것이다.)

선거를 서두르려니 선거법 준비에 시간이 많이 드는 것부터 싫었을 것이다. 그래서 입법의원에서 제정한 보통선거법을 쓰라고 주문하는데, 선거권 연령 제한을 23세 이상으로 해놓은 것까지 그대로 받아들여달라고 졸라대고 있다.

> 우리 한국은 여태껏 현대적 정치훈련을 받지 못했고 정부도 서기 전에 이번에 처음으로 총선거를 실시하는 것인 만큼 단번에 선거연령을 낮추기 어려울 뿐 아니라 종래의 가족제도가 늦도록 부모에게 생활을 의뢰하는 습관이 있기 때문에 국가와 사회에 대한 자각이 생기고 실생활 문제와 현실에 대한 정확하고 책임감 있는 판단을 하게 되는 데는 상당한 연령을 요하는 특수한 사정이 있는 것을 알아주시기 바랍니다.
>
> (「조위에 보내는 한민당 의견서」, 『동아일보』 1948년 2월 3일)

다른 문제점들에 비하면 작은 문제라고 할 수 있다. 하지만 한민당의 노는 방식을 여실히 확인할 수 있는 대목이다. '정치훈련'이라고? 기본적 참정권을 행사하는 데 훈련이 필요하단다. 조선의 가족제도에 대한 왜곡은 또 어떤가. "늦도록 부모에게 생활을 의뢰하는 습관"? 친일파 유산계층에게는 그런 습관이 있었는지 몰라도 조선의 일반 민중에게는 자식을 23세까지 돌봐줄 여유가 없었다. 열 살만 넘어도 경제활동에 나서야 하는 것이 조선 민중의 실정이었다. 외국인인 위원단

대표들이 실정을 알 리 없으리라고 생각해선지 마음 놓고 작문을 하고 있다. "실생활 문제와 현실에 대한 정확하고 책임감 있는 판단"이 없어서 한민당을 지지해주지 않는 청년층을 배제하려는 속셈이면서.

한민당은 빠른 총선거 실시를 원했다. 선거가 '가능한 지역'을 넓히는 데는 아무 관심 없었다. 이남만의 총선거로 전 조선인의 정부를 세울 수 있다고 주장했다. 이북 지역의 선거도 월남민들만으로 실시해야 한다고까지 우겼다. 이 모두가 이승만과 같은 입장이었다.

1948. 2. 15.

뉴욕으로 건너간 조선의 운명

———

유엔위원단의 조선인 의견 수렴은 의견서 제출과 면담 두 갈래로 이뤄
졌다. 의견서 제출은 다분히 요식적 절차였던 것으로 보인다. 중요한
것은 면담이었는데, 그 대상을 위원단이 일방적으로 결정했으므로 그
에 따라 지적될 수 있는 폐쇄성의 문제를 피면하기 위해 의견서 제출
의 길을 열어놓은 것으로 보이는 것이다.

의견서 제출에는 총선거와 정부 수립이라는 주제만이 주어졌을 뿐,
구체적인 양식이 없었다. 반면 면담 진행 단계에서는 일련의 필수적
질문이 마련되어 있었다. 2월 3일경 이 질문 목록이 보도되기 시작했
다. 위원단의 공식 발표는 아니었지만, 위원단 임무 수행에 필요한 중
요한 질문들이 잘 갖춰져 있는 것을 볼 때, 조선인의 신임을 얻기 위해
위원단 측에서 비공식적으로라도 일부러 흘린 것으로 생각된다.

유엔조위에서 입국 후 계속하여 조선 인사와 협의한 내용은 발표된
바와 같거니와 그동안 동 협의에서 제2분위 위원장 잭슨 씨로부터
제출된 설문 내용을 종합하면 다음과 같다.

1. 조선에 있어서 자유로운 민주선거 실시에의 필요조건은 무엇인가?

2. 자유로운 민주선거 실시에의 방해 조건은 무엇인가?

3. 현재 및 총선거 기간 중 전 정당 및 단체의 언론, 집합 출판은 차별 없이 동등한 자유를 향유하여야 할 것인가?

4. 선거가 1948년 3월 31일 이전에 실시되어야 할 것인가?

5. 남북조선에 정치적 이유로 투옥된 사람의 수가 얼마나 되는지 아는가?

6. 그러한 사람들에게도 선거권을 부여할 것인가?

7. 현존 남북총선거법 중 개정할 필요가 있다면 여하히 개정할 것인가?

8. 의사발표, 출판, 정보, 집회, 이동의 자유 및 검거, 구속, 폭행협위 및 폭행에 대한 보호가 최소한도의 필수사항이라는 것이 선거를 위한 사유로운 분위기를 보장하는 문제를 취급하고 있는 제1분과위원회의 의견이다. 그런데 현재 실시되고 있는 법령 및 규칙 중에 또는 현재 실제로 작용하고 있는 제 조건 중에 상기 자유로운 분위기와 모순되는 것들이 있다고 생각하는가? 그것을 개선하기 위하여서는 어떠한 법적 또는 실제적인 규정이 필요하다고 생각하는가?

9. 제3분과위원회는 제2분과위원회가 성년선거권의 기초 위에 실시될 선거에 관한 총회의 추천안에 비추어 전 조선적으로 어떤 선거연령 및 피선거연령이 가장 적합한 것인가에 관한 조선인의 의견을 들어보도록 요청하여왔다.

10. (A) 남조선법령 제5호 제2조 제1항은 다음과 같은 것이다.

하기 규정에 해당하는 자는 선거 및 피선거 자격이 무함.

(1) 금치산자, 준금치산자, 정신이상자, 마약중독자.

(2) 징역 선고를 받은 자, 또는 복역 중에 있는 자, 집행유예, 또는 탈주범.

(3) 1년 이상의 징역전과범으로 형기완료일 또는 선고집행취소 결정일부터 3년 이상을 경과한 자 및 정치범은 치한에 부재함.

(4) 법령에 의하여 선거권이 박탈된 자 또는 반역자, 부일협력자, 모리배로 규정된 자.

(B) 북조선선거규정 제1조 제1항은 여좌한 것이다. 정신병자 또는 법정의 판결에 의하여 선거권이 박탈된 자 이외에 20세 이상 전 북선 인민은 그 경제적 안정성, 교육, 주거지, 종교 등의 여하를 불문하고 선거 피선거권을 향유함.

이상과 같은 규정은 적당한 것인가?

11. (A) 일본 통치기간 중 관직에 있던 자는 선거권, 피선거권이 박탈되어야 할 것인가? 만일 그렇다면 그것은 어떤 관직에 적용될 것인가? 그 각 개인에 대한 해당 여부의 결정은 어떤 관서에 의할 것인가?

(B) 일본 통치기간 중 친일적 행동을 범한 자는 선거권, 피선거권이 박탈되어야 할 것인가? 만일 그렇다면 어떤 형태의 행동이 이에 해당하는 것이며 각 개인에 대한 해당 여부의 결정은 어떤 관서에 의할 것인가?

12. 문맹에게 선거권을 부여함이 옳다고 생각하는가?

13. 조선국민의회는 대체로 몇 명으로 구성되어야 할 것이라고 생각하는가?

이상 설문 중 제8은 제1분과위원회가, 제9~제13은 제3분과위원회가 각각 요청한 질문이라고 한다.

(「제2분위 설문 내용」, 『동아일보』 1948년 2월 4일)

2월 3, 4일 무렵에는 위원단 활동의 한 단계가 마무리되고 있었다.

2월 4일의 전체회의에서 인도대표 메논이 정식 의장으로 확정되는 등 위원단의 위상도 공식화되었다. 메논이 임시 의장으로 선출될 때는 우크라이나의 참여 거부도 공식화되지 않고 있었고 엘살바도르대표도 도착하지 않고 있었다. 우크라이나의 참여 거부와 소련의 북조선 입경 거부가 공식화된 이제 8개국 대표로 구성되는 유엔위원단의 체제가 확정되었으므로 공식 활동의 준비가 끝난 것이다.

위원단 공식 활동의 첫 번째 과제는 유엔소총회로의 보고였다. 중국과 필리핀 등 일부 대표들은 '가능지역'에서만이라도 총선거를 실시하는 것이 위원단의 임무라는 주장을 펴고 있었지만, 시리아대표는 이에 정면으로 반대하고 있었고 다른 대표들도 대부분 회의적 견해였다. 그뿐만 아니라 위원단이 위임받은 임무는 '3월 말 이전'의 총선거 실시였는데, 그 기한을 지킨다는 것이 불가능한 일이 되어 있었으므로 소총회 보고는 불가피한 일이었다. 위원단은 2월 6일 회의 후 공보 제25호를 발표했다.

유엔임시조선위원 제11차 전체회의는 유엔소총회와 협의할 건에 관하여 3일간 토의한 결과 좌기와 같은 이유로 다음의 결의를 하였다.
"유엔조선위원단은
1. 본 위원회 업무에 관한 소련 당국의 거부적 태도를 명백하게 할 것을 고려하여 즉 본 위원회가 당분간 소련군이 점령하고 있는 조선의 지역에서 1947년 11월 14일의 결의에 의하여 유엔총회가 부여한 직능을 진행시킬 수 없으니 이를 명백히 하기 위함과
2. 본 위원회는 1947년 11월 14일 결의된 결의문 제2조 제5항에 본 위원회가 진전되고 있는 사태에 이 결의문을 적용하는 데 관하여 소총회와 협의할 권한을 부여한 것을 고려하여

3. 본 위원회의 각 분과위원회가 그 예비적 사무의 결과와 특별히 제 2분위가 금일까지 행한 협의를 고려하여 다음과 같이 결의함.

가. 사태의 진전에 비추어 11월 14일의 결의를 적용하는 데 관하여 소총회와 협의할 것.

나. 의장은 사무국장을 동반하여 소총회가 개최되는 동안 본 위원회를 대표할 것.

다. 본 사명을 수행하는 데 있어서 의장은 본 위원회가 규정하는 지시를 받을 것."

(「난관을 돌파, 업무 제2단계로─유엔위원단 공보 25호」, 『경향신문』 1948년 2월 8일)

이 상황에 대해 분단건국 추진세력이 선거의 지연을 안타까워하면서도 소총회 회부가 하나의 요식절차에 그치기 바라는 마음은 2월 7일자 『동아일보』 기사에서 알아볼 수 있다.

소 측의 거부로 인하여 전국적인 총선거가 불가능하게 된 사정에 감하여 가능한 지역 즉 이남에서만이라도 선거를 시행할 것인가 안 할 것인가 하는 문제에 관하여 조위 전체회의는 연일 회의를 계속하고 있는 것은 기보한 바와 같거니와 이 문제에 관하여 각 대표 간에는 조위 자체에 최고결정권이 있다는 의견이 지배적이다.

그러므로 소 측의 거부로 이북 선거가 불가능한 이상 조위는 이남에서만이라도 선거를 실시할 수 있으며 또 그리하는 것이 필요하다는 것은 대체로 인식되는 바이나 그러나 대표 중에는 이 문제가 중대한 만큼 더욱 신중을 기하기 위하여 소총회에 문의하기를 요망하고 있으며 따라서 조위 자체의 결의로써 이를 실시하는 것보다는 소총회의 결의로써 실시하기를 희망하는 대표도 있는 모양이다.

그리고 소 측의 회한이 의외에도 지연되었기 때문에 유엔총회에서 결정한 총선거 기일인 3월 31일까지는 이남 선거를 완료하기에 기술적인 곤란이 있으므로 선거 시일을 연기하기 위하여서라도 소총회의 결의가 필요하다고 인정되는 바이다. 따라서 조위에서는 내주 초에 대표를 레이크석세스에 파견할 것이 확실시되며 소총회에서는 최단시일 내에 이 문제를 가결할 것으로 관측된다.

(「남조선 선거는 필지(必至), 소총회 회부는 절차 문제, 대표 본부 파견은 내주 초?」,
『동아일보』 1948년 2월 7일)

이 무렵 민전과 남로당의 유엔위원단에 대한 태도가 보도되었다.

민전 의장단 내변인은 5일 민선회관에서 유엔조선위원단의 업무에 관한 기자단의 질문에 대하여 다음과 같은 견해를 발표하였다.

1. 국련조위와 우익요인 협의에 대하여: "국련 결정은 일방적인 것이므로 민주주의적 지도자는 전부 이를 거부하였다. 그럼에도 불구하고 국련조위가 우익반동 지도자들과 협의한 것은 그 의도를 의심케 한다."

2. 북조선 입경 거부에 대하여: "입경 거부는 당연하다. 위원단이 진심으로 세계평화와 조선독립을 위한다면 양군 즉시 철퇴를 당로에 요구하여야 한다."

3. 한독당의 주장에 대하여: "막부결정을 거부하고 나오는 이상 조선 문제에 대한 여하한 국제적 간섭도 부당하다. 한독당 등이 선 철병을 주장하게 된 것은 인민의 절대한 압력으로 인한 불가피한 일보전진이라고 본다."

(「입경 거부는 당연―민전 의장단의 견해」, 『경향신문』 1948년 2월 6일)

6일 남로당 대변인은 기자단과 회견하고 다음과 같은 견해를 표명하였다.

1. 현하 남조선에 있어서 "언론·출판·집회의 자유 보장"이란 말은 이해키 곤란하다.

2. 정치범 석방을 운운하는 것은 단선단정을 실시하기 위하여 인민의 관심을 끌고자 하는 것이다.

3. 유엔위원단은 그 파견이 부당하니 즉시 철거하라.

(「정치범 석방설. 단정(單政) 위한 수단—남로당 담화」, 『경향신문』 1948년 2월 7일)

유엔의 개입 자체를 거부하는 입장이므로 유엔위원단을 통해 바람직한 건국 방향을 모색할 뜻이 없다. 남북협상을 통한 총선거 방안 역시 유엔위원단을 배경으로 하는 것이라면 안중에 없다. 김구의 노선 전환도 "인민의 절대한 압력"의 결과일 뿐, 주체적 노력으로 인정하지 않는다는 것이다. 만약 북로당도 그와 같은 태도라면 남북협상은 성립될 길이 없다.

2·7총파업도 이런 태도를 보여주었다. 2월 10일 발표된 민주의원 성명서를 보면 이런 태도가 분단건국 추진세력에게 이용당하고 있었음을 알 수 있다.

민주의원에서는 10일 다음과 같은 요지의 성명서를 발표하였다.

"유엔조선위원단의 사업을 방해하기 위하여 금번 남로당은 지령을 발하여 살상, 파괴, 방화, 납치, 파업을 감행하여 남조선을 소란케 하려고 한다. 이것은 유엔에서 종시일관하여 조선 문제에 보이콧을 감행하여온 소련의 정책의 논리적 귀결인 것을 유엔위원 제공이 이해하게 될 줄 안다. 소련의 지령에 의한 좌익계열의 책동이며 또 그에 추수하려고 하는 중간파 급 우익 일부의 남북요인회담 등의 망언으로는 조선 독립문제를 해결치 못할 것이니 이때를 당하여 우리는 선거 가능한 지역에서만이라도 속히 총선거를 실시하여 공고한 중앙정부를 수립하는 것이 유일한 문제 해결책이라는 것을 다시금 고조하지 아니할 수 없다."

(「적색음모 분쇄책은 시급한 선거실시뿐」, 『동아일보』 1948년 2월 11일)

민련의 남북협상 추진은 김구와 김규식을 중심으로 진행되고 있었다.

지난 6일 양 김 씨와 조위 메논 의장, 후 사무총장의 국제호텔 회견 이래 양 김 씨의 제안한바 남북협상 방안은 점차 정국의 비약적 발전을 지향하고 활발히 추신되고 있다. 즉 최근 13정당협의회와는 별개로 양 김 씨를 중심으로 한 남북통일 운동이 민족자주연맹을 중핵체로 전개되고 있거니와 다시 양 김 씨는 이 운동의 강력한 추진을 기도하고 9일 오전 11시 메논 의장에게 다음과 같은 서한을 송달하였다고 한다.

서울 덕수궁 유엔임시조선위원단 의장 메논 박사 귀하
친애하는 메논 박사, 남북지도자회의에 관하여 귀하와 귀 위원단에게 우리의 의견과 각서를 이미 제출한 바이어니와 우리는 가급적 우리 양인의 명의로 남에서 이에 찬동하는 제 정당의 대표회의를 소집하여 기위 제출한 바의 제1차 보취(步驟)를 하겠습니다. 이 회의에서 남쪽의 대표를 선정하면 북쪽에 연락할 인원과 방법에 대한 것을 결정하겠습니다. 귀 위원단이 이에 대하여 원만하고 적극적인 협조를 직접·간접으로 하여주시면 대단히 감사하겠으며 우리 양방의 노력으로 하여금 우리가 공동으로 목적하는 바를 이루어지기를 믿습니다. 끝으로 우리의 심각한 사의를 표합니다. 1948년 2월 9일 김구·김규식

(「남북협상안 제시」, 『동아일보』 1948년 2월 11일)

이런 상황에서 김구·김규식·이승만 세 사람이 모처럼 함께 모인 자리가 있었다. 2월 10일 오후 류위완 중국영사의 초청으로 중국영사관에 모여 회담을 하고, 저녁때는 함께 국제호텔로 가서 메논 의장과 후스쩌 사무국장을 만났다. 이튿날은 김구가 이승만·김규식 두 사람을 각각 방문했다(『경향신문』 1948년 2월 12일).

'3영수' 회동에 세간의 관심이 쏠린 것은 당연한 일이다. 그런데 이승만은 "3씨 간에 합의된 원칙의 내용은 무엇인가?" 하는 기자의 질문에 "남북통일선거가 불능한 때에는 남한총선거를 해서 통일정부를 수립하자는 데는 자초로 이견이 없었다."고 대답했다(『조선일보』 1948년 2월 12일). 다른 두 사람은 회담 내용을 밝히지 않으려 하다가 이승만의 이 발언 때문에 구체적 내용을 밝히지 않을 수 없었다. 김규식이 2월 13일 밝힌 내용 중에는 "남북회담에 관하여서는 이 박사께서는 성공되기 난(難)한 줄로 인식하되 반대는 아니하고 침묵을 지키겠다고 하셨다는 것"이 들어 있었다(『경향신문』 1948년 2월 14일).

메논 등 유엔위원단 측에서는 서로 다른 주장을 내놓고 있는 김구·김규식과 이승만을 유엔소총회로 떠나기 전에 함께 앉혀 토론을 시켜보고 싶었을 것이다. 세 사람은 상대방의 주장을 바꿀 길이 없다는 사실을 잘 알기 때문에 손님들 앞에서 점잖게 인사치레만 하고 말았을 것이 뻔하다. 그런데도 이승만은 두 김 씨가 자기주장에 승복한 것처럼 기자에게 우기고 있었으니, 거짓말을 하지 않으면 병이 나는 사람

이었던 모양이다. 자기 거짓말이 들통 나 물의가 일어나자 이승만은 이런 담화를 발표했다. 자기는 떠도는 이야기에 책임을 지지 않겠다고 끝에서 말한 것이 모처럼 정직한 말 같다.

> 우리 3인이 회담한 데 대해서 김구와 김규식이 이미 신문상으로 담화를 발표하신 바 있으므로 내가 따로 설명을 할 바 없으나 오직 신문상과 벽보로 허무한 선전을 해서 인심을 현혹케 하는 데에 대해서는 나는 깊이 유감으로 생각한다.
> 세소(細小)한 분자들이 각각 파당적 생각으로 무슨 기회든지 이용해서 분열·분쟁을 일삼는 고로 외국친구들이 호감으로 왔다가도 오해를 가지고 가는 폐단이 종종 있으므로 이번 유엔위원단 메논 의장과 추○○찌 고징이 가세 되는 이때에 한인 인도자들 간에 불화해서 3분5열되므로 아무것도 할 수 없다는 감상을 가지고 가면 우리 전체의 불행이 얼마나 할 것인가? 아무리 유치한 사람이라도 이것을 잘 생각하지 않을 수 없는 것이다.
> 한인들이 이 난국에서 다 같이 살길을 찾으려면 먼저 민족의 위신과 체면을 존중히 해서 형제가 담 안에서 싸울지언정 외모(外侮)는 막아야 될 것을 잊지 말아야 된다. 우리 3인이 유엔 친우들과 수차 사교적으로 회담케 된 것이 이 목적에 대해서 충분한 효과가 있게 된 것이니 나는 이것만을 다행히 여기는 바이며 정치상 문제에 중대한 변동이 있다면 나로서는 인도자의 책임으로 민중에게 알리지 않을 수 없을 것이니 타인들의 모략적 선전으로 무슨 말을 하든지 다 책임지지 않을 것이며 민중도 이에 현혹되지 말기를 부탁한다.
>
> (「유엔에 민족분열 반영 말라」, 『경향신문』 1948년 2월 13일)

메논과 후스쩌는 2월 14일 뉴욕을 향해 떠났다. 13일 오후 기자들과 만났을 때 메논은 "소총회에 보고할 내용은 무엇인가?" 하는 질문에 "그동안 파악한 조선의 실정을 그대로 보고할 따름"이라고 대답했다(『경향신문』 1948년 2월 14일). 위원단이 특별히 소총회에 건의하는 방안이 없다는 것이다.

위원단은 활동 시작 때부터 의견을 받아들이는 임무이지, 내놓는 입장이 아니라고 주장해왔다. 회의에서도 어떤 방안이 있는지 파악하는 데 그칠 뿐, 어느 방안이 좋은지 토론하지는 않았다. 그렇게 해서 소련의 보이콧이라는 상황에 대응하는 방안으로 이남 단독선거와 남북협상이라는 두 가지 큰 주장이 파악되어 있었고, 절충안으로 아래와 같은 골자의 한 가지 방안이 제기된 것이 보도되었다.

1. 남조선만의 선거를 5월경까지 실시하여 국민의회 구성원 수 중 남조선 인구비에 해당할 의원 수를 구성하되 북조선 인구비에 해당할 의석수를 공석으로 둘 것.
2. 국민의회 구성원 수는 전 조선 약 200명으로 하고 인구비에 따라 남조선 대표수를 결정할 것.
3. 적당한 시기에 남북대표 간의 회담을 국내 또는 국외에서 실현하도록 알선하되 그 시기와 장소는 대체로 유엔 차기총회의 그것과 일치함이 편의할 것.

(「북조선 의석수를 남기고 남조선 대의원 선거」, 『서울신문』 1948년 2월 13일)

1948. 2. 18.

건국에 앞서간 이북, 분단건국을 향해서?

———

2월 14일 서울을 떠난 조선위원단의 메논 의장과 후스쩌 사무국장은 16일 뉴욕에 도착했다. 그런데 그의 도착 소식에 뜻밖의 이야기 하나가 얹혀서 전해졌다. 이북에 단독정부가 세워졌다는 소식을 메논이 들었다고 하는 것이다.

〔뉴욕 18일 발 UP 조선〕 국련조선위원단 의장 인도대표 K. P. S. 메논 씨와 동 위원단 사무총장 후스쩌 박사는 16일 조선에서 당지에 도착하였는데 메논 씨는 조선 사정에 관하여 다음과 같이 말하였다. "나는 19일에 국련에 대하여 총회의 조선독립결의안 실시에 있어 봉착한 난관에 관하여 보고할 것이다. 북조선에 소련의 괴뢰정부가 수립되었다는 보도는 놀라운 것이다. 조선인은 그들이 수백 년에 걸쳐 통일되어 있으며 통일을 유지하기를 열망하고 있다. 만약 이상 보도가 사실이라면 이는 우리가 회피하기를 절망(切望)하는 바의 협정 위반이다. 미·소 양군의 당초의 점령목적은 일본 군대를 철퇴시키는 것이었다. 여차한 괴뢰정부는 우리가 조선독립을 위하여 행하고 있는 노력에 중대 타격이 되는 것이다. 조선인에게는 여차한 정부를 전복시킬 힘이 없으며 이는 실력문제이다. 나는 북조선을 방문할 수 없

었다. 나는 국련에 대하여 조선의 현하 정치상태를 보고할 터이다."

(「조선인은 통일 달성 열망. 북조선 괴뢰정권은 독립에 타격-뉴욕에서 메논 씨 담」,

『경향신문』 1948년 2월 19일)

이북의 국가 수립 소식을 메논이 "조선에 있는 미국 관리의 한 사람"으로부터 들었다고 전한 기사도 있다(『조선일보』 1948년 2월 18일). 그 관리란 아마 하지 사령관의 정치고문 제이콥스(Joseph E. Jacobs)였을 것 같다. 1947년 6월에 사령관 고문 겸 미소공위 대표로 조선에 온 제이콥스는 1947년 11월 중순부터 워싱턴에 가 있다가 1월 하순에 서울에 돌아왔는데 이제 또 메논, 후스쩌와 같은 비행기로 뉴욕에 갔다. 미군정에서 유엔 대책에 관한 중요한 책임을 가진 인물이었는데, 메논은 비행기에서 그로부터 이북 소식을 들은 모양이다.

〔주 서울 AP 특파원 로버츠 씨 18일 제공 합동〕 평양으로부터의 방송에 의하면 북조선에서 기초하고 있다는 '민주조선인민공화국' 헌법의 내용은 대략 여좌한 것이라 한다.

1. 내각구성: 수상 1명, 수상대리 1명, 국가기획위원회 위원장 1명, 기타 17명의 국무상.

2. 도·군·시·면·촌 등은 선출된 인민위원회가 이를 통치함.

3. 대심원(大審院)은 인민회의가 선정함. 지방법원은 인민위원회가 선정함.

4. 국가문장: '민주주의조선인민공화국'이란 문자와 벼이삭과 철공업을 상징하는 도안에다 적성(赤星) 및 해머, 낫의 도안을 가함.

5. 기타: 농업 및 모든 중요산업을 국관(國管)하에 두는 것을 규정하고 있다.

(「각원(閣員) 20명. 국기는 소련식 모방, 북조선인민공화국 구성내각」, 『경향신문』

1948년 2월 19일)

하루 전 『경향신문』에도 로버츠 특파원이 제공한 기사가 실려 있었다. 그 기사에는 "자기 명의로 발표하지 않을 것을 전제"로 한 미군 당국 모 고급관변의 발언을 인용, "헌법, 군대, 국기 등을 갖춘 소련 괴뢰 정권"이 수립되었다고 주장했다. "북조선 수립은 유엔조선위원단이 소총회에 업무를 보고하고 신지령을 받으려는 것과 때를 같이하고 있다."는 말도 인용되어 있고, 아래와 같은 김일성의 평양방송 연설 내용도 소개되어 있다.

민주주의인민공화국을 수립할 헌법은 북조선인민회의에 제출되었다. 이는 3월 중순경에야 최종적으로 가결될 것이다. 그리고 북조선 인민군의 수립 목적은 결코 일부 반동층이 악의적으로 선전하고 있는 바와 같은 내란을 전개하려는 것이 아니다. 인민군은 민족을 분할하고 살육시키려는 일부 반동층의 책동에 기선을 제하려 하는 것이다. 헌법 초안은 인민회의에서 4차 회의를 통과한 것이다. 그러나 인민의 토의를 거친 후에 3월 중순경 특별회의에서 최종적 가결을 보게 될 것이다. 그리고 금반 우리가 수립할 신 정권은 타일 전 조선을 포섭하게 될 것이며 서울이 수도가 될 것이다. 통일 달성까지는 평양에 본부를 두게 될 것이다.

(「북조선인민공화국수립 3월 중순경 신헌법 발포」, 『경향신문』 1948년 2월 19일)

이북에서 헌법 제정 작업은 1947년 11월부터 공개적으로 진행되어 온 것이다. 이제 한 차례 초안이 마련된 것을 갖고 국가가 탄생한 것처

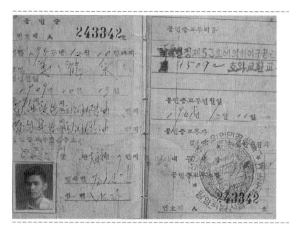

북한에서 1948년 발급된 공민증. 이북에 진주한 소련군은 이남의 미군과 달리 최대한 서둘러 행정을 인민위원회로 넘겼다.

럼 호들갑을 떠는 것이야말로 위에 인용한 것처럼 조선위원단의 소총회 보고에 때를 맞춘 선전활동일 것이다. 이북의 헌법 초안은 2월 9일 인민회의 제4차 회의에서 통과되어 이튿날 발표되었고, 최종 가결되는 것은 남북연석회의 뒤인 4월 말의 일이다.

노동당 간부 출신 박병엽의 회고에 따르면 이 헌법 초안은 소련식을 그대로 따르지 않고 조선 실정에 맞춘 측면이 컸던 것으로 보인다.

"소련에서 나온 사람들은 권력구조와 공민의 기본적 권리 의무 등에서 '소련헌법의 틀'을 고집하는 경향이 있었습니다. 소련에서 체험한 스탈린헌법을 염두에 둔 겁니다. 이에 반해 최용달, 유원식 등 국내파는 국내 실정을 중시했어요. 그러다 보니 논란이 뒤따른 것은 당연한 일이었지요.

소련파는 소련헌법 말고는 잘 몰랐던 게 사실입니다. 반면에 국내파는 공산주의자로서 소련헌법을 이미 접해본 것은 물론 일제 때 각국의 부르주아 헌법을 공부할 기회가 있었습니다. 때문에 여러모로 융

통성이 있었고 "현실에 맞는 헌법이 요구된다."고 주장했습니다.

최고 주권기관과 중앙 집행기관 등 권력구조에 대해서는 쉽사리 의견 접근을 볼 수 있었으나 토지 소유 제한 폭, 중소 상공업 허용 여부 등 헌법의 근본 원칙과 공민의 기본적 권리, 의무를 둘러싸고 논쟁을 벌였지요.

소련파는 소련에서의 부농 청산 경험을 예로 들며 "부르주아가 다시 등장할 소지를 애초부터 없애야 한다."는 주장을 폈습니다. 이들은 "농촌에는 부농, 도시에는 중소 상공업자를 그대로 둔 채 나라를 세운다면 결국 부르주아 공화국을 만들자는 게 아니냐."며 항변했어요. 그러나 국내파와 빨치산파들의 주장은 이들과 사뭇 달랐습니다. "소련은 부르주아를 청산하는 사회주의혁명 단계에 있지만 조선의 현실은 친일파 민족반역자를 숙정하고 봉건제도의 유습을 청산해 진정한 민주주의 제도를 정착시켜야 하는 단계"라는 게 국내파와 빨치산파의 논리였습니다."(『비록 조선민주주의인민공화국 하』, 300~301쪽)

조선인민군의 창설도 이 무렵 1948년 2월 8일의 일이었다. 이북에서는 헌법 제정도 군대 창설도 모두 '북조선' 단독건국을 위한 것이 아니라 '통일조선'을 위한 것이라고 주장했다. 형편 닿는 대로 건국의 준비를 하는 것이라고 했다.

군대는 몰라도 헌법 준비에 대해서는 이 주장에 일리가 있다. 이남의 입법의원은 선출과정에서 대표성에 문제가 있을 뿐 아니라, 당파적 입장에 얽매여 건국 준비를 제대로 못해온 문제가 있다. 보통선거법이라고 만들면서 선거 자격을 25세 이상으로 만들어놨다가 미군정 측에서 되돌려보내는 바람에 겨우 23세로 낮추는 꼴을 보라. 헌법 제정은 몰라도 초안 작성 정도는 어느 정도 대표성을 가진 북조선인민회의에

1948년 2월 8일 조선인민
군 창군 기념식. 단상 뒤
양쪽으로 태극기가 휘날
리고 있다. 이때까지 북한
에서도 태극기를 국기로
쓰고 있었다.

서 준비해준다면 고마운 일이다.

　명분에 일리가 전혀 없는 것은 아니라도, 이북의 건국 준비가 실제
로는 단독건국을 준비한 것으로 봐야 할 측면이 크다. 예컨대 1946년
3월의 토지개혁 같은 것을 보라. 시급한 과제이기 때문에 서두르지 않
을 수 없다는 주장은 옳다. 그러나 그런 이유로 서두른다면 방법과 기
준이 온건해야 했다. 민족통일국가가 성립된 후에 합의에 따라 제2차
토지개혁을 시행할 여지를 남겨놔야 했다. 최대한 과격하고 급진적인
개혁을 즉각 시행한 것은 통일건국에 대한 배려가 없었던 일이다.

　박명림은 이북의 단독건국 작업이 이남보다 앞서 진행되었다는 견
해를 『한국전쟁의 발발과 기원 2』에서 이렇게 밝혔다.

　북한은 48년 1월 22일 소련대표의 선거 거부와 동시에 공식적인 정
부 수립작업에 착수하였다. 최초의 단계는 가장 중요한 헌법에 관한
토론이었는데 이는 1948년 2월 북조선인민회의 제4차 회의 때부터
본격화되었다. 헌법에 관한 논의가 의미하는 바는 1월에 유엔한위가

들어오자 곧 헌법 작성에 착수하였다는 소리였다. 정부 수립을 위한 선거의 실시는 늦었지만 헌법 작성의 시작은 남한보다도 훨씬 더 일렀던 것이다. 그러나 북한의 헌법 제정에 관한 문제는 일찍이 47년 11월에 소집된 북조선인민회의 제3차 회의 때부터 제기되었었다. 이 시점은 유엔에서 미국의 주장이 통과된 직후였다. 이후 48년 9월까지의 기간은 남한이 먼저 정부를 수립하게 만들어 비난의 근거를 확보하겠다는 기다림의 기간이었던 것이다. 그 가장 큰 이유는 이미 국가를 수립해놓은 상태에서 서두를 것이 없었다는 현실적 이유와, 단정으로 먼저 갔다는 대남 공격의 명분을 쌓기 위해서였다. (박명림, 『한국전쟁의 발발과 기원 2』, 나남출판 2003, 325~326쪽)

통일건국을 위한 것이든 분단건국을 위한 것이든 건국 준비가 이북에서 더 잘 진행되어온 것은 분명한 사실이다. 당연한 일이기도 하다. 이남에서 미군정이 총독부의 통치 기능을 그대로 물려받아 국가 기능을 독점하고 있는 동안 소련군은 진주 직후부터 점령군의 역할을 최소화하며 인민위원회의 역할을 키워줬다.

1946년 2월에 수립된 북조선임시인민위원회는 이남의 미군정에 상응하는 과도행정부 역할을 수행했고, 1년 후 선거를 통해 조직된 북조선인민위원회는 과도정부의 위상을 제대로 갖춘 것이었다. 명목상의 부서장만 조선인으로 앉힌 '남조선과도정부'나 선출에도 대표성이 없고 입법 권한도 제대로 갖지 못한 '남조선과도입법의원'과 차원이 다른 자치조직이었다.

북쪽에서 건국 준비에 앞서가고 있었던 것은 분명한 사실인데, 과연 그 목적이 명분대로 통일건국에 기여하는 데 있었던 것인지 분단건국의 속셈이 있었던 것인지는 그 뱃속에 들어가봐야 알 일이다. 아마 이

북조선인민위원회 주요 간부들의 기념촬영. 앞줄 정중앙에 김두봉과 김일성이 나란히 서 있다.

북 지도부 안에도 자기네 식을 관철할 수 없다면 분단건국이라도 불사한다는 패권주의 성향과 통일건국 명분을 진심으로 추구하는 민족주의 성향이 섞여 있지 않았을까? 그렇다면 이남 사정이 분단건국 쪽으로 쏠리는 데 따라 이북 지도부 안에서도 패권주의 성향이 힘을 더해 갈 것이 예상된다.

1948. 2. 20.

메논 의장, 보고연설까지는 좋았는데……

2월 19일 유엔소총회의 메논 연설 전문이 20일 조선위원단에서 공식 발표되었다. 『경향신문』 2월 21일자에는 그 내용이 제2면에서 제3면에 걸쳐 게재되었다. 그리고 제1면에는 그 요지를 정리한 기사가 실렸다.

[레이크석세스 20일 발 AP 합동] 유엔조선위원회 의장 K. P. S. 메논 씨는 19일 소총회 석상에서 조선 문제에 관하여 약 1시간 20분에 걸쳐 보고연설을 하였는데 그 요지는 대략 다음과 같다.

1. 북조선을 점령하고 있는 소련 측은 조선위원회와의 협조를 거부하고 동 위원회의 북조선 입경을 거절하였다. 따라서 유엔총회가 유엔조선위원회에 위임한 남북조선을 통한 총선거에 대한 사업을 수행할 수 없게 되었다.

2. 그러나 만약 유엔이 남북조선을 통일하는 데 실패한다면 조선은 폭발할 가능성이 있다. 조선 지도자들은 유엔에 최후적 희망을 가지고 있다고 말하고 있다. 여사한 조선 사태에 직면한 유엔조선위원은 다음의 3개안의 가능성을 제시한다. 즉,

(가) 조선위원은 그 사업을 추진시켜 미군이 점령하고 있는 남조선

에만 선거를 실시하고 남조선에 조선 전체를 위한 정부를 수립할 수도 있다. (남조선에는 전 조선 인구의 3분지 2가 거주하고 있다.)

(나) 조선위원은 남조선에 남조선을 위한 임시정부를 수립하기 위하여 남조선 선거를 실시할 수도 있다.

(다) 또 조선위원은 남북조선을 통일할 다른 가능성도 강구할 수 있다.

3. 그러나 유엔조선위원은 아직 어떠한 방책을 취할 것인가에 관하여 특별한 건의안을 작성하는 데 합의를 보지 못하고 소총회로부터의 지시를 기다리고 있는 것이다.

그리고 유엔조선위원 중에는 전술 3개 가능안 중 제2안을 지지하는 편이 다수이고 이 안이 남북 양 지대를 통일하는 공정한 방책이며 이 안이 양 지대의 통일이라는 목적 도달을 방해하지 않을 것이라고 생각하고 있다. 그러나 조선위원이 남조선 단독선거를 실시하여야 할 것인가에 관하여 유엔위원 중에는 의심하는 파도 있다. 이러한 위원들은 북조선에 강력한 군대가 있다는 것을 생각하여 남조선 단독선거가 일층 곤란한 사태를 유치할 것이라고 확신하고 있다.

4. 한편 유엔조선위원이 입수한 정보에 의하면 남조선에서 시민의 제 자유의 제한 또는 박탈에 관한 많은 증거가 있다. 그러나 선거는 자유스러운 환경에서 수행될 수 있다. 따라서 남조선에서는 시민의 자유 제한에 관하여 수정하여야 한다. 그러나 나는 남조선 미군 당국 및 과도정부가 자유선거를 확보하는 가능한 모든 수단을 취할 준비가 되어 있다고 말하고 또 실제에 있어서 여사한 효과를 위한 예비적 지시가 발표된 것이다.

그리고 우크라이나를 위시한 소련 위성국은 소총회를 보이콧하고 이에 불참하였다.

(「남조선 총선거 등 3 구체안을 제시-19일 소총회에서 메논 씨 실정 보고」, 『경향신문』 1948년 2월 21일)

전문은 너무 길기 때문에 모두 옮겨놓지 않는다. 『경향신문』에는 열 개의 단락으로 구분해서 게재했는데 그 제목만 소개한다.

1. 「조선은 유구무결(悠久無缺)한 독립국-기미년 비폭력으로 세계에 수범(垂範)」
2. 「독립할 자격 충분-38선으로 일제 때 같다」
3. 「유엔이 조선인의 최후 희망-남부 총선거 등 3개 대안을 결정」
4. 「이승만 박사는 위대한 애국자」
5. 「고위대표 3파로-총신서 무상 3, 반대 3, 중립 3」
6. 「자유 분위기라면 총선거 실시 추진」
7. 「북조선 정세론 위원단은 무력」
8. 「좌익 총파업으로 우리 위원단 배격」
9. 「남북회담은 기대난(期待難)」
10. 「조선의 운명은 소총회서 좌우-위원단은 공수(空手)로 안 돌아간다」

전체적으로 정확하고 공정한 내용으로 이뤄진 연설이었다. 김구도 "국제호텔에서 회담하였을 때에도 그들의 조선 자주독립에 대한 호의에는 감격하였던 것이다. 오늘 발표문을 보니 나는 어느 하나라도 반대할 것을 발견치 못하겠고 전폭적인 동감을 가질 뿐"이라 논평한 것으로 보도되었다(『서울신문』 1948년 2월 22일). 그런데 옥에 티랄까, 전체적 논지에도 맞지 않으면서 편향된 내용이 있다. 이승만을 추어올린 제4단락이다.

몇 수일 전(1948년 1월 30일) 모윤숙과 낙랑클럽 이야기를 한 일이 있다. 너무 더러운 이야기라서 이에 관한 서술 중에는 지나치게 격앙된 것이 많다. 비교적 차분하게 사실을 밝힌 서술을 최영희의 『격동의 해방 3년』에서 찾았다.

「2월 26일」

유엔소총회에서 유엔위원의 제1안인 가능지역 총선안이 가결됐다. 유엔위원에서 소총회 보고안이 작성되고 있을 때부터 이승만은 아주 초조했다. 그것은 총선거가 실시되지 않을지 모른다는 불안보다는 김규식을 크게 의식한 때문이었다. 미군정은 김규식을 초대대통령으로 밀 방침이었으며, 유엔한위 각국 대표들도 그에게 큰 비중을 두고 접촉하고 있었다. 메논 의장도 남한단독정부안을 꺼리고 인도의 중립노선과 관련 김규식의 남북통일을 추구하는 중간노선에 관심을 모았다.

유엔총회에 참석게 되는 메논의 향배는 사실상 이승만의 정치적 생명과 직결된다고 할 수 있었다. 이승만을 지지하는 조병옥-장택상 등은 여류시인 모윤숙을 메논에 접근시켜 그를 이승만 지지 쪽으로 기울도록 심혈을 기울였다. 메논은 유엔에 향발하기 전에 참고자료로 한국정치 지도자에게 각자 자기를 지지하는 60명의 연명서를 제출토록 했다. 이승만의 지지 연명서는 비서 이기붕이 분실, 메논의 출발 전날 밤에야 조병옥-윤치영 등이 급조했지만 전할 방도가 없었다. 결국 이날 밤 이승만은 모윤숙에게 전화를 걸어 "오늘 밤이 우리나라가 망하느냐 흥하느냐 하는 운명이 결정되는 날이니 어떻게 해서든지 메논을 데려오라."고 떨리는 목소리로 당부했다. 이에 모윤숙은 드라이브를 빙자, 메논을 이화장으로 안내, 이승만과 만나게 하고 프란체스카가 전해주는 연명서를 귀로에 메논에게 전하였다. 메논이 유엔 총회로 떠난 후에도 이승만은 모윤숙의 이름으로 남한독립정부 수립을 호소하는 서신을 띄웠다. 메논은 유엔 소총회에서 "이승만 박사라는 이름은 남한에서 마술적 위력을 가진 이름이다. 네루가 인도의 국민지도자인 것과 같은 의미에서 그는 한국의 국민적 지도자가 될 것이다. 이 박사는 한국의 영구적 분할을 옹호하기에는 너무도 위대한 애국자"라고 이승만을 극구 찬양하였다.

(…) 이 결의는 미국의 제의로 32 대 2, 기권 11로 통과되었다. 공산권이 기권했고, 유엔한위에 대표를 파견한 캐나다와 오스트레일리아가 부표를 던졌다. 인도는 찬표를 던졌는데 부표가 예상되던 인도의 태도 돌변은 많은 의혹을 샀다. 인도정부와 메논 간의 견해 차이가 있었다는 말이 나돌았다. 메논은 그의 자서전에서 "이것이 나의 업무에 있어 감정이 이성을 지배한 유일한 기회였다."고 유엔 활동에 모윤숙을 크게 의식했음을 고백했다. (최영희, 『격동의 해방 3년』, 한림대 아시아문화연구소 1996, 449~451쪽)

맨 앞에 인용한 『경향신문』의 메논 연설 요약 기사 중 밑줄 친 '3개 안'이 소총회의 선택 대상으로 제시된 것이다. 그런데 요약된 내용만으로 각 제안의 성격을 정확히 이해하기 힘들다. 연설 전문 중 이 3개 안을 내놓은 제3단락 내용을 옮겨놓는다.

우리는 우리에게 열린 여러 가지 대안을 고려하였으나 그중 한 가지도 전 대표를 모두 만족시킬 것이 못 되었으므로 우리는 권고와 지시를 받기 위하여 소총회에 조회할 것을 결정하였다. 우리에게 허용된 대안은 무엇인가?

첫째로 결의 제2조 내용을 남조선에서만 추진하는 것인데 그것은 말하자면 필연적으로 남조선에만 국한되는 선거를 감시하여 남조선에 조선독립정부로서 인정되는 정부 수립을 촉진하는 것이다.

둘째의 대안이라는 것은 결의 제1조에 표시된 목적 즉 인민의 대표를 선출하여 그와 함께 협의한다는 국한된 목적으로 선거를 감시하는 것이다.

제3의 대안이라는 것은 제2분과위원회 협의 중에 제시된 안인데 조선 국가 독립 달성의 다른 가능성 즉 남북조선 지도자의 회합 같은 것을 탐구 또는 적어도 생각해보는 것이다.

그리고 끝으로 또 한 다른 안이 있었는데 그것은 현 사정에 있어서 우리의 사명을 달성할 수 없다는 것을 표시하고 우리가 위임받은 사무를 총회에 돌리자는 것이다. 위원단은 이 최후안을 삭제하는 점에는 의견이 일치하였다.

조선 독립이 그 한 목적이었던 전쟁이 끝난 이래 2년이 지났건만 조선은 아직 독립이 되지 못하였을 뿐만 아니라 분단되고 있다. 일본 정권 아래 가지고 있었던 또는 참고 있었던 행정적 통일 그나마도 지금은 없어져버렸다. 각계각층 조선인들은 유엔이 그들의 최후의 희망이라고 하면서 우리에게 접촉하여왔다. 만일 이 최후의 희망이 역시 소멸된다면 조선은 폭발할 것이며 그것은 아세아와 전 세계의 큰 충격의 시초가 될 것이다.

메논은 조선위원단 내에서 제2안이 제일 많은 지지를 받고 있다고 했다. 요약 기사에서 "남조선을 위한 임시정부"라는 말 때문에 이것도 분단건국을 향한 것이 아닌가 오해할 수 있는데, "임시정부"란 말을 중시해야 한다. 남조선 인민을 임시로 대표하다가 통일정부 수립이 가능하게 되면 해소될 임시정부를 말한 것이다. 통일정부 수립의 길을 찾기 위해 유엔과 협의하는 것도 이 임시정부의 역할이 되는 것이다.

조선위원단 내의 토론 내용은 연설의 제5단락에 들어 있다.

> 만약 그렇다면 결의서 제2에 의하여 전국 선거를 거행하는 것은 불가능하며 적어도 결의서 제1에 의한 협의(協議)적 목적을 위한 남조선 선거를 거행함이 가능할 것이 아닌가? 이 문제는 유엔위원회에 의하여 그 전반에 긍하여 검토되었다. (⋯) 본 위원회는 결의서 제1에 의하여 협의의 목적을 위하여 남조선에서 선거를 실시하는 문제로 2분되었다. 3대표는 선거에 찬성이며 3대표는 반대이며 3대표는 태도를 분명히 하지 않았다.
> 만약 중간위원회(주: 소총회)가 총선거를 본 위원회 감시하에 실시할 것을 건의하는 경우에는 본 위원회는 여사한 총선거는 순전히 협의 목적만을 위한 것이라는 것, 결의서 제2에 규정된바 국민의회 및 중앙정부의 선구(先驅)가 될 것을 의미한 그러한 종류의 선거로서 해석되어서는 안 될 것이라는 것을 명백히 하지 않아서는 안 된다는 것을 주장할 것이다.

메논은 3개안을 소총회에 전달하면서 그중 제2안에 대한 지지 입장을 분명히 하고 있었던 것이다. 제1안, 즉 실제로 5·10선거를 통해 현실화되는 '가능지역 선거'를 통한 중앙정부 수립은 애초의 총회 결정에 어긋난다는 사실을 분명히 주장하고 있다. 그리고 남북협상을 통해 남북총선거를 실시한다는 제3안에 대해서도 확실한 전망이 없고 선거를 너무 미룰 수 없다는 이유로 반대하는 뜻이 분명하다. 선거를 조속히 실시하되 최종적 의미를 갖지 않게 한다는 절충안으로서의 제 2안이 메논 자신 외에도 위원 다수가 지지하는 것이라고 믿고 있었던 것으로 보인다.

결국 2월 26일 소총회에서는 미국이 제안한 가능지역 선거를 통한 중앙정부 수립 방침이 32 대 2, 기권 11로 가결되었다. 공산권은 기권했고, 반대는 캐나다와 오스트레일리아였다. 반대한 두 나라가 조선위원단 참여국이라는 사실이 눈길을 끈다. 미국 눈치를 적게 보는 나라이면서 위원단 활동을 통해 조선 실정을 가장 잘 파악한 나라들이 반대에 나섰다는 사실이 의미심장하다.

인도대표 메논의 미국 제안 찬성은 이 표결에서 가장 눈길을 끈 투표였다. 19일의 보고연설에서도 중앙정부 즉각 수립에 반대하는 입장이 분명했던 그가 일주일 사이에 태도를 바꾼 까닭이 무엇일까? 낙랑클럽이 뉴욕까지 원정 활동을 펼친 흔적이 없는데, 메논의 표변은 미국 측 로비 결과로 봐야 할 것 아닌가? 모윤숙의 매력을 과대평가할일이 아니다.

1948. 2. 22.

남조선과도입법의원의 '막장 드라마'

2월 19일 입법의원 제205차 본회의에서 격렬한 사태가 벌어졌다. 설립 후 14개월 만에 가장 격렬한 사태였던 것 같다.

> 19일 입의의 205차 본회의에서는 서상일 의원으로부터 우리나라의 총선거와 독립정부 수립을 돕기 위하여 내조한 유엔위원단을 맞이하고 있는 역사적 이 순간에 있어 민의의 대표기관인 입의로서 아무 태도를 표명치 아니하였음은 유감이다. 그러므로 "유엔위원단은 우선 가능한 지역만의 총선거 실시를 감시하고 법적 자주독립 통일정부 수립을 협조할 귀 위원단의 신속한 임무 완수를 간청함"이라는 주문의 결의를 요구하는 신익희, 서상일, 김도연, 김법린, 백관수 각 의원 이하 43명의 연서로 된 긴급동의안을 계출하는 동시에 설명을 하자, 장내는 긴장한 가운데에 엄우룡 의원으로부터 "이것은 너무 중대한 문제이니 검토할 시간을 주기 위하여 금일은 보고형식에만 그치자."고 하였으나 서 의원으로부터 "시급한 문제인 만큼 본 회의에서 단호하게 결의 통과할 것을 요망한다."고 주장, 이에 대하여 김학배 의원은 흥분된 어조로 "유엔조위는 아직까지 남한만의 선거 운운은 말하지 않는데 우리가 먼저 남한만의 선거를 주장함은 도저히

용인할 수 없는 일이며 이러한 불순한 안은 더러워서 상대치 못하겠다."고 모욕적 언사를 던지고 퇴장하자, 저놈을 빨리 잡으라는 등 장내는 아연 소란하여지며 일시 혼란 무질서상태에 빠졌었으나 얼마후 진정됨을 기다려 신기언, 박건웅 의원으로부터 "유엔의 목적은 남북통일 총선거에 있는 것인데 가능한 지역만의 선거는 무엇이며 남에서 이렇게 한다면 북에서도 이와 같은 조치를 할 것이 아닌가. 여하간 이 안은 질문 토의의 가치가 안 된다."고 공박하자, 서 의원으로부터 "소련이 거부한 이상 가능한 지역만이라도 유엔은 선거를 할 권한이 있다."는 등 맹렬한 논전이 있은 후, 여운홍 의원으로부터 이 안을 검토할 시간을 가지기 위하여 휴회하기를 동의하였으나, 성립되지 않고 서우석 의원으로부터 계속 토의하자고 응수 동의를 하는 등 또다시 장내는 혼란상태에 빠지게 되었으므로 윤기섭 의장대리는 이 안 토의는 다음 회의로 미룬다고 한 후 4시 반경 휴회를 선언하였다.

원래 본 결의안은 법안이 아닌 이상 재적위원 과반수의 출석으로 과반수 찬성이 있다면 결의안이 성립되는 것으로 현재 재적의원 86명 중 과반수인 신익희 의원 이하 43의원의 연서로써 제출된 이상 본회의에 상정 토의하는 것은 형식에 불과하다고 할 것이다. 그러나 한편 의원의 결의로써 본안이 성립될 때에는 반대 제 의원은 총사직까지도 각오할 것이며 결국 입의의 존폐 문제까지 우려되는바 앞으로 의장의 직권으로서 회의소집을 중지하느냐 혹은 결의안을 통과함으로써 반대의원은 총사직하게 되느냐라는 본 결의안을 위요하고 입의는 또다시 기로의 운명에 서게 된바 20일의 본회의가 극히 주목되는 바이다.

(「단선협조 요청 동의로 입의 의장은 욕설로 수라장화(修羅場化)!」, 『조선일보』

애초의 민선의원 45인 중에는 한민당과 독촉 세력이 압도적이었고 관선의원 중에도 그에 동조하는 사람들이 꽤 있었기 때문에 입법의원에서는 이승만 노선 추종자가 과반수를 차지하고 있었다. 개원 초기에도 그 과반수를 이용해 반탁 결의안을 채택한 일이 있었는데 이제 총선거 결의안을 채택하려고 나선 것이다.

1946년 10월 전국적 소요사태 속에서 치러진 입법의원 선거는 자금력, 경찰력, 폭력을 독점한 극우반공세력의 독무대였다. 상황이 크게 바뀌지 않은 채 서둘러 총선거를 치른다면 전번 선거와 같은 결과를 얻을 것을 그 세력은 확신하고 있었다. 입법의원 구성 때 견제를 위해 준간파를 집중 투입했던 관선의원 세도도 이번에는 없을 것이므로, 이남 총선거를 통해 구성될 의회를 그들이 지배하게 될 것은 확실한 일이었다. 그래서 총선거 조기 실시에 입법의원의 이름을 걸고 나서려는 것이었다.

김규식이 20일 오전 하지 사령관 사무실을 방문한 것은 이 총선거 동의안 때문인 것으로 관측되었다. 19일 저녁 김구, 이승만과 함께 하지의 관저 경무대를 방문했는데(『동아일보』, 『경향신문』 1948년 2월 22일) 이튿날 아침 따로 다시 찾아갔기 때문이다.

> 20일 상오 10시 입의 의장 김규식은 반도호텔로 하지 중장을 방문하여 요담한 바 있었는데 탐문한 바에 의하면 김 박사는 동 회담에 있어서 19일 입법의원에서 민선의원을 중심으로 하는 43명의 연명으로서 제출된 긴급동의안에 대하여 절대반대의 의견을 표명하였다 하며 만일 동 안이 입의를 통과하는 때에는 자기는 즉시로 의장을 사임

과도입법의원 의장으로 미군정 측 인사와 면담하는 김규식. 식견이 넓고 영어에 능통한 김규식은 외국인과의 소통능력이 뛰어난 사람이었고, 실제로 미소공위 대표나 유엔 임시위원단 대표들은 그의 말에 귀를 기울였다. 하지 사령관 등 미군정 수뇌부가 그를 정치적으로 활용하려 하면서도 그의 주장을 포용하지 못한 것은 그들의 이해력 부족에만 이유가 있었던 것일까?

할 의사를 표명하였다 한다.

(「"선거 긴급 제안"은 반대, 김 박사 동 안 통과면 의장 사임?」, 『서울신문』
1948년 2월 24일)

  김구, 김규식, 이승만 3인을 가리키는 '3영수'란 말이 1947년 12월부터 부쩍 많이 쓰이고 있었다. 정치지도자로서 김규식의 위상이 크게 자라난 것이다. 최영희의 글에(『격동의 해방 3년』, 450쪽) "미군정은 김규식을 초대대통령으로 밀 방침이었으며, 유엔한위 각국 대표들도 그에게 큰 비중을 두고 접촉하고 있었다."란 대목이 있다. 1946년 여름 좌우합작 사업 지원을 시작하면서부터 미군정은 김규식의 역할을 중시했고, 단독건국 가능성이 떠오르는 데 따라 김규식이 미군정의 선택이라는 설이 파다하게 떠돌았다.
  미군정 전체는 몰라도 하지 사령관의 개인적 선택이 김규식이었을 것은 알 만하다. 하지는 김구와도 이승만과도 사이가 대단히 나빴기 때문이다. 김규식은 입법의원 의장을 맡으면서 입법의원의 독립적 위상을 확보하기 위해 미군정에 대해 강경한 입장을 취했는데 그 입장이 어느 정도 관철될 수 있었던 것은 하지의 각별한 지지 덕분이었을 것이다.

정용욱은『존 하지와 미군 점령통치 3년』에서 1947년 봄 미군정 수뇌부가 김규식을 '1인자'로 발탁하려 한 계획을 "기만적"이고 "그 자체가 모순에 가득 찬 것"으로 폄하하면서도 그 계획이 상당한 실체를 갖고 있었다는 사실을 밝혔다.

> 미군정이 '계획'을 실행에 옮기기 위해 막후 작업을 계속하고 있을 때에도 우익진영의 반탁소요 기도가 꼬리를 물었다. 또 입법의원에 시도 신익희 법안, 서상일 법안와 같이 한국인이 정권수립 문제에서 이니셔티브를 쥐려는 기도가 계속되었다. 이들은 입법의원에 각각 '행정조직법초안', '남조선과도약헌'이라는 법안을 제출하였다. 이 법안들은 입법의원을 통해 행정권 또는 입법·행정·사법의 권한을 한국인에게 넘기는 것을 목표로 하였다. 이와 같이 우익이 미군정의 통제 밖에서 정부를 수립하려는 기도를 계속하자 미군정은 이러한 기도를 제압하고 자신의 주도하에 과도정부 수립문제를 해결하기 위한 확고한 조치의 하나로 김규식을 '1인자'로 지명하는 방안을 검토하기 시작하였다. 미군정은 '계획'의 목표를 추구하기 위해서는 김규식의 위상을 제고할 수 있는 일련의 조치가 필요하다고 생각하였던 것이다.
> 이 계획을 처음 제안한 것은 러치 군정장관이었다. 러치는 제안 이유를 밝히면서 "우리 앞에는 세 가지 대안이 있다. 그중 하나만이 현재 우리의 목표와 일치한다. 신익희의 계획은 생각할 수 없다. 둘째는

한민당안(서상일 법안)이고, 셋째는 김규식을 대통령으로 하는 것이다. 셋째 계획을 실행에 옮기지 않는다면 우리는 입법의원이 행동에 옮기는 계획으로 우리의 계획을 교체해야 할 지경에 이를 것이고, 그 대안은 이승만이다."라고 적고 있다.

러치와 브라운은 3월 초순 당시 워싱턴에 소환되어 있던 하지에게 이 계획의 실행을 속히 승인해줄 것을 요청하였다. 하지도 이 계획을 원칙적으로 반대하지는 않았으나 그 실행을 자신의 귀임 때까지 미루어줄 것을 요청하였다. 러치는 3월 하순에 하지가 돌아오면 이 계획을 실행에 옮긴다는 전제하에 김규식에게 행정수반으로 취임해줄 것을 요청하는 서한의 초안까지 작성해놓았다. (…)

이 서한에 의하면 군정장관의 권한으로 김규식을 보통선거에 의해 대통령이 선출될 때까지 대통령 대리로 임명하고, 이렇게 지명된 행정 수반은 군정장관이 행사하는 권한을 대부분 행사하지만 군정장관과 주한 미군사령관에게 거부권이 부여되어 있었다. 러치는 김규식이 대통령직을 받아들인다면 안재홍을 부통령으로, 정일형을 민정장관으로 할 계획이었다. 그리고 그때가 되면 군정을 '남한과도정부'로 바꿀 수 있을 것이라는 희망을 표시했다. 미군정은 김규식의 대통령 취임을 과도정부 수립계획의 완결로 이해하였다. (정용욱, 『존 하지와 미군 점령통치 3년』, 중심 2003, 178~180쪽)

이 계획을 김규식이 거부한 것은 하지 사령관의 '임명'으로 미군정에 의존하는 조직의 대표를 맡을 경우 반탁세력의 집중공격 앞에 희생되고 말 것을 내다보았기 때문일 것이다. 민정장관을 맡은 안재홍이 바로 그런 상황에서 직무 수행에 어려움을 겪은 것을 보더라도 충분히 이해가 가는 걱정이다.

그 대신 김규식은 입법의원 운영에 전력을 기울였다. 선출·구성에 문제가 있는 조직이지만 명목상 민의 대변기관인 입법의원을 주어진 현실 속에서 최선을 다해 운영하는 것이 건국 준비를 위해 중요한 일로 여긴 것이다. 강만길·심지연의 『항일 독립투쟁과 좌우합작: 우사 김규식 생애와 사상 1』(한울 2000), 243~288쪽에 입법의원 개원 초기 김규식의 활동 내용이 서술되어 있는데, 정치인 김규식의 생각과 자세를 집약적으로 보여주는 서술이다.

김규식이 의장으로서 입법의원의 움직임에 가장 격렬하게 반대한 일은 1947년 1월 20일의 반탁 결의안 통과였다. 그의 비서로 있던 송남헌(宋南憲, 1914~2001)은 신탁통치에 대한 그의 입장을 이렇게 회고했다.

> 모스크바 3상 결정에 규정되어 있는 신탁통치 문제에 대해 내가 알기로는 처음에 김 박사는 반대하는 입장을 취했다. 제주도에 정부를 세우더라도 신탁통치를 받지 않는 정부를 수립해야 하며 이런 정부가 수립된다면 이를 중앙정부, 또는 합법정부라고 해야 한다는 생각이었다. 김 박사의 이러한 견해는 3상회의 결정의 전문이 공개되고 미소공동위원회가 열리면서, 3상 결정에 따라 정부를 수립하고 그 정부가 자주적으로 탁치문제를 결정하도록 한다는 것으로 바뀌게 된다.
>
> 3상 결정을 세밀하게 검토한 결과 김 박사는 3상 결정이 탁치의 실시를 목적으로 한 것이 아니라 기본적으로 한반도에 통일임시정부 수립을 후원하며 이 정부가 자립하도록 도와준다는 것으로 받아들인 것이다. 이는 1946년 1월 7일의 4당 공동 코뮈니케, 즉 3상 결정은 지지하나 탁치문제는 자주정신에 기초하여 결정한다는 것과 맥을 같

이하는 것이었다.

이와 같은 생각이었기 때문에 김 박사는 3상 결정에 따라 소집되는 미소공위에 협조하여 임시정부의 수립부터 서둘러야 한다고 주장했다. 이처럼 탁치문제는 수립된 정부가 자율적으로 판단하도록 하자고 강조한 김 박사는 반탁운동에 앞서 임시정부 수립문제를 앞세워야 한다는 원칙을 계속 견지했고 이것은 후일 좌우합작 7원칙에 그대로 반영되었다. (『송남헌 회고록』, 72~73쪽)

김규식은 과도한 반탁운동이 3상회의 결정에 입각한 통일임시정부 수립의 길을 가로막을 것을 걱정했고, 입법의원의 반탁 결의안 채택은 건국 준비의 사명에 위배되는 것이라고 보아서 반대했던 것이다. 그러나 그때 그는 잠시 칩거했을 뿐, 의장직을 사퇴하지는 않았다. 그 자신 신탁통치 반대의 근본적 취지에 반대하는 것은 아니었고, 입법의원이 아직 태동 단계였기 때문에 더 나은 운영의 길을 찾을 여지가 있다고 생각했을 것이다.

그런데 이제 입법의원에서 조기 총선거를 위한 결의안 채택 움직임 앞에서는 퇴진을 생각하지 않을 수 없었을 것이다. 조기 총선거 주장이 단독건국에 목적을 둔 것이라는 사실은 명백히 드러나 있었고, 입법의원의 활동도 마무리 단계에 와 있었으니까. 2월 20일 하지를 찾아간 것은 퇴진 의지를 알려주기 위해서였을 것이다.

조기 총선거 추진 결의안은 2월 23일 이상한 모습으로 입법의원에서 채택되었다.

입법의원에서는 지난 19일 서상일 의원 외 42의원이 연서로 제안한 남조선 총선거 실시를 요청하는 결의안 상정을 위요하고 관·민 양측이 대립되어 있다 함은 기보한 바이어니와 23일 개회된 206차 회의에서 의장 이하 주로 관선의원이 퇴장한 후 민선의원만으로써 동 안을 다소 수정한 후 가결하였다 한다.

즉 23일의 입법회의 경과는 김규식 의장 이하 66의원 출석하에 개회되어 처음에 의장은 비공식회의를 진행시키려 하였으나 여의치 못하여 이어서 김규식 의장은 "재적의원 3분지 2 이상 출석에 과반수 가결로 처리할 것"을 동의하였으나 이것도 부결되자 동 안에 책임을 질수 없다 하여 퇴장하자 동 씨에 따라 관선의원 23인이 퇴장하였는데 민선 측에서는 그대로 회의를 진행하여 백관수 씨를 임시의장으로 선출 재석의원 42명으로 별항과 같이 제안 주문을 수정 통과시키고 하오 6시경 산회하였다 한다.

그리고 동 결의문은 24일 딘 군정장관 및 유엔조위에 전달되었는데 관선 측 일부에서는 23일 회의 진행에 있어서 임시의장 선출은 재적의원 3분지 2 이상이 필요하다고 하여 동 회의를 위법이라고 주장하고 있으나 원법에는 이에 관한 의원수를 규정한 것이 없다고 한다.

주문: "유엔조선위원단은 위선 가능한 지역에서 총선거 실시를 감시하여 조선국민정부로서 승인을 얻도록 하여 국제적 협력하에 조선의 완전통일을 기할 것을 요청함."

한편 동 안이 통과되면 의장 김규식 씨는 사직하겠다는 것을 지난 20일 하지 중장에게 표명하였다고 전문되는바 앞으로 동 씨의 거취가 주목되는 터로 관선의원 측의 공동보조가 예상되어 바야흐로 입의는 존폐 기로에 봉착하게 되었는데 민선 측에서는 끝까지 강경한 태도로서 모 의원은 "이제 입의 해산 책임을 어느 편이 지는가 하는 문제

밖에 남지 않았다."고 말하였는데 미군정의 태도가 주목된다.

(「총선거 추진안 가결로 입의 존폐 기로에 봉착, 김 의장과 군정의 태도가 주목처」,

『경향신문』 1948년 2월 25일)

1948. 2. 25.

소련도 미국의 '조선 결의안' 통과를 도와줬다!

조선위원단은 소련의 북조선 입경 거부에 직면하자 "총선거를 통한 조선 국민정부 수립"이라는 사명을 제대로 달성할 수 없다는 판단을 내리고 소총회에 보고하여 활동방향에 대한 지침을 받기로 결정했다. 이에 따라 메논 의장이 2월 19일 소총회에 조선 상황을 보고하면서 조선위원단에서 고려한 세 가지 방안을 제시했다.

> (가) 조선위원은 그 사업을 추진시켜 미군이 점령하고 있는 남조선에만 선거를 실시하고 남조선에 조선 전체를 위한 정부를 수립할 수도 있다.
> (나) 조선위원은 남조선에 남조선을 위한 임시정부를 수립하기 위하여 남조선 선거를 실시할 수도 있다.
> (다) 조선위원은 남북조선을 통일할 다른 가능성도 강구할 수 있다.

지금까지 '분단건국'이란 말을 써왔는데, 그 의미를 엄밀하게 따져볼 필요가 있다. 위의 (가), (나)안을 비교한다면 (나)는 '분단건국'으로, (가)는 '단독건국'으로 표현하는 것이 정확하다고 할 수도 있다. (가)안은 남조선 선거만으로 조선 전체의 국가를 세운다는 것이고,

(나)안은 남조선 선거를 통해 남조선만의 정부를 세운다는 것이니까.

그런데 (나)안은 사실 '건국'까지 가지 않는다는 것이다. 이북에 세워져 있던 북조선인민위원회를 북조선 인민을 대표하는 북조선 임시정부로 보고 그에 상응하는 남조선 임시정부를 세워서 완전한 건국은 양쪽 임시정부가 주체가 되어 진행해나가도록 한다는 것이다. 유엔의 역할은 건국 작업의 기반조건을 만들어주는 데 그치고 진짜 건국은 조선인 손에 맡기는 결과가 될 것이었다.

한편 (가)안은 유엔의 손으로 조선 건국을 완성한다는 것이다. 조선 전체의 국가를 목표로 한다는 점에서 '분단건국'이 아니라고 그 지지자들은 주장하지만, 3분의 2 주민의 선거만으로 전체를 위한 국가를 만든다는 이념적 문제가 있었고, 그와 똑같은 논리로 이북에서도 조선 전체의 국가를 표방할 형편이 분명했다는 점에서 현실적 문제가 있었다. 이것이 진정한 '분단건국' 방안이었다.

메논은 보고연설에서 위원단의 다수 의견이 (나)안을 지지한다는 사실을 밝혔다. 그런데도 2월 25일 소총회에서 미국대표는 (가)안을 소총회 결의안으로 제안했다. 미국대표 제섭(Philip Caryl Jessup, 1897~1986)은 전날 회의 발언에서 제안 취지를 설명했는데, 그 요지를 서울 주재 미 국무성 대표 랭든(William Langdon)이 군정청 공보부를 통해 성명서로 발표했다. 성명서 전문이 2월 26~27일자 『경향신문』에 게재되었는데, 중요한 내용이 담긴 뒷부분만을 옮겨놓는다.

조선위원단은 그들을 원조하고 있는 점령 당국과 협의하여 선거법 및 그 세칙을 제정하며 적령자 선거권을 기초로 비밀투표에 의한 선거를 실시하기 위하여 투표지역 혹은 지대를 규정하고 선거일자를 결정하도록 그 조치를 강구하여야 할 것이다. 우리는 전 지역 혹은 지대에서 동시에 선거를 실시하는 것을 감시하기 위하여는 동 위원단의 인원수는 불충분하다는 것을 잘 알고 있으므로 동 위원단은 수 지역 혹은 지대에서 순차로 선거를 감시할 것 즉 조선의 남부 도로부터 실시하여 그 도가 완료되면 점차로 북쪽으로 이동 실시하도록 한다는 것을 발표하여야 할 것이다. 또 위원단은 총선거의 목적은 동 위원단이 조선국민의 자유 및 독립의 긴급 달성에 관하여 협의할 수 있는 대표자 즉 국민의회를 구성하여 조선중앙정부를 수립할 수 있는 대표자들을 선출하기 위함이라는 것을 즉시 발표하여야 할 것이다.

국련조선위원단은 그들이 발표한 계획에 따라 마땅히 총선거 감시의 업무를 추진시켜야 할 것이다. 우리는 동 위원단이 38선에 도착하여 그들의 중대한 사명인 남북조선 통일선거 감시를 이행함에 있어서 추호라도 저지되는 일이 없이 국련총회에서 부여된 정당한 권리를 당당히 행사하여 주기를 충심으로 바라는 바이다. 만약 불행히도 동 위원단이 소련 당국의 방해로 인하여 38이북지구의 총선거감시의 업무를 계속 추진시킬 수 없는 사태가 발생한다 할지라도 그 결과는 조선국민의 3분지 2 이상이 그의 해당한 조선 국민의회의 대표를 선출하게 될 것이다. 그렇게 되면 조선국민의 3분지 1은 동 의회에 그들의 대표를 참석시킬 기회를 상실하게 될 것이다. 또 조선국민은 물론 전 세계의 모든 국민은 이러한 기회를 그 누구가 거부하였는가를 알게 될 것이다.

그러나 조선 국민의회는 성립될 것이다. 좌석이 다 차지 않더라도 성립될 것이다. 그리고 동 의회는 그가 원한다면 국련총회의 결정에 명시된 바와 같이 조선 국민정부 수립에 관하여 동 위원과 협의할 수 있게 될 것이다. 우리는 또한 동 의회가 북조선의 인민들과 그들이 국민정부에 참여할 것을 협의하는 데 성공하기를 바라는 바이다. 이와 같이 국련총회 의결 중 나머지 조항을 실천하는 데 관하여 동 위원단과 협의할 수 있게 될 것이다. 결론적으로 간단히 말하면 미국의 입장으로서는 동 위원단이 소총회에 제출한 제1안을 시인 채택하여야 할 것이라는 것이다. 이러한 이유로 제2제안에 대하여는 답변할 필요가 없을 것이다. 우리는 소총회에 배부하여달라고 서기국에 대기한 결의안 중에 우리의 의견을 구체적으로 설명하였다. 미국에 관한 한 미국대표는 총회의 결의안의 제 조항을 이행함에 있어서 미국의 협력을 이에 서약하는 바이다.

여기서 "조선 국민의회(Korean National Parliament)"라 한 것이 전 조선인을 대표하는 정치기구로써 "조선 국민정부(Korean National Government)"를 세우는 주체로 제안되는 것이다. 요점은 '가능지역 선거'를 통해 통일국가를 만들겠다는 것이다.

그런데 이 설명에는 요점 외의 다른 내용이 들어 있다. 결의안 주문에는 들어가지도 않고 실제로 실행되지도 않을 내용이다. 선거를 한꺼번에 실시하는 것이 아니라 남쪽 끝에서 시작해 도 하나씩 차례로 선거를 실시하며 북쪽으로 올라오게 한다는 것이다.

왜 실행하지도 않을 이런 방법을 설명한 것일까? 각국 대표들이 메논의 보고에서 당연히 품게 되었을 의혹을 무마하기 위해서였다. 의혹은 두 가지였다. 남북을 포괄하는 진짜 '총선거'를 이렇게 쉽게 포기해도 되는 걸까? 조선인 사이의 큰 합의가 이뤄지지 않은 상태에서 유엔 위원단의 역량으로 '자유롭고 공정한 선거'가 과연 가능할까?

소총회는 이전 총회에서 1년간 설치를 결정한 기구였다. 안보리에서 다룰 안건들이 소련의 거부권 때문에 막히는 것을 피하기 위해 미국이 제안해서 만든 편법기구였고, 극히 제한된 기능만을 가진 기구였다. 총회와 안보리에서 위임한 안건만을 다룰 수 있었고 어떤 결정에든 출석회원 3분의 2 찬성이 필요했고, 가맹국에 대해 권고를 직접 행할 권한도 없었다. 지금 조선 문제를 다루고 있는 것도 1947년 11월 14일의 총회 결의안에서 조선위원단이 "필요한 일이 있을 경우 소총회와 협의할 것"을 규정해놓았기 때문이었다. 이처럼 제한된 기능의 임시기구로 만들지 않을 수 없었던 것은 총회에서 설득력을 갖기 위해서였다. 공산국가 아닌 나라라 해서 미국 주장을 무조건 지지해주는 것이 아니었기 때문이다.

미국 주장이라면 물불 가리지 않고 찬성하는 '괴뢰국가'들도 몇 있었다. 그러나 대다수 국가는 주체적 입장을 지키고 싶어했다. 그중 일부는 미국이 원조 등 정책수단을 통해 지지를 얻을 수 있었기 때문에 미국이 꼭 마음먹은 제안은 통과시킬 수 있었지만 비용이 들었다. 억지스러운 제안일수록 비용이 많이 드는 것은 당연한 일이었다.

1948년 2월 하순의 소총회에서 미국은 조선의 단독건국 방안을 꼭 관철시키고 싶었다. 그래서 2월 26일 회의에서 찬성 32, 반대 2, 기권 11이라는 결과를 얻어냈다. 당시 출석상황에서 미국 제안의 통과를 위해서는 30표의 찬성이 필요했다. 공산권 6개국이 참석했다면 34표의 찬성이 필요했을 것이다. 소총회 설치에 찬성한 나라들도 소련 주장처럼 소총회를 미국의 허수아비로 만들어준 것은 아니었다. 보이콧을 하지 않았다면 1948년 2월 26일의 조선 관계 결의안 같은 억지스러운 결의안의 통과는 막을 수 있었던 것이다.

앞서 밝힌 것처럼 반대한 나라는 캐나다와 오스트레일리아였다. 소련을 쉽게 편들어줄 나라들이 아니다. 기권한 나라는 아프가니스탄, 콜롬비아, 덴마크, 이집트, 이라크, 노르웨이, 파나마, 사우디아라비아, 스웨덴, 시리아 및 베네수엘라였다. 기권도 미국 제안의 통과를 가로막는 효과에 있어서는 반대와 마찬가지였다.(한 나라의 반대나 기권을 상쇄하기 위해서는 두 나라의 찬성이 필요하다.) 불출석은 소극적으로 도와주는 효과가 있는 것이었다. 2월 28일자 『동아일보』의 한 기사에서는 (「찬성과 기권국」) "이 나라들은 소련과의 인접한 나라이거나 그렇지 않으면 팔레스타인 분할안에 만족을 느끼지 아니하는 회교도가 많은 나라들"이란 해석을 붙이기도 했다.

같은 날 『동아일보』의 다른 기사(「정부 수립에 자유 협의-국의 권한의 각서」)에는 소총회에서 여러 나라 대표의 발언이 소개되어 있다. 찬성한 대표들 중에도 미국 제안을 흔쾌하게 받아들이지 못한 사람들이 많았다는 사실을 알아볼 수 있다.

> 인도대표이며 조위위원 의장인 메논 박사는 미국의 각서는 '유익한 지침'이라고는 보나 이는 위원단을 구속하는 것은 아니라고 말하였다. 메논 씨는 또한 조선으로부터 협의 목적을 위한 선거계획 이외의 여하한 계획도 국련이 고려치 않는 데 실망을 표명한 수십 통의 전보를 수취하였다고 발표하였다.
> 뉴질랜드대표 제임슨 손 씨는 미국안을 지지하여 다음과 같이 말하였다. "이에 대한 유일한 대안은 아무 행동도 취하지 않는 것인데 무위는 남조선에 악영향을 미칠 것이다. 조선인에게는 독립이 약속되었다. 국련은 그 자체의 헌장을 실시하는 데 단호한 태도를 취하여야 한다. 위원단에 대한 위탁사항이 총회에 의하여 변경되지 않는 한 위원단은 모든 가능한 수단에 의하여 그를 추진시켜야 할 것이다. 만약 방해가 계속된다면 위원단은 가능한 곳에서만 선거를 진행시킬 수밖에 없을 것이다."

파키스탄대표 마이스파하니 씨는 다음과 같이 말하였다. "미국안은 이상적이지도 완전하지도 않다. 그러나 적어도 이는 평화를 저해하거나 조선인 자신에 해를 끼칠 가능성이 가장 적은 것이다. 특별총회를 소집한다 하여도 이는 어느 파의 심경을 변화시킬 수 없는 것이다. 문제 처리를 더욱 지연시키고 조선 내 분열을 그동안 심화시킬 것이다. 이 총회는 모 국가의 방해를 예견하였던 것이며 위원단이 소련군의 방해에도 불구하고 최선을 다하여 업무를 진행시킬 것을 희망하였다."

오스트레일리아대표 레이프 하리 씨는 다음과 같이 말하였다. "필리핀대표 로물로는 25일 미국안이 모종 위험성을 띠운 것이라고 지적하였다. 이 위험성은 중대한 것이며 우리는 이를 무릅쓰고 나갈 권한이 없는 것이다. 나는 협의복적만을 위한 선거를 희망하는 바이며 중간에 있어 미·소 간 교섭재개를 요청하는 바이다."

오스트리아대표 호아킨 라라인 씨는 다음과 같이 말하였다. "오스트레일리아, 캐나다, 스칸디나비아 제국은 우리가 염려할 만한 제점(諸點)을 지적하였다. 그러나 여차한 우려는 행동을 방해하여서는 안 된다. 국련은 그가 특수한 정책을 갖고 있는 때에 체념상 침묵을 할 수 없다. 그는 지체없이 행동노선을 따라서 나아가야 한다. 나는 미국안에 찬성하는 바이다."

덴마크대표 워리엄 보르베르그 씨는 소련이 결석하고 있으므로 기권하겠다고 말하고,

스웨덴대표 군나르 학그로프 씨는 "신사태 발전이 화해에 의하여서만이 문제를 해결할 수 있다는 것을 실증하였으므로 미·소 교섭을 재개하거나 불연이면 5대국의 협의 또는 특별 국련총회 소집을 원한다."고 말하였다.

에쾨도르대표 호메로 비테리-라프론테 씨는 미국안을 지지하면서 이는 남북조선에 대립하는 정부를 출현시킬 위험이 있는데 만약 쌍방이 다 국련에 신청한다면 국련은 어느 정부를 승인할 것인가를 질의하였다.

이집트대표 마무드 베이 파우 씨는 위원단이 미국 결의안을 실시할 실력이 없으므로 기권하여야 한다고 말하였다.

캐나다대표 레스터 피어슨 씨는 선거가 불법이라고 경고하였으며,

레바논대표 카림 아쓰쿨 씨는 조선인만이 결정할 수 있는 문제 결정의 기회를 조선인에 주는 것이라 하여 미국안을 지지하였다.

우루과이대표 유레스크 로드리게스 씨는 선거 직전 및 후에 더욱 화해를 목적한 교섭을 추진시키라고 말하였다.

노르웨이대표 핀 모 씨는 미국안은 총회 계획을 이탈하는 것이며 이의 채택은 국제법을 위험하게 개혁하는 것이라고 경고하였다.

(「정부 수립에 자유 협의, 국의 권한의 각서」, 『동아일보』 1948년 2월 28일)

1948. 2. 27.

남북협상······ 여운형이 있었다면!

김구와 김규식이 보낸 편지가 어제오늘 사이에 김일성과 김두봉(金枓奉, 1889~1960)에게 전해졌을 것 같다. 김규식의 비서 송남헌은 그 편지 부치던 상황을 이렇게 회고했다.

> 1948년 2월 16일 나는 그녀[러시아어에 능통한 송남헌의 지인 고릴리]와 함께 왜성대로 갔다. 당시 남산 경성방송국 부근에 있는 일제 때의 총독부 관사촌을 사람들은 왜성대라고 불렀는데, 여기에 소련군들이 살고 있었기 때문이다. 우리가 갔을 무렵이 저녁때였는데, 마침 우리는 저녁식사 후 산보를 나온 소련군 장교들을 만날 수 있었다. 그녀는 유창한 소련어로 사정 이야기를 하며 북한에 편지를 보내줄 수 없겠느냐고 물었다. 그녀의 말을 들은 소련군은 하루 전에 평양으로 가는 기동차가 이미 출발하여 지금 당장은 안 되고 일주일 후인 2월 25일 기동차가 다시 출발할 때 반드시 보내주겠으며, 그렇게 보내면 3월 1일경에는 두 사람에게 편지가 전달될 것이라고 말해주었다.
> 우리는 두 종류의 편지를 주었다. 하나는 김일성, 김두봉에게 보내는 것이었고, 다른 하나는 당시 북한주둔 소련군 사령관인 코르토코프

장군에게 보내는 것이었다. 소련군 사령관에게 보낸 편지는 김일성, 김두봉에게 편지를 보내니 수고스럽지만 전달해달라는 의례적인 내용이었다. 남북의 정치인이 직접 만나 한반도 통일문제를 논의하도록 하자는 백범과 우사의 북으로 가는 편지는 이러한 방식으로 해서 북쪽에 전달되었다. (『송남헌 회고록』, 99쪽)

이 편지를 보낼 방침을 정한 것은 2월 4일의 민련 정치위원 상무집행위원 연석회의에서였다고 송남헌은 회고했다. 그 무렵 김구와 김규식은 유엔위원단 대표들과 자주 접촉해 남북협상의 필요성을 주장하고 있었으므로 편지를 보낼 계획도 알리고 있었을 것이다. 그러나 미군정이 편지 송달에 협조하지 않을 것을 의심했기 때문에 길거리에서 만난 소련군 장교에게 전달을 부탁했던 것이다. 미군정의 후원하에 정치활동을 펼쳐온 김규식 측에서 미군정의 태도에 이런 의심을 갖고 있었다는 사실이 주목할 만하다.

편지 송달을 유엔위원단에 맡기는 방안도 의논되었던 모양이다. 2월 6일 김구와 김규식이 위원단을 방문해 메논 의장, 후스쩌 사무국장, 잭슨 제2분과위원장과 만났을 때의 일이라고 한다.

김규식, 김구, 메논, 후스쩌, 잭슨 간의 회의에서는 북으로 발송하는 서한에 대하여 유엔위원단 캐나다대표로 하여금 주한 영국대사관에 의뢰하여 영국-소련-북한으로 이어지는 외교 루트를 통해 정식으로 전달되도록 할 것이 확약되었다. 위원단 측은 남북요인정치회담안을 위원단 회의에 정식으로 상정하여 머지않아 열릴 유엔 임시총회에 반영을 하겠으므로, 이 서한의 회신이 도착되는 대로 즉시 알려줄 것을 요청하였다. 메논은 임시총회 개회 중에 회신이 도착하더라도 즉

시 전문으로 알려줄 것을 당부하였다. (서중석, 『남·북협상-김규식의 길,
김구의 길, 우사 김규식 생애와 사상 2』, 한울 2000, 132쪽)

김구-김규식-민련 측은 2월 16일자 편지를 사사로운 것이라 하여
그 내용은 물론 발송 사실도 공표하지 않고 있었다. 몇 가지 측면에서
생각할 수 있는 일이다. 첫째, 편지를 주고받는 양측 사이에 공식적 관
계가 세워져 있지 않기 때문에 사신의 형태를 취하지 않을 수 없었다.
둘째, 남북협상 반대세력의 개입을 막기 위해서였다. 셋째, 받는 쪽에
서 불필요한 부담감을 갖지 않도록 하는 배려였다.

요컨대 없던 길을 새로 만드는 단계에서 될수록 조용히 일이 진행되
기를 바란 것이라고 볼 수 있다. 그리고 유엔위원단에 맡겨 공식 외교
루트를 통해 전달하는 공식 편지도 생각하고 있었는데 그쪽이 너무 시
간이 걸릴 것 같기 때문에 따로 편지를 보내면서 사신의 명목을 취한
것일 가능성도 있다.

비밀은 억측을 낳기 마련이다. 3월 7일자 『동아일보』에 악의적 기사
가 나타났다.

열화 같은 민중의 총선거 지지를 그대로 묵살하고 김구, 김규식 양
씨는 지난 2월 9일 유엔조위의 메논 의장에게 남북요인회담 알선을
탄원한 바 있었거니와 소식통이 전하는 바에 의하면 양 김 씨는 또다
시 북조선 스티코프 장군에게 김일성, 김두봉 양 씨와 함께 남조선에
내림하여 남북요인회담을 하여달라는 서한을 발송하였다는데 최
근에 북조선에서는 이를 거부하는 서한을 남조선 양 김 씨에게 전달
하였다고 한다.

(「양 김 씨 남북회담 요청 북조선서 거절 통고」, 『동아일보』 1948년 3월 7일)

김두봉(1889~1960)은 공산주의자가 아니었다. 1942년부터 중국공산당에 의지해 독립동맹 활동을 펼치면서도 가입하지 않고 있다가 해방 후 귀국을 앞두고서야 가입한 것은 '명예당원'의 의미로 이해된다. 북한 건국과정에서 그와 김일성의 협력은 '좌우합작'의 인민전선을 대표하는 것이었다.

그 이튿날 기자회견에서 김구는 편지 발송 사실을 시인했다. "편지는 보냈는데 아직 회답이 없다."고 대답한 것이다(『경향신문』 1948년 3월 9일). 그러나 편지 내용은 밝히지 않았다.

3월 25일 평양에서 남북협상을 공개적으로 제안하고 나오자 김구와 김규식은 3월 31일에 김일성, 김두봉으로부터 받은 편지와 함께 2월 16일자 편지의 요지를 공개했다. 김구는 김두봉 앞으로, 김규식은 김일성 앞으로 편지를 썼는데 형식은 달라도 내용은 같은 것이었다고 한다. 김규식은 편지의 요지를 이렇게 발표했다.

1. 우리 민족의 영원 분열과 완전 통일을 판가름하는 최후의 순간에 민족국가를 위하여 4, 50년간 분주치력(奔走致力)한 애국적 양심은 수수방관을 허하지 않는다는 것.
2. 아무리 외세의 제약을 받고 있는 우리의 현실일지라도 우리의 일은 우리가 하여야 할 것이라는 것.
3. 남북 정치지도자 간의 정치협상을 통하여 통일정부 수립과 새로운 민주국가의 건설에 관한 방안을 토의하자는 것.

4. 북쪽 여러 지도자께서도 가지실 줄 믿는 데서 위선 남쪽에 있어서 남북정치협상을 찬성하는 애국정당대표회의를 소집하여 대표를 선출하려 한다는 것. (『남·북협상-김규식의 길, 김구의 길, 우사 김규식 생애와 사상 2』, 135~136쪽)

강신주는 『벽초 홍명희 연구』에서 2월 16일자 편지를 보내는 데 홍명희의 역할도 있었음을 밝혔다. 남북협상 추진의 지지 기반이 남북을 통해 다각적으로 형성되고 있었다는 사실을 알아볼 수 있다.

이처럼 김구-김규식과 같은 거물급 정치지도자들이 남북요인회담을 추진하게 된 이면에는 홍명희의 역할이 중요하게 작용했던 것으로 추측된다. 그리고 일련의 증언에 의하면 홍명희는 남북회담을 성사시키기 위해 북의 지도자들과 직간접적인 교섭을 누차 가졌다고 한다. 1947년 12월 김일성은 남한에서 활동 중이던 북조선노동당 정치공작원 성시백을 불러들여 남북합작의 중요성을 강조했으며, 이에 따라 성시백은 홍명희를 만나 협의하는 한편 김구-김규식의 측근 인물들과도 연계를 시도했다는 것이다.

또한 민주독립당 서무책임위원으로 홍명희의 측근이던 유석현에 의하면, 1948년 2월경 비밀리에 남하한 백남운이 홍명희를 만나 남북협상을 통해 통일정부를 수립하도록 하자고 제의했다고 한다. 홍명희는 이러한 제의에 동조하여 김규식에게 연락을 취했으며, 김규식은 김일성-김두봉에게 남북요인회담을 제안하는 서한을 공동 명의로 보내는 데 대한 김구의 동의를 얻어냈다는 것이다.

김구-김규식의 서한을 받은 뒤 북조선노동당 측은 대남연락부장 임해를 서울에 급파하여 홍명희 등과 접촉하고 김구-김규식의 측근인물과도 만나 남북요인회담을 제안한 진의와 배경을 타진하게 했다고 한다. 귀환 후 임해는 김구—김규식의 남북회담 제의는 그들의 애국적 결단에 따른 것이며, 거기에는 민족자주연맹의 홍명희와 박건웅—권태양 등의 노력이 적지아니 작용한 것으로 보고했다고 전해진다. (강신주, 『벽초 홍명희 연구』, 창작과비평사 1999, 503쪽)

김구와 김규식의 연합 제의에 대해 이북 지도부는 그 '진의와 배경'을 따져볼 필요가 있었다고 한다. 두 가지 이유가 있었던 것 같다. 한 가지는 반공·반탁에 앞장서서 최근까지 이승만 노선을 지지하던 김구의 진의를 믿을 수 있느냐는 것이고, 또 한 가지는 이남 중간파를 무시해도 된다는 남로당 측 주장을 검증할 필요였다.

2월 8일자 일기에서 남로당의 '2·7구국투쟁'을 설명할 때 『비록 조선민주주의인민공화국 하』에 수록된 노동당 간부 출신 박병엽의 증언을 소개했다. 1947년 12월 초와 1948년 1월 말의 남북노동당연석회의에서 박헌영과 이승엽(李承燁, 1905~1953)이 "남로당의 힘이 강하기 때문에 유엔한국위원회의 활동을 파탄시킬 수 있다.", "남한에서의 단정 반대 세력과의 연합은 현 단계에서는 필요 없다."고 주장했다는 것이다. 같은 책 326~327쪽에는 남북협상 제의 서한을 둘러싼 북로당의 논의 내용에 대한 박병엽의 증언이 실려 있다.

김구—김규식의 남북협상 제의 서한은 외교경로와 소련군 대표부를 통해 북한에 공식적으로 전달됐습니다. 그러나 북로당은 민련의 2월 4일 결의, 김구의 성명, 심지어 김구—김규식의 편지내용까지 미리 입수했어요.

서울에서 활동하고 있는 정치공작원 성시백이 민련과 한독당에 끈을 대고 있었기 때문에 이들의 동향은 북로당 중앙에 무전으로 즉각 타전됐습니다. (…)

북로당은 2월 18~20일 이례적으로 사흘간 남측의 협상 제의에 대해 집중적으로 논의했습니다. 지도부의 관심은 민련이 대북 서한을 띄우기로 한 결정이 빨리 나온 배경이 무엇이냐에 쏠렸습니다.

허가이 등 소련파는 김규식의 협상 제의를 당시 고조되고 있던 남북 협상 움직임을 깨려는 미군정의 '입김'이라고 주장했어요. 이들은 그 근거로 "미군정 사령관 하지의 정치고문들이 뻔질나게 김규식의 사무실을 들랑거렸다."는 점을 강조했습니다. 이에 맞서 김두봉-최창익 등 연안파는 "미국의 작용을 무시할 수는 없겠으나 김구-김규식의 애국적 결단이라는 측면도 중요하게 봐야 한다."고 주장했지요. 심일성-심책 능 빨찌산파도 연안파를 지지하는 입장을 폈습니다. 갑론을박을 계속한 결과 대세는 김구-김규식의 제의에 호응하자는 쪽으로 기울어졌지만 마지막 날까지도 결론을 내지 못했어요. (…)

[2월 22일 서울에 파견되었던] 임해는 귀환 직후 2월 24일부터 재개된 정치위원회 확대회의에서 서울 사정에 대해 간략히 보고를 했습니다. 그는 김구-김규식의 남북협상 제의는 그들의 애국적 결단이라는 점을 분명히 했어요. 그리고 여기에는 민련의 홍명희-박건웅-권태양 등의 노력이 적지 않게 작용했다고 덧붙였습니다.

임해의 보고가 끝난 다음 날 김일성은 남한 우익 지도자들의 애국주의를 높이 평가하고 환영함으로써 이들과 연합할 수 있는 토대를 만들어야 한다고 지적했습니다.

여운형이 비워놓은 자리로 다시 눈이 간다. 왜 이제야 남북협상인가? 유엔위원단이 들어와 있어야 남북협상이 필요한 것이고 가능한

여운형. 해방된 민족의 나아갈 길을 가장 넓게 열고자 했던 그의 뜻이 갈수록 각광을 받고 있다.

것인가? 여운형은 좌우합작의 궁극적 목표를 남북합작에 두고, 북로당 지도부와의 대화를 이어가기 위해 환갑의 몸을 끌고 38선을 십여 차례나 넘어다녔다. 좌우합작의 쌍두마차로 여운형과 함께 김규식을 일컫지만, 좌우합작의 연장선 위에서 남북합작을 추진할 인물은 단연 여운형이었다.

"김구 선생, 또 바꾸진 않겠죠?"

김기협 | 1월 1일자 『경향신문』의 각계 인사 신년사 중 선생님 글은 이렇게 끝맺은 것이었죠.

"(…) 우리는 중대한 국제적 난국에 맞닥뜨리어서 민족적으로 새로운 일내설심을 요한다. 일제시대에 있어서 일본만 넘어지면 저절로 잘 살 수 있는 줄로 그리고 있던 꿈같은 세상은 완전히 깨어져 버렸으니 우호국의 원조를 받으면서도 자력건설의 길을 걸어 나아가지 아니하면 사망이 우리를 기다리고 있다."

지난달 만났을 때 지금의 난국에서 외부문제와 내부문제, 어느 쪽을 더 크게 보는가 여쭈었는데, 선생님은 내부문제에 중점을 두었습니다. 그런데 이 신년사에서는 "중대한 국제적 난국"을 앞세웠습니다. 그 선후경중(先後輕重)을 좀 더 설명해주시지요.

안재홍 | 난국의 직접 원인은 외부문제에 있습니다. 일본 군국주의의 몰락은 전쟁 패배 이전에 그 자체의 모순으로 인한 필연이었습니다. 그런데 일본의 퇴각이 우리 민족의 힘에 의한 것이 아니고 연합국의 승전 덕분이었으므로 일본을 대신해 연합국의 힘이 우리 민족

의 진로를 어느 정도 좌우하게 된 것은 지금 단계에서 어쩔 수 없는 일입니다.

우리 힘이 충분하지 못해서 연합국에 의지하지 않을 수 없게 되었지만, 일본인에게 억눌려 있던 시절에 비하면 우리 힘을 잘 키워나갈 수 있는 여건을 해방으로 얻게 되었다고 믿었습니다. 그런데 해방으로 얻은 여건이라는 것이 그렇게 좋은 것이 못 된다는 사실을 시간이 지날수록 확인하게 됩니다.

인간 세상에 모순이 없을 수 없지요. 과거 일본 군국주의에도 모순이 있었고 현재 연합국의 국제관계에도 나름의 모순이 있습니다. 최대의 모순이 자본주의와 공산주의 사이의 대립이죠. 그런데 어쩌다가 조선이 그 대립의 최전선에 놓이게 된 것입니다. 미국과 소련이 조선을 자기편에 끌어들이려는 의도가 비록 선의에서 출발한 것이라도 결과에 있어서는 민족 분단을 촉발하는 것이니, 지금 조선의 국제적 난국은 해방 전보다도 더 위험한 것입니다.

원인이 외부에 있다 하더라도 난국 극복의 길은 내부에서 찾을 수밖에 없습니다. 외부 조건을 우리 힘으로 당장 어떻게 할 수 있는 것이 아니니까요. 미국과 소련이 어떤 태도로 나오더라도 민족의 통일성을 우리 힘으로 지키겠다는 뜻이 우선 세워져야 하지 않겠습니까. 그런데 미국이나 소련에 붙을 경우 자기 개인과 자기편의 득실이 어떨까 주판알을 퉁기는 사람들이 너무 많습니다. 그래서 현실적 해결을 위해서는 내부문제를 크게 보는 겁니다.

김기협 │ 선생님을 비롯한 합작파가 미소공위 성공을 위해 있는 힘을 다했지만, 미·소 대립이 현재 국제적 모순의 초점인 이상 그 성공은 원래 바라기 어려운 것이었군요. 유엔위원단이 이제 그 역할을 대신하게 되었는데, 좌익에서는 위원단의 설치 자체가 미국의 일방적 조치라며 거부하고 있습니다.

사실 미국의 조선위원단 설치 제안과 나란히 소련의 조기 동시철 병 제안이 나왔는데 미국 제안이 채택되고 소련은 위원단의 존재를 부정하고 보이콧으로 나왔죠. 좌익의 위원단 거부는 소련 입장을 따르는 것이고요. 동시철병 제안 자체는 나름의 타당성을 가진 것이었다 하더라도 만들어진 위원단을 보이콧하는 것이 정당화될 수 있는 일일까요?

안재홍 │ 소련은 유엔의 권위가 커지는 것을 바라지 않습니다. 유엔에서 미국 제안이 쉽게 받아들여지는 가장 중요한 까닭은 돈 많은 나라라는 데 있어요. 그 점에서 소련은 경쟁이 안 되죠. 조선위원단 보이콧은 그 불만을 표시하는 하나의 전술적 조치입니다.

좌익이라 하더라도 소련 입장의 전술적 조치까지 금과옥조로 받아들이는 것은 민족의 입장을 등지는 자세입니다. 소련이 좋아하든 싫어하든 유엔은 지금 국제적 합의를 이끌어내는 가장 중요한 통로가 되어 있어요. 유엔 전체가 그렇듯 조선위원단에도 미국의 입김이 꽤 작용할 겁니다. 그렇지만 모든 회원국이 소련 주장처럼 미국의 괴뢰는 아니에요. 조선위원단의 사명 수행이 우리 민족의 이익에 부합하도록 최선을 다해 도와야 합니다.

좌익이 모두 유엔위원단을 거부하는 것도 아닙니다. 남로당이 소련 방침을 따르고 있지만 근민당은 합작의 정신을 버리지 않고 있어요. 다만 여운형 씨 비운 자리가 크게 느껴집니다. 그분이 없으니까 중도 좌파의 존재가 뚜렷이 느껴지지를 못하네요.

김기협 | 며칠 전(2월 2일) 유엔위원단에 출석해서 단독으로 두 시간 동안 면담하셨죠. 회의 분위기가 어떻던가요? 책임감이라든가, 능률이라든가, 미소공위와 비교해서 어떻던가요?

안재홍 | 예상했던 것보다 분위기가 아주 좋더군요. 조선 사정에 대한 이해가 미소공위 위원들보다 아무래도 못하겠지만, 대체로 진지한 노력을 인정할 수 있습니다. 미소공위 경우는 잘 돌아갈 때는 잘 돌아가다가도 뭐가 하나 틀어지면 일부러 손을 놓아버릴 때가 있지 않았습니까? 유엔위원단 위원들은 그 임무를 부여받은 지 몇 주일 안 된다는 사실에 비추어보면 놀랄 만큼 상황을 잘 파악하고 있는 것 같습니다.

책임감에 있어서도 전체적으로 미소공위보다 확연히 낫습니다. 미소공위 위원들이 상부의 지령만 쳐다보는 것과 달리 자기 나라를 대표해서 주체적 판단을 하려는 자세가 분명하죠.

굳이 비교를 한다면 크고 안정된 나라 대표일수록 국제무대에서의 역할도 더 믿음직하다는 느낌이 듭니다. 오스트레일리아·캐나다·프랑스 대표들의 자세가 아주 든든해 보였어요. 인도의 메논 의장도 분위기를 잘 이끌고요. 중국대표의 역할이 조금 불만스러웠는데, 불안정한 국내 사정이 이런 데도 영향을 끼치는 건지.

김기협 | 유엔위원단의 조선인 면담 중 김구 선생의 '전향'이 관심의 초점이 되었습니다. 최근까지도 이승만 씨의 남조선 총선거 주장에 따르는 듯했는데, 갑자기 김규식 박사가 제창해온 남북회담 주장에 호응한 거죠. 소련의 북조선 입경 거부라는 상황 아래 단독선거를 서둘러 하자는 종래 반탁세력의 대오에서 김구 선생이 이탈, 선거

를 늦추더라도 남북회담을 통해 남북한 총선거를 해야 한다는 중간파 주장에 힘을 실어주었습니다. 이 문제에 대한 견해를 선생님도 위원단 면담에서 밝혔습니까?

안재홍 나는 정치인이 아니라 행정책임자 자격으로 위원회에 출석한 겁니다. 남조선과도정부의 조직과 기능, 그리고 남조선 사회의 제반 상황에 대한 보고를 했을 뿐, 정치적 주장을 내놓는 자리가 아니었습니다. 위원 한 분이 총선거에 대한 의견을 물었는데, 답변을 사양했습니다.

보고 중 선거와 관련된 내용은 선거법 관계뿐이었어요. 입법의원에서 제정한 선거법과 중앙선거위원회(이하 '중선위'로 줄임)에서 작성한 시행세칙에 대해, 그것은 미군정이 실시할 선거를 위해 준비한 것이지 유엔위원단이 감시할 선거를 위해 제정, 작성한 것이 아니라고 설명했습니다.

김기협 남조선 단독선거라도 서둘러 실시할 것이냐, 늦어지더라도 남북총선거를 위해 노력을 기울이느냐 하는 문제가 정치권을 넘어 온 민족의 관심사가 되었습니다. 민정장관의 직책을 떠나, 한 개인으로서 선생님 의견은?

안재홍 지난 30개월간 나랑 이야기를 나눠온 김 선생이 내 생각을 모를 리가 없는데, 독자들에게 직접 설명해드리라는 뜻이겠죠? 그렇게 하죠.

이승만 박사와 한민당 쪽에서는 총선거를 빨리 실시하지 않으면 숨이라도 넘어갈 것처럼 호들갑을 떠는데, 이제 그쪽에선 논리고 나발이고 없어요. 자기네 편들지 않으면 아무나 역적으로 몰아붙입니다. 며칠 전 한협 성명서 보세요. 김구 선생이 자기네와 다른 길을 바라본다고 해서 그렇게 떠받들던 분을 사정없이 매도한 걸 보세요. 제정신이 아닙니다.

소련의 입경 거부 때문에 생긴 문젠데, 왜 소련의 태도 때문에 우리 할 일을 못해야 합니까? 김두봉 씨, 김일성 씨 등 이북 지도자들의 거부라면 문제가 다르지만. 대화를 청해야 해요. 이북 지도자들이 거부한다면 그때는 나도 이남 단독 시행을 반대하지 않겠어요. 그러나 이북 지도자들 의견은 물어보지도 않고 소련의 태도만으로 남북총선거를 포기할 수는 없습니다.

김기협 | 아직 나오지 않은 신문기사 얘기를 꺼내는 게 미안합니다만, 2월 8일자 『동아일보』 「한독, 민독 양당 선거파 합작」 기사에 이런 구절이 나옵니다.

> 남조선 선거문제로 동 당(한독당)에서 탈당할 기색이 보이고 있는 모 중앙위원 담에 의하면 과반 민독당에서 남조선만의 총선거에는 불참할 것을 결정한 이래 동 결정에 반대하고 남조선에 총선거가 실시될 때에 이에 참가할 것을 강조하여 동 당에서 탈당한 몇몇 간부는 앞으로 한독당에서 탈당할 몇몇 간부와 합작하여 안재홍을 중심으로 신당을 조직할 가능성이 농후하다.

선생님이 홍명희 선생과 함께하는 민독당은 남북협상을 통한 남북총선거를 주장해왔고 김구 선생이 이끄는 한독당은 최근에 같은 방향으로 돌아섰습니다. 이에 불만을 가진 사람들 몇몇이 두 당에서 이탈

할 것은 예측할 만한 일인데, 선생님을 그런 움직임의 주동자로 지목한 것이 뜻밖이네요. 무슨 근거라도 있는 보도인가요?

안재홍 『동아일보』가 진짜 사람 잡네요. 아무 근거 없는 낭설입니다. 그런 낭설이 나올 만한 빌미를 굳이 찾는다면 남조선 총선거가 실시될 경우 참가하느냐 하는 문제에 대한 이견이 있죠. 남북협상파 대다수는 그럴 경우 거부하자는 주장인데 나는 그때 가서 판단할 일이라고, 상황에 따라서는 이남만의 총선거라도 참가해야 할 수도 있을 것이라는 주장이에요.

이남만의 총선거를 피하기 위해, 남북총선거를 실현하기 위해 최선의 노력을 다해야 한다는 것은 물론입니다. 하지만 그렇다고 해서 다른 길을 모두 꽉꽉 믹아버리는 것도 성실하지 못한 자세입니다. 사람들은 비장한 '배수진(背水陣)'에 괜히 마음이 끌리는 경향이 있는데, 배수진도 이치에 맞고 상황에 맞아야 치는 거죠. 임진왜란 때 신립(申砬, 1546~1592) 장군이 탄금대에 배수진을 쳐서 어떤 결과를 맞았습니까?

김기협 남북협상파의 입장은 종래의 좌우합작 노력에서 이어진 것입니다. 그 입장이 그동안 큰 힘을 얻지 못하다가 이번에 김구 선생이 호응하면서 크게 부각된 것을 보면 그분의 영향력이 얼마나 큰 것인가 절감할 수 있죠. 선생님은 그분을 지도자로 극진히 받들어 한독당에 들어가기까지 했다가 미소공위에 대한 입장 차이로 갈라져 나오는 곡절을 겪기도 했습니다. 그 곡절은 김구 선생의 입장 변화에 기인한 바가 컸고요. 이번에 그분이 취하는 입장이 다시 바뀔 여지는 없을까요?

안재홍 | 사람 일인데, 두고 봐야죠. 하지만 도로 바뀌는 일은 없을 것 같습니다. 이번에 그분이 원래의 설 자리를 찾은 거니까요. 그분이 그동안 원래 자리를 잃고 흔들린 것은 무엇보다 한민당 쪽 사탕발림에 넘어간 때문이에요. '임정 직진론'이니 뭐니 해서 임정 법통을 100퍼센트 세워드릴 것처럼 설레발을 치고 정치자금도 갖다드리고 하니까 한민당을 이용 대상으로라도 가치 있는 상대라고 생각했겠죠. 그런데 이제 선생께서 잔교(棧橋)를 불살라버린 셈입니다. 아까 말한 한협 성명서, 그것도 실제로는 한민당에서 나온 거거든요. 한민당도 선생을 완전히 포기한 겁니다.

김기협 | 김구 선생이 이승만 씨와 결별한 데는 장덕수 암살의 배후로 보는 미군정의 시각으로 인해 국민의회와 민대의 통합이 원활하지 못한 사정이 큰 작용을 한 것으로 관측됩니다. 그리고 한민당이 이번에 김구 선생과 깨끗이 갈라서는 이유도 그분에게 암살 배후의 책임이 있다고 믿기 때문으로 보입니다. 실제로 그분에게 책임이 있는 일일까요?

안재홍 | 수사 중의 사건을 놓고 피의자의 혐의를 누설하는 못된 행태가 21세기 대한민국에서는 근절되어 있겠지요? 나는 민정장관으로서 경찰이 그런 짓을 못하도록 막기에 여념이 없는 터에 내가 스스로 누설할 수야 없지요. [목소리를 낮춰서] 사실은 잘 모르겠어요.

일지로 보는 1948년 2월

2월

- **1일** 해방 후 남조선 귀환인은 206만 8,000여 명
- **2일** 장덕수 살해 공모 혐의자 김석황을 은닉한 심종갑 등 3인 기소
- **4일** 만주와 간도 조선인 천주교인 박해에 대해 담화
- **5일** 조선유도회장 김창숙, 제 문제에 대해 담화
- **7일** 전평계열 음모로 남조선 통신 운수 송전 단절
- **9일** 부산·경남 일대 각지에서 소요 발생
- **11일** 안재홍, 파업사건과 공창폐지 등에 대해 기자회견
- **12일** 버스요금 인상
- **17일** 전국식육상조합중앙연합회 등 워피통제 반대운동 전개
- **19일** 대한노총 조운노조, 중간이득 감소 등 요구 조건 제시
- **22일** 국어정화위원회, 외래어의 국어화 방법 결정

    낙동강 왜관 약목 간의 철교 준공
- **27일** 남한 일부 지역에서 좌익 계열의 소요 사태
- **28일** 조선신문기자협회 편집국장, 언론자유에 대한 건의문 전달

3

남북협상의 동상이몽

1948년 3월 1 ~ 29일

북조선인민회의와 북조선인민회의 상임위원회 건물. 태극기가 중앙에 게양되어 있다. 북조선 지도부는 분단건국을 반대한다고 일관되게 주장했지만 실제로는 분단건국을 준비하고 있었다. 그 준비가 부득이한 경우를 위한 '대비'였다고 주장하지만 민주기지론에 입각해 분단건국을 '획책'한 것은 아닌가 하는 의심도 든다.

1948. 3. 1.

정면충돌로 치닫는 김구와 이승만

3천만 겨레여, 기억하라. 단기 4252년 기미 3월 1일 이날은 배달민족의 대대손손이 영원토록 잊지 못할 기념의 날이다. 5천 년 역사에 최대의 굴욕인 소위 한일병합의 오점을 우리의 피로써 씻기 시작한 날이요 민족의 독립과 자유를 세계만방에 선언한 날이다.

30년 전 이날 참담하던 제1차 세계대전은 이미 끝나고 신세계 건설의 기본조건으로 성명한 미국 대통령 윌슨 씨의 민족자결주의는 전 세계 피압박민족에게 전한 폭탄적 희보(喜報)이었다. 우리의 생존권을 빼앗고 인권을 억압한 적의 밑에서 10년간을 와신상담한 우리의 민족적 의분은 드디어 폭발되어 용감하게도 비무장항쟁이 발작됨에 따라서 3천리 방방곡곡에 태극깃발을 휘날리며 3천만의 이구동성으로 울려나오는 고함소리는 태산을 움직일 듯 밀리는 조수같이 터지는 폭음같이 곳곳마다 수천수만 대중의 조국애의 불타는 시위의 행진의 행사는 전개되었다. 포악무도한 총칼에 맞아 기십만의 형제자매는 희생되었다. 우리 가슴속에 서리어 있는 나라 망한 자의 슬픔은 3천리 산하에 넘쳤었다. 그리하여 내로는 전 민족독립 의식을 강하게 하고 외로는 만천하의 동정을 환기하였다.

민족해방의 동기는 기미 3월 1일에는 싹트고 잎 되기 시작하여 을유

8월 15일에 그 열매를 맺게 되었으매 기미운동을 수인사(修人事)라 하면 을유해방은 대천명(待天命)의 격이었나니 전사는 인(因)이며 후자는 과(果)이었다. 만일 우리 민족으로서 이 운동이 없었다면 금일의 해방은 무의식적 의타적이라는 기록을 역사에 남기고 말았을 것이다. 그러므로 제1차 세계대전의 독립선언과 제2차 세계대전의 독립획득은 오로지 민족혼의 지속적 활동을 표시한 것으로서 민족총의를 계속한 혁명선배들의 해외해내에서 악전고투한 결정이니 우리는 선열각위(各位)께 못내 사의를 표하는 바이다. 기미년 오늘의 의거는 우리 민족의 혈관 속에 언제나 약동하고 있는 민족적 성격이 한번 발현된 것이었나니 우리 민족의 의혈로써 이로 일 제단을 꾸미었던 것이며 민족자주의 정신은 이로써 더욱 진전되어감을 영원히 기념하여야 할 것이다.

이에 우리는 모름지기 이 신성한 민족적 자립의 호국정신을 배양하여 실력으로써 국위를 세계에 선포하자. 그리고 항시 천은을 감사하며 일층 더욱 깊이 보우하심을 성심으로 기원할진저.

(「기미독립선언 기념문」, 『조선일보』 1948년 3월 1일)

1948년 3월 1일 서울운동장에서 열린 기미독립선언 기념대회에서 발표된 "기미독립선언 기념문"이다. '독립선언'과 '독립획득' 사이의 인과관계를 강조한 점이 눈에 띈다. 엄밀히 말하면 1945년 8월 '해방' 이후 31개월째 '독립'은 아직 이뤄지지 않고 있었다. 독립의 자격을 확인할 필요를 이 기념문 기초자는 의식했던 것 같다.

이 기념대회는 서울시 주최였고, 남조선과도정부 행정명령 제13호(1948년 2월 20일)에 따라 유일한 3·1절 기념대회로 규정된 행사였다. 해방 후 두 차례 3·1절 기념대회는 좌익과 우익 행사가 따로 열렸고,

그에 따른 시위대의 충돌이 있었다. 이번에는 그런 충돌을 없애기 위해 행정명령을 발포한 것이었다.

그런데도 이번 행사 역시 통합된 것이 못 되었다. 좌익이 외면한 것은 물론이고, 이승만과 함께 기념사를 맡을 예정이던 김구가 이 대회를 보이콧한 것이다. 한독당은 2월 25일 상무위원회에서 시 주최 기념대회에 불참하고 독자적으로 기념식을 갖기로 했다(『동아일보』 1948년 2월 27일). 기념대회에 이어 '중앙정부 수립 결정안 축하대회'를 열기로 한 것이 걸림돌이 되었던 것이다.

한독당의 기념식은 조촐하게 경교장에서 열렸다. 그만해도 대접을 받은 셈이다. 근민당도 당사 안에서 기념식을 열려고 했는데 경찰에게 해산당했다.

> 근민당 대변인은 2일 다음과 같이 발표하였다. "3·1절 기념행사에 대하여 옥외 집회는 관제로써 독점하고 실내는 자유라는 행정명령에 의하여 본당에서는 당 본부 회의실에서 당원만으로 기념행사를 하려고 관계 당국에 전일 통지하였는데 기념당일 정오 식을 거행하려 할 때 돌연 해산을 요구하며 때마침 고 여 당수 추모주회까지도 불허하게 되었으니 이날의 혁명적 의의로 보아 중대한 모독이다."
> (「3·1절 행사 금지로 근민당서 담화 발표」, 『경향신문』 1948년 3월 3일)

행사와 관계없이, '3영수'의 기념사는 2월 29일자 도하 각 신문에 실렸다.

> 3·1절을 당하여 이승만 박사, 김구 씨, 김규식 박사는 29년 전 조선 자주독립을 절규하며 악독한 왜적과 피투성이의 투쟁을 한 열렬한 애

국정신을 회고하며 유엔소총회에서 가능한 지역의 선거를 결의한 이
때 조국광복의 열의에 넘친 다음과 같은 기념사를 각각 발표하였다.

"통일국권 회복" 이 박사: 오늘은 29년 만에 처음으로 특색을 가진
기미운동의 경축일이다. 세계 우방의 협조로 총선거를 진행하여 정
권 수립을 결정할 것이다. 기미년에 시작한 대업이 오늘 성공되는 것
이다. 지금은 세계대세가 일변하여 강권주의를 제지하고 공의로써
세계평화를 유지하자는 정신이 표명되는 시기이므로 이 대운(大運)에
순응하여 애국남녀가 3·1정신을 다시 발휘하여 우리 4천 년 영광스
러운 역사를 다시 전개하여 기미년 목적을 완성하리니 이번 총선거
로 세우는 정부는 기미년 한성에서 세운 임시정부의 계통으로 통일
국권을 회복하는 것이다.

"자주독립 결심" 김구: 우리는 해방이 되었다는 조국의 통일과 독립
을 보지 못한 채 또 3·1절을 맞게 되었다. 동맹군은 우리 국토를 무
기한으로 점령하고 말았다. 소위 조선민주주의인민공화국이나 남에
서 떠드는 중앙정부를 수립한다는 것은 모두가 우리의 조국을 영원
히 양분시키며 도탄에 빠진 동포를 아주 사지에 넣는 것밖에 아무것
도 아닐 것이다. 우리의 살 길은 자주독립의 한길뿐이다. 주저 말고
유혹되지도 말고 앞만 향하여 매진하자. 내가 비록 불초할지라도 이
길을 개척하고 나가는 데는 앞에 서서 나갈 각오와 용기를 가지고 있
다. 3·1절을 지킬 때에 3·1절의 역사와 또 거기서 얻은 교훈을 다시
한 번 새롭게 인식하고 일심일덕(一心一德)으로써 자주독립의 길만 향
하여 나가기를 다시 결심하자.

"목적달성 맹서" 김 박사: 오늘 이 기념에 있어서 오직 한 가지 바라

는 것은 1919년 3·1운동을 개시할 때와 같이 계급이나 지방이나 종교나 사상이나 이념의 분별없이 동심협력하여 세계의 여하한 변동의 유무를 불구하고 우리 3천만은 완전한 자유와 독립을 얻고 한 나라의 한 민족이 되어 우리의 목적하고 바라던 바를 완전히 달성한 쾌락의 기념으로 이 다음 기념을 맞이하게 되기를 맹서하여 바라마지 않는다.

(「3·1절 맞아 3거두 기념사」, 『경향신문』 1948년 2월 29일)

"우방의 협조"를 내세우는 이승만과 "자주독립"을 강조하는 김구가 제대로 붙었다. 그에 비해 김규식은 지금의 기념이 "쾌락의 기념"이 못 된다는 표현을 통해 유엔소총회 결정에 대한 불만의 뜻을 우회적으로 밝혔다.(김규식이 말한 "쾌락"은 중국어 快樂의 '즐거움', '흥겨움'의 뜻으로 이해된다.)

그런데 이승만의 "기미년 한성에서 세운 임시정부의 계통"이란 말에 유의할 필요가 있다. '한성임시정부'는 1919년 만세운동의 여파 속에 일어난 몇 갈래 임시정부 수립 운동의 하나였다. '운동'이란 말을 쓰는 것은 임시정부로서 실체를 갖추는 데 한계가 있었기 때문이다. 그중 뚜렷한 실체를 갖췄던 상하이임시정부로 통합된 것은 그해 가을의 일이었다.

한성임시정부는 4월 하순에 수립을 선포했는데, 종이 위에 세워진 정부일 뿐이었다. 그런데 한성임시정부에서 이승만을 '집정관총재'로 추대했고, 이승만은 그것을 발판으로 '대통령'을 자칭하기 시작했다. 상하이임정에서 그를 국무총리로 임명했는데 그가 대통령직을 고집한 것은 한성임시정부에 기대어 대통령 자칭한 것을 발판으로 한 것이었다.

한성임시정부 관련 문건은 전해지는 것이 거의 없다. 이승만이 남긴

서류 중에서 발견된 것 하나가 주목을 받아왔는데, 정병준은 『우남 이승만 연구』에서 그 내용을 이승만이 바꿔서 선전했을 가능성을 제기했다.

미주에 널리 알려진 한성정부 문건은 국내에서 제작된 목판 인쇄본의 내용이 아니라 1919년 7월 4일 이승만이 발표한 내용을 담은 "대한민쥬국대통령의 선언셔"였다. 최근 『우남이승만문서』 동문편(東文篇)에 원본이 공개되기 전까지는 그 누구도 한성정부 문건의 원문을 보지 못했다. 알려진 것은 이승만이 발표한 신문 보도뿐이었고, 이는 상해의 경우에도 마찬가지였다. 그런데 이승만이 발표한 내용을 원래의 한성정부 포고문과 비교해보면 가장 결정적인 두 사람의 직책이 변경되어 있음을 알 수 있다. 즉 국무총리총재인 이동휘가 국무총리총장으로 격하된 반면, 노동국총판이었던 안창호는 노동부총장으로 한 단계 격상된 것이다.

이런 변경이 이루어질 수 있는 첫 번째 가능성은 전사과정에서의 오류가 발생했을 경우이고, 두 번째 가능성은 이승만이 의도적으로 변경한 경우이다. 논리적으로 볼 때 이동휘가 국무총리총재로 알려질 경우, 이는 이승만의 '대통령' 자임에 결정적인 장애가 될 것이 분명했다. 왜냐하면 이승만은 "당초에 한성에서 국한문으로 집정관총재라 하고 영문은 프레지던트"로 했으며, "內地에서 總裁라 거시 즉 統領이라 이 英文으로 President"라고 주장했는데, 이는 논리적으로 한성정부가 단일한 대통령-국무총리 제도라는 뜻이었다. 즉 이승만은 한성정부에서 집정관총재라고 발표했고, 이것이 AP-뉴욕타임스 등을 통해 미국에 'president'로 알려졌으며 자신은 'president'라는 영문 단어를 사람들이 이해하기 쉬운 대통령으로 명명했을 뿐이라고

주장했다. 이승만은 '집정관총재=president=대통령'이며, 세 가지
명칭이 아무런 차이가 없다고 주장했다.

그런데 앞에서 살펴본 것처럼 한성정부는 '총재=통령=president'
의 체제가 아니었다. 총재는 이승만 한 명만이 아니라 이동휘까지 2
명이었고, 한성정부는 2총재-8총장의 집단 지도 체제의 면모를 갖추
고 있었다. (…) 이승만은 자신의 최고 지도자로서의 권위를 위협할
수 있는 이동휘의 국무총리총재 직명을 격하시킴으로써 1집정관총
재-9총장 체제, 혹은 대통령-국무총리-장관의 수직적인 권력 체제를
강조하려 했던 것이다. (정병준, 『우남 이승만 연구』, 역사비평사 2005,
193~195쪽)

한성임시정부는 실제가 없는 기구였기 때문에 이승만이 자기 직책
을 뭐라고 내놓든 지적할 사람이 없었다. 그래서 '이승만 대통령' 직함
을 만드는 데 거침없이 이용되었던 것이다. 이제 그 한성임시정부를
이승만이 들고 나오는 것이 무엇 때문일까? 그는 귀국 후 상하이임정
의 대통령 경력을 발판으로 지도자 행세를 해왔다. 임정 주석 김구가
그를 인정해줬기 때문에 탄핵으로 물러난 문제도 덮어질 수 있었다.
그런데 이제 김구와 맞서게 된 마당에, 그는 상하이(-충칭)임정 아닌
한성임시정부를 자기 권위의 근거로 내세우기로 한 것이다.

경교장의 한독당 기념식에서 김구는 이런 말을 한 것으로 보도되었
다. 귀국 이래 이승만을 자신보다 앞세워 온 자세를 이제 거두겠다는
것이다.

"나는 귀국 후 지방을 시찰할 때 지방 민중에게 말하기를 자기는 아
무 정권이나 지위에 대한 욕망을 가지지 않았으며 만약 조선이 독립

된다면 자기는 농촌에 들어가 농군이 되기를 원하며 초대 대통령은 나의 숭배하는 선배인 이승만 박사를 추대할 것을 늘 주장하여왔으며 민족통일노선으로 일로매진하여온 것이다. 그러나 최근의 조선 문제가 급전환된 이때 모모 인사들이 나한테 이 박사와 제휴하고 나가는 것이 옳지 않은가 하고 권고하는 사람도 있으나 나의 생각으로는 38선을 그대로 두고는 우리 민족과 국토를 통일할 수 없을 뿐 아니라 민생문제를 도저히 해결할 수 없으므로 행동을 같이할 수 없으며 남조선 선거에 응할 수 없는 것이다."

(「남조선 선거 불응. 김구 씨 등 개별 행사」, 『조선일보』 1948년 3월 1일)

한편 김구와 김규식이 불참한 서울운동장 기념대회에서 이승만은 연설 중 총선거 시행에 관한 이야기를 많이 했는데, 그중 이런 이야기도 있었다.

"근자 풍설에 총선거는 도별로 순차 이동실시하려는 언론이 있었으나 이런 말은 유엔결의안에도 없었던 것이요 따라서 탐지한 결과 다 허언으로 돌아가고 말았으니 조금도 염려할 게 없는 것이다."

(「기미정신 선거에 살려 완전독립 국권회복─기념대회서 이 박사 치사」, 『동아일보』 1948년 3월 2일)

총선거의 도별 순차 실시는 유엔소총회에서 제섭 미국대표가 "가능지역 총선거" 제안의 설명 중 했던 이야기다. (제섭 연설의 요지를 군정청 공보과에서 성명서로 발표했고, 해당 내용을 2월 25일자 일기에 소개했다.) 그런데 이 이야기는 소총회 결의안 주문에서 빠졌다. 이승만은 이를 빌미로 총선거 순차 실시의 가능성을 부정하고 나선 것이다. 그가 순차 실시를 반대한 것은 유엔위원단의 '간섭'을 최소화함으로써 자기 세력의 폭력과 자금력이 마음 놓고 선거판을 휩쓸게 하려는 뜻이 아니었을지.

하지 사령부는 5월 9일 총선거 실시를 알리는 "조선인민대표의 선거에 관한 포고"를 3월 1일 발포했다. 이런 내용이었다.

조선인민에게 고함.

연합국총회는 연합국임시조선위원단을 설치하였으며 조선인민의 자유와 독립의 즉시 달성에 관하여 동 위원단이 협의할 대표 즉 국회를 구성하여 조선국가정부를 수립할 대표를 택하는 선거의 실시를 건의하였으므로 또 연합국임시조선위원단은 연합국 소총회와 상의하였으므로 동 소총회는 총회의 결의에 규정한 프로그램을 동 위원단에게 가능한 부분의 조선에서 수행함이 연합국임시조선위원단의 의무라는 견해를 표명하였으므로 또 연합국임시조선위원단은 동 위원단에게 가능한 부분의 조선에서 여사한 선거를 감시하기로 결정하였으며 미국육군이 점령한 지역은 동 위원단에게 가능한 지역이므로 이제 본관은 재조선미국육군사령관으로서 부여된 권한에 의하여 자에 좌와 여히 포고함.

1. 조선인민대표의 선거는 연합국임시조선위원단의 감시하에 본 사령부 관내지역에서 1948년 5월 9일 차를 거행함.

2. 여사한 선거는 연합국임시조선위원단과 상의 후 필요하다고 인정하는 개정을 가할 입법의원선거법(1947년 9월 3일부 법률 제5호)의 조건과 규정에 의하여 차를 행함.

재조선미국육군사령관 미국 육군중장 존 알 하지

군정청관보 포고 1948년 03월 01일

1948. 3. 6.

중간파의 태생적 갈등: 원칙론과 현실론

1946년 10월 16일 각 정당 시국대책간담회가 결성된 일이 있었다. 당시의 주요 정당 중 남로당(준비위)과 한민당을 제외한 모든 정당이 여기 참여했다. 대구에서 시작된 전국적 소요사태에 대한 정치계의 대응을 위한 집결이었다.

1년이 지나 또 하나의 위기 앞에 이남의 여러 정당이 모여 정협을 구성했다. 이번 위기는 조선 문제의 유엔 이관에 따른 분단건국의 위협이었다. 정협은 1947년 11월 5일부터 17일까지 여섯 차례 회의를 열고 '12정당 공동담화'를 내놓았다(1947년 11월 19일 일기). 11월 14일 유엔총회 결의에 대한 입장을 밝힌 것이었다.

이 담화문에서 정협은 유엔총회 결의에 대해 다음 몇 가지 문제를 지적했다.

(1) 총선거의 시행 주체가 조선민족이라는 명백한 표시가 없는 것.

(2) 인도대표의 남북통일 선거안이 채택되었다 함에 불구하고 의연 지대별 선거방법을 취한 것.

(3) 선거에서 조선의 민주화를 위한 정치적 자유의 보장이 없는 것.

(4) 일제잔재 숙청규정이 없는 것.

(5) 결의문 제3항에 총선거에 의한 국민의회가 민족자결적으로 자신의 정부를 조직하지 못하고 국련위원회의 협의에 의한다는 것은 민족총선거로 발현하는 자주자결의 민주주의가 무시되는 것.(본문 제2절 참조)

(6) 결의문 제4항에 철병문제에 관하여 정부 수립 후에 '실행 가능한 한도로 운운'한 것은 철병을 지연시킬 우려가 있는 것.

(7) 결의문 제5항에 국련위원회의 존속기한을 규정치 아니하고 사태 발전에 비추어 운운한 것은 국련위원회가 우리 주권행사의 협의기구로 장기 존속할 우려가 있는 것.

담화문의 결론은 "남북통일이 없이는 자주통일정부수립과 도탄에 빠진 민생구제를 실현할 수 없으며 외병의 점령하에서는 주권을 확립할 수 없으므로" "민족자주적 입장에서 미·소 양군의 조속철퇴를 요구하며 그의 대책으로 남북정당대표회의를 구성"함으로써 "남북분열을 초래할 우려"를 불식하자는 것이었다. 겉으로는 '남북총선거'를 내세우면서도 실제로는 점령지역의 단독선거를 추진하던 미국 정책에 대한 남조선 정계의 첫 조직적 저항이었다.

정협의 지적과 주장에는 타당한 점이 많다. 그런데 "미·소 양군의 조속철퇴"란 소련 주장에 너무 기울었다는 문제가 있었다. 미국 주장에 정면으로 맞선 것이 소련이었으니 자연스러운 일이라고 볼 수도 있는 것이지만, 남북정당대표회의 같은 더 중요한 과제보다 앞세운 것은 지나친 감이 있다. 정협 참가 세력은 중간파에서 좌익에 걸쳐 있었다. 중간파는 남북회담에 치중하고 좌익은 조기 철병에 중점을 뒀을 것 같다.

극우파와 미국 측이 조기 철병을 반대하는 이유로 이북에 대규모 군

대가 조직되어 있다고 주장한 것은 거짓 핑계였지만, 군대의 존재가
아니더라도 미·소 양군이 물러나면 이북 쪽이 유리하게 되어 있었다.
이북의 인민위원회 체제가 상당히 안정되어 있었던 반면 이남은 점령
군의 무력으로 버티는 억압체제였기 때문이다. 양군이 철수할 경우 이
북이 무력 아닌 정치력으로 이남을 압도할 것이 예상되는 상황이었다.

정협에서는 좌익이 상당한 주도권을 쥐고 있었고, 이것을 '5당 캄
파'라 불렀다. 5당이란 신진당, 근민당, 사민당, 민주한독당과 민중동
맹을 가리킨 것인데, 이 정당들이 전적으로 소련 주장을 지지한 것도
아니다. 좌익을 비교적 많이 포용한 정당들이어서 남로당에 동조하는
당원들이 있었고, 미국이 주도한 유엔결의안에 반대하는 상황에서 그
들의 목소리가 크게 나타난 정도 아니었을까 생각된다. 아무튼 정협이
5당 캄파에 휘둘린다는 이야기가 많이 떠돌았고, 한독당이 정협을 외
면하는 데도 이 문제가 걸렸던 것으로 보인다.

김규식은 정협 불참여를 공개적으로 표명하고(『경향신문』 1947년 11
월 22일) 좌우합작위를 발판으로 민련을 구성했다. 좌익 책동으로 혼선
을 일으킬 수 있는 정협을 피해 중간파가 확고한 주도권을 가진 활동
기구를 만든 것이다. 유엔위원단과의 협의과정에서 김구가 남북협상
론에 가담하면서 민련이 단독선거 반대운동의 중심이 되었다.

정협에 참여했던 중간파도 민련 쪽으로 돌아서면서 정협의 좌익 책
동이 더 두드러지게 되었다. 5당 캄파의 일원으로 지목되던 신진당조
차 정협 명의로 유엔위원단에 제출된 의견서가 지나친 "친소편좌(親蘇
偏左) 척미배우(斥美排右)"라 비난하며 신진당이 그 작성에 참여하지
않았음을 밝혔다(『동아일보』 1948년 2월 3일).

중간파가 정협을 떠나자 정협에는 책동분자들만 남게 되었다. 2월
들어 정협 이름으로 김구–김규식의 의견서에 대한 비판 성명이 나온

것, 양군철퇴자주독립협의회를 연 것 등은 모두 이 책동분자의 소행으로 보인다. 밖에서 보기에는 민련과 정협이 단독선거 반대라는 같은 취지 운동의 주도권을 놓고 경쟁하는 것처럼 보이는 상황이었다. 이 문제를 『경향신문』은 2월 24일자 1면 톱기사로 크게 다뤘다.

22일 오후 1시부터 시천교강당에서 소위 양군 철퇴 민주통일자주독립정부수립 촉진협의회를 개최하였다. 그런데 일반에서는 동 협의회가 민련에서 주동이 된 것 같은 감을 줄 뿐만 아니라 2월 11일 민련 상위에서 언급되었던 남북통일촉진국민대회와 혼동되어 있기 쉽기 때문에 동 협의회의 정체를 밝힐 필요가 적지 않다. 구랍 12월 초에 대두되었던 각정당협의회는 일반이 주지하는 바와 같이 결국은 근민, 민주한독, 사민, 신진, 민중동맹 등 5당 캄파의 원형으로 돌아가고 말았다. 이 5당이 정협이란 명칭하에 수차에 긍하여 극좌를 대변하는 듯한 성명과 유엔위원단에 건의서를 제출하는 등의 태도를 표명함에 따라 소위 정협을 구성하고 있는 각 정당이 참가하고 있는 민족자주연맹과의 관계가 노선상으로 중대한 상극이 연출되기 시작하였던 것이다.

지난 2월 17일 소위 정협 성명에 있어서 양 김 씨 노선과 정협 노선 간에 근본적인 차위점을 발표하자 사민당에서는 이것이 2 · 3인의 독단적 · 모략적인 성명에 불과하며 민련 노선 및 양 김 씨 노선과 배치된다고 하여 18일 탈퇴성명을 발표하였다. 신진당에서도 금명간에 이에 대한 태도를 결정하리라 하며 민련 상위에서도 유명무실한 정협 명칭하에 현재 중 · 좌 · 우 단체 통일기운이 결실되어가는 정계를 교란 분열한다 하여 과거의 무시무관(無視無觀)한 태도를 일변 순수한 중간좌우를 포섭하고 좌우의 침투를 방지하기 위하여 적극적으로 이에 대한 대책을 강구하고 있다 한다.

특히 4일부터 열린 민련 상위서 연일 토의하여 남북통일촉진국민대
회를 개최할 것을 언급하여 15일부터 수 3차에 긍한 9개 정당 회합
(사실상으로 회합한 정당은 4·5당에 불과)을 열었으나 소위 정협 노선을 주
장하는 수 개인의 주장으로 인하여 드디어 또 좌절되고 말았다고 한
다. 즉 동 회합에 참가하기로 되었던 한독당은 초회합부터 불참 방관
적 태도를 취하고 있으며 민독당도 양 김 씨 노선을 추진 고집하고
노력하여 정협이 표면으로 나오지 않기를 원하였으며 이 운동이 몇
몇 정당의 중심으로 계획 추진된다면 결국은 과거의 정협의 재판이
될 우려가 있다 하여 어느 당파에든지 기울어지지 않는 통일운동이
되어야 한다는 견해를 강력히 주장하였다 한다.

사민당, 민주한독당, 신진당에서도 내부에 의견 차이는 있으나 대체
로 민독당과 동일한 의견을 주장하는 형세이다. 그리고 정협은 동 당
에 내분과 분열을 초래시키는 것이라 하여 비난이 자자하며 차후 회
합에 있어서도 정협과는 행동을 같이할 수 없다고 동 당 간부 모씨는
말하고 있다. 한편 근민당에서도 내부적으로 정협 및 국민대회 개최
에 관하여 복잡 미묘한 공기를 자아내고 있으며 과거에 정협에 대한
동 당 대표인 손두환·김성숙 양 씨는 전연 정협 및 국민대회에 관하
여 표면적으로는 무관적 태도를 취하고 있다.

9정당 회합에는 개인자격인 정백 씨가 활약하고 있는 데 대하여 동
당 일부 간부 측에서는 정백은 동 당 대표가 아니라고 말하고 있는
것으로 보아 정협은 기회만 있으면 각 정당 단체에 침투하여 분규를
야기시켜 혼란을 일으키고 있으므로 민련 및 중간 좌우 정당에서는
소위 정협 침투에 위협을 느끼고 방지에 부심하고 있으며 금반 국민
대회 준비 각 정당 회합에서도 정협과의 대립이 첨예화하여 민독, 사

민 대표는 근민의 정백 씨와 격론 끝에 퇴장하게 되었으므로 결국 근민의 정백, 신진의 김충규, 민동(民同)의 정승규 등 3씨가 주동이 되어 양군철퇴자주독립협의회를 개최하게 된 것이라 한다.

(「정협, 각 당에 침투, 도처 파란을 야기, 미로(迷路)에서 우왕좌왕」, 『경향신문』 1948년 2월 24일)

긴 기사를 옮겨놓은 것은 중간파 노선의 어려움을 잘 보여주는 것이기 때문이다. 중간파에 대해 극우파의 공격은 겉으로 드러나는 것이었다. 반면 극좌파는 침투를 통해 교묘한 책동을 벌이는 것이었다. 1947년 11월부터 '5당 캄파'란 말이 극우파의 정협 비판에 널리 쓰였는데, 이 기사를 보면 5당 모두 주류는 지나친 친소 노선을 삼가고 있었다. 친소 노선은 5당 내 일부 인사들이 제창한 것일 뿐이었다.

정협이 단독선거 반대에 앞장서고 있는데도 김규식이 따로 민련을 추진한 것은 극좌파의 프락치작전을 피하기 위해서였을 것이다. 민련이 김구–김규식 노선을 확립하자 정협을 친소 노선으로 몰고 가던 소수 좌익 인사들의 정체가 드러나버렸다. 중간파에게는 양쪽에 적이 있다. 오른쪽 적은 드러난 방식으로 공격해오지만 왼쪽 적은 오른쪽 적과의 공동투쟁을 빙자해 내부에 침투해서 자기네 노선으로 몰고 가려 한다.

위 기사 중 2월 11일 민련 상임위에서 '남북통일총선거국민대회' 논의가 있었다고 했다. 김구와 김규식을 중심으로 진용을 정비하면서 세력의 과시와 확장을 위해 대중집회 논의가 나온 것은 자연스러운 일이다. 그런데 이 대회는 추진되지 않았다. 그 이유로 "우익이 이미 총선거국민대회를 한 이상 지금 다시 남북통일총선거국민대회를 한다면 중간정당이 공산당의 앞잡이라고 지목을 받고 있는 때인 만큼" 그 대회 때문에 공산파로 지목당할 우려가 있다는 일부의 반대가 있었다고 2월 17일자 『동아일보』는 보도했다. 중간파가 좌익으로 몰리지 않으려고 몹시 조심했다는 것이다.

2월 말까지 정협문제는 정리가 되었다. 그러나 민련 같은 연합조직에서 내부 갈등을 아주 없앨 수는 없는 것이다.

> 민련에 가입한 정당 사회단체 중 수 개 정당에서는 지난 27일의 유엔 총회 결의안을 지지하여 앞으로 실시될 총선거에 참가하자는 파와 반대하는 파가 있어 일반의 이목을 끌고 있는데 이미 수 개 정당 단체에서는 참가하기로 결정하였다 한다. 이와 동시에 역시 이상과 같은 양론으로 분파(分派)되어 수일 내 긴급 상임위원회를 개최하고 참가 여부를 결정하리라 하는데 그 결과가 매우 주목된다.
>
> (「선거 참가문제로 민련 내 대립」, 『동아일보』 1948년 3월 3일)

유엔소총회에서 실질적인 이남 단독선거를 결정해놓은 이제 그 선거의 보이콧 여부가 문제로 떠올랐다. 잘못된 결정에 의한 잘못된 선거이니 참가하지 말아야 한다는 주장도 있었고, 잘못된 선거라도 참가함으로써 더 잘못된 길로 가지 않도록 노력해야 한다는 주장도 있었다. 한독당은 당 차원에서 참가하지 않지만 개인의 참가는 막지 않는다는 절충적 결정을 내렸고, 민독당 대표 홍명희는 전면적 거부를 주장했다.

> 한독당에서는 지난 1일, 국민의회에서는 지난 29일 각각 상무위원회를 개최하고 총선거 여부에 관하여 결의하였다 하는데 김구 씨가 총선거 참가를 거부하고 있는 만큼 정식으로 당으로나 국의 측으로는

참가하지 않을지라도 개인 자격으로 참가하는 데 대하여서는 묵인하
게 되었다 한다. 그리고 한독당서울시당부에서는 벌써 선거운동을
추진시키고 있다 한다.

(「한독당 계열 선거에 개인적 참가」, 『동아일보』 1948년 3월 3일)

민독당수 홍명희는 지난 29일 하오 2시 시천교회당에서 거행된 동
당 종로지부 결성식에서 요지 다음과 같은 견해를 피력하였다.

"민독당이 당리(黨利)로 본다면 남조선총선거에 참가할 것이나 국토
와 민족의 분열을 방지하고 조국의 완전한 자주독립을 전취하는 남
북통일을 원하므로 불참한다. 민독당 일부 당원은 단선에 참가하여
그 안에서 투쟁 운운하나 이것은 굴복을 의미하는 것이다."

(「총선거에 불참―민독당 홍명희 담」, 『경향신문』 1948년 3월 3일)

1948년 2월 26일 유엔소총회 결정의 문제가 구체적으로 무엇이었
는가? 명목상으로 전 조선 총선거를 규정한 점은 1947년 11월 14일
의 총회 결정을 벗어날 수 없었다. 그런데 "가능지역 시행"이라는 단
서를 통해 실질적으로 분단선거의 길을 열어준 것이다. 그리고 조선위
원단에서는 가능지역의 선거가 최종적 건국을 위한 것이 되지 않고 남
조선 주민만을 대표하는 임시정부가 되게 하는 제2안과 조선인의 남
북협상을 허용하는 제3안을 함께 내놓았는데 이를 묵살하고 최종적
건국을 위한 선거로 결정한 것이다.

이 소총회 결정에 반대하는 조선인이 할 수 있는 일이 무엇이었는
가? 한편으로는 남북협상을 서둘러 대다수 조선인의 주체적 합의가
가능하다는 것을 보여주는 일이 있었고, 또 한편으로는 그 결정이 좋
은 결과를 가져올 수 없다고 주장하는 일이 있었다.

단독선거가 좋은 결과를 가져올 수 없다는 주장을 위해서는 참가를 거부하는 것이 효과적인 표현방법임이 틀림없다. 후세 사람들은 남북협상을 제창한 민족주의자들이 명분에 매이지 않고 선거에 참여했다면 친일파 집단을 토대로 한 이승만 독재를 막을 수 있었을 것이라고 아쉬워한다. 당시의 남북협상파도 그것을 알았을 것이다. 그러나 원칙적 문제에 대한 태도를 분명히 하기 위해서는 보이콧이 불가피했다.

5월 10일 선거 시행까지 남북협상파는 원칙론과 현실론 사이에서 시달릴 수밖에 없다. 그 모습을 이제부터 보게 될 것이다.

1948. 3. 8.

장덕수의 유령에게 시달리는 김구

1947년 12월 2일 저녁 장덕수가 집으로 찾아온 두 명의 범인에게 암살당하고 40시간 만인 4일 오전 현직 경관 박광옥(23세)과 연희대 학생 배희범(20세)이 체포되었다. 별다른 증거를 남기지 않고 현장을 완전히 벗어난 범인들을 이틀도 안 되어 체포했다는 것이 놀라운 일인데, 체포 경위에 관한 발표가 전혀 없었다는 것은 더더욱 기이한 일이다. 2년 전 송진우 암살범을 범행 후 백일 만에 체포했을 때 요란했던 것과 너무나 대조된다.

체포 경위 중에 조병옥이나 장택상이 밝히기 곤란한 내용이 있어서가 아니었을까 짐작해둔다. 우익 테러조직들 사이에 많은 횡적 연결이 있었다는 사실은 여운형 저격범 한지근의 취조 과정에서도 드러나 있었다. 장덕수 암살범 체포에 이 횡적 연결이 활용되었고 그 내용 중에 밝힐 수 없는 부분이 있었던 것이 아닐지.

하수인 두 사람 체포 후 수사는 즉시 그 배후로 확대되었다. 바로 그날 오후에 "모 신문사 사장 자택에 동거하는 인물 두 명을 체포하고 모 단체에서 검거하였다."고 한다(『동아일보』 1947년 12월 6일, 「장씨 살해범 연루자 각 방면에 수배 체포」). 박광옥의 집에서 발견된 한 장의 사진이 중요한 증거물로 주목받았는데 "(박과 배) 양인이 가슴에 혈서로 장덕수

왼쪽부터 모친 김현묘 여사와 여동생 장덕희 뒤에 서 있는 장덕수. 가까운 사람들에게 극진한 아낌을 받고 먼 사람들에게 지독한 미움을 받은 인물이었다.

씨를 암살하겠다는 것을 써놓고 의사(義士)의 풍채로 박은 것"이었다고 한다(『동아일보』 1947년 12월 5일, 「가슴에 쓰인 혈서 '장덕수 암살'」). 윤봉길(尹奉吉, 1908~1932)이 거사 직전에 찍은 기념사진을 떠올리게 하는 것이니, 배후 수사가 어느 쪽을 향한 것인지 짐작이 간다.

다른 사람은 차치하고, 장택상이 이 사건을 얼마나 중시했는지 알아볼 만한 기사가 있다.

뛰어나는 공을 세운 수도경찰 순경의 연거푼 미담가화. 앞서 고 장덕수 씨 살해범을 체포한 수도경찰 특경대 박준주 순경은 특상으로 장택상 총감으로부터 5천 원의 상금을 받았는데 13일 서울시전재원호회를 찾아 그중 3천 원을 한파에 헐벗고 굶주린 전재민에 보내달라고 기탁하였다.

(「박 순경 미거(美擧), 상금을 전재민에」, 『동아일보』 1947년 12월 17일)

체포 기사 중 체포자에 대해서는 "중부서원 백일현 외 2명"이란 표시 외에 보인 것이 없었다. 박준주 순경은 "외 2명" 중 1명이었던 모양이다. 5천 원이면 큰 상금이다. 그런데 그런 상금을 주었다는 기사도 보이지 않는다. 그 상금을 갸륵한 뜻에 바쳤기 때문에 비로소 기사화된 것이다. 그런 큰 상을 준다는 것이 이상하게 보일 만한 일이었기 때문에 상 줄 때는 보도되지 않게 한 것이 아니었을지.

경찰은 어마어마한 '수사위원회'까지 꾸렸다. 수도청장(장택상)을 위원장으로, 경무부 수사국장(조병계)과 부국장(이만종), 수도청 수사과장(노덕술)과 사찰과장(최운하)을 위원으로 하는 수사위원회를 구성했다고 조병옥 경무부장이 12월 10일 기자회견에서 밝힌 것이다. 범인 8명 중 7명이 체포되어 있다고 밝히기도 했다(『동아일보』 1947년 12월 11일).

한 명 체포하지 못하고 있다고 한 것이 김석황이었다. 김석황은 국민의회 동원부장이며 한독당 중앙위원으로서 '김구의 행동대장'으로 알려진 인물이었다. 김석황이 사건 달포 후인 1월 16일 체포된 경위를 그날 일기에 적었는데, 체포 당시 몸에 지니고 있던 편지 한 장이 큰 주목을 끌었다. 김구 앞으로 김석황이 쓴 편지였다.

미군정 당국은 이 편지에 대해 이례적인 보도 관제를 했다. 『동아일보』 1948년 1월 17일자에 이 편지 내용을 실은 기사가 있었는데 편지 내용을 들어냈다. 그럼에도 『동아일보』는 편지 내용 일부를 부득부득 지면에 올렸다. 체포 경위를 보도한 1월 20일자의 커다란 기사 속에 슬쩍 끼워넣은 것이다.

김석황을 체포한 후에 물론 그 신체수색이 있었다. 그 주머니 속에서 미발송의 편지 한 장이 발견되있는데 김석황은 그 편지를 장태상 경무총감에게 보내려고 하였다고 말하였다. 그 편지의 요지는 다음과 같다.

"선생님께서 대권을 잡으실 때까지 소생은 유리개걸(遊離丐乞)하기로 하였습니다. 복원(伏願) 선생님은 기어코 대권을 잡으십시오. 대권은 반드시 선생님에게 돌아갈 것입니다.

선생님은 천명을 받으셨으니 소생은 잡힐 리가 만무합니다. 이 박사와 한민당 찬역배가 음모를 하오니 선생님은 특별히 신변을 조심하십시오. 대권이 이 박사에게 가면 인민이 도탄에 빠지고 애국자의 살상이 많이 날 것입니다. 선생님은 이 대권을 추호도 사양치 마시고 기어코 대권을 잡으십시오. 운운."

이 편지의 내용을 읽어보면 아무리 생각하여보아도 장태상 씨에게 보내려고 한 것으로는 생각되지 않는다. 그는 독자의 판단에 맡길 수밖에 없다. 이러한 차천자적·백백교도적 광신자들로부터 조선 민중이 해방되어야 민주주의국가의 성립이 용이하게 될 것이다.

(「고 장 씨 사건 연루자 김석황 체포 경로, 서제(庶弟)와의 불화가 단서」, 『동아일보』 1948년 1월 20일)

김석황은 왜 그 편지를 몸에 지니고 있었을까? 겉으로 봐서는 써놓고 미처 부치지 않은 상태에서 체포된 것이다. 그러나 그렇다면 너무나 공교로운 일이다. 그를 숨겨주고 살펴준 세 사람이 범인은닉죄로 기소되었다. 언제든지 편지를 쓰면 바로 발송할 수 있었던 것이다.

김석황이 도피 상태에서 일종의 '보험용'으로 이 편지를 늘 지니고 있었던 것이 아닐까 의심이 든다. 김구의 연루 사실을 드러내는 내용인데, 체포될 때 이 편지가 발각되어 '본의 아니게' 연루 사실이 나타난 것처럼 만들려는 것이 아니었을까. 김구는 누구도 함부로 건드릴 수 없는 인물이라는 믿음으로, 자신이 체포될 경우 김구가 끌려 들어옴으로써 그 위망이 자신까지 보호해주기 바란 것이 아닐까 생각된다.

김석황의 체포로 사건은 일단락된 셈이었다. 불원간 기소와 재판이 진행될 것으로 예상되는 가운데 약 보름간은 관련 보도가 없었다. 그런데 2월 중순 들어 사건의 신속한 공개와 범인들의 엄중한 처단을 요구하는 성명이 여기저기서 나오기 시작했다. 『동아일보』 2월 12일자에는 한협 성명이, 14일자에는 테러배후규명대책협의회 성명이, 20일자에는 여성연맹 성명이, 21일자와 26일자에는 한민당 담화문이 실렸다. 남북협상론으로 돌아선 김구에 대한 단독선거 추진세력의 일제공세로 이해된다.

이 사건은 2월 21일 기소되어 3월 2일 중앙청 제1회의실에서 첫 재판이 열렸다.

고 장덕수 씨의 살해사건은 그간 미군사령부 직속의 군사위원회에서 취급하여 오던바 동 사령부 직속 사법진에 의하여 발표된 그 후 소식을 들으면 다음과 같다.
2월 21일 포고령 위반으로 기소되어 3월 1일 중앙청 제1회의실에서 공개재판을 할 터인데 피고인의 성명은 다음과 같다.
김석황, 조상항, 신일준, 손정수, 김중목, 최중하, 박광옥, 배희범, 조엽, 박정덕.
그리고 기소내용은 다음과 같다.
1. 김석황, 조상항, 신일준, 손정수, 김중목, 최중하, 박광옥, 배희범, 조엽, 박정덕 등은 공동행위로 또 공동의사에 의하여 김철, 성명미상

의 기타 여러 사람과 함께 서울에서 작년 8월 14일에 혹은 그날경에 고의적으로 부당히 불법적으로 장덕수, 배은희, 안재홍 빛 기타 인사 약간 명을 살해하려고 음모하고 공공연한 행위를, 혹은 상술한 음모에 의한, 또는 그 실행의 행위를 행하였고,

2. 김석황, 조상항, 신일준, 손정수, 김중목, 최중하, 박광옥, 배희범 등은 공동행위로 또 공동의사에 의하여 서울에서 작년 12월 2일에 또는 그날경에 악의를 가지고 고의적으로 숙고적으로 불법적이며 계획적으로 장덕수를 카빈총으로 사격하여 살해하였다.

「고 장씨 살해사건 기소내용」, 『경향신문』 1948년 2월 27일)

재판 개정 날 오후의 증인신문에서부터 김구를 노리는 미군정 측의 의도가 드러난다. 3월 4일자 『동아일보』 「장씨 사건 군재 증인심문 개시」 기사 중 박은혜를 신문하는 대목이다.

이때 검사는 질문의 머리를 돌려서 장 씨 생전의 정치운동에 대해 들은 바, 본 바를 말하라고 장씨 부인에게 말함에

증인: 잘은 모르겠으나 한때 민대와 국의의 합동설이 있었을 때 남편은 이 합동운동에 많은 노력을 하였고 당시 김구 씨와는 의견의 충돌로써 알력이 생겼다는 말을 들었습니다. 그리하여 그때 김구 씨는 중국으로 다시 돌아간다고 야단을 친 모양이라고 들었습니다.

검사: 그것은 언젠가.

증인: 임시정부 추진파에서 정치운동을 맹렬히 추진하였을 때입니다.

검사: 김구는 누군가.

증인: 임정 요인이지요. 즉 임정을 조선정부로 한다고 해서 물의를 자아낸 모양입니다.

이때 피고 측 미군 변호인 빌스 대위가 일어서서 "이 사건에 있어서 정치문제까지 심문함은 부당한 일이 아닐까" 하는 질문을 받아 즉시 재판장은 "심문은 자유이다. 그런 월권행사는 기각하겠다."라고 일축하였다.

『네이버뉴스라이브러리』에는 이 시기의 『동아일보』와 『경향신문』 기사가 수록되어 있는데 『동아일보』는 재판 기사를 매일 연재하고 있었다. 3월 5일자 『동아일보』에 보도된 4일의 제3회 공판에서 저격범 두 사람을 체포한 중부서 백일현 경사의 증인신문이 있었는데, 진술한 체포경위가 너무 엉성해서 뭔가 사실을 감춘 느낌이 든다.

검사: 그들을 언제 어디서 처음 보았는가.
증인: 1947년 12월 4일 상오 10시경 시내 필동 2가 72번지 유봉린 집에서 처음 보았다.
검사: 그때의 광경을 말하라.
증인: 2일 장덕수 사건이 발생되자 수도청에서는 각 서에 범인 수사를 명했던 것이다. 그러자 그 다음 날인 3일 지명수배가 있어 관내로 검색을 나갔는데 필동 2가 72번지에 갔더니 그 집의 손님이라고 하는 사람의 행동이 수상할 뿐 아니라 지명수배한 사진과 인상이 비슷하여 엄중심문한 결과 범인임이 틀림없는 것을 인정한 것이다. (…) 다음 소지품을 내놓으라고 했더니 없다고 하기에 주인에 명하여 이들의 소지품을 가져오도록 했다. 그런데 손수건에 싼 권총을 가져왔던 것이다. (…)
검사: 진범인이라는 결정은?
증인: 박광옥을 보고 "당신이 그랬지?" 하고 물었더니 박광옥은 "네"

하고 대답했었다. 그래서 이름을 물었더니 박광옥은 자기는 "종로서 박광옥"이라고 대답했었다. 그리고 배희범을 보고 "당신이 같이 다니며 그랬냐?" 하고 물었더니 배희범 역시 "네" 하고 대답을 했었다. 그래서 포승을 해서 파출소로 데려왔던 것이다.

『경향신문』은 첫 공판의 보도 후 닷새 만인 3월 9일자에서 피고들의 진술서 낭독이 있었던 3월 8일의 제5회 공판을 보도했다. 인용된 김석황의 진술 중에 김구 관련 부분이 있다.

김석황(54): 본인은 국민의회 동원부장이다. 중국 망명생활을 하는 동안 대한임시정부 주석 김구 선생을 친히 1년 동안 모신 일이 있다. 귀국 후에는 별로 가깝지 않았으며 (…) 장씨 살해문제에 관해서는 신일준으로부터 1947년 7월경에 민족반역자를 숙청해야 한다는 말 가운데에 장(덕수), 배(은희), 안(재홍)을 죽여야 한다고 들었으나 말렸다. (…) 며칠 후 김구 선생을 찾았을 때 이런 말을 했더니 "이놈들은 나쁜 놈들이야."라고 했다. 이때 본인은 이 말이 장(덕수)을 죽이라는 직접 명령은 아니나 원하고 있는 것으로 알고 신(일준)과 김(중목)에게 말했다. 그 후 살해 계획을 김구 선생께 알렸더니 "아, 그런가."라고만 하였다. 본인의 주머니 속의 편지는 누구라고 이름은 안 썼으나 인편이 있으면 김구 씨에게 보내려고 한 것이다.

(「장 씨 살해사건 군재(軍裁) 경과」, 『경향신문』 1948년 3월 9일)

이 기사에 이어 김구의 소환장 발부와 이승만의 담화문 기사가 실렸다.

고 장덕수 씨 살해사건 군율재판은 지난 2일부터 중앙청 제1회의실에서 진행 중에 있는데 동 군율재판위원회에서는 피고인 김석황의 변호인 빌 씨의 요청으로 밀턴 로만 담당검사는 3월 6일부로 김구 씨에게 소환장을 보내었다 한다. 이 소환장은 8일 오전 10시 24군단 코넬 스미스 씨가 경교장으로 동 씨를 방문하고 수교하였다는데 동 소환장에는 3월 12일 오전 9시까지 군율재판소에 출정할 것이 적혀 있으며 김석황 등 소송사건을 변호하기 위하여 증인으로서 증명하고 증언할 목적으로 소환하는 것이라고 씌어 있다 한다.

(「김구 씨 소환장─군재(軍裁)위원회에서」, 『경향신문』 1948년 3월 9일)

이승만 박사는 고 장덕수 씨 사건에 관한 다음과 같은 요지의 담화를 발표하였다.

"고 장덕수 씨 사건에 김 주석이 고의로 이런 등사에 관련되었으리라고는 믿을 수 없다. 김 주석 부하에 기개인의 무지 맹동(盲動)한 죄범으로 김 주석에게 누를 끼치게 한 것은 참으로 통탄할 일이다. 앞으로 법정의 공정한 판결이 있을 줄 믿는다.

(「김 주석 관련 운운은 믿을 수 없는 일이다─이 박사 담화 발표」, 『경향신문』
1948년 3월 9일)

"때리는 시어머니보다 말리는 시누이가 더 밉다."는 말은 이승만 같은 사람들 때문에 생긴 것이 아닐까?

1948. 3. 11.

단독선거안에 대한 캐나다대표의 맹렬한 반대

———

메논 의장과 후스쩌 사무국장이 3월 6일 뉴욕에서 돌아온 후 유엔조선위원단은 8일 오후 3시 제16차 전체회의를 열었다. 조선에 들어와 활동을 시작한 지 두 달 만에 새로운 단계로 진입한 것이었다. 회의의 주요 내용은 당연히 메논의 소총회 참석 보고였다. 보고 내용은 위원단 공보 제37호로 발표되었다. 1948년 3월 9일자 『경향신문』에 게재된 공보 내용 중 흥미로운 부분을 뽑아 소개하겠다.

메논은 보고에서 소총회 토론 중 발표된 각국 대표의 의견을 소개하는 데 큰 비중을 뒀다. 그중 첫 번째 초점을 둔 것이 미국 제안에 대한 캐나다와 오스트레일리아의 반대였다.

> 미국의 생각은 총회의 결의가 통과되었을 때에 충분히 명확했던 소련 당국의 부정적 태도는 그 결의가 가능한 지역에서 이행되는 것을 방해할 수 없다는 것이다. 그런데 타방 캐나다의 의견은 사실에 있어서는 남조선에만 국한될 선거를 실시하고 또 이번 선거를 기초로 해서 중앙정부를 수립한다는 것은 총회 결의를 분명히 모독하는 것이라 하고 캐나다대표는 소총회는 조선위원단에 지시를 한다든지 또는 총회의 결의를 대변할 권한까지도 없다고 말하였다. 오스트레일리아

는 대체로 캐나다를 지지했지만 협의를 목적으로 한 선거는 가능할
것이라고 말하였다.

(「유엔위원단 공보 제37호」, 『경향신문』 1948년 3월 9일)

1947년 11월 14일 총회 결의에 대한 해석문제다. 미국 주장은 "소
련이 저렇게 나올 줄 그때도 다 알고 있었던 거 아니냐? 그러면서 그
때 총선거 시행 결의를 내린 것은 소련의 태도에 관계없이 총선거를
시행하자는 뜻으로 해석해야 한다."는 것이었다. 이에 대해 캐나다대
표는 "총회 결의는 명백히 조선 전체의 총선거를 지시한 것이다. 실질
적 분단선거가 될 총선거를 지지한다는 것은 총회 결의에 어긋나는 것
이므로 소총회의 권한을 넘어서는 것이다."라고 주장했다.

패터슨 캐나다대표는 8일 전체회의에서 메논의 보고를 들은 뒤에도
소총회 결의의 의미를 제한해서 봐야 한다는 주장을 내놓았다. 소총회
는 조선위원단에 지시를 내릴 입장이 아니라는 것이다. 소총회와 조선
위원단은 각각 총회를 보좌하는 기구로서 상하관계가 아닌 대등한 입
장이므로 조선위원단 업무에 관한 소총회 결의는 '권고'일 뿐이라는
주장이다.

8일의 전체회의석상 캐나다대표 패터슨은 소총회의 결의는 위원단
의 조회(照會)에 대한 응답으로서 행한 권고안에 지나지 않는 것이고
유엔조위에서 앞으로 결정되어야 할 선거감시 문제를 이미 결정된
것같이 일반에 주지시킨 것은 유감이라고 말한 바 있는데 이에 관하
여 동 씨는 동 회의 폐회 후 기자와 회견하고 선거를 조위가 감시하
느냐 아니하느냐는 아직 결정된 것이 아니라고 다음과 같은 일문일
답을 하였다.

(문) 귀하의 의견을 좀 더 구체적으로 설명해주기를 바란다.

(답) 소총회의 결의문을 보면 결의사항에서 '소총회의 견해로는' 이라는 문구가 있는데 이것은 소총회의 결의안이 한 권고에 지나지 않음을 의미하는 것이다. 소총회는 총회 결의를 고려하고 이러한 사태에 대한 자신의 검토 결과를 보고하는 권한이 있을 뿐이다. 총회에 의하여 구성된 조위에 지시를 내릴 수 없는 것이다. 이것은 소총회 결의문뿐만 아니라 메논 의장에 대한 설명적 서한을 보더라도 분명한 것이다.

(문) 그러면 남조선 선거 실시문제는 어떻게 되는가?

(답) 그것은 조위의 책임하에 그 실시 여부를 장차 결정해야 될 것이다.

(문) 미결 사항이 결정 사항같이 이미 발표되었다는 것은 무엇을 의미하는가?

(답) 하지 중장의 선거 실시 포고문 중 "연합국임시조선위원단은 동위원단에게 가능한 부분의 조선에서 여사한 선거를 감시하기로 결정하였으며"라고 하였는데 동 결정은 이제부터 위원단이 할 것이지 이미 결정된 것이 아니다.

(문) 귀하의 그러한 견해는 귀국의 정치적 태도에 결부되는 것인가?

(답) 그것은 아직 말할 수 없다.

(문) 귀국 대표가 소총회에서 조위 탈퇴를 시사한 바 있는데 그 후 어찌 되었는가?

(답) 그 문제는 조위의 금후 결정을 보아 결정될 문제다.

(「선거 실시는 미정. 소총회 안은 권고 정도—캐나다대표 담」, 『서울신문』

1948년 3월 9일)

위원단 탈퇴까지 시사하는 캐나다대표의 주장은 무시할 수 없는 것이었다. 유엔위원단은 9일 오전에 이어 오후에도 전체회의를 열었는데, 패터슨의 지적을 놓고 토론이 계속되고 있는 것으로 알려졌다. 오전과 오후 회의 사이에 있은 그랑 정보관의 기자회견 문답이다.

(문) 8일 전체회의에서 캐나다대표 패터슨 씨가 소총회 결의를 조위가 채택하는 여부는 위원단이 금후 결정할 사항이라고 하였는데 귀하의 해석 여하?

(답) 나도 패터슨 씨 의견과 같다. 선거를 감시하는 문제는 위원회 전체회의에서 금후 결정할 문제다.

(문) 하지 중장은 5월 9일 시행되는 선거가 유엔조위에 의하여 감시될 것이라는 전제하에 선거 실시 포고를 발포하였는데 그것은 어디에 근거한 것으로 생각되는가?

(답) 나의 추측으로는 류위완 박사가 3·1절에 서울운동장에서 한 연설에 의거한 것 같다.

(문) 위원단으로서 정식으로 선거를 감시하겠다는 통고를 하지 장군에게 전달할 일은 없는가?

(답) 없다. 그리고 위원단은 그 멤버가 개인적으로 표명한 의견에 대하여서 책임지는 것은 아니다.

(문) 2월 29일 발표한 스테이트멘트에 1948년 5월 10일 이전에 가능지역의 선거를 감시할 것이라 하였는데 이것은 위원단의 공식적 의사표시로 볼 수 있는가?

(답) 공식 결의는 레졸루션(결의라고 번역됨)이다.

(문) 공식 결정 없이 그러한 스테이트멘트를 위원단의 이름으로 발언할 수 있는가?

(답) 스테이트멘트는 위원단이 책임지는 공식 발표라기보다는 오히

려 의사표시로 해석할 것이다.

할 일은 잘하지 않으면서 안 할 일에 열심인 사람이 종종 있는데 하지 경우도 그런 것 같다. 메논 의장이 돌아오기도 전인 3월 1일부로 아래 내용의 포고를 내놓았다.

1. 조선인민대표의 선거는 연합국임시조선위원단의 감시하에 본 사령부 관내지역에서 1948년 5월 9일 차를 거행함.
2. 여사한 선거는 연합국임시조선위원단과 상의 후 필요하다고 인정하는 개정을 가할 입법의원선거법(1947년 9월 3일부 법률 제5호)의 조건과 규정에 의하여 차를 행함.

소총회의 의결만 보고 발포한 것이다. 그런데 조선 문제를 총회로부터 위임받은 것은 소총회가 아니라 조선위원단이라는 사실을 패터슨이 지적하고 나섰다. 조선위원단은 3월 8일 이전에 조선 선거에 대한 확정적 결정을 한 것이 없는데, 하지 사령관이 선거를 포고할 근거가 무엇인가? 아무도 이 지적에 합당한 답변을 할 수 없었다. 그래서 2월 29일 발표했던 공보 제33호가 결의사항(레졸루션) 아닌 의사표시일 뿐이라는 궁색한 변명이 나온 것이다.

미군정 측도 혼자 바가지 쓸 수 없다고 변명하고 나섰다.

미군정 당국 측에서는 이에 대하여 미결정 사항을 기정사항같이 취급하게 된 책임은 전연 위원단 측에 있는 것이라는 견해를 취하고 있다. 즉 하지 중장 정치고문인 동시에 동 대변인인 미첼의 9일 언약에 의하면 하지 중장의 포고는 위원단 측의 충분한 연락협조로서 결정된 것이라 한다. 즉 전기 28일부 조위 성명서 스테이트멘트 및 3월 1일 메논의 부재중의 조위 임시의장으로서 서울운동장 3·1기념식에 출석한 류 중국대표의 발언내용을 조위로서의 공식 태도표명이라고 할 수 있는 것이고 체재 중이던 메논 및 도쿄에 주재 중이던 패터슨 자신도 전화를 통하여 동의하였던 것이라 한다.

(「조위와 미 측 견해차이, 일시적 우회로 결국은 금명간 해소시(視)-미국 당국 측의 태도」, 『조선일보』 1948년 3월 11일)

3월 8일 메논의 보고를 담은 공보 제37호로 돌아가 본다. 오스트레일리아대표는 캐나다 주장을 지지하되 "협의를 목적으로 한 선거는 가능할 것"이라고 말했다 한다. 이것은 메논이 2월 19일 소총회 보고에서 말한 3개안 중 제2안 내용이다. 가능지역의 선거를 시행하되 최종적 건국이 아니라 남조선 인민을 대표하는 임시정부 수립에 목적을 둔다는 것이다.

이 제2안에 대한 연구와 논설을 전혀 찾아볼 수 없었다. 아쉬운 일이다. 미국의 재빠른 제1안 제안과 그 채택에 밀려 소총회에서 토론될 기회도 갖지 못했지만 이치에도 합당할 뿐 아니라 현실적으로도 매우 유용한 방안이었다고 생각된다.

이북에는 소련의 후원하에 북조선인민위원회가 1년 전 수립되어 북조선 인민의 임시정부 노릇을 하고 있었다. 통일건국을 바란다면 조선인 자치 수준이 뒤져 있던 이남에 상응한 임시정부를 세워 양쪽 임시정부가 건국 방안을 모색하는 주체가 되도록 하는 것이 바람직한 길이었다. 건국 방안 모색을 위한 임시정부 수립을 목적으로 하는 명실상부한 '남조선 총선거'라면 민족주의자들이 5·10선거를 거부한 것처

럼 거부할 필요가 없었을 것이다. 당시로서 최대한 대표성 있는 남조
선 임시정부를 만들 수 있었을 것이다.

소총회에서 인도대표는 메논이 아니라 인도의 유엔상임대표인 펄레
였다. 인도의 변절을 메논 한 사람에게 따질 일이 아니다. 그리고 모윤
숙의 공로를 너무 과장할 것도 아니다.

> 인도대표 펄레 박사는 선거의 결과 이미 정권이 수립된 북조선과 선
> 거가 2차나 연기된 남조선과의 비교를 하였다. 그래서 그는 이 선거
> 가 이 이상 더 지연될 수 없다고 생각하고 그것이 다만 협의적 목적
> 으로서만 사용될 것이 아니라 건설적 목적 즉 중앙정부의 설립을 위
> 해서도 작용되어야 한다고 하였다. 펄레 박사는 선거 전이나 그 기간
> 이나 그 후에나 그 정부가 전 국민에 의하여 지지되었다는 것을 볼
> 수 있도록 모든 노력을 다할 것이라는 희망을 말하였다.
>
> (「조선은 통일독립국가로. 유엔위원단 업무는 계속–메논 의장 전체회의서 보고 연
> 설」, 『경향신문』 1948년 3월 9일)

메논은 기권 12국의 입장에도 언급했다. 기권은 아랍진영과 스칸디
나비아제국에서 집중적으로 나왔다.

> 레바논을 제외한 전 아랍진영은 표결을 기권하였다. 아랍제국은 팔
> 레스타인 분할의 경험에 비추어 조선에서 이 같은 역사를 반복 말 것
> 을 희망하였다. 뿐만 아니라 그들의 태도는 아마도 팔레스타인 분할
> 에 있어서 미국 행동에 대한 불만을 반영시켰다.
> 스칸디나비아도 역시 미안(美案)을 지지할 수 없다는 것이었다. 그들
> 의 태도는 어느 정도 그들의 지리적 위치에 유래한 것이었다. 노르웨

이는 항구적 해결의 유일책은 소련과 협의를 계속하여 협조해야만
된다는 점을 지적하였다. 소련이 불참한 소총회는 비현실적인 분위
기에서 행동하고 있는 것이며 소총회는 여하한 결정도 부여할 법적
권한도 없다고 주장하였던 것이다. 그러므로 노르웨이는 스웨덴과
덴마크의 지지를 얻어 문제를 심의하기 위하여 특별총회를 소집할
것을 제안하였다.

(「조선은 통일독립국가로, 유엔위원단 업무는 계속-메논 의장 전체회의서 보고 연설」,
『경향신문』 1948년 3월 9일)

여러 나라의 입장을 설명한 다음 메논은 소총회 의결의 배경에 "유
엔의 위신"에 대한 의식이 작용했다고 지적했다.

메논 씨는 레이크석세스에 있어서의 가장 중요하며 문제가 되어 있
는 것은 유엔의 위신문제였다고 지적하고 다수 대표들은 만일 대다
수에 의하여 취하여진 결정이 일국 또는 일개 국가군의 부정적 태도
에 의하여 오유(烏有)에 돌아가게 되는 경우에는 유엔 위신상 치명적
인 것이라고 보고 있다.

(「조선은 통일독립국가로, 유엔위원단 업무는 계속-메논 의장 전체회의서 보고 연설」,
『경향신문』 1948년 3월 9일)

1947년 가을 이래 유엔총회 및 그 산하기구에서 조선 문제가 다뤄
지는 경위를 이번에 세밀히 살피며 지금까지 갖고 있던 생각을 크게
바꿨다. 당시 미국은 냉전에 뛰어들고 있었지만 미국과 함께 뛰어들
태세를 갖춘 나라는 몇 되지 않았다. 유엔에서 미국이 다수국의 지지
를 받는 데는 냉전 고착 이후와 달리 큰 명분과 많은 보상이 필요했다.

유엔의 권위가 약소국들에게 중요한 것이었다. 제국주의시대와 달리 약소국이 약간의 발언권이라도 갖게 된 것이 유엔의 존재 덕분이었다. 약소국은 유엔의 기능이 강화되기를 바랐다. 미국이 자국 의지를 관철하기 위해 유엔을 이용하려 한 반면 소련이 유엔의 기능을 마비시킴으로써 자국 의지를 관철하려 한 차이가 약소국들의 향배에 큰 작용을 했다.

김영호의 「6·25전쟁과 유엔의 역할」(『한국현대사의 재조명』, 한국전쟁학회, 명인문화사 2007)에는 이보다 몇 해 후 한국전쟁 당시 유엔의 작동방식이 서술되어 있는데, 초기 유엔의 성격을 살펴보는 데 좋은 참고가 된다.

1948. 3. 13.

"가능지역 총선거" 드디어 결정되다!

조선위원단은 1948년 3월 12일 제23차 회의에서 유엔소총회의 '가능지역 총선거 실시에 관한 결의안'을 지지하는 결의를 했다. 소총회의 결의가 조선위원단에 대한 구속력이 없으므로 조선위원단의 독자적 결정이 필요하다고 패터슨 캐나다대표가 3월 8일의 제16차 회의에서 지적한 문제가 타당하다고 인정되었기 때문에 3월 12일의 의결이 있게 된 것이다.

조선위원단은 나흘 사이에 여덟 차례나 전체회의를 열 정도로 긴박하게 돌아갔다. 결의가 필요하다는 사실이 확인된 후 결의에 3분의 2 찬성이 필요한가, 과반수 찬성이 필요한가 하는 토론이 있었다. 과반수 찬성으로 결의가 가능하다는 결정을 본 후 본안 의결에 들어간 결과 찬성 4(인도, 중국, 필리핀, 엘살바도르), 반대 2(캐나다, 오스트레일리아), 기권 2(시리아, 프랑스)로 가결되었다(『서울신문』 1948년 3월 13일). 애초 총회에서 조선위원단을 구성했던 대로 우크라이나까지 참여했다면 과반수 찬성에 다섯 표가 필요했을 것이다.

조선위원단은 의결에서 각국 대표가 표명한 견해를 공보 제43호로 발표했는데, 반대한 두 나라, 기권한 두 나라, 그리고 인도대표의 견해를 옮겨놓는다. 중국, 필리핀, 엘살바도르 세 나라 대표의 견해는 지면

이 아까워서 빼놓는다.

오스트레일리아는 남조선에 선거를 실시하는 데 반대하는 소총회 당시의 태도를 고지(固持)하였을 뿐 아니라 만일 좀 더 일찍이 발생하였더라면 소총회의 견해도 변경시켰을지 모르는 중요 사태의 발전이 있었다는 새로운 근거하에서도 또한 본 결의에 반대하였다. 잭슨은 아래와 같이 말하였다. "극우 그룹을 제외한 조선의 전 정당은 선거를 보이콧할 것으로 관측한다. 최근의 정세에 의하면 김구, 김규식 씨는 선거에 참가하지 않으리라고 한다."

오스트레일리아대표는 한 대안을 제기하였다. 그 중점은 군정 당국에 대하여 먼저 건의를 한 다음 위원회는 급속히 철퇴하였다가 추후에 그 사업을 진행시키는 것이 가능할는지 정세를 재검토하기 위하여 돌아오자는 것이었다.

캐나다대표는 소총회로부터의 권고는 현명치 못하며 위법이라는 신념하에 결의에 반대투표를 하였다. 캐나다 견해에 의하면 제안 중의 선거를 감시하는 것은 현재 위원회를 구속하고 있는 1947년 11월 14일부 유엔총회의 결의조항에 해당하지 못한다는 것이다. 그러나 캐나다의 반대투표는 동 정부가 가급적 속히 자유통일민주주의 조선이 탄생하는 것을 열망하고 있지 않다는 뜻으로 해석되어서는 안 될 것이다.

프랑스대표단은 소총회가 그의 권고를 교부한 금일에 있어서 위원회에서는 이를 이행하는 수밖에 없다는 것을 강조하였다. 그러나 그것은 협의대상을 위한 선거를 실시해야 한다는 것이다.

시리아는 총회결의의 실시를 지지한다든지 거부한다든지 하는 일체의 해석을 회피하기 위하여 기권하였다. 그러나 제3대안은 없는 만치 시리아는 남조선 사태가 자유선거를 보장할 수 있도록 시정된다는 조건하에서 위원회에 협력할 의향이다.

메논은 인도대표로서 위원회의 전원(全員)들은 조선의 일부에만 국한하여 총회의 결의를 실시하는 것이 법적으로 타당한지 않은지의 점에 관하여 솔직히 의문을 품고 있다고 말하였다. 그러나 이제 소총회는 위원회로써 이를 실시할 수 있다는 견해를 표명하였으므로 위원회는 그 결정을 준수하여야 할 것으로 본다고 그는 말하였다. 위원회의 위원들은 또한 자유선거 실시와 진정한 국민정부 수립의 가능성에 관하여 우려하였다. 자기의 견해에 의하면 위원회는 그 자체가 어디서든지 사태가 허락하는 범위 내에서 그 사명을 수행할 권한과 자유재량을 가지고 있다는 전제하에서 총회의 결의를 실시하도록 노력할 것이라고 말하였다.

(「총선거 감시안 채택되기까지」, 『경향신문』 1948년 3월 14일)

오스트레일리아대표의 발언 중 "더 일찍이 발생하였더라면 소총회의 견해도 변경시켰을지 모르는 중요 사태의 발전"의 지적이 눈길을 끈다. 대표적 민족주의자 7인의 총선거 불참 선언이 3월 12일 나온 것을 가리킨 것이다.

유엔소총회에서 조선에 가능한 지역만에서라도 총선거를 실시하여 조선의 중앙정부를 수립하자는 미 측 제안이 통과되자 김구, 김규식 씨를 비롯한 일부 진영에서는 태도를 표명한 바 있었는데, 12일 김구, 김규식, 김창숙, 조소앙, 조성환, 조완구, 홍명희 등 7씨는 중앙정부를 수립하려는 가능한 지역 선거에는 참가하지 아니하겠다는 요지의 공동성명서를 발표하였다.

(「총선거에 불참-김구 씨 외 6씨 성명」, 『동아일보』 1948년 3월 13일)

며칠 전(3월 6일) 일기에서 중간파의 원칙론-현실론 갈등을 언급했는데, 국내에서 단독건국 세력이 추진하고 유엔에서 미국이 주도하는 '가능지역 총선거'가 실현될 경우 이 선거에 참여할 것인가 여부를 놓고 단독건국 반대파 안에서 일찍부터 논쟁이 벌어지고 있었다.

민족진영과 중간파 일부에서 소 측의 보이콧을 일축하고 남조선만에라도 3월 말 이내에 총선거를 실시할 것을 강조하고 있는 이때 종래 민족진영에서 활동하던 한독당은 남조선 총선거를 찬성하는 파와 반대하는 파로 양분되어 맹렬한 의견 대립이 전개되고 있다 한다.

그리고 남조선 선거문제로 동 당에서 탈당할 기색을 보이고 있는 모 중앙위원 담에 의하면 과반 민독당에서 남조선만의 총선거에는 불참할 것을 결정한 이래 동 결정에 반대하고 남조선에 총선거가 실시될 때에 이에 참가할 것을 강조하여 동 당에서 탈당한 몇몇 간부는 앞으로 한독당에서 탈당할 몇몇 간부와 합작하여 안재홍 씨를 중심으로 신당을 조직할 가능성이 농후하다고 한다.

이와 동시에 한동안 정치노선이 멀어지고 있던 김구 씨와 김규식 박사 간에는 저반 유엔조위에 대하여 동일한 주장을 한 것을 계기로 접근되고 있으며 특히 최근에는 양차에 걸친 회담 및 조위에 대한 양 씨의 합작 건의와 더불어 금후 동향이 극히 주목되는 바이다.

(「한독, 민독 양당 선거파 합작」, 『동아일보』 1948년 2월 8일)

현실론에도 나름의 타당성이 있었다. 그러나 '가능지역 총선거' 방침이 확정되지 않은 상황에서는 현실론을 내세울 이유가 없었다. 순응

해야 할 '현실'이 아직 존재하지 않았으니까. 이 시점에서는 원칙론이 필요했다는 사실을 오스트레일리아대표가 7인의 총선 불참 선언을 중시한 데서 알아볼 수 있다. 2월 26일 소총회 의결 전에 원칙론의 강력한 표현이 나왔더라면 캐나다대표나 오스트레일리아대표가 반대 이유로 이것을 제시할 수 있었을 것이고 표결에 영향을 끼쳤을 것이다. 소총회 의결에는 통과에 필요한 것보다 단 한 표 더 많은 찬성이 있었을 뿐이다.

"협의 대상을 위한 선거"라면 찬성했으리라는 프랑스대표의 발언도 유의할 필요가 있다. 메논이 2월 19일 소총회 보고에서 제시한 3개안 중 제2안, 즉 남조선 임시정부를 목적으로 한 총선거 실시를 말하는 것이다. 총선거의 목적이 그처럼 제한적인 것이었다면 분단건국을 확정하는 것이 아니므로 중간파도 반대할 이유가 적었을 것이고 선거 보이콧을 결정하지도 않았을 것이다.

3월 13일 저녁 늦게 메논 의장과 후스쩌 사무국장이 경교장으로 김구를 찾아갔을 때의 대화 요지가 3월 14일자 『서울신문』과 『조선일보』에 보도되었다. 그런데 요지를 작성한 경교장 측에서 상황을 잘못 파악하고 있는 것 같다. 선거 목적이 중앙정부 수립이 아니라고 메논이 말한 것처럼 되어 있다.

> 메논: 남북회담에 관한 북조선 측 회한이 4월 30일까지 미도(未到)할 경우에는 선거에 참가함이 여하?
> 김구: 서한은 성의에서 발한 것이지 최후통첩과 같은 성질의 것이 아니므로 회한 기간의 여부를 논할 것이 아니다.
> 메논: 남조선 제반 정세로 보아 선거에 참가 협력함이 여하?
> 김구: 나는 통일정부 수립의 약속을 실행치 않은 귀하에게 실망한다.

1948년 2월 6일 유엔한국임시 위원단 후쓰쩌와 메논이 경교 장을 방문했을 때의 기념사진. 위원단은 김구가 남북협상으로 노선을 굳힌 뒤에 조선에 들어 왔다.

귀국의 파키스탄 분할 이후의 혼란 상태로 보아 우리는 남한단선으로서 민족분열의 비극을 연출시킬 수 없다.

메논: 우리는 중앙정부를 수립하고자 금차 선거를 실시함이 아니라 협의대상으로 하려는 것이니 그 결과로는 남북회담도 잘 진행할 수 있고 통일정부 수립도 잘될 수 있을 것이다. 그런즉 참가함이 좋지 아니한가?

김구: 그런 말은 못 믿겠다. 첫째 소련 1국이 반대한다고 자기의 결의를 실행하지 못하는 유엔이 금일에 통일이니 무엇이니 한다고 해서 믿을 수는 없다. 만일 이후에 통일을 시킬 수 있다면 지금은 왜 못하는가? 그리고 항간에는 벌써 내각 조직에 관한 준비공작이 여러 곳에서 진행되고 있으니 금차 조선 단선이 협의대상에만 그친다고 믿을 수는 없다. 협의대상 성립 이후의 남북회담은 남북통일회의가 되지 못하고 남북 국제회의로 변할 가능성이 농후하니 우리의 통일은 더욱이 곤란케 될 것이다.

메논: 그러면 북한에서 공산군이 남하하면 어찌하겠는가?

김구: 그것을 구실로 서로 군비를 확장하면 결국은 미소의 전초전이 되며 동족상잔만 있게 될 것이며 우리의 통일독립 목적에는 유해무익할 것이다.

메논: 만약 귀하가 선거에 불참하면 모 1당이 전제농단하게 될 것이 아닌가?

김구: 나는 정의를 논할 뿐이지 정권을 다투는 것이 아니다. 어떤 정당이든지 그 노선이 진정한 애국적이요 그 치적이 양호만 하다면 허심종수(虛心從隨)라도 하겠다.

「협의 위한 선거설 불신, 김구 씨 메논 의장 권고를 거부」, 『조선일보』 1948년 3월 14일)

메논은 이틀 후 기자회견에서 위 기사에 나온 '협의목적설'에 대해 "김구 씨가 다소 오해한 것 같다. (…) 중국 통역을 통해서 하였기 때문에 그러한 차이가 생긴 것일 것이다. 선거의 목적은 협의대상 구성이 목적이 아니고 조선중앙정부 수립을 위한 것이다."라고 대답했다(『동아일보』 1948년 3월 17일). 그리고 조선위원단 공보 제44호도 이 점을 지적했다.

> 항간에는 박두한 선거 목적에 대하여 다소 오해가 있다. 선거가 단지 협의를 목적한 것이라 한다. 이는 잘못이라 할 것이다. 또한 실시되는 선거가 남북조선에 있는 조선인 지도자 간의 협의를 방해하는 것도 아니다. 사실에 있어서 본 위원단은 선거가 실시되고 국민의회가 구성된 후에라도 여사한 협의가 계속되기를 희망한다. 소총회 의장이 본인에게 보내온 서한과 같이 국민의회는 국민정부를 조직하는 토대가 될 것이며 또 정부조직은 조선인 자신이 결정한 문제다. 더욱이 서한은 소총회 결의에 근거하여 발해진 것이며 자유로운 통일민

주조선을 위하여 위원단이 환대되기를 희망하고 있다. 본인은 동 서한이 모든 국민에게 깊이 연구되기를 바라는 동시에 오해기 풀리기를 바라는 바이다.

(「금반선거는 정부조직의 초석」, 『동아일보』 1948년 3월 17일)

3월 15일의 회견에서 선거 반대 활동의 탄압 여부에 대한 문답도 있었다.

> 문: 지난 13일 경무부장 언명에 의하면 선거반대 행동은 처벌한다고 하였는데 자유 분위기 양성 정신에 저촉되지 아니한가?
> 답: 그 문제에 대해서는 14~15 양일에 걸쳐 토의 중에 있는데 우리가 토의하고 있는 내용은 선거반대의 자유를 인정하는 것이 아니라 선거를 반대하는 자들이 자유선거 분위기를 교란할 경우에 대한 방책을 토의하고 있는 것이다.

(「조위업무 성실히 계속」, 『동아일보』 1948년 3월 17일)

"13일 경무부장 언명"이라 한 것은 아마 3월 12일 각 관구 경찰청장 회의에서의 발언을 가리킨 것 같다. 이날 조병옥의 훈시는 두 가지를 강조하였다고 한다.

> 1. 총선거 실시가 국책으로 결정된 이상 좌우익을 막론하고 반대하는 행동은 위법행위로 엄중 처단할 것.
> 2. 경찰은 총선거에 관한 제 법령을 공정 엄격하게 집행하여 자유 환경을 조성할 것.

(「선거 방해행위는 엄벌 자유보장에 경찰은 공평하라」, 『경향신문』 1948년 3월 14일)

선거 보이콧 운동을 경찰력으로 분쇄할 의지를 드러낸 것이다. 3월 12일 조선위원단 회의에서 시리아대표가 말한 것처럼 자유롭고 공정한 선거의 보장이 위원단의 큰 임무였다. 그런데 조병옥은 선거 실시가 '국책'이라고 주장하며 그에 대한 반대 행동을 '위법' 행위로 처단하겠다고 한다. 어느 나라의 '국책'이며 어떤 법을 기준으로 한 '위법'이란 말인가? 기자의 질문에 대해 메논은 "자유선거 분위기를 교란할 경우"만을 문제 삼는다고 대답했다.

5·10선거를 둘러싼 '투쟁'의 틀이 모습을 드러내고 있는 것이다. 단독선거 반대파는 "중앙정부 수립을 위한 가능지역 선거" 자체에 반대하는 명분에서 벗어날 수 없었다. 남로당에서는 선거를 파괴하기 위한 전면적 투쟁에 나선다. 이에 대응하기 위해 단독건국 추진세력은 경찰력만으로 부족했는지 거대한 '향보단(鄕保團)'까지 조직한다. "주민으로서 만 18세 이상 55세 이하의 남자는 단원이 될 의무가 있음(경찰관, 경비대원, 소방서원, 학생은 제외할 수 있음)"의 원칙으로 조직하는 기구였다(『경향신문』 1948년 4월 16일). 조병옥은 이것을 자신이 제안했다고 자랑했다(조병옥, 『나의 회고록』, 선진 2003, 193쪽). '자유선거'를 위하여?

1948. 3. 15.

김구와 김석황, 누가 거짓말을 한 것인가?

한국 언론사에 특기할 만한 현상 하나가 3월 내내 벌어졌다. 장덕수 살해사건 재판이 3월 2일부터 4월 1일까지 열리는 동안 『동아일보』가 엄청난 지면을 이 재판에 쏟아부은 것이다. 같은 기간 『경향신문』에 비해 줄잡아 다섯 배의 지면을 투입한 것 같다.

장덕수가 '동아일보 사람'이었다는 이유만으로 충분히 설명되지 않는 엄청난 분량이다. 김구에 대한 정치적 공세로 봐야 할 것이다. 지면 투입의 절정은 3월 9일자와 11일자의 2, 3면을 몽땅 바쳐 피고인 진술서 전문을 게재한 것이다. 3월 8일의 제5회 공판에서 진술서 낭독이 있었는데, 김석황, 신일준, 조상항의 진술서는 3월 9일자에, 김중목, 손정수, 박광옥, 조엽, 최중하의 진술서가 3월 11일자에 실렸다.

진술서 내용 중 김구의 연루 가능성을 보여주는 대목은 엄청 큰 활자로 부각해놓았다. 김석황의 진술 중 김구와 관계된 중요한 부분을 밑에 옮겨놓는데, 밑줄 친 부분은 큰 활자로 인쇄된 부분이다.

(문) 그러면 당신 기억에는 이 회의가 1947년 9월 중순경에 있었는지? 그때에 장덕수 씨 살해사건에 대한 메시지는 무엇인가?

(답) 본인은 신일준, 조상항, 손정수에게 내가 김구 씨를 만났다고

미군 군사법정에서 증인 자격으로 재판받는 김구. 귀국할 때도 개인 자격으로 들어온 김구가 지금도 개인 자격으로 소환된 데서 하지 사령관의 의지를 확인할 수 있다.

이야기하였고 김구 씨는 한국민주당 놈들은 다 나쁘다. 특히 이 박사 의도를 무시하고 공은희, 이종영을 죽여라.

(문) 김구 씨가 지금 당신이 말한 대로 이 3인을 죽이라는 지령을 당신에게 주었는가?

(답) 그렇습니다.

(문) 장덕수 씨를 죽이라고 신일준, 조상항에게 김구 씨의 지령을 전할 때에 당신이 그 사람들에게 더 한 말이 있지 않은가?

(답) 만약 그 사람들이 나를 신용 못한다면 김구 씨에게 가보고서 그 지령이 사실인지 아닌지 알아보라고 그 사람들에게 말하였습니다.

(문) 그 다음에는 무엇을 하였는가?

(답) 그 이튿날인지 본인은 신일준, 조상항, 손정수와 같이 이 지령에 대한 질문을 하려고 김구 씨 댁을 방문하였습니다.

(문) 그때에 김구 씨를 만나봤는가?

(답) 우리 4인이 김구 씨 침실에 가서 만나봤는데 그분은 교자에 앉

아 계셨습니다.

(문) 신일준, 조상항, 손정수를 위해서 이 지령을 증명해달라고 김구 씨에게 물어봤는가?

(답) 나는 그 사람들을 위해서 이 지령을 증명해달라고 말씀을 여쭈었습니다.

(문) 김구 씨가 무슨 말을 하여서 증명하였는가?

(답) 김구 씨는 장덕수, 배은희, 이종영은 나쁜 놈들이니까 그놈들은 숙청하라고 우리에게 명령하셨습니다.

(문) 김구 씨가 제일 처음 당신에게 지령을 줄 적에 그분이 장덕수 씨를 죽이라고 하는 말을 신일준과 그 외의 두 사람에게 자기의 지령을 증명할 때에도 말했는가?

(답) 아닙니다. 장덕수, 배은희, 이종영을 죽이라고는 말씀 안 하셨습니다. 장덕수, 배은희, 이종영은 죽일 놈들이라고 말씀하셨습니다. 나는 이 말씀이 나에게 직접 주신 지령을 증명하는 데 충분하다고 생각하였습니다. 그래서 나는 죽이라고 직접 명령을 해달라고 그분에게 청하지 않았습니다. (…)

(문) 김구 씨가 자기가 장덕수 씨 죽이는 것을 원한다고 확언하였는가?

(답) 김구 선생은 본인이 신일준, 조상항, 손정수에게 전한 말과 같이 장덕수는 죽일 놈이라고 말씀하셨습니다. 그분이 자기가 장덕수 씨를 죽이는 것을 원한다는 말은 하지 않았습니다.

(문) 그렇다면 어찌하여 김구 씨의 명령이 증명되는가? 그리고 김구 씨가 사실로 장 씨 살해를 원한다는 것을 증명할 수 있다고 당신은 생각하는가?

(문) 김구 씨가 나에게 처음 하신 말씀대로 장덕수 씨는 죽일 놈이라고 신일준, 조상항, 손정수에게 그랬으니까 김구 선생이 장덕수 씨

살해당하는 것을 원한다고 봤습니다.

(문) 다시 시작합니다.("시작으로 돌아가 봅시다."의 잘못된 통역 아닐지?) 김구 씨가 당신에게 직접 이와 같은 이야기를 하였소? "당신이 장덕수 씨를 죽이는 것을 나는 원하오."

(답) 김구 씨가 나에게 네가 장덕수 씨를 죽이라고 말씀하였습니다. 이 지령은 김구 씨가 1947년 9월 상순경 댁에서 나에게 주었습니다. 그때에 김구 씨와 본인 이외에는 아무도 없었습니다.

(문) 김구 씨로부터 받은 이 직접 지령에 대하여 당신은 어떻게 하였는가?

(답) 그 이튿날 본인은 경원여관에 가서 이러한 사명을 누가 이행할 수 있는지 알려고 했습니다. 그 이후에 본인은 그것을 이행할 수 없는 고로 그때에 본인이 김구 씨의 지령을 신일준, 조상항, 손정수에게 주었습니다. 그러나 다만 김구 씨가 장덕수, 배은희, 이종영을 숙청하기를 원하신다는 말만 하였습니다.

1947년 초·중순 어느 날 김구와 단둘이 있을 때 장덕수 살해 명령을 받았다는 사실(1), 이 명령을 혼자 수행할 길이 없어서 신·조·손 3인에게 전했더니 김구의 뜻을 확인하고 싶다고 해서 3인과 함께 며칠 후 김구를 찾아간 사실(2), 그 자리에서 장·배·이 3인은 '죽일 놈'이라고 김구가 말했다는 사실(3)이 위 인용문 안에 들어 있다.

(2)와 (3)의 사실은 신·조·손 3인의 진술과도 대략 일치한다. 그런데 사실 (1)은 김구와 김석황 두 사람만이 확인할 수 있는 것이다. 김구는 3월 12일과 15일 법정에 증인으로 출두해서 이 사실을 부인했다. 왜 두 사람의 진술이 서로 달랐을까?

두 사람 중 한 사람이 거짓말을 한 것이다. 누가 거짓말을 한 것인지 두 사람 본인 외에는 알 수 없는 일이다. 그러나 사실 여부와 관계없이, 나는 김석황이 믿을 수 없는 증인이라고 생각한다.

믿을 만한 증인이기 위해서는 사실을 말하는 진실성만이 아니라 진술 태도의 일관성이 있어야 한다. 설령 김석황의 진술이 사실이라 하더라도 그 사실을 밝히는 그의 목적이 무엇인지 생각할 필요가 있다. 김석황이 자신의 진술대로 김구의 하수인이라면 김구를 보호하는 태도를 지켜야 한다. 다른 누구의 손으로도 밝힐 수 없는 김구의 책임을 자기 진술로 드러낸다는 것은 하수인의 태도에 맞지 않는다. 김구에 대한 자신의 자세에는 아무 변화 없다고 그는 재판 내내 주장했는데.

김구의 직접 지령을 받았다는 그의 진술이 사실이더라도 그 사실을 그가 밝힌 것은 김구를 함께 피고석에 세우려는 목적이라고 나는 생각한다. 김구가 함께 피고석에 서면 처단이 약해질 것을 그가 희망했다고 보는 것이다. 체포 당시 김구 앞으로 쓴 편지를 부치지 않은 채 가지고 있었다는 사실도 같은 희망 때문이었을 것이다.

3월 12일 김구의 증언 내용이 『동아일보』 3월 13일자와 14일자에 실렸는데, 그중 김구의 사건 연루에 관한 문답을 뽑아 옮겨놓는다.

검사: 작년 여름에 장덕수 씨가 선생을 방문하고 미소공위에 대한 의향을 달리해달라는 부탁 내지 의논을 한 적이 없소?

김구: 기억할 수 없소. 친하기 때문에 그런 말을 했는지도 모르겠소.

검사: 그때의 장덕수 씨의 미소공위에 대한 의견은 어떠했소?

김구: 모르겠소. (…)

검사: 장 씨가 선생을 찾을 때 미소공위 참가에 대하여 불가하다고 한 말을 한 일이 있소?

김구: 기억이 없소.

검사: 장 씨의 공위 참가에 대하여 다른 사람에게 불가하다고 말한 일이 있소?

김구: 직접 본인을 대하고는 모르겠으나 점잖은 체면에 어찌 그러겠소.

검사: 그러면 그 말을 김석황에게도 한 일이 없다는 말이오?

김구: 없소.

검사: 김석황하고 만나 토의한 일이 있소?

김구: 없소.

검사: 보통 담화 중에 미소공위 참가가 좀 나쁘지 않느냐, 처치를 해야 좋지 않느냐는 말을 한 일이 있소?

김구: 없소.

검사: 작년 8, 9월경에 김석황, 조상항, 손정수, 신일준 4명이 선생을 찾아 "김석황에게 장덕수를 처치하라는 말을 했느냐?"라는 질문을 한 일이 있소?

김구: 없소.

검사: 확실하오?

김구: 확실합니다.

검사: 어째 선생은 다른 질문에는 기억이 없다고 말하고 이 질문에는 뚝 잘라서 확실히 없다고 단언을 하시오?

김구: 사람을 죽이라는 것은 중대사이니 확실치 않을 수가 있소?

검사: 선생이 죽이라는 말은 쓰지 않았겠지마는 "제거"하라는 말을 쓴 일은 없소?

김구: 안 썼소. 어찌 그 사람 하나를 제거하라고 하겠소?

검사: 작년에 미소공위 참가한 사람에 대해서 "제거"한다든지 "좋지 못한 사람"이라든지 그런 말을 한 일 있소?

김구: 없소. (…)

검사: 김석황에게 장, 배 등 4씨를 좋지 못하다든지 독립방해자라고 한 일이 없단 말이오?

김구: 기억이 아니라 나의 본심이 그렇소.

검사: 선생의 제자가 말하기를 선생의 명령이라 하는데?

김구: 그러기에 누구의 모략이지요.

검사: 그러면 누구의 모략이요?

김구: 말 못하겠소. 여러 사람과 단체의 이름이 내 입에서 나올 터이니.

검사: 재언하면 김석황이 선생을 가리켜 거짓말을 했단 말이오?

김구: 그렇소. 거짓말을 아니치 못할 환경이 그로 하여금 그렇게 만들었겠지요.

검사: 그러면 무슨 환경에서 그 사람이 그렇게?

김구: 내 눈으로는 보지 못하였으나 내가 들으니 경찰에서 고문을 한다고 들었소.

3월 15일 김구의 증인 출정은 증언 분량이 많지 않은 대신 극적인 정황이 벌어졌으므로 이를 보도한 3월 16일자 『경향신문』 기사 전부를 옮겨놓는다.

장덕수 씨 살해사건 군율재판은 지난 12일 제8회 공판에 이어 15일 오전 9시부터 과도정부 제1회의실에서 제9회 공판이 개정되었는데 이날도 김구 씨가 증인으로 출정하여 공판정은 방청객으로 초만원을 이룬 가운데 심문이 개시되었다. 심문이 차차로 고조에 달한 때문인지 법정의 공기는 처음부터 다소 험악한 분위기를 자아내는 듯하고 심문석에 오른 김구 씨의 얼굴도 첫날과는 달리 긴장된 빛을 띠었다. 오전 9시 10분 심판으로부터 개정한다는 선언이 있자 곧 검사로부터 심문이 개시되었다.

검사: 토요일에 계속하여 심문하겠소. 피의자들의 진술서 가운데 있는 진술에 대하여 증인은 모략이라 생각한다고 하였는데 그 모략이란 무엇이오?

김구: 내가 법정에 나온 것은 국제 예의를 존중하여 증인으로 출정한 것이지 심문에 있어 마치 죄인이나 피고와 같이 취급을 하니, 죄인으로 취급을 할 터이거든 기소를 하라.

검사: 질문에 대답하지 않는 것은 증인이 죄가 있어서 대답을 하지 않는 것이오?

김구: 나는 그런 사실을 모르니까 어찌 대답을 할 수 있는가. 대답을 거절한 것은 장덕수 씨를 죽인 것에 대하여 내가 관련을 하고 있는 것처럼 꾸미는 것이므로 안 한 것이다.

검사: 검사가 질문을 한 것을 대답함으로써 스스로 증인이 죄에 접촉하게 되는 때문인가?

김구: 나는 사건과 아무런 관계가 없으니 관계가 없는 것을 어찌 대답을 한단 말인가.

이때 5분 동안 휴정을 하였는데 휴정을 하는 동안 변호인단이 판사 앞으로 가서 무엇인가 조용히 이야기를 하고 김구 씨와도 말을 하는데 중대한 일이 벌어질 듯이 방청객의 관심은 김구 씨에 집중되고 있다. 피고들은 머리를 수그리고 있어 깊은 생각에 잠겨 있는 것 같다.

검사: 피고인 다섯 사람의 진술서에 적힌 진술을 증인이 모략이라 하였는데 모략이라 함은 무엇이오?

김구: 말을 못하겠다.

시간으로 9시 49분 바로 이때이다. 피고석에 앉았던 박광옥이 돌연 일어서면서 "그것은 완전한 모략이다! 법정에 태극기를 걸어라!" 하고 외친다. MP가 달려와서 박을 끌고 증인석으로 들어간다. 증인석으로부터 싸우는 소리와 우는 소리가 요란히 일어나 방청석을 아연케 한다. 김구 씨도 뒤를 따라 증인석으로 들어간다. 법정은 일대 소란을 일으키며 살기를 띤다. 이때 뒤를 이어 이번에는 방청석에서 "이제부터 조선 3천만은 다 죽는다!" 하고 외치는 소리가 난다. 이로써 혼란된 법정은 스스로 휴정이 되고 말았다.

피고인들의 얼굴은 또다시 핼쑥하여진다. 박이 들어갔던 증인석으로부터 "죄 없는 사람을 왜 그러는가!" 하는 말이 울음과 섞여 들려온다. 약 25분 후에 박과 김구 씨가 다시 나와 앉아 10시 15분부터 심문이 다시 계속되었다.

판사: 피고 자신이 말하여도 좋을 때 얼마든지 말할 수 있으니 조용히 앉아 있으라. 지금 당신들을 위해서 증인이 말을 하는 것이니 당신(피고)들은 직접 말하지 말라.
검사: 아까 말한 '모략'에 대해 말해주시오.
변호사: 그 질문은 증인의 위신에 관계되는 것이므로 반대한다.
이로써 김구 씨의 '모략'이란 말에 대하여 심문을 끝마치고 판사로부터

판사: 언제 어디서 "일본 놈들은 죽일 놈들이다"라고 말하였소?
김구: 상하이에 있을 때이며 15년 전 일이다.
판사: 누구에게 명령하였소?

김구: 역사를 통해서 잘 알 것이다. 광복군에 명령하였으며 윤봉길에게 시라카와(白川) 대장을 죽이라고 하고 이봉창에게는 도쿄에 가서 히로히토(裕仁)를 죽이라고 하였다.

판사: 애국자의 한 사람으로써 장덕수 씨를 생각하였는가?

김구: 국내에 들어와서 장 씨를 애국자라고 말하였는데 나는 그동안 장 씨가 애국자 노릇을 못했는지 했는지 모르며 조사해볼 생각도 없었다.

이로써 김구 씨에 대한 심문은 끝마치고 10시 37분부터 손종옥 씨에 대한 심문이 시작되었는데 심문 내용은 피고인들이 경원여관에서 말하고 회합을 한 광경과 증거품(사진)을 제시한 데 대한 답변으로 오전 11시 30분 오전 중의 심문을 끝마치었다.

(「장 씨 사건 증인심문 제2일, 김구 씨 발연대로(勃然大怒), 축석(蹴席) 퇴정 순간 판사 위류(慰留)로 진정, 박광옥 대성일갈, 법정 내 아연 소란」, 『경향신문』 1948년 3월 16일)

누가 뭐래도 김석황은 김구의 '심복'으로 알려진 사람이었다. 그의 체포와 재판 과정에서 흘러나온 얘기를 보면 축첩도 하고 애기(愛妓)도 두고, 지사(志士)보다 책사(策士)의 느낌이 든다. 독립운동에 세월을 바친 이를 놓고 정황을 세세히 알지 못하는 후세의 서생이 섣불리 폄훼할 일이 아니지만, 편지와 증언으로 김구를 피고석에 함께 끌어들이려 한 책략에 눈살이 찌푸려지는 것은 어쩔 수 없는 일이다.

김구는 이틀에 걸친 증언에서 장덕수와 잘 아는 사이였지만 장덕수에 대해 비판적인 견해를 가진 적도 없고 표명한 적도 없다고 잡아뗐다. 이것은 거짓말이었다. 1946년 11월 26일자 『서울신문』에 귀국 1

주년을 맞은 김구가 『서울신문』 출범 1주년을 축하하는 글을 실었는데, 그 글에 장덕수를 지목한 대목이 있다. 장덕수가 김성수와 함께 입법의원 선거에 당선하여 물의가 일어났을 때의 글이므로 누구를 지목한 것인지 명백한 것이다.

친일분자로 지목을 받는 자 중에서 일찍이 왜적 이상으로 왜국을 위하여 충견노릇을 한 무리는 감히 대두도 하지 못하며 혹 그 정상이 비교적 경한 무리로도 자숙하는 부분도 없지 아니하나 그러나 소위 황국의 성전을 위하여 글장이나 쓰고 연설쯤 한 것은 문제도 되지 아니한다고 하면서 도리어 발호하는 무리를 대할 때에는 구역이 나지 아니 할 수 없다.

(「환국한 첫돌날에. 위(爲) 서울신문 창간 1주년 기념」, 『서울신문』 1946년 11월 26일)

1948. 3. 18.

검찰이 경찰의 횡포에 항의하던 시절

———

유엔위원단은 3월 17일 제26차 전체회의에서 미군 당국에 제출할 '선거를 위한 자유 분위기' 건의안을 채택했다. 1월 18일 제1분위가 만들어진 이래 두 달간의 작업 성과다. 채택 사실은 바로 공보 제48호를 통해 발표되었으나, 그 내용은 사흘 후에야 발표되었다. 미군정 측에 예의를 갖춘 것으로 이해된다.

발표된 건의안 내용은 (가) 법률, (나) 강박(強迫), (다) 언론, (라) 정치범의 네 영역에 걸친 18개조로 구성되어 있다. 그중 특출한 조항만 옮겨놓는다.

1. 조선인사와 사계의 전문가 견해를 참작하면 본 위원단은 선거에 필요한 자유 분위기가 현존 법규에 의하여 어느 정도 보장될지 결정하기 곤란하다는 결론에 도달하였다.
2. 그러나 본 위원단은 남조선인민의 시민 자유를 증진하기 위하여 형사수속의 변경을 가능케 하는 법령 초안이 준비되어 있다는 말을 군정장관으로부터 들었다. 신법령에 의하여 영장 없이 체포할 수 없으며 영장 없이 체포하는 특별한 경우에 있어서도 구인장 없이는 48시간 이상 유치할 수 없으며 보증인, 변호인에 대한 조항과 권력남용

에 대한 징벌책이 보장되어야 한다. 본 위원단은 이 법령이 시민자유를 보장하는 중대한 단계라고 생각한다.

4. 본 위원단의 의견에 의하면 상기의 자유 가운데에 투표권 기권 그 어느 편이나 평화적·합법적 수단에 의하여 지지하는 권리가 포함되어야 할 것을 부언하며 이 점을 보증한 1948년 3월 3일 남조선군사령관 하지 중장의 중대한 증언을 주목한다.

5. 본 위원단은 선거자유 분위기를 충분히 보장하는 법령 혹은 증언이 없다는 사실을 잘 알고 있다. 위원단은 이 법령의 적용과 집행에 있어 경무부가 중대한 역할을 한다는 증언에 주목한다. 본 위원단은 조선 사람 가운데에 경무부가 그 업무를 수행하는 방법이 때에 따라서는 경무부의 개조까지 희망한다는 여러 가지 의견에 일치점이 없다는 결론에 도달하였다. 한편 군 당국은 현 사태를 고려하여 경무부의 성과에 만족하고 있다.

8. 본 위원단은 관계 당국에 다음과 같이 건의함. 즉 관계 당국은 청년단체의 지도자들에게 그 당원의 행동은 국련의 감시하에 있으며 또 그들의 일거일동은 조위가 총회에게 보내는 보고서의 중요한 요인이 된다는 것을 알려야 된다는 것.

16. 범죄를 재래(齎來)하거나 범죄의 선동을 제외하고는 불법집합에 참가하거나 삐라를 살포하는 것은 정치적 위법이라는 의견을 본 위원단에서는 가지고 있다.

18. 본 위원단은 폭동 혹은 사기행위를 범하지 아니한 정치범에 대하여서는 무조건 석방할 것을 당국에 건의함.

(「언론자유 등 4조항의 자유선거 보장안」, 『동아일보』 1948년 3월 21일)

제1조에서 남조선의 법률·제도가 선거의 자유 분위기에 적합하지

않다는 사실을 지적하고 제5조에서는 경찰의 역할에 부정적 견해를 밝혔다. 제6조에서는 "경찰의 태도를 세밀 감시하는 것이 우리의 임무"라고까지 했다. 가장 중대한 두 가지 문제를 정확히 짚은 것이다. 그리고 제4조에서 기권의 권리가 명시된 점도 중요하다. 실제로 5·10 선거에서 가장 심각한 문제의 하나가 기권의 권리 유린이었다.

제2조에서 "시민 자유를 증진하기 위하여 형사수속의 변경을 가능케 하는 법령 초안이 준비되어 있다."는 말을 군정장관으로부터 들었다고 했는데, 그 법령(남조선과도정부 법령 제176호, "인권 옹호 위한 형사소송법 개정")이 3월 20일부로 발표되었다. 오늘날 사람들 눈에는 당연한 원칙들이지만 그 당연한 원칙들이 당시까지 지켜지지 않고 있었다는 사실에 주목할 필요가 있다. 초안을 작성한 형사소송법 수정위원회에서 발표한 내용을 살펴본다.

1. 본 법령은 불법구류에 대한 국민의 자유권을 충분히 보장하기 위하여 종래의 형사소송법을 개정하는 것이니 하인이라도 재판관이 발행하는 구속장 없이는 구인·구류·체포 또는 구속 등의 신체구속을 받지 아니하는 것이다.(제1조. 제3조) 특히 법령이 지정한 예컨대 긴급조치를 필요로 할 때에는 재판관의 영장 없이 구속할 수 있으나 이러한 때는 48시간(법원 없는 군(郡)-도(島)는 5일) 이내에 영장을 얻어야 하고 영장을 얻지 못할 경우에는 즉시 석방하여야 한다.

2. 재판관의 영장으로 신체가 구속되면 즉시로 구체적 범죄사실과 또는 변호인을 선임할 수 있는 것을 알아야 할 것이고 선임된 변호인은 피의자와의 접견과 신서(信書)가 자유로 왕래할 수 있고 또 유리한 증거를 제출할 권리가 있다. 만일 접견과 신서의 왕래가 금지된 경우에는 법원에 대하여 그 금지에 해제령을 신청할 수 있다.(제11조. 제

13·4조)

3. 관변 또는 타인에게 신변의 구속을 당한 자는 그 친족 또는 변호인은 해 법원에 그 구속에 적법의 유무의 심사를 신청할 수 있다.(제17조)

4. 사법경찰관 또는 검찰관이 죄인의 신체를 구속한 경우에는 재판소의 허가를 얻어 10일간 연장할 수 있으나 그 기간 내에 송청 또는 공소제기를 하지 않으면 석방하여야 한다.(제8조)

5. 구속된 피의자가 공판에 회부 후 30일 이상 공판이 개정되지 않으면 보석할 수 있으며 재판소는 경찰청 또는 경찰서에 구속된 개인을 수시 자유로 보석할 수 있다.(제9조)

6. 구속뿐 아니라 가택을 수사하고 물품을 압수당하는 때에도 재판소의 수사영장이 없이는 못할 것이다.(제5조, 제20조)

7. 검찰관은 불법구속의 유무를 조사하기 위하여 관하 경찰서 유치장을 매일 1회 이상 반드시 감찰하여야 하고 이를 방해하는 자는 6개월 이상 7개년 이하의 징역에 처한다.

8. 일제 시의 악법인 행정집행령과 조선형사령 제12조부터 제16조를 폐지하고 만일 불법구속을 하는 경우에는 불법구속기간 중 1일당 1,000원씩의 손해를 배상키로 되었는데 만일 이 법령을 준수하지 않는 경우에는 6개월 이상 7개년 이하의 징역에 처할 뿐 아니라 지방검찰청장, 관구경찰청장, 경찰서장이 직접 부하 직원이 본 법령에 위반하는 것을 방임한 때는 즉시 파면되며 그 후 2개년간 사법부 또는 경무관직에 취임하지 못한다.

(「개정 형사소송법, 수정위원회서 해설 발표」, 『동아일보』 1948년 3월 26일)

이 정도 기본 원칙들도 지켜지지 않고 있었다는 사실이 믿기 힘든가? 마침 위 해설 중 제7항에 딱 걸리는 문제 하나가 이때 불거져 나왔다. 서울지방검찰청의 29명 검사 일동이 피의자 고문 여부에 대한 검찰관의 검증을 경찰이 거부한 사태를 놓고 하지 사령관, 김병로(金炳魯, 1887~1964) 사법부장과 이인(李仁, 1896~1979) 검찰총장에게 진정서를 제출한 것이다. 3월 19일자 『동아일보』 「검찰관의 검증을 경관 거부는 위법」 기사 중 진정서 내용만 옮겨놓는다.

"금월 17일 상오 11시경 절도 혐의로 서울시 서대문경찰서에 구금되어 있는 사법부 내 미인고문관실 전속자동차 운전수 윤종인(23세)이 심한 고문을 당하여 빈사상태에 있다는 정보를 접하고 인권옹호에 만전을 기할 것을 지상명령으로 하고 있는 우리 검찰관으로서는 그대로 방치할 수 없으므로 서울지방검찰청 조동진 검찰관을 동 경찰서에 출장케 하여 그 진상 여하를 조사하려 하였으나 동 서 수사주임 김원기가 수도관구경찰청장의 명령 없이는 유치장을 검찰관이라도 보여줄 수 없다고 완강히 거절하므로 조 검찰관은 부득이 일단 귀청하여 차석검찰과 엄상섭 씨에 보고하자 엄 씨는 곧 동 서 수사주임 김 씨의 부당함을 질책하는 동시에 동 서장으로 하여금 등청케 하여 이에 대한 사유를 설명하도록 요구하였으나 아무런 소식도 없어 재삼 동 서에 갔던바 장기상 서장 역시 수도관구청장의 명령 없이는 검찰의 요구에 응할 수 없다고 하여 끝끝내 유치장 조사를 거부하였고 다시 다음 18일 상오 10시경 본 청장으로부터 수도관구청장에게 전화로 조회하였던바 법률에 근거 없는 명령을 발하고 있다고 수도청장은 말하였는데 사법경찰관이 유치장 검열을 거부한다는 것은 남조선의 현행법규로 보아서 도저히 있을 수 없는 일이며 그 부당성은 삼척동자라 할지라도 이해할 수 없는 일이다. 만일 경찰관의 이러한 태도가 용인된다면 남조선에 있어서의 인권옹호는 불가능할 것이다. 더구나 자유로운 분위기 속에서 총선거가 긴급문세로 되어 있는 오늘 경찰관의 이 같은 비민주주의적 불법태도를 방임하여서는 안 된다. 원컨대 현명하신 각하께서 선처하시와 경찰관 측의 이 같은 독재적 경향을 급속히 시정하여주시기를 절망(切望)하오며 우리들의 이 지당한 요청을 각하께서 청납하지 않으면 하는 수 없이 유엔조위에 호소할 것이고 여하한 방법에 의하여서라도 이 부당성을 시정하여야 할 것입니다."

경찰은 왜 검사에게 피의자 보여주기를 거부한 것일까? 보여줘서 별문제 없을 것 같으면 이런 시끄러운 사태를 피하기 위해서라도 보여줬을 것이다. 보여주면 고문 사실이 대번에 드러날 상태였던 모양이다. 피의자가 미국인 고문관실 운전사였다니, 그 신분 덕분에 이렇게 문제화라도 될 수 있었던 것이 아닐까 하는 생각도 든다. 절도 혐의의 고문관실 운전사가 이렇게 당하는 판에, 연줄 없는 좌익 혐의자들은 경찰에서 어떤 취급을 받고 있었을까.

진정서 끝에 이 요청이 받아들여지지 않으면 "유엔조위에 호소"하겠다는 대목이 눈길을 끈다. 검사들은 미군정에게 경찰의 횡포를 시정하려는 의지가 없다는 사실을 수없이 절감해왔을 것이다. 이제 미군정을 끝내고 조선 임시정부를 세우기 위해 유엔위원단이 들어와 있는 상황에서 최소한의 법질서 세우는 일을 미군정이 계속 외면한다면 유엔위원단에 의지해서라도 법질서를 세워야겠다는 뜻을 나타낸 것이다.

경찰에서 조사 중인 피의자의 상태를 가족이나 변호사는 차치하고 검찰관조차 확인하지 못하게 하다니, 당시의 경찰은 피의자 신병을 자기네 소유물로 여긴 것일까? 이와 관련한 장택상의 담화가 『서울신

문』1948년 3월 20일자에 보도된 것을 보면 정말 아연실색이다. 법률
도 경찰청장의 허가 없이는 효력을 발생할 수 없다는 것이 장택상의
'민주주의'인가? 사람을 놀라게 하는 그의 재주에는 한계가 없는 것
같다.

> "우리 경찰은 민주주의식으로, 경무부장도 경찰청장을 경유치 않고
> 는 일선 경찰서장에게 직접 명령하는 제도가 없다. 이후는 검찰관께
> 서 일선 경찰의 사무연락을 하시려거든 일선 주임급과 싸우지 말고
> 수도청장을 경유하시면 알선할 용의가 있소."

분노한 검찰관들에게 일선 주임급과 싸우지 말라고 야유하고 있다.
이런 담화문은 정말 자기 손으로 쓴 것 같다. 비서가 써드리는 글이라
면 체통을 지키는 시늉은 할 텐데.

남조선을 경찰국가로 만든 책임자로 장택상과 조병옥이 나란히 지
탄을 받았지만, 조병옥이 그래도 국량(局量)이 더 큰 인물이란 사실은
이번 사태에서도 드러났다. 조병옥은 3월 22일 발표한 담화문에서 이
렇게 말했다.

> "검찰과 사법경찰은 형사수사에 있어서 이신동체(異身同體)이다. 기
> 실 현행 형사소송법의 규정에 의하면 수사상 법리적 권한으로서는
> 검찰이 주(主)요 경찰은 종(從)이란 관계에 있음이 분명하다. 그리고
> 수사에 현실적 임무수행에 있어서는 체포 피의사건의 기본적 조사의
> 광범 잡다한 활동이 사법경찰에게 부과되고 검찰은 주로 기소기관으
> 로 화함이 역시 명백한 사실이다.
> 이는 수사에 현실상 필요가 이런 분야를 조성한 것이매 검찰과 경찰

은 혼연일치의 실을 거두지 못하면 수사의 완벽을 이루지 못할 것이다. 그러므로 국립경찰은 남조선 특수사정에 의하여 중앙집권제의 독립적 체계를 고지하고 있으나 명령계통을 확보하는 이외에는 사법경찰에 복무하는 경찰관은 자기의 직속상관이 아닐지라도 도의상 실질적 상관으로 인정하고 그 지시에 응하여서 전적 협력을 하여야 할 것이다.

그리고 검찰 당국에서는 국립경찰의 특수성격을 인식하여 그 명령계통의 유지에 필요한 모든 절차를 답습하기를 요청하는 바이다. 소위 서대문경찰서 유치 피의자 고문 검증 거부문제에 대하여 검찰과 경찰 간의 대외적 발표가 왕래함으로써 검찰 경찰 간의 마찰에 대한 우려가 정도 이상으로 세간에 유포됨에 대하여 유감으로 생각한다.

검찰문제에 대하여 기실 경찰로서는 거부한 사실이 없다. 다만 국립경찰과 외부기관 간 수립한 교섭절차의 준수 및 시행이 도를 넘고 묘(妙)를 얻지 못한 까닭에 이 차질이 생긴 것이다. 경찰이 교섭절차에 있어 타 외부기관과 동일하게 검찰을 율(律)한 취지와 그 반면에 검찰이 국립경찰의 특수성을 망각하고 형사소송법에 규정한 검찰과 사법경찰의 관계를 문자 그대로 적용하려는 사실에서 무용의 오해 충돌이 생겼다고 나는 본다. 그러므로 검찰관의 수사 행사에 대한 장해를 예방하고 검찰과 경찰 간 관계를 원활히 하여서 수사상 협력 일치를 기하고자 한다. 본관은 경찰에 다음과 같은 사항을 지시하였다.

1. 사법경찰은 경찰관의 일반수사상 지시를 복종할 것은 물론 검찰관이 경찰관의 장(長)에게 통고하고 그 장의 입회하에는 검찰관은 하시(何時)든지 유치장 및 그 수용인의 검증을 실시할 수 있음.

2. 검찰관이 범죄수사상 필요하여 경찰관에 대하여 법률에 의한 출두명령을 발할 때에는 명령을 받은 경찰관은 소속장관에 보고하고

그 소속장관이 관의 필요상 출두를 금하지 않는 이상 출두명령을 거
부할 수 없음."

(「검증문제 일단락」, 『동아일보』 1948년 3월 23일)

얼마나 교묘한가. 경찰에 대한 검찰의 감독·지시 권한을 인정하는
것처럼 검찰의 자존심을 달래준다. 그러나 검찰의 권한은 원칙적인 것
일 뿐이라고 한다. 남조선 '특수사정'으로 인한 국립경찰의 '특수성'을
이해한다면 형사소송법의 규정을 그대로 따라서는 안 된다고 한다. 그
래서 결국 서대문서 사건에서 "기실 경찰로서는 거부한 사실이 없다."
는 것이다.

조병옥이 말한 '특수사정'이란 무엇인가. 공산주의자들의 책동을 말
하는 것이다. 선거의 자유 분위기를 위해 형사소송법을 개정한 데 대
한 노골적인 반대까지 단독건국 추진세력에서는 나타났다. 3월 25일
한국독립정부수립대책위원회 성명의 요점을 옮겨놓는다.

"유엔조선위원단이 가능한 지역에서 총선거 실시를 위하여 노력하고
있는 것은 우리의 감사하여 마지않는 바이다. 그러나 그들은 자유스
러운 분위기 양성을 너무 고조(高調)한 결과 남조선까지 소련의 위성
국화하게 하려고 하는 것 같은 인상을 우리에게 주게 되는 것은 우리
의 심히 의아하여 마지않는 바이다.
그 계획의 실현이 금번에 발포된 형사소송법 개정에 있다고 볼 수 있
는 것이니 그것은 자유스러운 분위기를 양성하는 데 공헌할 수는 없
을 것이요, 도리어 자유스러운 분위기를 파괴하여 총선거를 불가능
하게 하여 유엔총회에서 43 대 0으로 결정된 그 결과를 여기서 나타
내게 될 것이 아니고 도리어 소련이 보이콧한 그 결과를 나타내려고

하는 것이 될 것이니 우리는 그 태도에 대하여 단호히 반대하지 아니
할 수 없다. (…)

4월 1일부터 그 개정법이 그대로 시행되면 남조선에는 파괴분자들의
행동을 조장하여 입후보자들의 생명도 보장하기 어려울 것이고 투표
인을 제지하여 기권케 하고 투표소 습격 등 무한한 불상사를 연출하
게 될 것이다. 그 책임은 유엔조선위원단과 이 법령 개정에 참획한
대법원장, 사법부장, 민정장관에게 돌아가고 말 것이다. 그 입법절차
에 있어서도 입법의원이 있음에도 불구하고 그 기관을 경유하지 아
니하였다는 것은 중대한 착오로 생각되는 바이다.

그러므로 우리는 이 법령의 실시를 연기하고 즉시 입법의원을 소집하
여 신중 심의할 것을 제의하는 바이다. 그리고 그 법령을 그대로 실시
하는 것은 도저히 용인할 수 없다는 것을 재삼 고조하는 바이다."

(「형사소송법개정 현 정세하엔 부적당」, 『동아일보』 1948년 3월 26일)

형사소송법도 입법의원에 맡기잔다. 선거권 연령을 25세 이상으로
정하는 그 입법의원에. 입법의원에 설령 맡긴들 더 이상 법령을 다룰
수 있을 것 같지도 않다. 3월 18일 입법의원 제211차 회의가 열렸지
만, 이제 법령 의결은 고사하고 성원도 힘들게 되었다. 2월 23일 제
206차 회의에서 '남한 총선거 촉진 결의안'을 채택한 이후 의장단 3인
이 모두 사퇴하고, 회의장을 박차고 나간 19인의 의원을 제명 처분했
는데, 그 밖의 의원 11인이 의원직을 사퇴했다. 남은 의원 수는 49인
이었다(『조선일보』 1948년 3월 20일).

3월 18일에는 독촉국민회 제6차 전국대표자대회도 열렸다. 이 대회
에서 이승만의 훈화에 이어 김구 치사를 대독하다가 대의원들의 맹렬
한 중지 요구로 중단되는 해프닝이 벌어졌다. 이 대회의 결정 중 특이

한 것 하나는 월남민을 위한 특별선거구 설치와 김두한(金斗漢, 1918~1972) 구명을 대회 명의로 당국에 진정한다는 것이다. 김두한은 1947년 4월 좌익 청년들을 납치 살해한 '대한민청' 사건으로 미군정 군율재판에서 교수형 판결을 받은 사실이 1948년 3월 17일 발표되었다. 독촉의 두 가지 요구에 대해서는 며칠 후 자세히 살펴보겠다.

1948. 3. 20.

"어떤 테러든지 보호해주겠다!" 우리 쪽 테러라면

독촉국민회는 1946년 2월 8일 독립촉성중앙협의회(이하 '독촉협의회'로 줄임)와 신탁통치반대국민총동원위원회(이하 '총동원위원회'로 줄임)의 통합으로 이뤄진 단체다. 독촉협의회는 1945년 11월 이승만을 중심으로 민족통일전선을 지향하여 만들어진 단체였고 총동원위원회는 그해 연말 반탁운동의 열기 속에서 김구를 중심으로 만들어진 단체였다. 1946년 초 신탁통치안을 둘러싸고 좌우대립이 격화되는 가운데 우익 통합을 위해 독촉국민회로 합쳐진 것이다.

　통합 당시 총동원위원회의 기세가 드높은 반면 독촉협의회는 유명 무실한 상태였기 때문에 비록 총재를 이승만으로, 부총재를 김구로 하였지만 독촉국민회의 주도권은 김구 쪽이 가질 전망이었다. 그런데 실제로는 독촉국민회가 완전한 이승만의 사조직으로 자리 잡게 된다. '조직의 달인' 신익희(申翼熙, 1894~1956)가 김구 쪽에서 이승만 쪽으로 줄을 바꾼 것이 큰 작용을 한 것으로 알려졌다. 후에 신익희가 이승만과 결별하며 유림(柳林, 1894~1961)에게 합작을 청하다가 "자네는 이승만 앞에서 기생첩 노릇을 했던 사람이 아닌가!" 호통을 들은 일이나(1946년 8월 4일 일기) 신익희가 『자유신문』 사장이 되어 김구를 고문으로 내세운 것을 김구가 정면 반박한 일이(1946년 11월 23일 일기) 모두

이 '변절' 때문이었을 것이다.

독촉국민회 제6차 전국대표자대회가 3월 18~19일 양일간 시공관에서 열렸다. 총재 이승만의 훈화에 이어 부총재 김구의 치사를 대독하는 중 일부 대의원의 맹렬한 중지 요구로 대독이 중단되었다. 남북협상론을 내놓은 김구의 정치적 고립이 확인되는 해프닝이었다. 치사 낭독 중단 사실을 회의록에 남기지 말자는 제안이 둘째 날 회의 중 있었으나 표결에서 회의록에 그대로 남기자는 주장을 다수 대의원이 지지했다(『동아일보』 1948년 3월 20일).

김구의 세력 기반은 한독당과 국민의회밖에 남지 않았다. 독촉국민회 대회의 결의사항 중 "한국민족대표단은 우리 전 민족의 최고기관이니 우리는 절대 지지하는 동시에 그 지시를 복종하기로 맹서한다."는 항목이 이 사실을 분명히 했다(『경향신문』 1948년 3월 18일). 국민 전체를 대표한다고 우익에서 주장하는 기구로 국민의회와 민대가 있었는데 김구는 양자 통합을 위해 계속 노력해왔다. 당시 재판이 진행 중이던 장덕수 살해사건도 이 통합 노력과 관련된 것이라는 의심을 받고 있었다. 두 기구를 대표자대회 없이 약식절차로 통합한다는 발표가 1947년 1월 8일 나왔으나, 이것은 김구 측의 '희망사항'일 뿐이었다. 김구가 남북협상론으로 돌아선 계기도 이 통합 노력의 좌절에 있었던 것으로 보인다. 독촉국민회가 민대를 "전 민족의 최고기관"으로 확인한 것은 국민의회의 권위를 부정한 것이다.

그런데 독촉국민회 대회 결정 중 눈길을 끄는 것이 있다. 김두한 판결의 재고와 특별선거구 설치를 당국에 진정한다는 것이다. 특별선거구란 월남민 수가 460만 명이라고 주장하며 그들을 대표할 선거구를 남조선 주민의 선거구와 별도로 설치해달라는 단독건국 추진세력의 요구였다. 현실성 없는 요구를 정치공세의 일환으로 내놓은 것으로 보인다.

그런데 김두한 얘기는 왜 나온 것일까? 1947년 4월 중순 좌익 활동가들을 납치 살해한 '대한민청 사건'은 미군정으로서도 용납할 수 없는 악질 범죄였다. 그런데 7월 3일 선고공판에서 김두한에게 벌금 2만원 등 경미한 판결이 나오자 미군정은 상고 상태에서 이 사건을 미군 군사법정으로 이관했다. 1948년 1월 22일부터 2월 12일까지 군정재판이 진행되었는데 그 결과를 발표하지 않고 있다가 하지의 감형 조치후 3월 15일 발표했다.

> 조선인 재판소에서 이미 판결을 받은 김두한, 김영태 등 16명에 관한 군율재판은 조사위원회에서 지난 2월 12일 심리를 마친 후 그 내용 발표를 보류하고 있던바 지난 15일 조선주둔 미군사령관 하지 중장으로부터 다음과 같이 발표하였다.
>
> 즉 동 조사위원들은 김두한·김영태·신영균·홍만길·조희창·박기영·양동수·임일택·김두윤·이영근·이창성·송장환·고경주·김관철 등 14명에 교수형으로, 문화태·송기현 등 2명은 종신형으로 판결하였는데 하지 중장이 다시 재판한 결과 김두한 교수형, 김영태·신영균·홍만길·조희창 4명은 종신형으로, 박기영·양동수·임일택·김두윤·이영근·이창성·송장환·고경주·김관철 등 9명은 30년 형으로, 문화태·송기현 등 2명은 20년 형으로 각각 감형 수감되었는데 하지 중장으로부터 수감장소가 명령될 때까지는 미군 제7사단 구금소에 임시 수감 중이라 한다.
>
> 그리고 김두한 사형에 대하여서는 교수 집행 전에 미국 극동사령관의 승인이 있어야 한다고 한다.
>
> （「김두한 사형 재심에서 선고」, 『동아일보』 1948년 3월 18일）

테러가 활개 치는 해방공간의 남조선에서도 '군계일학'이라 할 극한
테러의 상징 김두한의 교수형이 확정된 것이다. 그런데 이 발표가 나
오자 독촉국민회에서 그 감형을 진정하고 나선 것이다. 23일 이화장
에서 열린 민대 회의에서도 김두한 감형 추진이 결정되었다(『경향신문』
1948년 3월 25일자). 선거를 앞둔 급박한 상황 속에 김두한 구명이 이승
만 세력의 큰 과제로 떠오른 것이다. 결국 김두한은 형이 집행되지 않
은 채 이승만 정부 수립 후 감옥을 빠져나오게 된다. (『네이버 지식백과』
에 따르면 오키나와 미군부대에 수감되어 있다가 형 집행 예정일 며칠 전 정부 수
립으로 모면했다고 하는데, 그 경위는 확인하지 못했다.)

1948년 10월 8일자 『경향신문』에 대전형무소에 복역 중인 김두한
이 장출혈로 보석될 것 같다고 하는 기사가 나온 후 그에 관한 기사가
없다가 이듬해 6월에야 신문 지면에 다시 모습을 나타낸다.

> 지난 5월 30일 종로서에 검거되어 그간 문초를 받고 있던 대한청년
> 단 건설국장 김두한(31), 김준경(40), 박중운(30) 등 3명은 협박, 공갈,
> 무기불법소지, 불법감금 등의 혐의죄 등으로 17일 서울지방검찰청에
> 송청되었다.
>
> (「김두한 등 송청」, 『경향신문』 1949년 6월 18일)

김두한이 당시 테러리즘의 상징이었던 만큼 그를 보호한다는 것은
"우리 쪽 테러라면 어떤 테러라도 감싸준다."는 선언이었다. 1948년 3
월은 그런 선언이 필요한 시점이었다. 단독선거 감행을 위해 극한 테
러가 필요했기 때문이다. 이승만 집권 후 그가 풀려나 활동을 재개한
것도 테러리즘의 수요가 계속되었기 때문이라고 봐야 할 것이다.

5·10선거의 공포분위기에 대한 예고가 분명해지기 시작하고 있었

김두한. 우익테러의 간판격 행동대장인 그의 구명운동은 테러의 수요가 줄어들지 않을 전망을 비쳐 보여준 것이다.

다. 유엔위원단은 선거의 자유 분위기를 강조하고 있었고, 기권의 권리도 보장되어야 한다는 점을 분명히 했다. 3월 18일 유엔위원회 그랑 정보관은 기자와 문답에서 이 점을 다시 밝혔다.

> (문) 만약 선거가 있어서 투표를 강요하는 일이 있다면 어떻게 할 것인가?
> (답) 그것은 위법이며 자유스러운 분위기라고 인정할 수 없는 것이다.
> (문) 합법적으로 선거를 반대할 수도 있는가?
> (답) 그 문제에 대하여는 말할 수 없으나 군정 당국에 제출한 자유스러운 분위기에 관한 위원단 건의 가운데 이런 점도 포함되었을는지도 모른다.
>
> (「투표 강요 위법, '그랑' 씨와 문답」, 『조선일보』 1948년 3월 19일)

김구-김규식으로 대표되는 민족주의자들이 선거 거부를 표명하고 있는 상황에서 선거 불참여가 인민의 중요한 의사표시 방법이었기 때문에 기권의 권리가 부각되었다. 인민에게 선거 참여를 강요하는 것이 분단건국 추진세력에게 최대의 과제였다. 5월 18일 독촉국민회 대회에서 이승만 훈화 중 이런 대목이 선거 참여를 강요하는 논리였다.

> "공산당을 비롯한 선거를 반대하려는 사람들은 갖은 선동과 모략으로 또는 파괴로써 선거를 방해하려고 할 것이니 우리는 이 점에 특히 주의하여야 할 것이다. 이번 선거는 남북통일선거가 아니므로 대외적 체면상으로 참가할 수 없다는 사람도 있으나 남북통일선거를 하지 말자는 사람은 누구인가를 잘 알아야 할 것이다."
>
> (「총선거 대책안 가결」, 『동아일보』 1948년 3월 20일)

3월 18일자 『동아일보』에 기묘한 기사 하나가 실렸다. 「이해 곤란한 언동, 군정 연장이 내조(來朝) 목적?-서 박사 발언 각 방면에 충동」이란 제목인데, 서 박사의 발언 내용은 보이지 않고 그 발언에 대한 극우 단체의 비난만 소개되어 있다.

● 총선거대책위원회: 총선거를 반대하는 자는 조선의 정부 수립을 반대하는 자이다. 서재필 박사가 무엇 때문에 총선거를 반대하는 암시를 하고 이 박사를 중상하는지 알 수 없다. 결국 그는 조선독립과 조선독립을 도우려고 내조한 것이 아니라 이것을 반대하는 자들에게 도구가 되려고 온 것밖에 되지 않는 것은 매우 섭섭한 일이다.

● 민족통일총본부: 서재필 박사가 이승만 박사를 중상하고 오늘 총선거를 반대하는 암시를 발표한 것은 실로 유감스러운 일이다. 아마

조선말도 할 줄 모르는 서 박사의 말이 와전되어 악질 반동분자가 역선전한 것으로 보인다.

● 반탁독립투위: 총선거를 반대하는 암시를 하는 자가 미군정의 관리 중에 한 사람이라도 있다는 것은 유감이다. 미국은 조선독립과 자주정부 수립을 도우려고 총선거를 지지하는 우방인데 그러한 자가 미군 관리 중에 있다면 미국정부에 대한 반동이라고 할 것이다.

● 국민회 선전부: 정치적 이해관계로 총선거를 반대하는 악질 반동분자의 도량이 날로 심하여 가는 금일에 조선독립정부 수립을 도우려는 미국의 현지 관리로서 우리 독립에 협조하러 온 줄 알았던 서재필 박사가 의외로 선거를 반대하는 반동분자의 도구가 되어서 3월 14일부『신민일보』등에서 최고영도자인 이 박사를 중상하여 민중과의 이간을 일삼는 것은 진실로 유감스러운 일이며 일 미국 군정관리로서 이러한 일을 하는 것은 결국 군정을 연장할 기도가 아닌가 인정하지 않을 수 없다.

『신민일보』에 실린 서재필의 발언 내용은 확인하지 못했지만 총선거 반대의 암시와 이승만에 대한 중상이라고 한다. 온갖 단체들이 야비한 언사까지 써서 다구리에 나서는 것도 볼 만하고, 원래 발언은 빼놓고 그에 대한 비난만 대서특필하는『동아일보』, 역시 대단하다.

5·10선거의 자유 분위기를 판별할 첫 번째 기준이 기권할 권리의 보장 여부에 있었다고 생각된다. 유엔소총회와 조선위원단의 "중앙정부 수립을 위한 가능지역 선거" 결정이 잘못된 것이라고 생각하는 조선인이 자기 의사를 표시할 수 있는 유일한 방법이 선거 참여 거부였

기 때문이다. 분단건국 추진세력이 이 권리를 묵살하고 싶어한 것은 당연한 일이거니와 미군정은 이 권리에 대해 어떤 입장이었나? 3월 22일 하지 사령관의 특별성명 뒷부분에 드러나 있다.

(…) 만일 조선국민이 투표하지 않는다든지 또는 오도된 지도자들이 참가를 거부하고 자기 부하들에게 선거를 거부하도록 종용한다든지 만일 소수의 진정한 애국자만 국민의 의무를 이행하여 투표를 하면 그와 같이 조직된 정부는 전 조선 국민의 희망을 충분히 대변할 수 없을 것이다. 그 결과는 누구도 원하지 않는 조선독립의 지연을 초래하며 또 그 결과로 인하여 공산주의의 노력이 팽창하는 것밖에 되지 않을 것이다. 어느 것이든지 그 선택은 여러분의 자유이다.

조선중앙정부를 수립하여 분열된 국가를 통일되도록 공작하는 것도 여러분의 자유요, 또는 혼란을 가져오는 것도 여러분의 자유요, 일 공산당하의 위성국가가 되어 공산주의의 노예가 되는 것도 여러분의 자유이다. 외국인으로서는 여러분을 위하여 어떤 결정도 지을 수 없는 것이다. 선거는 자유이어야 하고 여러분의 의견도 실행되어야 한다. 여러분만이 이것을 결정할 수 있다. 정당의 지도자이든지 보통유권자든지를 막론하고 총선거에 참가·불참가는 여러분의 자유이다. 만일 여러분이 참가하여 후보자를 선거하고 누구나 다 투표하여 선거의 자유 분위기를 양성한다면 본관은 이상 말한 책임과 권위 있는 대의원을 맞이할 것이요, 만일 여러분이 참가를 거부한다면 그 결과는 전 조선을 혼란과 공산주의와 외국의 노예로 도입(導入)할 위험에 봉착할 것이다.

(「통일 위한 총선거, 참가 거부면 적화 초래, 애국적 대사업에 충성을 다하라」, 『경향신문』 1948년 3월 23일)

'자유'란 말을 거듭해서 쓰는데, 가만 보면 반어법이다. 형식적으로는 '자유'지만 그런 자유를 누리려 드는 것은 '방종'이런 뜻이다. 완전 협박이다. 조병옥이 앞장서서 수십만 '향보단'을 조직하는 목적이 무엇보다 기권의 권리를 빼앗기 위한 것이었는데, 미군정이 그것을 승인하는 까닭을 여기서 벌써 알아볼 수 있다.

1948. 3. 22.

핵무기 아닌 '돈 폭탄'을 걱정하던 이남 극우세력

———

이승만과 한민당을 필두로 한 단독건국 추진세력은 유엔위원단의 5월 9일 가능지역 총선거 실시 결정으로 큰 뜻을 이뤘다. 이제 그들에게 최대의 과제는 이 결정대로 총선거가 시행되게 하는 것이다. 이에 비하면 그 선거에서 자파의 승리는 오히려 부차적 문제였다.

5월 총선거 실행을 위협하는 적은 두 방면에 있었다. 유엔 결정을 애초부터 반대해온 좌익은 오래된 적이고 드러나 있는 적이었다. 그런데 다른 방면의 위협이 더 크게 떠오르고 있었다. 유엔의 권위를 인정하면서도 통일건국을 포기하지 않으려는 중간파 민족주의자들이었다. 미소공위를 함께 반대해온 김구가 1948년 1월 하순부터 갑자기 발길을 돌려 중간파와 보조를 맞추기 시작하면서 이 위협이 크게 확대되었다.

좌익 봉쇄는 미군정과 오랫동안 협조해온 일이기 때문에 전술상 새로운 문제를 일으키는 것이 없었다. 그런데 중간파는 미군정과 나름대로 신뢰관계를 맺어왔고 유엔위원단 대표들과도 소통이 잘되는 세력이기 때문에 좌익 몰아붙이는 것처럼 마구잡이로 몰아붙일 수 없는 상대였다. 통일건국을 명분으로 한 단독선거 반대에 대처할 논리도 궁색했다.

극우세력이 명분의 열세를 무릅쓰고 승리를 바라볼 길은 경찰과 테러조직을 동원하는 폭력밖에 없었다. 중간파의 신거 기부에 공감하는 인민을 선거인으로 등록하고 투표소에 가도록 하기 위해서는 대규모의 조직적 폭력이 필요했다. 그런데 유엔위원단은 선거의 자유 분위기를 강조하고 있었고 미군정도 이에 상당 수준 호응하고 있었다. 그래서 극우세력은 폭력 동원의 필요성을 제기하는 데 혼신의 힘을 기울였다. 3월 23일 민주의원 성명서는 그런 노력의 한 예다.

"유엔조선위원단이 오는 5월 9일의 총선거 실시를 원만히 하기 위하여 자유스러운 분위기를 양성하려고 노력하고 있음은 우리가 인정하는 바이다. 그러나 우리는 그들이 교각살우의 우를 연출치 말기를 바라마지 않는 바이다. 그들의 생각에는 경찰을 구속함으로써만 자유스러운 분위기를 양성할 수 있을 줄 아는 모양이다. 그것은 조선 실정을 이해치 못하는 데서 나온 것이라고 보지 아니할 수 없다. 지금 각처에서 야기되는 파괴적 행동이야말로 그 진원을 소련 치하의 북조선에 두는 것으로서 화폐개혁에 의하여 얻어진 휴지의 구 지폐를 무한정으로 남조선에 수송하여 선거를 방해하고 있다는 것은 불가무(不可誣)의 사실이 아닌가?

경찰서 습격, 무기 탈취, 방화, 심지어 식수에 독약, 세균까지도 살포하여 치안을 교란하고 선거를 방해하고 있는 이때에 유엔조선위원단이 이 점을 간과하고 있는 것은 불사지심(不思之甚)이라고 평하지 아니할 수 없다. 정치범 석방을 운운하지마는 불법집회니 삐라 살포니 하는 것도 폭동의 일보 직전의 행동인 바에는 취체하지 아니하면 아니 될 것도 사실인즉 유엔위원단도 지엽말절에 구애되지 말고 좀 더 안광을 널리 하여 세계 정국을 살피고 참으로 조선 독립을 원조하는

데 노력하여주기를 바라는 바이다. 이 점을 유엔조선위원단에게 재
삼 부탁한다."

(「자유보장도 좋으나 좌익책동도 간과 말라」, 『동아일보』 1948년 3월 24일)

민주의원이란 1946년 초 우익이 비상국민회의로 집결할 때 그 상설
기구로 만들어진 최고정무위원회를 미군정이 자기네 자문기구로 채용
하면서 달아준 간판이다. 미군정의 '통역정치' 폐단이 심했던 까닭은
조선인의 민의 수렴 장치가 빈약했기 때문이다. 이 문제를 해결하기
위해 민주의원을 채용했지만 이승만과 김구를 '영수'로 모시는 이 기
구의 민의 수렴 기능에는 한계가 있었다. 그해 말 입법의원이 만들어
지면서 자문기구의 기능이 사라졌는데도 극우세력은 민주의원 간판을
그대로 지키고 있었다.

경찰서 습격, 무기 탈취, 방화 같은 것은 진부한 레퍼토리고, "식수
에 독약 세균" 같은 대목에서 약간의 상상력을 살필 수 있다. 그런데
"화폐개혁에 의하여 얻어진 휴지의 구 지폐"란 무엇인가? 상황 설명
이 좀 필요하다.

북조선에서 1947년 12월 6~12일 사이에 화폐개혁이 시행되었다.
이 화폐개혁으로 수거된 구 화폐가 대남공작에 사용될 것이라고 반공
세력에서 목청을 높인 것은 당연하다면 당연한 일인데, 이 우려를 하
지 사령관도 공유하고 있었다. 좌익에서 일으킨 1948년 2월 7일 소요
사태에 대한 하지 성명서(2월 10일)에 이런 대목이 있었다.

"민주주의적 남조선 건설을 파괴하고 조선국가의 경제를 해할 목적
으로 감행된 금반 행동은 민주조선의 적이고 또 틀림없이 작년 12월
북조선 화폐개혁에서 압수 혹은 교환한 지폐로 매수당한 100~200

명의 탐욕자에 의하여 감행된 것입니다. 그들은 전력을 다하여 조선을 혼란에 빠뜨리고 조선인의 운명을 불행케 하려는 조선 독립의 직이고 또 조선국민을 불행케 하고 생활 곤란에 함입(陷入)케 하려는 목적으로 철도와 철도운영기관 같은 국가의 부원(富源)과 자본을 불법하게 파괴하려 하고 있는 것입니다. 그들은 이렇게 하여 조선국민을 혼란 현혹시켜 소수가 대다수를 독재하려는 공산주의자 욕망을 달성하려고 하며 자유국민에 허용된 자유를 이용하여 여러분이 현재 향유하고 있으며 또 향유할 수 있는 자유를 파괴하여 그들의 부정한 목적을 달성하려고 기도하고 있습니다."

(「파괴 일삼는 공산파 민주조선의 적」, 『경향신문』 1948년 2월 12일)

이북의 화폐개혁으로 수거된 조선은행권 총액은 약 30억 원으로 추정되었다. 조선은행권 통화량은 1945년 초까지 50억 원에 미달하다가 전쟁 말기의 증발로 약 55억 원인 상태에서 해방을 맞았고, 9월 초 미군 진주까지 몇 주일 동안에 약 30억 원이 발행되었다. 1945년 9월까지 조선은행권 발행고 약 85억 원 중 30억 원가량이 이북 지역에 있었던 것으로 추정한 것이다.

이남의 통화량은 1948년 1월 5일 335억 원에 이르렀다(『동아일보』 1948년 1월 23일). 100억 원이 넘는 1947년도 추곡 매수자금이 마지막 몇 달간 화폐 급증의 결정적 원인이었거니와, 미군정의 수지 적자를 화폐 증발로 꾸준히 메워온 결과였다. 이북에서는 통화량 증가의 필요를 소련군 군표 발행으로 충당하고 있었다.

화폐개혁은 일제 통치가 끝난 직후에 필요한 일이었다. 미군정이든 임시인민위원회든 행정을 새로 맡은 입장에서 경제 운용을 위해 통화 파악과 통제가 필요했다. 더구나 점령군 진주 직전 몇 주일 동안 기존 통화량의 절반 이상이 발행되었다면 아직 유통되지 않은 뭉칫돈을 파악하는 것은 절대적으로 필요한 일이었다.

1945년 중에 화폐개혁을 실시하지 않은 1차 책임은 미군정에 있었다. 조선은행을 장악한 미군이 화폐개혁의 필요성을 판단할 입장에 있었다. 미군정이 화폐개혁을 하지 않는데 이북에서만 시행하는 것은 '분단 고착'으로 지탄받을 일이었다. 이북 지도부는 조선 문제가 1947년 가을 유엔에 회부된 뒤에 헌법 제정, 군 창설, 화폐개혁 등 독자적 건국 준비사업을 추진했다. 미소공위 이외의 외부 개입을 배격한다는 명분이었다.

이북의 화폐개혁에 대한 김성보의 설명을 살펴본다(『북한의 역사 1』, 역사비평사 2011, 135~137쪽). 기본 원칙은 구폐와 신폐를 1 대 1로 바꿔주는 것이었다. 그러나 화폐 소유자의 신분에 따라 즉시 교환의 한도를 정하고 한도 외의 금액은 인민위원회가 정하는 기간 강제적으로 예금하게 했다. 교환 한도는 봉급자의 경우 지난달 수입 입금액, 농민은 매호당 700원, 10인 이하 고용 기업가는 소득세와 과세표준액 1개월분의 50퍼센트 이내, 10인 이상 고용 기업가는 지난달 지불한 임금액의 50퍼센트 이내였다고 한다. 이 조치의 영향을 김성보는 이렇게 정리했다.

화폐개혁이 주민에게 미친 영향은 계층별로 다르게 나타났다. 일반 근로대중은 월 근로소득액까지는 새 화폐를 교환받을 수 있었고, 동결된 예금도 어느 정도 기간이 지난 뒤 지불받을 수 있었다. 화폐개혁으로 과잉화폐가 회수되어 시장물가가 하락함에 따라, 근로대중의 실질임금은 높아졌다. 그러나 상공업자들이 입은 타격은 컸던 것 같다. 이들이 교환받게 된 화폐량은 정상적인 기업 경영에 크게 부족한 금액이었다. 동결된 예금은 차후 지불하게 되어 있었지만, 실제로 제대로 지불되었는지는 알 수 없다. 이 점에서 화폐개혁은 자본 일반에 대한 수탈을 목적으로 하는 사회주의적 개혁의 성격을 부분적으로 지니고 있었다.

북조선인민위원회는 소련국립은행이 발행하여 유통시킨 군표를 새 화폐로 교환해줌으로써 소련정부가 부담해야 할 군표 발행과 유통의 모든 책임을 스스로 떠맡았다. 소련정부는 이에 대해 보상을 해주지 않았다. 화폐개혁 이후 북한 주둔 소련군의 유지비는 북조선 인민위원회에 직접 반영되었다.

1947년 말의 화폐개혁을 통해 일제 식민지 화폐제도가 청산되고 화폐주권이 실현된 점, 과잉화폐를 흡수해 물가안정을 이룬 점은 밝은 면이지만, 상공업자들의 자본력이 위축되고 북한 인민이 소련군 주둔 비용을 그대로 물려받은 점, 남북 간에 이질적인 화폐 체계가 형성되어 분단구조가 심화된 점은 어두운 면에 해당한다.

'과잉화폐'는 정상적 경제 운용을 통해서도 점진적으로 형성될 수 있는 것이지만, 해방 당시의 과잉화폐는 몇 주일 동안의 쿠데타적 남발에 따른 것이었다. 해방 전의 조선은행권 제작은 일본 조폐창에서 하는 것이 정상이었는데 그 몇 주일 동안의 인쇄는 서울 시내의 민간 인쇄소까지 동원해서 마구잡이로 했다. 당연히 인쇄 품질에도 문제가 있어서 상인들이 '붉은 돈'이라 부르며 받기를 꺼려했는데도 미군정이 그 효력을 보장해주었다. 나는 "해방일기" 작업에서 전문 연구자들의 연구결과를 수동적으로 받아들이는 입장이지만, 이처럼 중대한 문제가 방치되어 있는 데는 불만을 표하지 않을 수 없다.

이북의 화폐개혁을 피해 돈을 남쪽으로 보내려는 시도가 있었을 것은 당연한 일이다. 강제 예치로 돈이 묶일 뿐 아니라 터무니없이 큰돈의 교환을 신청할 경우 조사 대상이 될 수도 있었을 테니 구매력이 계속 보장되고 있는 남쪽으로 돈을 보내고 싶었을 것이다. 그러나 남북간 교통이 통제되고 있었기 때문에 넘어오는 돈의 분량에는 한계가 있었을 것이다. 해방 전 천내리에서(당시는 함경남도, 지금은 강원도) 사업을 하던 외할아버지가 이 무렵 재산을 포기하고 월남할 때 허리에 전대를 두르고 38선을 넘었다는 이야기를 어렸을 때 들었는데, 화폐개혁의 상황 아래가 아니었을까 생각된다.

미군정은 1946년 5월 좌익 탄압을 시작할 때 '정판사사건'을 터뜨렸다. '경제교란'을 목적으로 1,000여 만 원의 위폐를 찍어냈다는 주장도 믿을 근거가 없는 것인데, 이제 그보다 수백 배 돈이 남한 경제를 무너뜨리러 38선을 넘어오고 있다고 극우세력은 주장했다. 아마 그들은 이북 화폐개혁의 목적이 남쪽으로 '돈 폭탄' 쏘아 보내는 데 있다고 생각했나보다.

소련 영사관 직원이 이북에서 가져온 돈을 물 쓰듯 하며 귀금속 등을 사 모으는 "죄상이 만천하에 드러나게" 되었다는 장택상의 발표는 이 우려에 부응하려는 것이었다.

서울에 주재하는 소련 영사관원 세가이 세메노비치 슈딘은 북조선 화폐개혁을 기화로 북조선 민중으로부터 박탈한 수많은 조선은행권을 남조선에 가져다가 물 쓰듯 하며 귀금속 등을 사 모으고 있는 놀라운 국제적 사건이 요즈음 수도청에 탐지되어 그 죄상이 만천하에 드러나게 되었다. 그가 행하는 바 남조선의 경제혼란을 조장할 목적인지 또는 자기 자신의 사복을 채우기 위한 것인지 여하간 이유 여하를 불문하고 국제법에 보장되는 치외법권의 보호를 받는 소련 영사관원이 그러한 행동을 하는 것은 선량한 이 나라 백성의 고혈을 빨아들이는 것으로 우리로 하여금 통분을 금치 못하게 한다. 그런데 이에 대한 장택상 총감의 특별발표 전문은 다음과 같다.

"세가이 세메노비치 슈딘은 서울에 주재하는 소련 영사관원으로 현재 그 영사관에 유숙하고 있으면서 북조선에 있는 조선인으로부터 박탈하여온 조선은행권 약 100만 원을 가져다가 서울서 다수한 귀금속 그 외 여러 가지 물품을 매입하였다. 이 은행권은 월여 전에 환금하여준다 하고 약속 이행치 않은 은행권이다. 이 돈이 북조선으로부터 남조선에 있는 남로당에 송금된 것 같은데 무슨 까닭인지 슈딘은 이러한 물품을 매입하였다. 이 매입 목적은 혹은 자기의 사유로 만드는지 혹은 본국에 송치하여 고가로 상업목적을 의도하는지 경찰은 자세히 알 수 없으나 북조선 민중으로부터 환금하여준다 기만하고 환금 아니하여준 돈을 가져다가 남조선에서 치외법권의 보호를 받는 소련 영사관원이 여사한 행동을 한다는 것은 불가사의다. 수도경찰은 다행히 이목이 밝아서 비밀 또 비밀리에서 행동하는 이 슈딘의 행사를 잘 알고 있다. 물품매입의 날짜, 품명, 상점은 다음과 같다. 양심 있는 우리 조선동포는 참고로 잘 보아주기 바란다."

(「북조선서 박탈한 조은권 귀금속 매점에 살포, 재경 소 영사관원의 탈선」, 『동아일
보』 1948년 4월 6일)

밑에 붙어 있는 목록에는 2월 25일에서 3월 29일 사이에 이뤄진 27건 매입의 금액, 품명, 장소가 나열되어 있다. 제일 큰 매입이 45만 원에 라이카사진기를 산 것이었고, 길거리에서 담배를 사는 등 2,000원 미만의 매입도 8건이나 포함되어 있다. 1만여 원짜리 금반지 몇 개와 고급 시계 3개 등 휴대에 편리한 고가품을 개인 수요보다 많이 산 것은 사실이다.

슈딘이라는 이 영사관 직원이 무슨 범죄를 저질렀다는 건지 이해가
안 간다. 그는 조선은행권을 사용했는데, 그것이 "북조선에 있는 조선
인으로부터 박탈하여온" 것이라는 증거는 아무것도 없다. 아마 2월 25
일에 비싼 사진기를 사는 장면이 포착되자 그때부터 담배 한 갑 사는
것까지 다 미행하며 조사한 모양인데, 그것이 무슨 범죄나 되는 것처
럼, 마치 치외법권 때문에 체포하지 못한 것처럼 일방적으로 떠들어대
는 것일 뿐이다.

슈딘이 범죄를 저질렀을 가능성은 있다. 그러나 그것은 이남 미군정
의 법령에 대한 범죄가 아니라 이북 화폐개혁 관계 법령에 대한 범죄
일 것이다. 평양에 있는 그의 동료 한 사람이 주변의 조선인에게 조선
은행권으로 손목시계나 금반지 따위를 사달라는 부탁을 받아 서울에
있는 슈딘에게 맡긴 것이라고 추측된다.

1947년 9월 남조선과도정부 정무위원회가 웨드마이어(Albert Coady
Wedemeyer, 1897~1987) 특사에게 제출한 '시국대책요강' 중에는 화폐
개혁의 필요성이 적시되어 있다(『경향신문』 1947년 11월 6일). 그러나 이
북의 화폐개혁 때까지 미군정은 화폐개혁 조짐을 전혀 보이지 않았다.
이북의 화폐개혁 소식이 전해지고 극우파가 '돈 폭탄' 위협을 제기하
자 방어를 위해 화폐개혁을 해야 한다는 주장이 일각에서 나왔지만 미
군정은 큰 반응을 보이지 않았다.

북조선 화폐개혁에 따르는 남조선의 인플레를 방지하고자 불원한 장
래에 미군정이 화폐개혁을 단행하리라는 외전(外電)과 더불어 항간에
는 화폐개혁에 대한 의혹심이 증대한데 중앙청 정무회 화폐대책위원
회에서는 이러한 긴급사태에 대처하여 동 문제를 최후적으로 결정하

고자 5일 긴급회의를 개최하였는데, 동 석상에서 현 단계 화폐개혁
에 대한 정부 양론이 대두되었으나 결국 재무부 고문 로렌 씨의 주장
인 "현하 남조선의 화폐개혁은 민생을 가일층 빈궁화시킬 것으로 정
치문제에 앞서 실시될 수 없고, 북조선 화폐개혁에 따른 구권 회수도
대일 배상에 있어 북조선 재산까지 포함되어 있는 만치 기술적 관계
로 실시할 수 없다."는 결론을 얻어 남조선 화폐개혁은 현하 사태에
있어서는 실시 않기로 되었다.

(「화폐개혁 없다」, 『경향신문』 1948년 1월 10일)

분단건국의 책임을 따짐에 있어서 이승만과 한민당 등 이남의 분단
건국 추진세력을 옹호하기 위해 이북이 국가 수립을 먼저 진행했다는
주장이 많이 있었다. 1947년 12월의 화폐개혁도 그런 주장에서 많이
지목하는 항목이다. 그런데 이북의 화폐개혁은 시행했다는 사실보다
도 그 시점까지 시행을 참아왔다는 점을 더 중시해야 할 것이다. 조선
은행은 미군정이 장악하고 있었고, 미군정은 1948년 초까지 조선은행
권 발행고를 335억 원까지 늘렸다. 해방 당시 55억 원은 물론이고 진
주 당시 85억 원에 비해서도 엄청난 팽창이다. 미군정이 남발하는 조
선은행권의 이북 '경제교란'을 막기 위해서는 화폐개혁이 일찍부터 필
요했다.

1948. 3. 25.

북쪽에서 온 회답, 왜 그리 늦었나?

———

김구와 김규식이 김일성과 김두봉 앞으로 2월 중순에 보낸 남북협상 회담 제안 편지 이야기를 2월 27일 일기에 썼다. 편지 발송을 비밀로 하고 있다가 3월 초순에 이르러 소문이 떠돌자 발송 사실을 밝혔지만 내용은 밝히지 않았다. 그 편지에 대한 평양 측의 반응이 3월 25일 평양방송을 통해 나타났다.

유엔조위에서 북조선의 보이콧으로 인하여 가능한 지역에서라도 총선거를 실시하여 중앙정부를 수립하기로 가결되자 김구·김규식 양 씨는 이에 반대하고 남북요인회담을 유엔조위에 건의하는 동시에 북조선에도 이와 동일한 서한을 보내어 그 회답 여부가 주목되어오던 바 지난 25일의 평양방송은 북조선에서 이 서한 내용을 수락하고 남조선 각 정당 단체에 대하여 4월 14일 평양에서 회담할 것을 초청하였다고 전하였다.

이 방송에 의하여서는 맹렬한 준비를 다하고 있다는바 27일에는 중간급 좌익 각 정당 단체마다 각각 자기 정당 단체 사무실에 요인들이 회합하여 평양방송에 대한 대책을 강구하고 있다. 이리하여 민련에서는 금 28일 상오 11시부터 삼청동 김규식 숙소에서 정치·상무 양

위원회 연석회의를 개최하고 동 문제를 토의하리라 하며 북조선에서
정식 초청이 도착하게 되면 즉시 중간과 좌익의 각 정당 단체 대표가
시내 모처에 회합하며 남북요인회담의 추진방책을 토의할 태세를 취
하고 있다 한다.

(「4월 14일 평양서 남북협상 개최 방송, 좌중(左中) 계열 대책에 열중」, 『동아일보』

1948년 3월 28일)

이 반응에 왜 한 달 이상의 시간이 걸렸을까? 5월 초순으로 예정된
'가능지역 총선거'에 효과적인 대응책을 마련하기 위해서는 시간이 금
쪽같은 상황인데, 평양 측에서 이토록 신중한 반응을 보인 까닭이 무
엇보다 궁금하다.

이정식은 「1948년의 남북협상」(『신동아』 1980년 3월호; 『대한민국의 기
원』(일조각 2006), 372~426쪽)에서 한 가지 가능성에 중점을 두었다.
1948년 4월 남북회담의 기획과 실행에 소련의 의지가 1차적 역할을
맡았다는 것이다. 소련 측에서 회담의 목적을 세우고 그에 따라 계획
을 세우는 동안 김일성과 김두봉 등 조선인들이 자발적인 회답을 보내
지 못한 채 기다리고 있었다는 것이다.

해방공간에서 소련은 중요한 주체의 하나였으므로 이때의 남북협
상에도 소련이 관계했을 가능성은 당연히 생각할 수 있는 것이다. 그
러나 이정식은 소련의 역할을 너무 과장하는 감이 있다. "이른바 '남
북 제 정당 사회단체 대표자연석회의(이하 '연석회의'로 줄임)'와 그 후에
있었던 '4김 회담'은 소련군정이 오랫동안 준비해왔던 각본에 따라 준
비되고 진행된 것이었고 (…) 소련군정은 '4김 회담'을 허락하기는 했
으나 그 회담의 내용 역시 세밀하게 관리했을 것으로 보인다."는 것은
이북 지도부를 소련의 '괴뢰'로 보는 냉전기 시각에 너무 얽매인 것

같다.

이 관점을 뒷받침하는 증거로 이정식이 제시하는 것이 두 가지다. 그 하나는 소련군 민정청장 레베데프(Nikolai Georgievich Lebedev, 1901~1992)가 연해주군관구 정치담당 부사령관 스티코프(Terentii Fomich Shtykov, 1907~1964)에게 이 회의가 "성공적으로 끝마친 것을 축하하는 군중대회를 개최하겠다고 건의했다."고 비망록에 적은 것이다. '성공적'이란 말 한마디를 "소련의 목적을 달성했음"의 뜻으로 해석한 것은 무리한 견강부회로 보인다. '성공적'이란 말은 다른 기준으로도 얼마든지 쓰일 수 있었던 말이다.

또 하나의 "명확한 증거"라고 내놓는 것이 1945년 9월 20일의 스탈린 전문이다.

> 소련의 한반도정책의 강령적 원칙은 한반도가 소련을 공격하기 위한 기지가 되는 것을 막고, 한반도에서 소련의 정치경제적 이해를 보장해줄 좌익정부를 수립하는 데 있었다. 소련은 모스크바 결정의 정확한 실천이라는 원칙하에 반탁세력의 미소공위 협의 참가를 저지하기 위해 끊임없이 '조건을 제기하는' 정책을 취해 좌익이 우위를 점하는 정부를 수립해서 반제·반봉건적 개혁을 실천할 것을 계획했다.
>
> 그리고 무엇보다 중요한 것은 소련은 남북한의 재통합을 바라지 않고 있었다는 점이다. 그 명확한 증거는 스탈린이 1945년 9월 20일, 소련군 점령지역에 '부르주아 민주주의 정권을 수립'하라고 내린 지령이다. 그것은 미국과의 협상 결과에 관계없이 북한 지역에 단독정부를 세우라는 것이었다. (『대한민국의 기원』, 379쪽)

이 대목을 보면서 부지불식간에 한숨을 흘렸다. 이 스탈린 전문은 같은 책 178~214쪽에 수록된 「스탈린의 한반도정책, 1945」에서 스탈린이 이북에 위성국가를 세울 생각을 일찍부터 갖고 있었다는 증거로 내놓은 자료인데, 그 해석이 석연치 않다.

러시아어에서 영어로 번역된 것을 다시 한국어로 옮긴 이 인용에서 '정권'으로 옮겨진 말의 원래 뜻이 무엇이었을까? '부르주아 민주주의 정권'이란 것이 소련의 위성국가를 뜻하는 말일 수 있는 것일까?

"해방일기" 작업에서 나는 전문 연구자들의 작업성과를 겸손하게 받아들여 독자들에게 전달하는 역할을 자임한다. 그러나 냉전에 지나치게 얽매인 시각에는 비판적 논평을 붙이지 않을 수 없다. 이정식은 분단건국의 책임을 소련에 미루는 결론을 끌어내기 위해 무리한 추론을 하는 감이 있다. 1948년 봄의 남북협상 배경에 1945년 9월의 스탈린 전문을 들이대는 데서 다시 이 문제를 느낀다. 설령 1945년 9월에 스탈린이 그가 해석하는 것과 같은 생각을 갖고 있었다 하더라도, 2년 반의 시간이 지난 시점에 그것이 무슨 의미를 가질 수 있었겠는가?

일본 항복 당시 스탈린이 한반도를 '중추적인 요소'로 생각하지 않고 있었다는 사실은 이정식도 인정한다(같은 책, 182~183쪽). 군정 직접 통치를 꾀한 미군과 달리 소련군이 조선인의 자치를 지원하고 자기역할을 최소화한 정책은 이 맥락에 맞는 것이다. 그런 상황에서 "한반도의 분단을 고착시키는" 방침이 한 달 사이에 스탈린의 마음속에 확정된다는 것은 상상하기 힘든 일이다. 게다가 2년 반 동안 북로당-인민위원회 체제가 착실히 자리 잡아온 이 시점까지 남북협상 같은 사업을 소련 측이 모두 기획해줘야 한다는 주장은 상식적으로 납득이 가지 않는다.

소련의 역할보다는 이북 지도부의 내부문제를 생각할 여지가 많다. 우선 김일성을 중심으로 한 북로당 측에서 이남의 남북협상파에 대해주도권을 잡고 싶어했으리라는 점을 생각할 수 있다. 김구와 김규식이 2월에 보낸 편지는 4김 '지도자회담'을 제안한 것이었는데, 3월 25일 평양방송이 전한 것은 '연석회의' 초청이었다.

실제로 4월에 김구와 김규식이 평양에 갔을 때 김구는 연석회의에 한 차례 나가 인사만 했고 김규식은 얼굴도 비치지 않았다. 두 사람은 지도자연석회의(이하 '지도자회담'으로 줄임)에 집착했던 것이다. 그런데 '지도자회담'이라 할 때 북로당과 인민위원회를 대표하고 영도하고 있던 김일성과 김두봉에 비해 김구와 김규식의 이남 '지도자'로서의 무게에는 차이가 있었다. 이북의 총체적 지도자들이 이남 일부 세력의 지도자들과 대등하게 참여하는 '지도자회담'이 남북협상의 보조적 역할은 몰라도 중심적 역할을 맡을 수는 없다는 문제가 있었다.

남북협상에 임하는 김구와 김규식의 선의를 아무리 존중한다 해도 4인 회담에 집착한 자세에는 비판할 점이 있다. 이북 지도부는 선거 등의 절차를 통해 인민의 지지를 확보해놓은 집단인데, '영수'들끼리의 합의만을 통해 남북협상을 진행한다는 데는 명분과 실제 양쪽으로 한계가 있었다. 협상의 주 무대로 연석회의를 이북 측에서 준비한 것은 타당성 있는 조치였다.

남북협상의 무대에서 남로당을 비롯한 이남 좌익의 역할을 살펴볼 필요가 있다. 이남에서 1947년 11월 단선(單選) 반대 움직임이 확산되어 나타나기 시작한 것은 정협을 통해서였다. 정협에는 좌익도 참여하고 있었다. 그런데 김규식 등 중간파 지도자들은 12월에 민련을 결성해서 남북협상 운동의 중심으로 삼았고 정협과 관계를 끊었다. 그리고 민련 집행부에서 좌익 인사들을 퇴진시켰다.

민련 제2차 임시중앙집행위원회는 21일 정오부터 동 연맹 회의실에서 김 박사의 개회사로 개최되었다. 그런데 중집원(中執員) 홍명희 씨 등 27명의 보선과 규약수정안 통과와 상위가 총사직하고 개신한 결과 5당 캄파와 민련 좌파인 권태양, 장권, 강순, 성대경 씨 등 5명 대신 민독 계열과 5당 캄파 우파인 장자일, 김성주, 신의경, 신숙, 이상백 등 5명과 전 상위 10명이 재선되어 민련 내의 좌파를 일소하였다. 그리고 22일 하오 1시부터 신선출 상임을 열고 23일 하오 1시부터 열릴 중집 속회에 제출할 당면 정치문제, 재정문제를 토의하였다 한다.

(「좌파를 일소, 민련 상위(常委) 개선(改選)」, 『경향신문』 1948년 3월 23일)

두 가지 이유가 있었을 것 같다. 하나는 단독건국 추진세력에서 남북협상파를 좌익과 야합했다느니 좌익 책동에 놀아난다느니 비난을 퍼붓고 있었기 때문에 그런 오해를 피하기 위해서였을 것이다. 그리고 또 하나는 실제로 좌익의 책동이 조심스러워서였을 것이다. 위 기사에도 나오는 권태양(權泰陽, ?~1966)에 대한 송남헌의 회고에서 그 문제를 이해할 수 있다.

김 박사를 회상하면서 빠뜨릴 수 없는 인물이 딱 하나 있다. 나의 대구사범 동기동창인 권태양이 바로 그 사람이다. 그의 정체를 안 것도 몇 년 전에 출판된 한 권의 책을 통하여서였는데, 지금 생각해도 도무지 이해할 수 없는 인물이었다. 김 박사 주변에 그런 인물이 있었다는 것이, 그리고 그것도 내가 추천해서 합류하게 된 것이 너무나도 수치스러워 쥐구멍이라도 찾고 싶은 심정이다. (…)
누군가 나와 함께 김 박사를 도와줄 사람이 필요해서 적당한 사람이 없는지 물색하던 중, 우연히 대구사범 동기인 권태양을 길에서 만났다. 사정을 설명하며 같이 일하지 않겠느냐고 물었더니 그러마고 하여 삼청동 김 박사 집으로 데리고 왔다. 그 후 권태양은 삼청동 집에 기숙을 하며 김 박사의 주위에서 이것저것 열심히 챙겨가며 일을 했다. 그가 성실히 일을 했기 때문에 아무도 그의 신분에 대해 의심하지 않았다.

그러나 비밀리에 그는 뒤에 설명할 성시백과 선을 대고 있었다. 정확하게 언제부터인지는 모르지만 좌우합작의 추진을 비롯하여 삼청동에서 일어나고 있는 일은 하나도 빠짐없이 성시백에 보고되었고, 이는 즉시 북한으로 전달되었던 모양이다. 북로당이 좌우합작의 진행상황을 포함하여 입법의원 대책 등과 같은 사항을 성시백을 통해 훤하게 꿰뚫고 있었음을 생각하면 나는 지금도 모골이 송연함을 느낀다. (…)

권태양 말고도 음으로 양으로 북로당과 선을 대고 있던 인물이 적지 않았던 것으로 추측되는데, 조소앙의 비서인 김흥곤을 비롯하여 인민당 총무부장 대리를 하던 최백근 등이 그런 부류로 한통속이었다고 생각한다. 나는 물론이고 김 박사도 이들의 정체를 전혀 모른 채 그들과 중간파의 진로를 상의하기도 하고, 조언을 구하기도 하였는데 돌이켜보면 너무나도 세상물정을 몰랐다는 생각이 든다. (『송남헌회고록』, 156~159쪽)

권태양의 역할에 대해서는 남로당 고위간부 출신 박병엽의 증언도 있다.

"성시백은 47년 10월에 접어들면서 반탁진영을 본격적으로 파고들었습니다. 그는 중경에서 중국 공산당원으로 있으면서 지하공작을 했던 터라 김구-김규식 등 우익 지도자들의 측근과는 모두 연계가 돼 있었습니다.

예컨대 김규식의 비서였던 권태양은 '윗선'은 달랐을지 모르지만 분명히 성시백 선이었어요. 성시백 밑에 있던 강병찬과 서완석이 권태양-다른 모 비서와 직접 연결된 비선이었습니다. 강병찬과 서완석은 각각 남로당 결성 시 반 박헌영계였던 강병도-서중석의 친동생이었지요. 그런데 권태양과 다른 비서는 자기들이 공작원과 연결됐다는 것을 까맣게 모르고 있었던 것 같아요. 비선의 횡적 연계는 철저히 금지됐기 때문입니다.

김규식의 민련 간부로 일하던 박건웅이나 임정 계통의 김찬 등도 성시백 사람이었지요. 박건웅은 원래 중국 공산당원 출신이었으나 중경에서 민족진영으로 돌아섰습니다. 두 사람은 중국에서부터 막역한 사이여서 성시백이 46년부터 서울에서 활동하면서부터는 떼려야 뗄 수 없는 관계로 발전했지요." (『비록 조선민주주의인민공화국 하』, 320쪽)

이남의 남북협상파가 이남 민의를 대표하기 위해서는 반민족적 분단건국 추진세력은 내놓고라도, 좌익까지는 포괄할 필요가 있었다. 그러나 남북협상파가 좌익을 배제하거나 최소한 전면에서 후퇴시킬 필요가 있었던 것은 좌익과 신뢰관계 구축이 어렵기 때문이었다. 그 어려움은 미군정의 좌익 탄압에도 이유가 있었지만, 연합전선을 거부하는 남로당의 노선에 더 큰 문제가 있었다.

박헌영 등 남로당 지도부는 자기네가 이남 민심을 장악하고 있다고 이북 지도부에게 장담하고 있었다. 1947년 12월 초와 1948년 1월 말 남북 노동당 연석회의에서 박헌영과 이승엽이 "남한에서의 단정 반대세력과의 연합은 현 단계에서는 필요 없다."고 주장했다는 박병엽의 회고를 1948년 2월 8일자 일기에 소개했다. 그 주장을 증명하기 위해 '2·7구국투쟁'을 결행했던 것이다.

박헌영의 1946년 10월 월북은 미군정의 체포령을 피하기 위한 것으로 알려져 있다. 나는 그가 월북한 진짜 이유가 따로 있을 것이라고 생각한다. 당시의 체포령은 미군정 비난이 이유였고, 비슷한 혐의로 당시 체포된 이주하(李舟河, 1905~1950)는 6개월 형을 선고받았다. 공산당 대표 박헌영이 그때 체포되었다면 너무나 큰 물의를 일으켰을 것이기 때문에 언론의 자유 침해 논란이 따를 포고령 위반죄로 재판에 회부하기 힘들었을 것이다.

북로당의 국내파 중에는 원래 박헌영을 지지하며 김일성에 반대하는 흐름이 있었다. 나는 박헌영의 월북과 이북 체류가 북로당의 국내파 지분을 지키고 키우기 위한 것이 아니었을까 하는 생각을 해왔다. 그런데 남북협상 국면에 이르고 보니, 북로당 지도부의 대남 정책에 영향을 끼치려는 목적에도 큰 비중이 있지 않았을까 하는 생각이 든다. 김구–김규식의 편지를 놓고 북로당 내 소련파와 연안파 사이에 논쟁이 있었다는 박병엽의 증언이 있는데, 남로당 역시 이 논쟁에 끼어들었을 것으로 보인다.

"김구–김규식의 남북협상 제의 서한은 외교 경로와 소련군 대표부를 통해 북한에 공식적으로 전달됐습니다. 그러나 북로당은 민련의 2월 4일 결의, 김구의 성명, 심지어 김구–김규식의 편지내용까지 미리 입수했어요. 서울에서 활동하고 있는 정치공작원 성시백이 민련과 한독당에 끈을 대고 있었기 때문에 이들의 동향은 북로당 중앙에 무전으로 즉각 타전됐습니다. (…)
북로당은 2월 18~20일 이례적으로 사흘간 남측의 협상 제의에 대해 집중적으로 논의했습니다. 지도부의 관심은 민련이 대북 서한을 띄우기로 한 배경이 무엇이냐에 쏠렸습니다.

허가이 등 소련파는 김규식의 협상 제의를 당시 고조되고 있던 남북협상 움직임을 깨려는 미군정의 '입김'이라고 주장했어요. 그들은 그 근거로 '미군정 사령관 하지의 정치고문들이 뻔질나게 김규식의 사무실을 들랑거렸다'는 점을 강조했습니다. 이에 맞서 김두봉-최창익 등 연안파는 '미국의 작용을 무시할 수는 없겠으나 김구-김규식의 애국적 결단이라는 측면도 중요하게 봐야 한다'고 주장했지요. 김일성-김책 등 빨찌산파도 연안파를 지지하는 입장을 폈습니다." (같은 책, 326쪽)

1948. 3. 27.

남북협상을 둘러싼 동상이몽

3월 25일 평양방송에 이어 3월 27일에 김구-김규식 앞으로 김두봉-김일성의 편지가 전달되었다. 김규식의 비서 송남헌은 전달 장면을 목격하지는 못했지만 성시백(成始伯, 1905~1950)이 편지를 가져왔다는 얘기를 김규식의 부인 김순애에게 들었다고 회고했다.

성시백은 황해도 평산 사람으로 1928년 중국으로 건너간 후 오랫동안 중국 공산당 정보기관에서 활동한 인물이다. 1946년 귀국 후 김일성의 직계 연락원으로 이남에서 활동하다가 1950년 2월 체포되어 전쟁 발발 직후 처형당했다. 밝혀져 있는 활동 내용만도 대단한 인물인데, 아직 밝혀지지 않은 활동은 훨씬 더 많을 것으로 추측된다. 이 작업을 끝내기 전에 그 활동 범위를 한 차례 정리해보고 싶은 인물이다.

송남헌의 회고에 따르면 성시백이 가져온 원본 편지는 하얀 인조견에 타자한 것으로 "김구·김규식 양위 선생 공감"으로 시작해서 김일성, 김두봉 두 사람의 이름과 도장으로 끝맺은 것이었다고 한다. 그리고 이튿날 타이프용지에 찍은 사본이 또 전달되었다고 한다.

이 편지 내용은 당시 공개되지 않았다. 편지의 성격을 이해하는 데 송남헌의 회고가 큰 도움이 된다.

원본은 이처럼 김 박사에게 전달되었는데, 북으로 보낸 편지와 마찬 가지로 처음에는 편지의 내용을 공개하지 않았다. 내용 중에 당신들 이 3상회의 결정을 반대했기 때문에 단독정부가 수립되어 국토가 분 단될 지경에 이르렀다는 식의 무례하고 오만불손한 언사가 있었기 때문이다. 남한에서 국민의 신망을 한 몸에 모으고 있는 백범과 우사 를 훈계하고 책망하는 식으로 편지를 보냈기 때문에 창피해서 도저 히 원문 그대로를 공개할 수 없을 정도였다.

원문을 공개하지 않자, 이를 두고 항간에는 또다시 별의별 억측이 난 무했다. 하는 수 없이 4월 말 편지의 전문이 아닌 요지만을 공개했는 데, 이 과정에서 원래 없던 "2월 16일 보내신 혜함은 받았습니다"라 는 문구가 들어 있어 나는 지금도 이상하게 생각하고 있다. 나는 원 문을 직접 읽었기 때문에 생생하게 기억하고 있는데, 김구 · 김규식 두 사람이 편지를 보낸 사실에 대해서는 단 한마디의 언급조차 없었 다. 북의 입장에서 언급할 리도 없었다.

왜냐하면 "편지를 잘 받았다."고 하는 것은 김구 · 김규식이 김일 성 · 김두봉보다 먼저 남북협상을 제의했다는 것을 인정하는 셈이 되 는데, 북한이 이 점을 모를 리 없었기 때문이다. 따라서 이 문장은 누 군가가 뒤에 써넣었음에 틀림없다고 생각하는데, 삼청동 김 박사 측 이 아니라는 점은 분명하다. 원본을 갖고 있는 마당에 없는 문구를 일부러 만들면서까지 삽입할 필요가 없었기 때문이다.

나로서는 아마 백범 주변의 사람들이 적어넣었을 것이라는 생각이 든 다. 왜냐하면 백범 측에서 공개한 내용에 그런 말이 들어 있기 때문이 다. 북한과 편지를 직접 주고받을 수 있는 통로가 없던 백범 진영에서 아무래도 편지를 직접 받지 못한 것을 그런 식으로 얼버무린 것이 아 닌가 하는 느낌을 나는 지울 수 없다. (『송남헌 회고록』, 101~102쪽)

위 내용 중 편지 요지를 "4월 말" 공개했다는 것은 '3월 말'의 착오
인 것 같다. 4월 1일자 『경향신문』에 발표된 요지가 보도되어 있다.

김구 씨와 김규식 박사는 지난 2월 16일 공동 명의로 김일성, 김두
봉, 코로트코프 소 사령관 등 3 요로에 각각 서한을 보냈는데 이에
대하여 김일성, 김두봉 양 씨는 연서로써 지난 3월 15일부로 회한을
보내왔는데 동 회한 내용은 다음과 같다고 경교장에서 31일 발표하
였다.

1. 2월 16일자의 우리 서한을 받았다는 것.

2. 미국의 주장으로써 소의 제의가 부결되고 유엔위원단 감시하에
총선거를 실시하려는 것은 찬성할 수 없다는 것.

3. 우리의 일은 우리가 해결하려는 본지에서 남북조선 소범위의 지
도자연석회의를 1948년 4월 초에 평양에서 소집할 것을 동의한다는
것.

4. 이 회의에 참가할 성원 범위는 남조선에서는 김구, 김규식, 조소
앙, 홍명희, 백남운, 김붕준, 김일청, 이극로, 박헌영, 허헌, 김원봉,
허성택, 유영준, 송을수, 김창준, 북조선에서는 김일성, 김두봉, 최용
건, 김달현, 박정애 이외 5명.

5. 토의할 내용은 (1) 조선의 정치 현세에 대한 의견 교환, (2) 남조
선 단독정부 수립을 위한 반동선거 실시에 관한 유엔총회 결정을 반
대하며 투쟁할 대책 수립, (3) 조선 통일과 민주주의정부 수립에 관
한 대책 연구 등등.

6. 만일 우리 양인이 동의할 때는 1948년 3월 말일 내로 통지하기를
희망한다는 것.

（「선거 반대책 강구, 남북회담 서한 내용 요지」, 『경향신문』 1948년 4월 1일）

이남 단독선거에 반대하는 뜻을 함께하면서도 남측과 북측의 생각
에 차이가 있었고 신뢰도 확고하지 못했다는 사실을 송남헌의 회고에
서 알아볼 수 있다. 평양에서 온 편지의 요지 발표에 왜곡이 있었다는
사실도 알아볼 수 있다. 송남헌은 "2월 16일자의 우리 서한을 받았다
는 것"만을 지적했지만, 평양 측 제안 내용을 25인 지도자회담만으로
소개한 데도 의문이 있다. 실제로 평양에서 준비한 중심 행사는 더 범
위가 넓은 연석회의였고, "소범위의 지도자연석회의"는 그 준비행사
정도의 의미였다.

서중석은 『남·북협상-김규식의 길, 김구의 길, 우사 김규식 생애와
사상 2』, 160~161쪽의 주 78)에서 백범김구선생기념사업회 소장의
이 편지가 진본인지 의문이 있다는 의견을 표시했다. 송남헌의 회고도
이 의문을 뒷받침하는 하나의 근거다. 이 의문은 당시 남북 간의 불신
이 남긴 하나의 흔적이라 할 것이다. 송남헌은 이 편지에 "백범과 우사
를 훈계하고 책망하는 식"의 대목이 있어 원본 그대로 공개할 수 없었
다고 했는데, 서중석이 같은 책, 159쪽에 인용한 내용이 그런 대목의
하나였을 것이다.

"양위 선생이 중국으로부터 조국 땅에 들어설 때에 우리는 당신들의
활동을 심심(深深)히 주목하였습니다. 당신들은 평범한 조선 사람이
아닌 일정한 정치단체의 지도자들로서 조선인민의 기대와 배치되는
표현이 있을 때마다 우리는 의아하게 생각하였습니다. 당신들은 조국
땅에 들어온 후에 금일까지 민족 입장에 튼튼히 서서 조선이 부강한
나라로 발전하여나갈 수 있는 정확한 강령과 진실한 투쟁을 문헌으로
나 실천으로나 뚜렷하게 내놓은 것이 없습니다. 당신들은 조선에 관
한 모스크바 삼상결정과 쏘미공동위원회를 적극적으로 반대하여 거

듭 파열(破裂)시키었습니다. 당신들은 조선에서 쏘미 양군이 철거하고 조선 문제 해결을 조선인 자체의 힘에 맡기자는 소련대표의 제의를 노골적으로 반대하기도 하였으며, 혹은 무관심한 태도로 묵과하기도 하였습니다. 더욱 유감스러운 것은 조선에 대한 유엔총회의 결정과 소위 유엔조선위원단의 입국을 당신들은 환영하였습니다."

미소공위를 반대했다는 것은 김구에게만 적용되는 비판인데, 유엔위원단을 환영했다는 것은 김규식에게도 해당되는 내용이다. 김규식 등 중간파는 유엔의 권위를 인정하고 남북협상을 진행하면서 유엔을 설득한다는 입장인 반면 이북 지도자들은 소련이 반대한 유엔 개입을 원천적으로 거부한다는 것이었다. 이것이 겉으로 나타나는 남북 간의 입장 차이였다.

이 차이의 배경은 궁극적인 건국 방안의 차이에 있었다. 이남 단독건국 추진세력을 저지한다는 당면 과제는 양측이 공유하고 있었지만, 그 이후의 방향에 대한 양측의 생각이 달랐다. 중간파는 좌우익의 타협을 바라보고 있었던 반면 이북 지도자들은 이북에서 추진해온 건국 방안에 이남이 따라오기를 바라고 있었다.

이북에서는 '자주건국'을 추진해왔고 그에 대한 자신감을 키워왔다. 이북에서 추진해온 자주건국 사업을 놓고 분단건국에 이북이 앞장선 것처럼 해석하는 데는 문제가 있다. 이북 지도자들은 이 사업이 '북조선'의 단독건국이 아니라 전 조선의 통일건국을 위한 준비라고 주장해왔다. 명분이 없지 않은 주장이다. 이남에서 미군정의 지나친 개입으로 민의가 제대로 수렴되지 못하는 동안 이북에서 대다수 인민이 만족할 만한 안정된 정치체제를 구축해온 것은 통일건국이 이뤄질 경우 유용한 인프라로 쓰일 수 있는 것이었다.

그러나 명분이 타당해도 실제로는 '민주혁명'을 앞세우느냐 '민족 통일'을 앞세우느냐 하는 문제가 있었다. 민주혁명을 앞세워 분단건국 도 불사한다는 '반민족적' 입장이 나올 수 있었던 것이다. 이런 입장을 대표한 것이 '민주기지' 노선이다. 궁극적으로는 민족통일국가를 지향 한다고 하면서도 민주혁명이 가능한 지역에 먼저 민주기지를 만들고 나서 다른 지역까지 혁명을 확대한다는 것이니, 선거가 가능한 지역에 분단국가를 세워놓고 나서 이북까지 무슨 수단으로든 통합하겠다는 이승만 노선과 동전의 양면을 이루는 것이다.

1946년 11월 16일자 일기에서 북조선의 인민위원회 선거를 설명하 다가 민주기지 노선을 언급한 일이 있다. 1948년 봄 시점에서는 이 노 선이 분단건국의 큰 추동력이 될 만큼 자라나 있었다. 민주기지 노선 이 이북의 정치체제 구축 단계에 따라 겪은 변화를 이신철은 이렇게 정리했다.

> 1. 미군과 소련군의 분할점령에 따른 남북정세에 근거한 조선공산당 북조선 분국 창설기.
> 2. 모스크바 3상회의 이후부터 미소공위 결렬 때까지 민주개혁과 미 소공위를 통한 통일정부 수립운동 시기.
> 3. 미소공위 결렬 이후 조선민주주의인민공화국 수립 시기.
> 4. 정부 수립 이후 전쟁 발발 직전까지 조선민주주의인민공화국 주 도 아래 진행되는 통일정부 수립운동 시기.

이들 시기의 특징을 민주기지론의 주체와 연대의 대상 측면에서 본 다면, 첫 번째 시기는 공산주의자들 간의 연대와 분리기라고 할 수 있다. 두 번째 시기는 좌익과 중도좌파 간의 연대 시기, 즉 남북민전

의 연대 시기이다. 세 번째 시기는 다시 두 단계로 나눌 수 있다. 전
반기는 1948년 2월 남북협상론이 대두되기 직전까지 중도우파와의
연대를 적극 모색하는 시기이다. 후반기는 남북협상부터 정부 수립
까지로, 우파 민족주의자들과의 연대 시기이다. 이때까지 연대의 범
위는 점차 넓어지고 있다. 그러나 마지막 네 번째 시기에 이르면 민
족주의 우파와의 연대가 엷어지면서 다시 좌파와 중도파의 연합으로
연대 범위가 축소되고 만다. (이신철, 『북한 민족주의운동 연구』, 역사비평사
2008, 57~58쪽)

이북 정치체제는 1947년 초 선거를 통한 인민위원회 수립으로 민족
자결의 기본조건을 충족시키는 단계까지 발전해 있었다. 미소공위를
통해 최종적인 국가 형태를 완성할 준비를 해온 것이다. 1947년 가을
미소공위 파탄에 이어 미국이 주도하는 유엔에 조선 문제가 상정되자
이북 지도부는 독자적으로 국가 형태 완성 작업에 들어갔다. 1948년 2
월에는 헌법 초안이 발표되고 조선인민군 창설이 공포되었다. 미국과
이남 극우세력이 유엔을 통해 정부 수립 과정에 들어선 데 맞서 '자주
건국'의 길로 매진한 것이다.

그 시점에서 중간파와 김구 세력의 남북협상론이 나온 것이었다. 이
것은 이북 지도부에게 두 가지 방향으로 기회를 열어주는 호재였다.
하나의 방향은 포기했던 통일건국의 희망을 되살리는 것이었고, 또 하
나의 방향은 분단건국이 결국 진행되더라도 이남에 수립될 정부의 명
분을 약화시키는 것이었다. 이남의 중간파-우익 남북협상파는 첫 번
째 방향에 희망을 걸었지만 이북 지도자들에게는 두 번째 방향이 더
매력적이었을 것이다. 특히 민주기지 노선의 입장에서는.

김구와 김규식은 김두봉, 김일성과의 '4김 회담'에서 남북 대표가

대등하게 협상하기를 바라고 있었다. 그러나 이북 지도자들이 이남 협상파를 대등한 상대로 인정할 수 있었을까? 이남 민심이 협상파를 지지한다고는 해도, 이남의 정치현실을 남북협상으로 이끌 실력을 협상파가 충분히 갖추고 있지 못했다는 점을 생각해야 한다.

게다가 김규식은 몰라도 김구는 이북에서 최고 악질 반동분자의 하나로 꼽히는 인물이었다. 황해도 출신인 김구가 귀국 이래 평양은커녕 고향조차 한 번 찾아보지 못하고 있었던 사실이 무엇을 말해주는가? 1946년 3·1절 평양 폭탄테러의 진상이 완전히 밝혀지지 않았어도, 김구에게 책임이 전혀 없는 일이었다고는 도저히 볼 수가 없다.

이북 지도부에게 김구와 김규식의 협상 제안은 '투항'으로 보였을 것이다. 이북 입장에 이로운 제안이기 때문에 받아들이기는 하면서도 지금까지 추진해온 자기네 노선을 크게 바꿀 뜻을 일으키지 않은 것은 당연한 일이다. 그래서 최소한의 체면을 세워주되 자기네의 현실적 실력이 관철될 수 있는 '연석회의' 방안을 준비한 것이었다.

1948. 3. 29.

남북회담 성사를 위한 민족주의자들의 양보

———

1948년 3월 25일 이북 지도부가 제안한 남북 제 정당 사회단체 대표 자연석회의와 "소범위의 지도자연석회의"는 서로 다른 층위의 제안이었다. 연석회의는 북조선민주주의민족전선(이하 '북민전'으로 줄임) 초청으로 남북협상의 중심 무대를 만들자는 것이었고, 지도자회담은 김일성과 김두봉 개인 초청으로 연석회의의 원활한 진행을 돕는 보조적 역할을 맡게 하자는 것이었다.

지도자회담은 김구와 김규식이 2월 중순에 편지로 보낸 제안에 대한 화답의 의미를 가진 것이었다. 북측의 반응이 남측의 제안에 대한 '동문서답'이라 하여 남북협상에 대한 북측의 성실성을 의심하는 근거로 보는 견해도 연구자들 중에 더러 보이는데, 꼭 그렇게 볼 일은 아니다. 남북협상의 의미에 대해 북측도 나름대로 보는 시각이 있었을 것이니, 협상 방법에 대해 자기네 제안을 내놓는 것은 당연한 일이다.

북측이 제안한 연석회의와 지도자회담에 남측 참가자 중에도 좌익의 비중이 많다는 지적에 대해서도 마찬가지로 생각한다. 남측의 추진 주체로 민련과 한독당이 부각되어 있었는데 한독당은 물론이고 민련에서도 좌익을 배제하거나 전면에서 후퇴시켜놓고 있었다. 균형 잡힌 남북협상을 위해서는 남측 대표로 민련과 한독당 외에 좌익의 역할도 필요했던 것은 분명한 사실이다. 어느 정도의 역할과 비중이 적절한지 결정하기 위해서는 절충이 필요한데, 절충을 위한 접촉이 충분치 못한 상황이었다는 것이 아쉬운 일이다.

여운형이 살아 있었다면 바로 이런 절충에서 중요한 역할을 맡았을 것이다. 서중석도 남북협상을 서술하는 대목에서 이에 대한 아쉬움을 표했다.

여운형은 독립정부를 세우는 데에는 남북 좌우가 연합하여야 한다고 판단하여, 그 때문에 남한의 좌익은 물론 우익과 미군정과도 가까이 지내고자 하였으며, 북한과도 계속 연락을 취하였다. 이러한 그의 개 방적이고 유연성 있는 태도는 분명히 한쪽 편을 들기를 요구하는 경 직된 상황에서는 미군정과 좌우익 모두로부터 불신을 받을 수 있었 다. 여운형은 미국과 미군정, 우익에 대해 '평화적 투쟁'의 방법으로 싸워야 한다고 주장하고, 그것이 근민당과 공산당의 차이점이라고 강조하였다. 하지 장군이 보기에 여운형의 죽음의 시점에서 좌우합 작의 유용성은 이미 끝나고 있었고, 따라서 여운형의 존재도 이제 미 군정에게 부담만 될 수 있는 것으로 판단하였을 것이라는 추측은 당 시의 상황을 검토해볼 때 설득력이 있다.

여운형의 죽음은 민족 내부로는 통일전선운동이 한층 더 어려워졌다 는 것을 의미하는 것이었지만, 이보다 더 큰 의미는 강대국과 한반도 의 분단과의 관계에 있었다. 미국의 대소 봉쇄정책에 의한 냉전논리 가 1947년 7월 이후 한반도에도 적용됨으로써, 강대국에 의한 한반 도의 분할은 필연적인 상황에 접어들었다. 이와 같이 강대국이 노골 적으로 힘의 논리를 적용하여 분할하려고 할 때, 거기에 저항하는 세 력은 발붙일 땅이 없게 된다. 여운형의 죽음은 결코 우연이 아니었다. 그러나 그렇다고 하여 강대국의 강요에 한민족이 손을 놓을 수밖에 없다는 논리가 나오는 것은 아니었다. 그럴수록 유연하고 폭넓은 통일전선의 형성으로 민족민주세력이 민족적 지반을 넓혀 민족 내부의 극단적인 양극화를 완화시키고 민족문제, 변혁문제를 풀어나가야 할 것이 요구된다고 봐야 할 것이다. 민족적 지반이 강고하면 그만큼 강대국의 세계체제와 그것에 호응하는 추종세력의 영향력은 한계를 가질 수밖에 없을 것이다. (서중석, 『한국현대민족운동연구』, 역사비평사 1997, 588~589쪽)

이념에 따른 분단 추세를 민족의식의 힘으로 억제하기 위해서는 스킨십이 필요했다. 친족 사이라도 접촉을 많이 갖지 않으면 관계가 소원해진다. 여운형의 훌륭한 점을 받드는 시각이 여러 갈래 있지만, 이념과 권력의 장벽을 뛰어넘어 스킨십을 늘리려 한 그의 노력에 무엇보다 높이 평가받을 가치가 있다고 나는 생각한다. 그가 많은 오해와 비난을 받고 테러 위협을 많이 겪어야 했던 것도 바로 이 노력 때문이었다.

노동당 간부 출신으로 남한에서 말년을 보낸 박병엽의 회고가 몇 권의 책으로 소개되어 있는데, 그중 여운형의 이북 왕래에 관한 내용이 따로 책 한 권 꾸밀 수 있을 만큼 많이 있다(『비록 조선민주주의인민공화국 하』, 90~184쪽). 그가 죽은 반년 후 남북협상의 현실화를 바라볼 때 그가 있었더라면 남측과 북측, 좌측과 우측 사이의 입장을 절충하는 데 맡았을 역할을 충분히 대신할 사람이 없었다.

그 역할을 어느 정도 대신한 사람이 홍명희와 백남운(白南雲, 1894~1979)으로 보인다. 박병엽의 회고 중에는 두 사람의 대북 접촉을 증언한 내용도 많이 들어 있다(같은 책, 186~207쪽, 212~223쪽).

홍명희는 1946년 3월 하순, 8월 초순, 1947년 11월 중순, 그리고 1948년 2월 하순에 평양을 방문했다고 한다. 김구와 김규식의 편지가 평양에 도착한 시점에서 이뤄진 홍명희의 네 번째 방문에 대해 박병엽은 이렇게 증언했다.

"단독정부 수립을 둘러싸고 정국의 소용돌이가 몰아치던 48년 2월 말 홍명희는 네 번째 평양 방문길에 오릅니다. 이때는 북에서 이미 통일(임시)헌법이 인민들의 토의에 부쳐진 데 이어 2월 10일 북조선인민위원회가 이 임시 헌법을 확정, 발표한 뒤였습니다. 때문에 곧바로 남북협상 문제를 논의했습니다. 이 자리에선 통일정부 수립을 위해 남북의 정당 단체 지도자들이 협의회를 개최해야 한다는 데 뜻을 같이했습니다. 이에 앞서 김구-김규식은 48년 2월 16일 남북협상을 제의하는 서한을 보낸 바 있었죠.

하지만 이 시점에서는 남한에서 단독선거 자체가 어떻게 실시될지 추이를 더 살펴볼 필요가 있는데다 3월 말에 북로당 2차 대회가 열릴 예정이었죠. 따라서 남북협상의 일정을 그 뒤로 잡자는 점을 확인하는 정도에 머물렀습니다. 홍명희와 북로당 지도부는 남북협상을 성사시킬 수 있는 연합전선 성격의 조직체를 남한에 만들어야 한다는 점에서 인식을 같이했습니다."

백남운은 1946년 1월 말부터 시작해 1948년 2월 말까지 열한 번이나 평양을 방문했다니 여운형 못지않게 부지런히 38선을 넘어 다닌 셈입니다. 1948년 2월 말의 마지막 방문에 관한 박병엽의 구체적 증언은 없는데, 홍명희와 비슷한 역할을 맡았을 것으로 보인다. 김구-김규식의 서한 제안을 벗어나지만 남측에서 받아들일 만한 회담 방법을 기

백남운. 분단건국에 임해 그가 이북을 선택한 데는 생각할 점이 많다.

획하는 데 북측에서는 그들의 의견을 참고했을 것이다.

　여운형이 살아 있었다면 맡았을 역할과 실제로 홍명희·백남운이 맡은 역할 사이의 차이가 무엇이었을까? 홍·백 두 사람이 4월의 남북협상 이후 이북에 주저앉았다는 사실이 이 차이를 극명하게 보여주는 것이라고 생각된다. 남북합작을 위해 없는 길이라도 만들어서 가려는 여운형의 적극적 의지가 두 사람에게는 없었던 것이 아닐까 하는 것이다. 두 사람은 양심적 지식인이었지만 주어진 상황에서 소극적 선택을 하는 입장에 머무른 것이다.

　1948년 2월 말에 여운형이 평양에 있었다면 북측의 제안이 남측이 받아들이기에 더 좋은 것이 되도록 더 강하게 요구했을 것이라고 나는 생각한다. 그리고 4월의 남북협상이 더 큰 효과를 일으킬 수 있었으리라고 생각한다. (역사에는 '가정(假定)'이 없다고 흔히 말하지만 그것은 사실을 밝히는 '연구' 과정에 적용되는 얘기일 뿐, 사실의 '해석'에는 가정이 꼭 필요한 것이라고 나는 믿는다.)

　남북협상의 양측 입장을 절충하고 조율한 구체적 사실은 밝혀져 있는 것이 없다. 그러나 협상의 성사를 위한 노력이 없었을 수 없다. 김

구, 김규식 등 7인 지도자가 3월 12일 발표한 '총선거 불참 성명서'도
그런 맥락에서 나온 것으로 생각된다.

> 김구, 김규식, 김창숙, 조소앙, 조성환, 홍명희, 조완구 등 7씨는 12
> 일 별항과 같은 공동성명서를 발표하였다.
> "통일과 독립은 우리 전 민족의 갈망하는 바이나 현 세계의 양대 세
> 력의 분할점령으로 인한 대립으로 남북이 분열 각립할 계획은 목하
> 실현 1보전까지 이르렀다. 남북 양 정부가 수립되는 시에는 그 대항
> 정책으로 외군 주둔이 장기화할 가능성이 있고 인민의 부담 역시 증
> 가될 수 있고 남에서 미불(美弗) 원조를 기대한다 하더라도 농단은 모
> 리배가 하고 채무는 일반 인민이 지게 될 것이니 백해(百害)만 있고
> 일리(一利) 없다.
> 반쪽이 먼저 독립하고 나머지를 통일한다는 것은 다 가능성 없는 것
> 이다. 과거의 귀결로 보아 우리 문제는 국제적 해결이 불가능함은 명
> 백한 바이니 이제는 우리 민족으로 자결케 하는 길밖에 없을 것이다.
> 그러므로 미·소 양국과 유엔은 이 민족자결의 기회를 주도록 힘써주
> 기 바란다.
> 우리들은 현 정세에 추수하는 것이 개인의 이익임을 알고 있으나 민
> 족 참화의 촉진은 양심의 허락하는바 아니므로 가능한 지역 선거에는
> 불참하고 통일독립 달성에 여생을 바칠 것을 동포 앞에 맹서한다."
> (「통일독립 달성을 확집(確執)-김구 씨 등 선거 불참을 공동성명」, 『경향신문』
> 1948년 3월 13일)

7인 중 5인이 임정 출신이고, 김창숙(金昌淑, 1879~1962)과 홍명희
도 민족주의자로서 그 못지않은 명망을 가진 인물이었다. 나는 이 성

북한에서 활동하고 있는 홍명희. 그의 선택 때문에 우리 민족 최고의 문학작품 중 하나인 『임꺽정』을 읽는 것이 오랫동안 남한에서 금지되어 있었다.

명서가 민족주의 진영의 남북협상에 대한 진심과 성의를 확인해달라는 북측의 요구에 부응한 것이라고 생각한다. 2월 말 평양에 갔던 홍명희와 백남운 등이 그 요구를 전달한 것이 아닐까 하는 것이다. 백남운은 민족주의자보다 사회주의자로 알려진 인물이기 때문에 이름을 올리지 않았을 것이다.

민족주의자 입장에서는 가능지역 선거를 반대한다 해서 꼭 불참해야 하는 것은 아니었다. 선거가 끝내 강행될 경우 거기 참가해서 다음 단계 진행에도 최선을 다한다는 노선을 세울 수도 있는 것이었다. 실제로 한독당과 민련 내에도 선거 보이콧 여부를 놓고 논쟁이 이어져 왔다. 3월 2일 민련 회의의 분위기는 이렇게 보도되었다.

민련 상위와 정무위원 연석회의는 2일 하오 2시부터 삼청장에서 열고 남조선 총선거 문제를 토의하였는데 참가파와 불참파 사이에 격론이 야기되었다 하며 결말을 보지 못한 채 5시경 폐회하고 3일 동 장소에서 속회하였다. 그런데 총선거에 민련 자체로는 참가 않을지라도 개인 자격으로 출마함은 방지할 도리가 없는 것이 동 연맹의 태도인 듯하다.

(「민련 상위(常委)-정위(政委) 연석회의 총선서 참·불참으로 격론」, 『경향신문』
1948년 3월 4일)

그런데 3월 8일 민련 상무위원회에서는 선거 불참을 결의했다고 한다.

민련에서는 8일 오후 1시부터 삼청동 김 박사 숙소에 상무위원을 소집하고 총선거 참가 여부에 관하여 장시간 논의하였다 하는데 동 회합에서 이극로 씨를 중심으로 하는 일파에서는 적극적으로 참가를 주장하였다 하며 윤기섭, 김붕준 씨를 중심으로 하는 파에서는 참가하지 말고 반대도 하지 말고 중립적 태도를 주장하였다 하며 권태석, 장권 씨 등은 참가를 반대하였다는바 결국 표결에 부치게 되어 참가하지 않기로 되었다 한다. 그리고 동 연맹에서는 9일 남조선 총선거 실시는 국토를 양단하고 민족을 분열할 우려가 있으므로 동 연맹은 선거에 참가하지 않겠다는 요지 담화를 발표하였다.

(「총선거에 불참, 민련서 결의」, 『동아일보』 1948년 3월 10일)

윤기섭(尹琦燮, 1887~1959), 김붕준(金朋濬, 1888~1950) 등의 "중립적 태도"라 함은 당분간 참·불참의 태도 표명을 하지 말자는 것이니 결국은 참가파라 할 수 있다. 민족주의자들은 참가를 주장하고 좌익은 불참을 주장하고 있었던 것이다. 민련에서 좌익을 뒷전으로 돌리고 있었던 사정으로 본다면 민족주의자들의 주장이 우세해야 할 상황이었다. 그리고 정당도 아닌 민련이 불참 방침을 표방한다는 것 자체가 어색한 일이기도 했다. 그럼에도 불구하고 불참 결정이 내려진 것은 그런 결정의 필요가 강력하게 존재한 때문이라고 봐야 할 것이다.

　남북협상파는 김구-김규식 연명의 편지를 평양으로 보내놓고 북측의 반응을 기다리는 입장이었다. 3월 8일 민련의 선거 불참 결정과 3월 12일 민족주의자 7인의 선거 불참 성명은 북측의 반응을 촉구하기 위한 조치였다고 생각된다. 선거가 끝내 강행될 경우 거기 참가해서 최선의 노력을 계속해야 한다는 사명감을 많은 민족주의자가 갖고 있었을 것이다. 반면 좌익이나 북측에서는 이남 선거가 모든 의미에서 실패로 돌아가기 바라는 마음이 앞섰을 것이다. 3월 10일을 전후한 민족주의자들의 선거 불참 방침 결정은 남북협상 성사를 위한 좌익에의 양보라고 해석된다.

　이극로(李克魯, 1893~1978)의 이름이 나온 김에 책 하나를 소개한다. 정재환의 『한글의 시대를 열다』(경인문화사 2013)이다. 성균관대학교에 제출한 박사학위논문을 책으로 꾸민 것인데, 이극로를 비롯한 민족주의 학자들의 활동상을 많이 보여주기 때문에 정치 분야에만 서술이 쏠려 있는 해방공간에 대한 관점을 잘 보완해주는 책이다.

장택상의 '빨대질'이야 개 짖는 소리로……

김기협 | 어제(3월 4일) 기자회견 중 선생님의 민정장관 사임설 질문에
"항간에 본인의 사임설이 상당이 유포되고 있는 모양이나 나
로서는 사임원을 제출한 일도 없고 또 아직 할 일이 남아 있는 관계로
묵묵히 직무를 수행하고 있을 따름"이라고 대답하셨죠(『조선일보』 1948
년 3월 4일). 요즘 선생님 사임설이 부쩍 떠도는 모양입니다. 그럴 만한
이유라도?

안재홍 | 내 사임설이야 1년 전 취임 때부터 떠돌지 않은 적이 있나요?
내가 그만두기를 바라는 사람들이 있는 이상 사임설은 떠도
는 건데, 부쩍 많이 떠돈다는 건 내 사임을 바라는 그 사람들 마음이
부쩍 간절해진 거라고 보면 되겠죠.

민정장관 역할에서는 무능하다는 비판을 각오한 지 오랩니다. 내 주
견을 내세울 생각을 버렸어요. 주어진 상황을 그대로 받아들일 따름입
니다. 작년 7월 웨드마이어 특사가 왔을 때 과도정부정무위원회에서
작성한 '시국대책요강'이 큰 파문을 일으켰지만, 정무위원장인 내 뜻
과 관계없이 다수 정무위원의 주장에 따라 만든 것임은 김 선생도 짐
작했겠죠.

요즘의 사임설 유행은 남북협상 운동 때문이겠죠. 나는 민정장관 직

에 있는 한 업무 외의 일에 관여를 최대한 삼가고 있지만 남북협상을 지지하는 내 뜻은 좌우합작 추진 때부터 밝혀온 것이니까요. 남조선 조기 총선거를 추진하는 쪽에서 남북협상 운동에 신경을 곤두세우다 보니 내 존재가 새삼스레 눈에 거슬리는 모양입니다.

김기협 │ 수도경찰청장 장택상이 공창(公娼) 폐지 연기 로비 관계로 선 생님을 소환 조사하겠다고 공언하고 있다는 것은 알고 계시 죠? 포주들이 정·관계 인사들에게 700만 원을 뇌물로 제공했다는 사 건 말입니다.

오늘 딘(William Dean, 1899~1981) 군정장관이 기자회견에서 "장 수 도경찰청장은 안 민정장관 소환에 대하여 언급하였는데 장관 견해 여 하?"하는 질문에 "완전한 조사가 끝나기 전에 정부고관들을 어떠한 형사사건에 관련시킨다는 것은 현명한 일이라 할 수 없으며 또 모든 관계자에 대하여 불공평한 것"이라고 대답했죠. 이렇게 물의가 일어 나니까 장택상이 내일(3월 5일) 그에 관한 담화문까지 발표합니다. 제 가 담화문 내용을 입수했는데 보여드릴게요.

> "작일 군정장관 기자회견석상에서 한성일보 기자 조모가 수도청장이 안재홍 민정장관을 피의자로 소환하였다고 경찰이 고관을 소환함은 직권남용이니 남조선 경찰의 독재적 반영이니 하고 질문하였다. 경 찰은 수사기관인 만큼 관등과 계급을 막론하고 누구든지 소환하여 취조할 수 있다. 본관은 사법경찰관으로 일 피의자를 부른 것이지 민 정장관을 부른 것은 아니다. 또 안재홍 씨는 기간 모 군정조사기관에 수차 조사를 받았다. 어째서 조선경찰이 소환함은 독재적이요 직권 남용이며 모 조사기관이 취조함은 독재적이 아니며 직권남용이 아니

냐? 법률은 관등도 없고 계급도 없고 법률 앞에는 누구든지 다 평등이다. 일 형사가 사법경찰관의 자격으로 검찰관의 명령에 의하여 수도청장을 일 피의자로 조사할 수 있다. 기관의 차별을 감행함은 구일제시대의 일진회원의 재판이라고 나는 타기(唾棄)한다."

(「안 장관 소환문제, 기자 질문을 장 청장 반격」, 『서울신문』 1948년 3월 6일)

수사 중인 사건 내용을 수사관계자가 고의적으로 흘림으로써 피의자의 권리를 침해하는 것을 요즘 세상에서는 '빨대질'이라 해서 하더라도 아주 조심스럽게 합니다. 그런데 장택상은 빨대질을 아주 당당하게 하네요. 그가 한 말 중에 사실이 더러 있습니까?

안재홍 | "모 군정조사기관에 수차 조사를 받았다."는 게 그의 발언 중 알맹이인데, 조사에 협조한 일은 있죠. 피의자 입장은 전혀 아니었습니다. 떠도는 소문, 특히 경찰 언저리에서 떠도는 소문 중에 나에 대한 터무니없는 모략이 많다는 사실을 미군 간부들도 다 알아요.

민정장관을 맡기 전, 1946년 말의 조미공위 때 경찰 개혁을 강하게 요구한 것, 특히 조병옥, 장택상 양 씨의 경질을 제안한 것 때문에 그들이 나를 적대하는 것은 세상이 다 아는 사실인데, 조병옥 씨는 그래도 태도에 절도가 있어요. 반면 장택상 씨는 듣는 사람 낯이 화끈거릴 소리를 거침없이 하고 다니니, 정말 체통이 말이 아닙니다. 내 체통 말고 그 사람 체통 말이에요.

피의자? 무슨 혐의가 있고 무슨 증거가 있다고 그런 소리를? 그래도 나는 신분이 있어서 그런 소리가 '소리'에 그치고 말지만, 꼼짝 못하고 당하는 사람들이 얼마나 많겠습니까?

김기협 | 문제가 된 공창 폐지 연기 청원에 입법의원 의원 10여 명과 과도정부 정무위원 몇이 연루되었다는 소문이 돌고 있습니다. 지난 8월 8일의 공창폐지법 의결은 입법의원의 업적 중 가장 높은 평가를 받은 것의 하나입니다. 이 법이 10월 말 군정장관의 인준을 받고 지난 2월 14일 발효했습니다.

그런데 이 조치가 제대로 시행되려면 필요한 부대조치가 많지요. 입법의원 통과 직후 『경향신문』 「여적」란에 (1947년 8월 13일) 이런 지적이 있었습니다.

> 우리나라에서도 전번에 인신매매가 금지되어 그 다음 순서로 공창 폐지가 당연히 예상되었거니와 그러면 이에 따라 실업하게 되는 창기 수가 얼마이고 그들을 어떻게 구제해나가겠다는 선후책이 서 있어야 할 것이 아닌가. 악법은 물론 폐지하여야 하지만 이 같은 악법필폐(惡法必廢)의 논(論)에만 철저하여 그 폐지에 따르는 모든 폐해에 대한 대책을 강구치 않는 것은 때로는 그 폐해가 클 때가 많다. 공창 폐지에 따르는 사창의 발호, 화류병의 만연 등의 문제도 소홀히 할 수 없는 한 개 사회문제인 것을 생각할 것.

그런데 반년이 지나 시행 단계에 이르도록 선후책이 제대로 세워지지 못했습니다. 1948년 2월 14일자 『경향신문』의 「사회각층의 말과 창기의 말」 기사에 창기 두 사람의 소감이 실렸습니다.

> "빚 갚을 게 걱정" 창부 김매자 담: 빚 때문에 큰일 났습니다. 최소 1, 2만 원의 빚은 지고 있어요. 우리들을 나쁜 년이라고들 합니다만 누가 자원해서 이런 곳에 왔겠습니까. 앞으로 지낼 일이 야단입니다.

내 이름을 써보라고요? 글자를 알면 내가 이런 데서 이렇게 있겠습
니까.

"장기 없는 게 한(恨)" 창부 이미향 담: 이 집에서 나가야 할 형편이라
면 어디로든지 방 한 칸 빌려서 무슨 일이든지 하는 수밖에 없을 테
지요. 배운 것도 없고 다른 장기가 무엇 있어야지요. 공장 같은데요?
누가 일을 시켜주겠습니까. 그리고 우리는 다른 사람들과 달라 속에
울화증이 있어서 그런 손일 같은 것은 생각해보지도 못합니다.

지난 1월 21일 선생님이 민정장관으로 이런 말씀을 했죠. "서울에만
2,000여 명의 공창이 있는 모양인데 그들의 구호책에 대해서는 부녀국
에서 열심히 연구하고 있다. 그런데 이들을 그냥 해방시켜준다 하더라
도 지금까지의 생활환경으로 인하여 자주적인 생활을 할 수 없을 것으
로 이들을 일정한 기간 수용하여 성병도 치료하고 독립한 경제생활을
할 수 있도록 훈련시켜 근로역작하는 정신을 함양해야 하므로 지금 이
러한 견지에서 그 대책안을 세우고 있다."(『경향신문』 1948년 1월 22일)
시행을 불과 보름 앞두고 대책을 "연구"하고 있다니 딱한 일 아닙니까.
  그런 형편에 1월 27일 입법의원에서 제기되었다가 부결된 시행 3개
월 연기안도 나름 일리 있는 제안이었죠. 실제로 시행 직후 신문 보도
를 보더라도 시행 준비가 제대로 되지 못한 것은 분명합니다.

14일로 공창제도는 폐지되어 일제가 이 땅에 남겨놓고 간 악습의 일
단이 없어졌거니와 해방되었다는 그들 창기들의 그 후의 귀추는 어
떻게 되었는가? 공창제가 폐지된 지도 이미 3일이 된 오늘도 묵정동
전 유곽에는 해방되었다는 창기들이 갈 곳이 없어 그냥 그대로 주저

앉고 있다. 현재까지 묵정동에서 떠난 전 창기는 불과 5, 6명에 지나지 않는다고 하며 돈을 벌지 못하는 그들에게 밥을 그대로 먹여줄 수 없다는 포주도 벌써 나타나고 있어 갈 곳 없는 창기들은 당국이 누차 언명한 후생대책이 어찌되었느냐고 창기연맹대표가 16일 시청에 나타나 항의를 제출하였다. 더욱 이들의 부채문제는 현상으로는 아무 해결의 방도가 없어 채귀(債鬼)에게 시달리고 있는 창기들도 많다고 하며 결국 사창으로 전락할 수밖에 없다고 한다. 한편 서울시청에 나타난 창기연맹대표 3명은 차마 입에 담지 못할 악담을 퍼부으면서 김 시장을 비롯한 시청 당국자를 비난하면서 입으로 약속한 후생대책은 도대체 어떻게 되었느냐고 맹렬한 항의를 하였다. 이에 대하여 시 당국자는 지난번 창기를 수용하기로 결정한 적산가옥 6동으로 오늘 저녁부터라도 온다면 밥만은 먹여주겠다고 격분한 창기들을 무마하였는데 공창폐지는 벌써 초입에서 난관에 봉착한 감을 주고 있어 당국의 미봉책이 드러나고 있다.

(「공창제 폐지란 허명뿐 원호의 손 긴요, 갈 곳 없는 창기들 시에 항의」, 『조선일보』 1948년 2월 17일)

그런데 2월 17일 입법의원에서 "공창제도를 연장하여달라는 운동비 700만 원을 포주가 입법관에 제공하였다는 사건"을 조사하자는 서우석(徐禹錫) 의원의 긴급동의가 채택되면서 불법로비 문제가 일어난 건데요. 1월 말 연기안을 제출한 의원들에 대한 정치적 공세가 아닌가 하는 의혹도 듭니다. 실제로 뇌물 수수가 있었던 것 같습니까?

안재홍 | 의원 중에 별별 사람이 다 있으니 그런 일이 없었다고 장담은 할 수 없습니다. 하지만 거론되는 의원 중 절대 뇌물 받고 그

런 짓 했을 리가 없다고 내가 확신하는 사람은 몇몇 있어요. 사법 당국에서 조사 중인 사건이니 결과를 기다려보겠습니다.

공창 폐지문제는 참 여러모로 생각할 점이 많은 일입니다. 매춘의 관행은 인간사회 어디에나 있던 것인데 이것을 제도화한 '공창(公娼)'은 일본제국의 비인간적 측면을 여실히 보여준 것에 틀림없습니다. 당연히 폐지해야 할 것이지만, 아무 대책 없는 폐지는 문제의 해결이 아니지요. 지난달 입법의원에서 시행 연기안을 지지한 의원들 중에는 대책을 더 강화할 필요가 있다는, 올바른 뜻을 가진 분들이 많았습니다.

공창 폐지 같은 좋은 일의 연기를 주장한 것은 나쁜 놈들이라고 몰아붙이는 것은 올바른 정치가 아닙니다. 나도 대책 강화가 필요하다는 생각을 이런저런 기회에 밝힌 것이 지금 장택상 씨에게 피의자로 몰리는 빌미가 된 게 아닌가 하는 생각이 들고, 그렇다면 이번 뇌물사건이라는 것이 특정 의원들에 대한 정치공세일 수도 있겠다는 생각이 드네요.

김기협 장택상에게 "피의자" 소리 듣는 거야 도척이네 개가 짖는 정도로 생각할 수 있는 일인데, 잘못하다가 물려죽는 수도 있지 않나 걱정되는 일이 있어요. 엊그제(3월 2일) 열린 장덕수 살해사건 제1회 공판에서 선생님 이름이 여러 차례 나온 것은 뜻밖의 일이었습니다. 어제(3월 3일) 『경향신문』「고 장 씨 살해사건 작 2일 군사재판 개정」기사 중 이런 내용이 있군요.

1947년 8월 중순경 경원호텔 15호실에서 김석황, 조상항, 신일준, 손정수 등 4명은 독립운동의 반역자를 암살할 것을 밀회한 후 장덕수, 안재홍, 배은희 3씨를 살해 지목자로 결정하였는데 그 이유로는 당시 개회 중에 있던 미소공위에 참가 협력할 것과 국의와 민대의 합동을 전기 3씨는 민대의 간부로 적극 반대하였기 때문이었다.

9월 초순경에는 장덕수 살해의 하수자 박광옥과 배희범을 선생님 살해 담당으로 정했다가 10월 하순에 담당이 바뀌었다는 얘기도 나옵니다. 그 친구들 실행능력으로 봐서, 담당이 바뀌지 않았더라면 장덕수보다 선생님이 먼저 당할 수도 있는 일 아니었나요?

지목된 암살 대상 세 사람 중 두 사람은 분단건국 추진세력의 핵심 인물인데 그 사이에 선생님이 끼어 있는 것도 이색지네요. 김구 선생 추종자들에게 선생님이 그 정도까지 '찍혀' 있는 줄은 몰랐습니다. 선생님은 목숨의 위협을 느끼지 않았습니까?

안재홍 | 몇 주일 전 그 얘기를 처음 듣고 좀 섬뜩하기는 했지만, 그 후 곰곰이 생각하니 위협을 느낄 만큼 현실적인 계획은 아니었다고 생각됩니다. 한독당을 같이할 때 그들에게 미움을 많이 받기는 했죠. 그리고 현직 민정장관이라는 신분 때문에 표적으로 삼을 생각이 더러 들 수는 있겠죠. 하지만 그쪽 사람들도 막상 실행하려면 나 같은 사람 손을 대서 얻는 것보다 잃는 게 많다는 생각을 하지 않을 수 없었을 겁니다.

한독당 쪽 사람들 소행이라는 사실은 의심의 여지가 없는 것 같은데, 김구 선생의 연루 여부가 초미의 관심사입니다. 나는 애초에 그분의 연루 가능성을 믿지도 않거니와, 내가 표적으로 거론되었다는 얘기를 들으며 더욱 확신이 갑니다.

그분이 아시는 일이었다면 잠정적인 계획에서라도 내가 거론될 수가 없어요. 장덕수, 배은희(裵恩希, 1888~1966) 두 사람에 대해 그분이 나쁜 생각을 하셨다면 그것은 민족을 등지는 자들이라고 생각해서이지, 그분 자신의 득실에 따른 것일 수 없습니다. 내게 대해서는 아무리 못마땅하게 여기시더라도, 내가 얼마나 알량한 민족주의자인지는 그분이 누구보다 잘 아십니다.

일지로 보는 1948년 3월

- 1일   재일동포들, 3·1절 독립선언 기념행사 개최
- 2일   인천공립공업학교 학생, 단정수립반대 맹휴
- 3일   민정장관 안재홍, 사임설 부인
- 5일   문교부장 오천석, 4월 1일부터 의무교육실시 발표
- 6일   서울시내 전차요금 인상
- 8일   경상남도 고성지역, 군중폭동 발생
- 9일   상무부, 전력 부족 타개 목적으로 미군의 발전함 2척으로 발전 준비
- 10일   도산 10주기 추도회 거행
- 12일   경기도 학무국, 초·중등학생의 건강과 지력상태 조사 발표
- 13일   경전 운수부 종업원, 파업 단행
- 14일   상무부, 미성년자 노동보호법 준수를 각 공장에 통첩
- 16일   중앙선거경찰위원회 조직
- 18일   공무원 채용 위한 고시규정 개정

       부녀국에서 선거계몽 및 여권운동 전개
- 25일   문교부, 초·중등학교 교과서 47만 부 제작 배부
- 28일   조선올림픽위원회 위원장 정환범, 런던올림픽 참가 내용 발표

4

목소리를 빼앗긴 민족주의

1948년 4월 3 ~ 29일

1948년 당시 제주도청. 일제강점기의 행정단위 '도(島)'가 1946년 '도(道)'로 바뀌었는데도 예전 이름의 간판이 그대로 붙어 있다.

1948. 4. 3.

4·3항쟁, '좌익 탄압' 아닌 '제주인 탄압'의 결과

「동백꽃 지는 계절」

지금은 제주에서 동백꽃 지는 철이다. 50년 전의 4월 초에도 그랬다. 강요배 화백의 4·3 역사화전이 '동백꽃 지다'라는 제목으로 열린다. 전시회의 타이틀 작 '동백은 지다'는 꽃잎이 흐트러지지도 않은 채 통째로 '툭' 떨어져버리는 동백꽃의 낙화 속에 50년 전 제주민의 수난을 그린 것이다. 민중의 수난으로 4·3의 본질을 보는 그의 시각은 6년 만의 전시회에 보내는 신작 몇 점에서 더 분명히 드러난다. 한 지역의 특정한 사건으로보다 역사 전반의 비극성으로 눈길이 옮겨진 것이다.

역시 제주 출신의 작가 현길언 씨는 4·3을 '미친 시대의 광기(狂氣)'라 부른다. 광기는 합리적 이해와 평가의 대상이 아니다. 학술적 접근과 정치적 해법은 4·3의 참모습을 이해하는 데도, 그 상처를 아물리는 데도 한계가 있으리라는 것이다. 오히려 문학과 예술의 직관적 접근과 정서적 카타르시스에서 그는 더 긴요한 몫을 기대한다.

그러나 학술에도, 정치에도 그 나름의 몫은 있다. 수십 년간 4·3의 비극성을 떠올리지도 못하도록 봉쇄해온 '공산폭동'론은 독재정권 시절의 유물이 되었지만 아직도 사법적으로는 그 그림자를 치우지 않고 있다. 국회의 진상조사위 구성도 의원 과반수의 발의서명을 받아놓은 채 해를 넘기며 서랍 속에서 잠만 자고 있었고, 학술석 규녕도 아직 본 단계에 들어가지 못하고 있다.

50년 전의 4월 3일 새벽 500명가량의 무장대가 5·10 선거 반대와 서북청년단 등 우익단체의 추방을 내걸고 제주 각지의 경찰지서를 습격한 것은 공산 폭동의 성격이라 할 수 있다. 그러나 그로부터 1년간 2만여 인명을 앗아간 내전 내지 학살 사태 전체를 그렇게 규정할 수는 없다. 어떻게 지역 주민의 10분의 1이 폭도로 소탕될 수 있었단 말인가.

1년간의 유혈 사태도 비극이었지만, 그 슬픔을 제대로 드러내지도 못하고 지낸 40여 년의 세월은 또 하나의 비극이었다. 피해자의 유족들은 슬픔과 억울함을 펼쳐내기는커녕 연좌제의 피해까지 겹쳐서 겪어야 했던 세월이었다. 아마 이것이 더 먼저 풀어야 할 비극일지도 모른다.

발발 50주년 기념행사 중 '해원상생 굿'이 특히 눈길을 끈다. 4·3은 폭동이고 항쟁이고를 떠나 하나의 참혹한 비극이었다. 시비곡직보다 비극성을 더 질실히 음미할 사건은 4·3 외에도 우리 현대사에 숱하게 많다. 살아남은 자들의 마음을 순화시키는 굿판을 바란다.

15년 전 제주도를 떠날 때 쓴 글이다. 1993년부터 5년간 제주도에서 살면서 4·3사건에 깊은 관심을 갖고 지냈어도 그 배경에 대해 아직까지 석연치 않은 점이 많다. 거의 전 주민이 미군정 통치에 적극적으로 저항하는 사태가 다른 곳 아닌 제주도에서 벌어진 이유가 무엇일까? 외딴곳이라는 사실이 큰 이유의 하나이기는 하지만 충분한 이유일 수는 없다.

1947년 3월 1일 3·1절 행사 군중에 대한 경찰의 무분별한 총격으로 10여 명 사상자를 낸 '3·1절 발포사건' 이후 4·3 발발에 이르기까지 제주도 상황의 악화는 어느 정도 분명하게 설명이 된다. 그런데 3·1 시위 이전의 제주도 상황은 다른 지역과 구별되는 뚜렷한 특징을 많이 보이는데, 명쾌하게 설명하기 힘든 점이 많다. 제주도 군정청 공보관 케리 대위의 1947년 신년사를 보면 1946년 말까지 제주도가 평온한 상황을 지키고 있었다는 사실을 알 수 있다. 10월 소요사태의 파장이 제주도에는 미치지 않고 있었던 것이다.

> (작년을 회고컨대) 육지에서는 난동자에 의하여 각 지방에 소요사건이 발발해서 여러분의 동포 가운데서 많은 희생자를 내었습니다. 그러나 제주도 내에 한하여서는 여러분이 시국에 대한 정당한 인식을 함으로써 여사한 불행한 소요사건이 없었다는 것은 대단히 반가운 일이라고 생각합니다. 1946년을 보내고 1947년을 맞이함에 여러분이 갈망하고 있는 통일적 자주독립을 획득치 못한 것은 유감되는 바이며 또 미군정청에서도 그의 목적인, 즉 조선의 완전한 자주독립을 오늘까지 실현시키지 못한 것은 대단히 유감스러운 일로 사료되는바, 금년에는 최대의 노력을 다하여 여러분의 목적과 그리고 군정청의 가장 큰 목적을 달성하기 위하여 서로 협심·협력하기를 바라 마지않는 바입니다.
>
> (『제주신보』 1947년 1월 1일: 제민일보4·3취재반, 『4·3은 말한다 1』, 전예원 1994, 223쪽에서 재인용)

1946년 말에 나타난 또 하나 특이한 일은 10월 말의 입법의원 선거를 전국적으로 극우파가 휩쓰는 가운데 제주도에서만 두 명의 좌익 당

선자를 낸 것이다. 인민위원회 소속을 내건 문도배(文道培)와 김경탁
은 12월 12일 개원식을 앞두고 서울에 왔지만 막상 입법의원 등록을
하지 않고 개원식에도 불참했다. 두 사람은 12월 14일 민전회관에서
기자회견을 갖고 입법의회를 거부한다는 성명을 발표했다(『경향신문』
1947년 12월 15일). 그 자리를 채우기 위한 재선거가 1947년 1월 말에
서 2월 초에 걸쳐 시행되었는데, 재선거 공보에 "금번 피선되는 자는
사고 여하를 불문하고 사퇴할 수 없으며"라는 웃지 못할 구절이 들어
있었다고 한다(『4·3은 말한다 1』, 191~192쪽).

양정심의 「주도세력을 통해서 본 제주 4·3항쟁의 배경」(『제주 4·3
연구』, 역사문제연구소, 역사비평사 1999, 51~96쪽)을 보면 해방 후 제주도
의 좌익세력 조직은 다른 어느 지역 못지않게 충실했던 것으로 보인
다. 식민지시대에 제주인의 외부 진출이 많았고 그만큼 해방 후 귀환
인구의 비율이 높았던 상황은 분명히 좌익 확장에 유리한 조건이었다.
그리고 외딴곳이라는 조건 때문에 육지에서 확장되고 있던 극우세력
이 아직 제주도에는 진출하지 않았고, 현지 출신의 경찰관들은 조병옥
과 장택상의 반공주의에 큰 영향을 받지 않고 있었다.

1946년 말까지 제주도에는 미군 점령하의 남조선에서 진행된 극단
적 좌우대립 현상이 나타나지 않고 있었던 것으로 보인다. 인민위원회
는 미군정과 경찰의 심한 탄압 없이 인민의 신뢰를 지키고 있었고 인
민위원회를 주도하는 좌익도 극단적 투쟁노선으로 나서지 않고 있었
던 것이다. 10월 소요사태에 제주도가 반응을 보이지 않고 좌익 인사
들이 인민위원회 이름으로 입법의원에 당선된 것이 이런 상황을 보여
준다. 제민일보 4·3취재반의 취재 중에 이런 내용도 있다.

1946년 초에 세화지서 주임으로 발령된 한 경찰관은 현지로 부임하

면서 경찰서장이 써 준 "잘 부탁한다"는 내용의 소개장을 갖고 가 그 지역 인민위원장에게 전할 정도였으며, 한동안 같은 건물에 인민위원회와 지서 간판이 나란히 걸려 있었다고 증언한 바 있다. 또 그 무렵 안덕지서 주임으로 발령된 경찰관은 지서 건물을 동네 청년들이 장악하고 있었기 때문에 마을운동회 때 거액의 희사금을 내고 지서를 인수했다는 이야기도 있다. (『4·3은 말한다 1』, 179쪽)

1947년 초까지 중앙의 신문에 제주도에 관한 기사가 극히 적었다는 데서도 제주도의 평온한 상황을 알아볼 수 있다. 그런데 2월 들어 모리배의 준동에 관한 기사가 나타나고 이어 군정청 간부들의 독직 사실이 알려졌다.

전쟁 때에는 일본군의 동아 침략의 제1선 기지로 사용하여오던 제주도는 해방 이래 일부 비애국적인 모리배들의 대일 밀수출입의 기지로 화하여 가지가지의 죄악의 씨를 뿌리고 있는데 최근에는 이러한 모리배를 취체 방지할 책임을 가진 감독관청의 책임자까지 모리배와 부동이 되어 범죄를 조장하는 듯한 언행을 취하고 있어 도민의 분개는 절정에 달하고 있다 한다.
제주도에서 발간되는 제주신보의 최근 보도에 의하면 당지 해안경비대에 체포된 밀선 복시환(福市丸)을 제주도로부터 목포로 귀환시키던 도중 제주도 산지항에 기항하였던 것을 기화로 약 1,000만 원 정도의 물품을 당지의 원모와 한모의 양인이 이를 매수하였다 하며 제주신보 사설란에 "모리배의 천하인가"라는 논설을 게재하였던바 원·한 양인은 1월 26일 밤 8시경 제주신보에 나타나 기자에게 전기 사설을 시비로 잡아 신문사를 말살 운운의 언어도단의 공갈협박을 하

였다고 한다. 당지 취체관의 최고책임자인 신모의 태도도 애매하다
는 정보를 접한 경무부에서는 이러한 미묘복잡한 징세에 대치히기
위하여 경무부 감찰장 조병설 씨가 6일경 제주도로 향하여 떠나리라
한다.

(「무법천지 제주도, 모리배의 기지로 이용」, 『경향신문』 1947년 2월 5일)

기사 중 "원모"와 "한모"는 같은 날 『동아일보』 「'모리 천하' 제주도,
경찰간부 통역 등이 주로」에 원만영과 한중옥으로 이름이 밝혀져 있
다. "당지 취체관의 최고책임자인 신모"는 제주도 감찰청장 신우균을
가리킨 것이다.(감찰청이란 1946년 8월 제주도의 도(道) 승격에 따라 각도 경
찰청에 준해 만들어진 제주도 경찰기구였다.) 『4 · 3은 말한다 1』, 232~245
쪽에서 이 '복시환 사건'을 중시한 뜻에 나는 찬성한다. 감찰청장만이
아니라 군정경찰 책임자로 주둔미군 제2인자 패드리치 대위까지 끼어
든 이 악질 권력비리로 인해 미군정에 대한 민심이 크게 악화되고 3 ·
1 시위 사건을 일으킬 육지의 '응원경찰'이 들어오게 되었다는 설명이
합당하다고 보는 것이다.

제주도의 경찰에는 '도민의 경찰' 분위기가 있었던 것 같다. 1947년
2월 26일자 『자유신문』의 희한한 기사 하나에서도 확인할 수 있는 사
실이다.

지난 2월 19일 제주도 감찰청 신우균 청장 관사에 무단침입한 혐의
로 얼마 전 파면당한 경사 김인규는 경찰청에서 훈계를 받고 있던 중
돌연 신우균 청장이 장작개비를 들고 취조실에 들어와 김을 무수히
난타하여 왼편 팔과 가슴에 중상을 입혀 방금 도립병원에 입원가료
중이라 한다. 이 사건 때문에 신 감찰관은 2월 21일부로 정직처분을

당하였다 한다.

(「제주서 청장이 전(前) 부하를 난타」, 『자유신문』 1947년 2월 26일)

딱한 일이다. 대신 때려줄 부하 하나 없어서 청장이 손수 장작개비를 휘둘러야 했다니! 폭행을 당한 전직 경찰관 이름을 4·3취재반은 '김인옥'으로 확인했는데 그가 청장 관사에 무단침입한 까닭이 무엇일까. 『4·3은 말한다 1』 235쪽 복시환 사건 서술 중 이런 대목이 있다.

이쯤 되자 소장파 경찰관들도 들고일어났다. 제주 출신 8~9명의 경찰관이 이 사건을 면밀히 조사, 신 청장과 감찰청 김여옥 수사과장이 깊이 개입되어 있음을 확인하고 당사자들을 찾아가 퇴진을 요구하기에 이르렀다. 이에 김 과장은 사표를 쓰고 순순히 자리를 떠난 반면, 신 청장은 이를 강력히 부인하며 역공을 펴는 바람에 경찰 상층부와 하층부 사이에 미묘한 갈등을 표출하게 되었다.

신우균이 물러난 직후 부르지도 않은 '응원경찰'이 제주도에 들이닥친 것은 신우균과 패드리치가 자기네 변명을 위해 제주도 경찰에 대한 험담을 했기 때문이 분명하다. 충남·충북 경찰청 소속 50명씩, 100명으로 편성된 응원경찰대를 맞아 제주 출신인 강동효 제주서장마저 어리둥절해서 "어떻게 된 영문이냐?" 묻기까지 했다는 일화가 있었다 한다. 4·3취재반은 당시 제주서 사찰계장으로 근무하던 박운봉의 증언을 전해준다.

"제주도 내에서 좌익계열이 우세했던 것은 사실입니다. 그러나 어떠한 돌발적인 사건이 일어나지도 않은 상황에서 갑자기 응원경찰대가

들이닥치자 동료 경찰관마저도 동요하는 빛이 없지 않았습니다. 상
관들에게 물어보아도 '모르겠다'는 대답뿐이었습니다. 뒤늦게야 '복
시환 사건'으로 쫓겨나간 신우균 감찰청장의 모략에 의해 제주경찰
에 대한 상부의 불신에서 비롯됐다는 것을 알게 되었습니다." (『4·3
은 말한다 1』, 248쪽)

신우균은 결국 한 달 후 경무부 사문위원회를 거쳐 파면되었다. 그
러나 최경진 경무부 차장의 "현재까지의 죄로서는 사문위원회에 부칠
것이 못 된다."는 말이 1947년 3월 4일자 『경향신문』에 보도된 것을
보면 애초에 경무부 당국자들에게는 신우균을 처벌하지 않으려는 뜻
이 있었던 것으로 보인다. 아마 조병옥에게는 남조선을 경찰국가로 만
드는 과업에 제주경찰이 하나의 흠으로 남아 있다는 사실이 신우균의
죄상보다 훨씬 더 큰 문제였을 것이다. 그래서 신임 강인수 감찰청장
에게 '제대로 된 경찰' 100명을 딸려 보냈을 것이다.

이 응원경찰이 3·1 발포사건을 일으켰다. 폭도들의 경찰서 습격
위협 때문이라고 발표했지만 경찰서에서 꽤 먼 거리에 있던, 아기를
안은 아낙네와 초등학생까지 포함한 피해자들이 등에 총을 맞은 정황
과 동떨어진 주장이었다. 이 발포사건은 주민 학살이었다. 발포자가
누구누구인지 밝혀지지 않았어도, 제주 출신 경찰관들이 그런 짓을 할
리가 없기 때문에 외부 경찰을 들여온 것 아니겠는가. 강인수 청장이 3
월 11일 이렇게 밝혔다고 한다.

"도립병원 앞에서 발포한 경관은 1구서 소속으로 충남에서 내도한
부대장이 당일 도립병원에 배치시켰던 것인데, 무사려한 발포로써
중상자를 낸 사실은 어제 하지 사령부에서 진상조사차 내도한 카스

티어 대좌가 조사하게 될 때에 비로소 나 자신 확연한 사실을 알게
되어 도립병원 앞 발포사건에 대하여는 대단히 미안의 뜻을 표하는
바이다." (같은 책, 310쪽)

이 사건에 항의하는 좌익 주도 총파업에 거도적 호응이 있었던 것은
분노 때문이었다. 3월 10일 시작된 총파업은 공무원까지 참여하는 역
사에 드문 '민관(民官) 총파업'이 되었다. 심지어 제주 출신 경찰관들
까지 호응했다가 65명이 파면 처분을 받았다. (당시 제주도의 경찰관 숫자
는 330명이었다고 한다.)

이번에는 이 파업의 탄압이 미군정의 중요 과제가 되었다. 400명의
육지 경찰이 즉각 추가로 투입되었고, 1년여가 지난 4·3항쟁 발발 때
까지 2,500명이 이 파업 관계로 체포되었다. 3·1 사건 직후 제주에
온 조병옥의 태도에서 탄압 분위기가 이미 나타나 있음을 4·3취재반
이 전하는 당시 도청 직원의 증언에서 알아볼 수 있다.

조병옥 경무부장은 도청 안의 사무실에 도청 직원들을 불러놓고 파
업 중지를 촉구했습니다. 그러면서 제주도 사람들은 사상적으로 불
온하다면서 조선의 건국에 저해가 된다면 싹 쓸어버릴 수도 있다는
놀라운 내용의 연설을 했습니다. 현지 분위기와는 너무 동떨어진 이
야기를 하고 있다는 느낌을 강하게 받았던 일이 아직도 기억에 남습
니다. (같은 책, 318~319쪽)

서울로 돌아온 조병옥은 "경찰 당국은 인내와 엄중을 아울러 충고
와 경고를 하였으나 군중은 그 해산을 불긍하므로 작년 10월 폭동의
쓰라린 경험을 참고로 하여 부득이 발포"한 것이며 "선동자 지도자들

은 후열에 서고 순진한 양민 동포들은 전열에 배치된 까닭으로 6명의 순진한 동포들의 귀중한 생명의 희생을 본 것"이라며 경찰의 발포를 정당화했다. 3월 20일 발표한 담화문의 앞부분만 옮겨놓는다.

> "금반 제주도 불상사건에 대한 나의 관찰을 피력하여 동포 제위의 참고에 공하려 한다. 이 사건은 남조선에 있는 몇 개의 정치사회단체의 정치이념을 공통히 하는 북조선의 세력과 통모휴수(通謀攜手)하여 미군정을 전복하여 사회적 혼란을 유치하여 자기 세력을 부식하려는 전체적 운동의 부분적 현상으로 당도(當道)에 노출한 것이다."
>
> (「제주도 불상사에 대한 조 경무부장 담화 발표」, 『동아일보』 1947년 3월 21일)

제주도에 대한 조병옥의 시각을 하지 등 미군정 수뇌부도 공유했던 것으로 보인다. 제주인 초대 도지사 박경훈(朴景勳)이 사임하고 그 후임으로 4월 초에 유해진(柳海辰)이 부임하면서 제주도의 모든 요직에서 제주사람이 배제되는 현상이 시작되었다. 유해진이 부임 때 경호원으로 서청 회원 7명을 데려온 것이 제주에서 서청 발호의 출발점이었다고 한다.

1947년 3월 '민관 총파업' 탄압으로 시작된 공포 분위기는 1년 이상을 끌면서 '좌익 탄압' 아닌 '제주인 탄압'으로 확대되어가기만 했다. 4·3취재반이 조사한 1948년 3월 중 세 건의 고문치사 사건을 보면 그 몇 주일 후에 발발한 4·3항쟁은 좌익의 우익에 대한 항쟁이 아니라 미군정과 육지인에 대한 제주인의 항쟁일 수밖에 없었다.

> 3월 4일 조천지서에 연행됐던 조천중학원 2학년 학생 김용철(당시 21세)이 유치 이틀 만인 3월 6일 별안간 숨졌다. 사체의 검시 결과 그는

학살의 현장.

혹독한 고문에 의해 사망한 것으로 밝혀졌다. 조천지서 고문치사사
건의 파문이 채 가라앉기도 전인 3월 14일, 이번에는 모슬포지서에
서 역시 유치 중이던 대정면 영락리 출신 청년 양은하(당시 27세)가 경
찰의 구타에 의해 목숨을 잃었다. 거의 같은 무렵 한림면 금릉리를
급습한 서청 중심의 경찰대에 붙잡힌 이 마을 출신 청년 박행구(당시
22세)가 곤봉과 돌로 찍혀 유혈이 낭자한 초주검 상태에서 경찰트럭
에 태워져 연행되다 마을을 벗어나자마자 곧바로 총살당한 사건이
발생했다. (『4·3은 말한다 1』, 556~557쪽)

1948. 4. 5.

인권을 거부당한 제주도 '인디언'

———

4월 3일 새벽에 일어난 제주도 사태는 나흘 후에야 신문 지면에 나타났다. 4월 5일 시공관에서 열린 총선거촉진 대강연회에서 조병옥 경무부장의 연설 중 좌익분자들의 파괴행동이 있었고 11개 경찰관서가 습격당했으며 경찰관 사망 4명 등 피해가 있었다는 내용이 4월 7일자 일부 신문에 보도되었다. 그리고 같은 날 신문에 6일의 경무부 발표가 보도되었다.

> 최근 제주도에서 일어난 좌익계열의 폭동에 대하여 6일 경무부에서는 다음과 같이 발표하였다. 지난 4월 3일 이래 제주도에서는 1947년 3·1사건 이상의 불상사가 발생되어서 치안이 극도로 괴란되었다. 공산계열의 파괴적·반민족적 분자들의 지도 아래 총기, 수류탄 그 외 흉기를 가진 무뢰배들이 성군작당하여 경찰관서 기타 관공서의 습격, 경찰 관리와 그 가족의 살해, 선량한 동포 살해, 방화 폭행과 약탈 등의 천인공노할 만행들을 마음대로 하여 동포들의 생명과 재산을 위구(危懼)에 빠뜨리고 있을 뿐만 아니라 총선거등록 실시 사무를 정돈상태에 빠뜨리고 있는데 인적·물적 손해는 다음과 같다.
> 경찰관서 습격 11개소/ 테러 11건/ 경찰관 피습 2건/ 경찰관 사망 4

명, 부상 7명, 행방불명 3명/ 경찰관 가족 사망 1명/ 관공리 사망 1
명, 부상 2명/ 양민 사망 8명, 부상 30명/ 전화선 절단 4개소/ 방화:
경찰관서 3개소, 양민가옥 6개소/ 도로, 교량 파괴 9개소

(「제주도에 또 좌익폭동-사망 13, 부상 39, 물적 손해도 막대-경무부 발표」, 『경향신
문』 1948년 4월 7일)

이상과 같은 사태에 비추어 경무부에서는 제주도 동포들의 생명과
재산을 보호하기 위하여 김정호 공안국장을 현지에 특파하는 동시에
전남에서 응원경찰대를 급파하여 진압 중에 있다. 제주도의 동포 여
러분은 안심하시는 동시에 경찰과 적극 협력하여 그 망국도배들을
발본색원적으로 퇴치하여 제주 치안의 완벽을 기하기를 바라는 바이
다. 그리고 남조선의 그 외의 지역에 계신 동포들도 국제적 정세의
긴박함과 우리 민족의 역사적 위기에 당면한 사실을 똑바로 보아 자
유스럽고 평화로운 사회적 환경에서 역사적 대사업인 총선거가 성공
리에 끝마치도록 국립경찰에게 애국적 협력을 아끼지 말기를 바라
마지않는 바이다.

(「응원대를 급파. '양민은 발본퇴치에 협력하라'-조 경무부장 담」, 『경향신문』
1948년 4월 7일)

4·3봉기에 대한 '좌익폭동' 규정은 발발 직후부터 시작된 것이다.
실제로 봉기가 어떤 모습으로 이뤄졌는지, 제민일보4·3취재반의 보
고 중 남원지서 습격 장면을 살펴보겠다. 봉기의 1차 표적은 경찰지서
로, 도내 24개 지서 중 11개소가 3일 새벽 일제히 공격을 받았다.

그 무렵 남원지서에는 지서주임 정성순(성산 출신) 경사를 비롯해 고

4·3 당시 중산간지대로 피신한 제주 사람들. 어린이와 여성들이 태반이다. "우리 편이 아니면 모두 적"이라는 것이 경찰과 미군정의 입장이었다.

일수(성읍)·양성만(보목) 순경과 이북 출신인 정성용·조덕현 순경 등 5명의 경찰관이 근무하고 있었다. 그리고 이틀 전인 4월 1일부터 대동청년단 단원들이 '지서 협조원'이란 이름 아래 매일 밤 5명씩 번갈아가며 지서 경비를 거들고 있었다. (…)

이날 남원지서의 피습으로 경찰관 고일수 순경과 민간인 방성화가 숨지고, 민간인 2명이 부상을 당하였다. 무장대는 앙심을 품었던 고일수 순경의 사체를 지서 밖으로 끌어내 석유를 뿌리고 불을 붙여 화장시켰다. 무장대는 지서 무기고에서 미제 카빈총과 일제 99식 총, 그리고 탄알 등을 탈취하고 유유히 사라졌다. (제민일보4.3취재반, 『4·3은 말한다 2』, 전예원 1994, 25~26쪽)

방성화가 무장대의 돌입 때 총에 맞은 것은 우연한 일이었던 반면 고일수의 참혹한 살해는 계획된 일이었다. 그는 앞서 무릉지서에 근무할 때 지난번 이야기한 양은하 청년의 고문치사에 책임이 있는 것으로 알려졌다고 한다. 무릉리에서 지낼 수 없게 되어 남원지서로 옮겨왔지만 남원리 봉기의 제1호 표적이 되었던 것이다. 다른 경관과 청년단원들의 피해 경위를 보면 고일수 같은 특별한 표적 외에는 꼭 죽일 뜻이 없었던 것으로 보인다.

근무자 중 절반 가까이가 외지 출신인 것은 도내 어느 지서에서나 마찬가지였고, 제주와 서귀포의 경찰서에는 외지 출신이 더 많았다. 해방 당시 101명이던(일본인 50명, 조선인 51명) 제주도 경찰관 수는 1947년 3·1절 사건 때까지 330명으로 늘어나 있었는데 아직 현지인 비율이 높았다. 3월의 총파업 때 65명이 파면당했고, 그 밖에 그만둔 사람까지 제주 출신 경찰관 100명 가까이가 경찰을 떠난 것으로 4·3 취재반은 추정했다. 그 후 제주도 경찰은 500명 선으로 증원되었고, 그 대부분은 육지 경찰에서 충원되었다.

> 경무부의 특별조치로 운수관구를 비롯한 각 관구에서 항구적으로 취임할 경관 245명이 본도에 배치되어 수일 내로 내도하게 되었는데 이로써 본도 현직 경관 260명을 합하여 정원 500명으로 증원된 것이며, 따라서 잔류한 응원대는 귀환하게 될 것이다.
>
> (『제주신보』 1947년 4월 28일; 『4·3은 말한다 1』, 410쪽)

이때 철도경찰에서 옮겨온 한 사람의 증언을 4·3취재반이 전해준다.

제주도에 파견 나간 응원경찰과 교체할 지원경찰을 모집한다기에 철도경찰들이 대거 지원했습니다. 1947년 4월 말 지원자들이 부산에 집결했는데 아마도 220명에 이르렀다고 기억합니다. 부산-제주 여객선 편으로 도착해보니 주민들의 경찰에 대한 반감이 드세다는 것을 금방 느꼈습니다. 첫날 식사대접도 받지 못했을 정도였으니까요.
5월 6일부로 동료 철도경찰관 출신 9명과 함께 성산지서에 배속됐는

데, 결국 지서에서는 철경 출신이 제주 출신들보다 수적으로 훨씬 우세하게 됐지요. 그런데 주민들이 셋방도 빌려주지 않고 식사 제공도 꺼려 한동안 애를 먹었습니다. 동료 가운데는 현지 사정에 적응치 못하고 휴가 간다면서 귀향해버린 경찰관들도 있었습니다. (『4·3은 말한다 1』, 411쪽)

철도경찰, 즉 운수경찰에 관한 이야기는 1948년 1월 2일자 일기에서 한 일이 있다. 운수경찰은 경무부 아닌 운수부에 속해 있다가 1947년 3월 경무부로 이관되면서 조병옥의 경무부에 적응하는 데 이런저런 문제가 있었던 모양이다. 특별수당을 붙여주면서 제주 전근자를 모집할 때 철도경찰 출신이 압도적 다수였다고 한다.

남원지서 외의 여러 지서 습격 상황을 훑어볼 때, 외지인 경찰관이라 해서 특별히 증오의 대상으로 여겨지지는 않은 것 같다. 1947년 3월의 '응원경찰'에 비해 철도경찰 출신의 외지인 경찰관들은 제주도를 자기 근무지로 받아들이고 적응 노력을 기울인 결과일 것 같다.

경찰 '협조원'으로 활동하던 대청에 대해서도 강한 적대감이 보이지 않는다. 대청단원 몇 명이 살해당했지만 대청 전체에 대한 증오가 아니라 개인적 문제로 보인다. 3·1절 사건 이전에 대부분 제주 청년들이 좌익이 아니라도 민청과 조선민주애국청년동맹(이하 '민애청'으로 줄임)에 참여했던 것처럼 사건 이후에는 이념과 관계없이 모두 대청에 속해 있었기 때문에, 그리고 경찰에 협조하는 것이 부득이한 일이었기 때문에 크게 문제 삼지 않았던 것으로 생각된다.

예외가 서청이었다. 서청이 테러단체로 특출한 성가를 누린 것은 그 '외인부대' 성격에 큰 이유가 있었다.

서청은 월남 청년으로 구성되었기 때문에 반공 성향을 가진데다가

서북청년회(서청) 회원증. 내가 1998년 제주에서 만난 한 서청 출신 노인에게 받은 인상으로는 제주에 온 서청 단원 중 살 곳을 찾아온 '생계형' 단원들도 많았을 것 같다.

룸펜 상태여서 동원하기가 쉬웠고, 대다수가 합숙생활을 했기 때문에 기동력도 좋았다. 월남 청년들의 조직적 동원은 이북의 토지개혁으로 월남민이 늘어난 1946년 3월경부터 시작된 일이었는데, 1946년 11월 말 서청 결성으로 그 조직력이 확대되기 시작했다.

서청의 결성 직후부터 지방 진출이 활발했던 것도 그 외인부대 성격 덕분이었다. 고향 아닌 곳에서 활동하기 때문에 체면에 구애됨 없이 무슨 짓이나 할 수 있다는 것은 서울의 활동에서도 큰 강점이었는데, 이 강점이 지방에서는 더 두드러졌다. 현지 폭력배와는 차원이 다른 만행을 스스럼없이 저지를 수 있고, 또 다른 단체가 따라올 수 없는 결속력을 보인 것이 서청이었다. 이 강점이 제주도에서 유감없이 발휘되었다.

서청의 세력 확대에 따라 자금원도 확대되었다. 이북 출신 재산가와 극우 정치세력의 지원으로 출발해서 군정청의 이권이 늘어났다. 정일형(鄭一亨, 1904~1982) 인사행정처장, 오정수(吳禎洙, 1899~1988) 상공부장, 이용설(李容卨, 1895~1993) 보건후생부장, 이대위(李大偉) 노동부장 등 군정청의 이북 출신 간부들은 동향인에 대한 동정심에서라도 월남민에게 관대한 태도를 보였을 것으로 생각되는데, 이를 기화로 서청은 배급표의 부정 취득에서 적산 불하에 이르기까지 많은 이권을 확보했다.

> 배급표 과다할당이란 소박한 단계에서 적산물자 불하라는 좀 더 과감한 대규모의 협잡을 통해 자금을 확보한 것이다. 서청 간부들은 이러한 협잡을 상징적으로 표현하여 미 군정청을 '건너마을 과방(果房)'이라고 불렀다고 한다. 이러한 협잡에 김성주(사업부장, 섭외부장)가 큰 역할을 했다. 김성주는 "미군 장교와도 개별적인 선을 대어 소위 보급작전에서 많은 수확을 얻어냈다." 그러나 이러한 물적 지원에도 비참한 서청원들의 생활은 "종내 갖가지 부작용, 즉 공갈행각을 수반했다." (임대식, 「제주 4·3항쟁과 우익 청년단」, 『제주 4·3 연구』, 역사문제 연구소, 역사비평사 1999, 215쪽)

대다수 서청단원들은 서청의 조직화 후에도 룸펜 상태를 벗어나지 못하고 있었다. 조직 활동만으로 생계를 확보할 수 없었던 것이다. 그들은 조직에 대한 봉사를 통해 조직원의 자격을 지킴으로써 경찰의 비호를 받으며 생계를 위한 각종 불법행위를 각자 모색했다. 서청의 지방 확산은 생계를 위한 불법행위의 공간을 넓히려는 자연스러운 추세였다.

이런 서청 단원들에게 제주도가 '기회의 땅'으로 떠오른 것이었다. 왜 제주도가 다른 지역과 달리 큰 기회를 그들에게 주었는가? '원주민'의 권리를 무시해도 되는 곳이기 때문이었다. 하지 사령관 이하 미 군정의 간부 대부분과 육지의 극우세력은 제주도를 '빨갱이 섬'으로

1948년 4월 3일 제주도 폭동사건을 진압하기 위해 출동하는 경찰대를 격려하는 이승만.

여기고 있었다. 미국 개척기에 인디언의 권리가 무시됐던 것처럼 제주도 주민들은 공권력의 보호를 거의 받지 못하는 입장에 있었다. 재물을 얻기 위해서든 정착하기 위해서든 1947년 이후의 제주도는 서청 단원들이 가장 쉽게 활동하는 지역이 되었다.

물론 제주도민의 불리한 입장과 서청의 발호는 4·3 발발 이후 크게 악화된 문제였다. 그러나 1947년 11월에 서청 제주지부가 설립된 사실과 4·3 봉기에서 서청 숙소가 지서 다음으로 뚜렷한 표적이 된 사실로 보아 문제가 이미 상당히 자라나 있었음을 알 수 있다. 4·3 취재반은 4·3 봉기 이전 서청의 활동 양상을 이렇게 서술했다.

서청 제주도지부가 정식으로 발족한 것은 1947년 11월 2일의 일이었다. (…) 그러나 그 이전에 적지 않은 서청단원들이 제주에 들어와 민심을 자극시키고 있었다. 그들 가운데는 이북에서 급히 도망쳐 나와 빈털터리가 된 경우가 많았다. 생활에 쫓기다 보니 처음에는 서청 단원 가운데 태극기나 이승만 사진들을 들고 다니며 반강압적으로 파는 사람들도 있었다. (4·3봉기가 일어난 후 성산포 등지에서 이때 물건구매에 냉담했던 주민들이 빨갱이로 몰려 억울하게 목숨을 잃는 사례가 있었다는 증언도 있다.)

그러나 이것은 1947년 초기의 상황이었다. 서청의 위세가 드세어지고 법에도 없는 경찰보조기능이 부여되던 1947년 하반기에 들어서면서 공산당을 때려잡는다는 명분 아래 그들의 백색테러가 제주에서 노골화되었다. 이때는 전국에 '서청! 하면 울던 아기도 울음을 그친다'는 유행어가 나돌 때였다. (『4·3은 말한다 1』, 434~435쪽)

1947년 4월 초 유해진 지사 부임 때 서청 단원들을 호위병으로 데려온 것이 서청 제주도 진출의 출발점이라고 하는데, 당시의 서청단장 문봉제(文鳳濟)는 이 시점에서 단원을 제주도에 보내달라는 조병옥의 요청이 있었다는 증언을 남겼다.

"(…) 우리는 어떤 지방에서 좌익이 날뛰니 와달라고 하면 서북청년단을 파견했어요. 그 과정에서 지방의 정치적 라이벌끼리 저 사람이 공산당원이라 하면 우리는 전혀 모르니까 그 사람을 처단케 되었지요. 우린들 어떤 객관적인 근거가 있었겠어요? 그 한 예가 제주도인데, 조병옥 박사가 경무부장으로 있으면서 4·3사건이 나자마자 저를 불러 제주도에서 큰 사건이 벌어졌는데 반공정신이 투철한 사람들로 경찰전투대를 편성한다고 500명을 보내달라기에 보낸 적이 있습니다." (『4·3은 말한다 1』, 437쪽에서 재인용)

근 20년 전 제주도에서 살 때 한 서청 출신 노인을 만난 일이 있다. 아라동의 친구 과수원에 놀러간 길에 옆 과수원 노인과 점심식사를 함께하다가 서청 단원으로 제주에 왔다는 말을 들었다. 과수원에서 숙식을 하는 분인데, 여러 해 동안 혼자 살아온 것 같았다.

스무 살 나이로 제주에 올 때 그가 어떤 모습이었을까? 큰 욕심 없이 정착할 수 있는 곳을 찾아서 온 사람이었을 것 같은데, 그래도 서청 단원으로서는 못할 짓을 꽤 하지 않을 수 없었을 것이다. 제주도 여자랑 결혼을 했다는데, 어쩌다 혼자 살게 되었는지도 듣지 못했다. 서청은 제주 사태에서 가해자로 지목되는 존재이지만, 그 단원 중에도 피해자는 많았다.

그 무렵에는 4·3취재반의 양조훈, 김종민, 김애자 기자들과 자주 만나 4·3항쟁의 의미를 배우고 있었다. 어려운 조건 아래 힘든 일을 해낸 취재반 여러분에게 새삼 경의와 감사를 표한다.

1948. 4. 8.

도청소재지에 한 번씩 들르는 '선거 감시'

미군정은 3월 3일 '국회선거위원회(이하 '국선위'로 줄임)'를 군정장관 행정명령으로 설치했다. 5월 총선거의 관리 주체를 만든 것이다.

행정명령 제14호 국회선거위원회

제1조 국회선거위원회를 자에 설치하며 좌와 여히 동 위원회 위원을 임명함.
위원 성명: 장면, 김동성, 최규동, 이갑성, 백인제, 박승호, 이승복, 전규홍, 김지환, 노진설, 윤기섭, 현상윤, 김법린, 오상현, 최두선
1947년 9월 3일부 법률 제5호(입법의원의원선거법) 규정에 의하여 이미 행한 중선위 위원의 임명은 국회선거 위원회 위원의 임명으로써 인준함.

제2조 국회선거위원회 및 동 위원은 1947년 9월3일부 법률 제5호(입법의원선거법)에 의하여 중앙선거위원회 및 동 위원에 부여된 일체의 권한과 임무를 자에 부여함. 국회선거위원회는 재조선미국육군사령관이 1948년 3월 1일에 발표한 바 조선인민대표의 선거에 관한 포고

에 의하여 1948년 5월 9일에 거행될 선거에 있어서 전기 법률규정에 의한 권한과 의무를 수행함.

제3조 자에 설치하는 국회선거위원회는 군정장관의 인준 및 군정장관이 규정하는 규칙을 조건으로 하여 그 직능의 수행에 필요한 보급과 자금을 남조선 과도정부의 당해 기관에서 획득하며 보조인원을 고용할 권한이 유함.

제4조 본령은 공포와 동시에 유효함.

1948년 3월 3일 조선 군정장관 미국 육군소장 윌리엄 에프 딘(군정청 관보 행정명령 제14호 1948년 3월 3일)

딘 군정장관은 3월 4일 국회선거위원 임명식에서 이렇게 말했다.

"작년 12월 비공식으로 제위에게 요청하여 선거규칙을 제정하였는데 금반 유엔소총회 결의에 의하여 총선거를 실시하게 됨에 있어서 유엔조선위원단에서 다소 수정제의는 있을지라도 금반 총선거에 동 규칙을 사용케 됨은 본관으로서는 충심으로 감사하는 바이며 동시에 유엔위원단의 승인을 얻어 귀하들을 선거위원으로 금일 정식 임명하는 바이다. 이 선거는 세인 주시리에 실시되는 만큼 우리의 총력을 아끼지 않을 것이다. 이 중요성에 감하여 제위는 애국적 견지에서 노력할 것을 믿는 바이다."

(「선위 정식 임명」, 『경향신문』 1948년 3월 6일)

군정청이 반년 전 조직했던 '중선위' 구성을 그대로 두고 "유엔위원단의 승인을 얻어" 선거 관리 역할을 계속해서 맡긴다는 것이다. 여기서 "승인"이란 말의 뜻이 애매하다. 위원 한 명 한 명의 임명을 승인받은 것일 수는 없다. 군정장관 행정명령에 의한 국선위 설치에 대한 '양해'를 얻었다는 뜻일 것 같다.

15인 위원 중 중선위 위원장을 맡고 있던 윤기섭은 사퇴했다. 윤기섭은 부의장을 맡고 있던 입법의원에서도 사퇴했다. 그는 사퇴 이유를 "해외에서 돌아와 그간 국내사정을 연구하였으나 아직도 정통치 못하다는 것을 통감하고 있으며 아울러 입법의원의 과거 1년간 업적과 금일의 현상을 생각할 때 선거최고기관의 자리를 차지할 수 없다는 것을 느꼈기 때문에 사의를 표명하였다."고 밝혔는데(『동아일보』 1948년 3월 6일), 단독선거 추진세력의 횡포에 대한 불만을 뜻하는 것이다. 그가 입법의원에서 사퇴한 것도 단독선거 추진세력의 총선거 촉구 결의안 (1948년 2월 19일) 강행에 대한 항의였다.

여기서 중요한 것은 윤기섭이 사퇴한 사실이 아니라 나머지 14인 위원이 사퇴하지 않았다는 사실이다. 입법의원에서 김규식과 윤기섭의 사퇴에는 30여 의원이 동조했다. 그런데 15인 중앙선거위원 중에는 입법의원 부의장으로서 당연직으로 들어간 윤기섭 외에 5월 총선거를 반대하는 사람이 하나도 없었다. 중선위는 미군정에 순종하거나 이승만-한민당을 지지하는 사람들 위주로 구성되어 있었던 것이다. 이 '색깔'은 '특별선거구'에 대한 국선위의 태도에서 드러난다.

재남 이북동포 460만을 대표할 수 있는 특별선거구 설정문제는 점차로 고조에 달하고 있으므로 16일 오후 5시부터 6시까지 이승만은 메논 의장을 방문하고 요담하였으며 20일에는 이북인민대회를 개최하

윤기섭(1887~1959). 임정 국무위원으로 있다가
귀국한 윤기섭은 다른 여러 임정 요인과 같이 전
쟁 때 납북되었다.

기로 되었는데, 국회선거위원회에서도 16일 특별선거구 설치를 요청
하여 하지 사령관에게 건의문을 제출하였다 하는데 그 귀추가 매우
주목된다.

(「특별선거구 설정문제, 국회선위에서도 당국에 건의」, 『경향신문』
1948년 3월 18일)

　반공세력에서는 월남민의 수를 460만 명으로 과장하면서 이들에게
도 인구비례로 의석을 할당해줄 것을 요구하고 있었다. 실제 월남민의
수는 100만 명 이하로 추정된다. 월남민을 기반으로 하는 조민당 등
일각에서는 특별선거구가 획정되지 않을 경우 선거를 보이콧하겠다는
주장까지 나오고 있었다.
　특별선거구를 설치하지 않은 것 외에는 단독선거 추진세력을 대체
로 만족시킬 만한 '국회의원선거법'이 3월 18일 군정장관 명의로 공포
되었다. 법안 전문을 게재한 『동아일보』 기사의 도입부를 옮겨놓는다.

민주건국의 초석인 국회의원선거법이 지난 18일 군정장관 딘 소장의 서명으로 공포되었다. 동 법안의 유엔소위 제3분과위원회에서 수 주일에 걸쳐서 초안하여 토의한 후 지난 3월 10일 유엔조위 전체회의에 상정 토의하여 동 12일 미군정 당국에 회부되었던바 미군정 당국에서는 이에 대한 전문가들과 다시 동 법안이 조선 실정에 적합한가를 검토하여 입법의원에서 통과된 선거법을 수정하여 공포하게 된 것인데 입의에서 문제가 되었던 선거연령 23세를 21세로 정하였고 일정하에 고등계에서 사상 관계를 취급한 경찰관을 위시하여 고등관 3등급 이상의 관리, 판임관 이상의 경찰, 헌병, 헌병보, 중추원 참의, 도회 의원 등은 피선거권을 박탈하였으며 8장 57조로 구성된 동 선거법 전문의 내용은 다음과 같다. (…)

(「국회의원선거법」, 『동아일보』 1948년 3월 21일)

투표 준비는 어마어마한 작업이었다. 인적 조직만 하더라도 각급 선거위원회에 몇만 명이 동원되어야 했다. 1947년 11월 중선위가 작성한 선거법 시행세칙에는 9도 1특별시, 15개 시-부, 134개 군-도(島), 428개 읍-면의 6,447개 투표구와 투표분구 선거위원회를 구성하는 데 총 4만 5,471명의 위원이 필요하다고 했다(『조선일보』 1947년 11월 27일).

실제로는 특별시·도 단위 선거위원들이 3월 25일까지 위촉되었다. 각도 선거위원회는 11명 위원과 11명 후보위원으로 구성되었다(『경향신문』 1948년 3월 25, 26일). 지방 선거위원의 위촉에 대한 지침은 이에 앞서 3월 19일 국선위 지령 제1호로 각 지방에 발송되었다.

국회의원선거법 제4장의 규정에 의하여 투표구마다 선거위원회를 설치하게 되었는데 국회선거위원회는 이 선거위원의 선정에 대하여 각급 선거위원장, 각도 지방심리원장, 각도 지사에게 다음과 같은 지령 제1호를 19일 발송하였다.

"선거위원회 위원의 추천 또는 보고에 관한 건"

국회의원선거법 제4장의 규정에 의하여 각급선거위원을 선임할 때에는 좌의 사항을 준수하기를 지명(指命)함.

가. 어느 선거위원회든지 동일정당 소속자는 3분지 1을 초과하지 못하게 되었는데,

1. 정당으로 명확히 이름이 있는 것은 물론이요 기타 단체도 차에 준하여 취급할 것.

2. 공무원은 선거운동을 못하게 되었으나 선거위원회 위원이 될 수 없다는 의미는 아니므로 도·군·읍·면 등의 관공리도 선거위원이 될 수 있다는 것. 그러나 동일정당 소속자는 3분지 1을 초과하지 못한다는 입법정신에 비추어 관공리의 위원 수가 3분지 1을 넘지 못하게 할 것.

나. 각급 선거위원회의 위원장, 위원 후보위원장 및 후보위원을 추천하거나 임명 보고를 할 때에는 위원의 상세한 이력서를 각기 상급위원회 전부에 1부씩 존치할 수 있는 부수를 첨부할 것.

(「각급 선위에 동일 정당인 3분지 1 초과 못한다」, 『경향신문』 1948년 3월 21일)

국선위의 총선거 일정표가 『경향신문』에 보도되었다.

내 5월 9일 실시될 총선거를 앞두고 국회선거위원회에서는 면밀한 사무일정표를 작성하여 집무하고 있는데 동 일정표에 의하여 선거등록 개시일인 3월 30일부터 선거일인 5월 9일까지의 순서를 알아보면

다음과 같다.

* 3월 30일: 선서인등록 개시/ 선거인명부 작성 개시/ 의원후보자등록 개시

* 4월 8일: 선거인등록 마감

* 4월 13일: 선거인명부 작성 완료

* 4월 14일: 선거인명부 종람(縱覽) 개시

* 4월 15일: 의원후보자등록 마감

* 4월 17일: 투표용지에 인쇄할 의원후보자 순위 및 기호 결정/ 투표용지 모형 공시

* 4월 20일: 선거인명부 종람 마감

* 5월 4일까지: 개표의 장소 공고

* 5월 6일까지: 투표 시에 참관할 의원후보자 대리인 신청 접수

* 5월 7일까지: 의원후보자의 사진 제출 마감/ 개표일의 입회인 신청 마감

* 5월 7일: 선거인명부 확정

* 5월 8일: 의원후보자용 게시판 설치

* 5월 9일: 투표

(「선거 일정표, 30일부터 본격적 집무」, 『경향신문』 1948년 3월 28일)

도 단위 선거위원회가 3월 25일에야 구성이 완료되었는데 3월 30일 선거인등록을 시작한다니, 등록소 준비는 누가 하고 있었단 말인가? 확인하지 못했지만, 일반 행정기관에서 선거준비를 하고 있었던 것으로 보인다. 위에서 본 국선위 지령 제1호 '가'조 제2항으로 보아 많은 공무원이 선거위원회에 들어가 선거관리 작업을 계속한 것으로 보인다.

선거인등록이 시작되자 단독선거 추진세력은 등록률을 높이는 데 온 힘을 쏟았다. 원칙적으로 등록 강요는 금지되어 있었지만 실제 규제는 어려웠다. 민독당은 4월 6일 "하지 중장 및 군정청 당국에서 선거반대의 자유가 있다고 누차 언명하였음에도 가진 수단으로 등록을 강요함은 단선단정을 반대하는 민의를 강압·왜곡함으로써 강행되고 있다고 것을 실증하는 것"이라는 항의 성명을 발표했지만(『조선일보』 1948년 4월 7일) 선거 반대자들에게는 등록을 만류할 권한이 없었다. 민독당 대표 홍명희의 4월 10일 기자회견에서 이런 문답이 있었다.

> (문) 일부에서 현 정세하에서 남북협상을 추진시키는 것은 남조선선거를 반대하여 방해하려고 하는 것이라고 본다는데 귀 견해 여하?
> (답) 남북협상을 추진시키는 인물이 남조선 선거를 반대하는 사람은 틀림없으나 선거를 방해하려는 의도는 전연 없다.
>
> (「남북협상 추진-홍명희 씨 담화」, 『서울신문』 1948년 4월 11일)

중간파는 선거 시행에 반대하더라도 선거 진행을 방해할 수는 없었던 것이다. 당시 합법투쟁의 한계였다. 남로당의 지하투쟁은 별 효과를 가져오지 못했다. 지난 2월의 '구국투쟁' 때 역량의 한계를 드러낸 것으로 보인다. 4월 14일 국선위는 유권자의 91.7퍼센트인 805만 5,798명이 등록했다고 밝혔다(『조선일보』 1948년 4월 15일. 합계가 맞지 않지만 그대로 옮겨놓았다). 항쟁 사태가 발발한 제주도의 64.9퍼센트와 경남의 75.3퍼센트 외에 모든 지역이 85퍼센트를 넘었다.

서울   769,568명(92.3퍼센트)
경기   1,131,329명(95.9퍼센트)

충북	460,021명(96.6퍼센트)
충남	791,663명(90.3퍼센트)
전북	791,499명(86.4퍼센트)
전남	1,229,200명(88.9퍼센트)
경북	1,210,264명(90.6퍼센트)
경남	1,314,440명(75.3퍼센트)
강원	474,723명(96.5퍼센트)
제주	82,812명(64.9퍼센트)
계	8,055,798명(91.7퍼센트)

자유로운 선거 실시의 궁극적 책임은 군정청 아닌 유엔위원단에 있었다. 등록기간 중 유엔위원단은 3개 감시단을 구성했는데 그 일정은 이런 것이었다.

4월 3일 조위(朝委)에서는 오전 11시부터 전체회의를 열고 선거일자 문제와 현지 선거감시단에 관한 문제를 토의한 결과 각각 다음과 같은 결정을 보았다. 선거일자에 관하여서는 미군 당국의 요청에 의하여 1일 연기하여 5월 10일로 확정되었으며 현지감시단의 인원구성과 감시일자는 다음과 같다.

제1감시단은 경기도, 강원도 및 제주도를 감시하는 동시에 주요 위원회의 업무를 겸행하게 되었으며 구성원은 오스트레일리아대표 잭슨, 중국대표 류위완, 필리핀대표 루나, 프랑스대표 마네, 인도대표 바레 및 사무국원 6인이며 감시일정은 다음과 같다.
4월 5일-서울시/ 4월 6일-개성/ 4월 7일-인천/ 4월 8일-춘천/ 4월 9

일-제주도

제주도는 숙소관계로 남자 9인이 파견되리라 한다.

제2감시단은 충청남북도, 전라남북도를 감시할 것이며 구성원은 시리아대표 무길, 캐나다대표 패터슨 및 사무국원 4인이며 감시일정은 다음과 같다.

4월 5일-청주/ 4월 6일-대전/ 4월 7일-전주/ 4월 8일-광주

제3감시단은 경상남북도를 감시할 것이며 구성원은 엘살바도르부대표 린도, 프랑스대표 폴 봉쿠르, 중국부대표 왕충싱(王恭行) 및 사무국장 5인이며 감시일정은 다음과 같다.

4월 5일~6일-대전/ 4월 7일~8일-부산 (…)

(「선거감시단 구성, 각국의 감시일자도 결정」, 『동아일보』 1948년 4월 4일)

3개 감시단은 예정대로 움직였다. 유엔위원단이 발표한 공보 제55호를 보면 선거의 자유 분위기를 걱정할 만한 아무것도 감시단의 눈에 보이지 않았던 모양이다. 저렇게 번개같이 움직이는 감시단의 눈에 띄려면 무슨 짓을 해야 했을까? 등록 단계에서 유엔위원단의 감시는 실질적으로 없었다고 할 수 있다.

● 공보 55호

감시단 제1·제2·제3반은 4월 5일부터 각각 업무를 개시하여 4월 10일에 제1주의 감시를 끝마치었다. 각 반은 등록행동을 감시하였고 자유 분위기에 관한 상황을 조사하였다.

오스트레일리아·중국·엘살바도르·프랑스·인도 및 필리핀 대표로

써 구성된 제1반은 서울·개성·인천·춘천 및 제주도를 방문하였으며 제주도에서는 3개 투표구 중에서 2개소를 방문하여 선거위원회의 대표들과 면회하였다. 또한 동 반은 4월 3일에 시작된 소요사건에 관하여 제주도지사, 동 경찰최고책임자 및 미군 당국과 회담하였다.

캐나다·시리아 대표로 구성된 제2반은 청주·대전·이리·전주·광주 등을 방문하였다.

중국·엘살바도르 및 프랑스 대표로 구성된 제3반은 대구와 부산을 방문하였다.

제2반과 제3반은 촌락에 있어서의 유권자등록상황을 확인하는 동시에 조·미 당국과의 회담을 통하여 도청 소재지의 상황을 감시할 목적으로 지방에 여행할 수가 있었다.

(「등록행동 감시코 자유 분위기 상황 조사, 감시반의 보고-공보 제55호」,『동아일보』
1948년 4월 15일)

1948. 4. 10.

한국여론협회: "자발적 선거인등록은 7퍼센트 미만!"

———

총선거의 첫 단계인 선거인등록이 3월 30일에서 4월 8일까지 진행되었다. 유권자의 91.7퍼센트인 800여 만 명이 등록을 마친 것으로 중선위가 발표했다. 선거 추진세력이 만족하고도 남을 결과였다. 하지 사령관이 만족했다는 사실을 보여주는 4월 13일의 담화문을 발췌 소개한다.

> "남조선 내 유권자등록에 관한 예비적 보고에 의하면 전 유권자의 90퍼센트 이상의 등록을 완료하였으므로 그들은 5월 10일 시행될 총선거에 투표할 자격을 가졌다. 이것은 조선정부를 형성함에 있어서 조선국민을 진정으로 대표할 수 있는 자기들의 대표자를 선출하는 민주주의적 총선거에 투표하고자 하는 전 조선국민의 압도적 표시라고 본다. 또 이것으로써 국제연합조선임시위원단과 조선국민에게 조선국민은 총선거를 원하지 않고 국민의 대다수가 이것을 반대하고 있다는 것을 알리고자 하는 공산당과 그들의 많은 세포분자들의 소란한 선전이 허언이었다는 것이 증명된다. (…)
> 그들은 이것을 부르짖으며 또 다수한 민중을 비난하였다. 등록기간 중 각 방면에서 활동한 데 대하여 본관에게 도달된 보고에 의하면 자

유 분위기에 대한 확실한 방해자는 등록소를 습격하고 등록명부를 파기하며 또 선거관계관을 살해하고 등록과 투표를 부르짖고 있는 입후보자 및 저명한 정계요인을 살해하고자 광범위에 걸쳐 협박하고 있는 공산분자의 소위였다는 것을 알 수 있다. (…)

이것은 정히 소련지도자들이 유엔위원단과 조선국민에 혼란을 획책하기 위하여 그들 공산분자들에게 지령을 내린 것이다. 그들은 충분한 보수를 받고 이러한 지령을 실행하고 있으며 또 그들이 가속도로 이것을 계속할 것이라는 것도 우리는 능히 예측할 수가 있다. 그러나 이러한 조선국민의 압도적인 투표등록 성과는 어떠한 강요에 의해서는 도저히 불가능하였을 것이라는 것도 자타가 모두 다 공인하는 바이며 또 그 투표등록은 민주주의적 제 과정에 대한 위대한 초보적 승리로서 간주할 수 있을 뿐만 아니라 다음으로 조선인 애국자들은 내 5월 10일 투표장소에 출두하여 자기들이 희망하는 입후보자를 비밀투표에 의하여 선거함으로써 제3차의 승리가 재래될 것이다. 그러므로 투표권등록을 완료한 모든 남녀 유권자는 당일 무루(無漏) 투표하기를 본관은 열렬히 희망하는 바이다.

정부의 대표를 선출함에 대하여 각 개인이 표시하는 바 선택투표권은 자유민주주의적 제 문명국가에서 인류가 가지는 최대의 특권이다. 조선국민이 자유로운 비밀투표에 의한 선거에 있어서 이 특권을 행사함은 조선국민의 수중에 달렸다. 그러므로 내 5월 10일 여러분은 누구나 이 특권을 행사하십시오."

(「자유투표 권리는 인류의 최대 특권-하 중장 성명」, 『동아일보』 1948년 4월 14일)

그런데 단독선거 추진세력의 승리 분위기에 찬물을 끼얹는 여론조사 보고가 4월 12일 한국여론협회로부터 나왔다.

한국여론협회에서는 가능지역 선거에 관한 민심동향을 조사하고자 지난 12일 정오 시내 충무로 종로의 2개소에서 통행인 1,262명을 대상으로 그 여론을 조사하였는데 설문내용과 그 결과는 대략 다음과 같은 것이었다.

● 설문

1. 귀하는 등록하였습니까? 안 하였습니까?

1. 자발적으로 하였습니까? 강요당하였습니까?

1. 누구에게 강요당하였습니까?

조사대상 인원수 1,262명

(1) 등록하였소. 934명, 74퍼센트

(2) 등록 안 하였소. 328명, 26퍼센트

(3) 자발적으로 하였소. 84명, 9퍼센트

(4) 강요당하였소. 850명, 91퍼센트

（「선거등록 여론 강요당했소-91퍼센트, 한국 여론협회 조사」, 『조선일보』
1948년 4월 15일）

서울의 등록률은 92.3퍼센트로 발표되었는데 조사대상의 26퍼센트가 등록하지 않았다고 대답하였다니 어찌된 일일까. 본인이 등록 사실도 알지 못하는 대리등록이 광범위하게 자행된 것이 아닐까 추측해본다. 그리고 등록했다는 응답자 중 91퍼센트가 강요당했다고 응답했다. 강요의 정도에도 큰 편차가 있겠지만 압도적 대다수가 등록을 강요당했다는 피해의식을 가졌던 사실을 이 조사결과는 말해준다.

군정청에서 한국여론협회를 비난하는 담화문이 곧이어 나왔다.

지난 12일 한국여론협회에서는 지난번 선거인등록에 있어 자발적인
가 혹은 강요에 의한 것인가에 대한 가두 여론조사를 충무로 입구와
종로 네거리에서 1,262명의 통행인에게 실시한 결과를 좌익계열 보
도기관에서 대대적으로 취급하여 공정한 애국동포들의 의아와 물의
를 자아내게 한 바 있었는데 이에 대하여 15일 중앙청 공보부에서는
요지 다음과 같은 공보국장 담화를 발표하여 공정성 없는 가두 여론
조사로 인심을 현혹케 하는 언론은 언론자유의 한계 이외라고 경고
를 발하였다.

"지난 12일 한국여론협회에서 조사한 여론에 의하면 강요에 의하여
등록한 자가 91퍼센트, 자발적 등록이 9퍼센트로 되어 있는데 이것
은 남조선 현하의 정세에 비추어 상상할 수 없는 숫자이다. 이러한
과거의 폐단을 제거 시정하고 여론조사의 공정성과 객관성을 얻기
위하여 동 협회에도 주의를 주었던 것이나 하등 연락도 없이 믿을 수
없는 여론을 발표하는 것을 공안상 방임할 수 없는 것이며 언론자유
의 한계를 벗어나는 것임을 경고하는 바이다.

(「인심 문란 목적한 '한국여론'에 단(斷)—공보부서 최후 경고」, 『동아일보』

1948년 4월 16일)

한국여론협회가 뚜렷한 정치적 성향을 가진 단체였을까? 한국여론
협회의 발족을 보도한 1946년 7월 8일자 『동아일보』 「참다운 민성(民
聲)을 환기—'한국여론협회' 신발족」 기사를 보면 이 협회는 8개 위원회
로 구성되는데 위원장 중 장덕수(정치), 조소앙(외교), 김준연(金俊淵,
1895~1971, 재정), 한경직(노농), 양주동(梁柱東, 1903~1977, 문화) 등의
이름이 보인다. 좌익 성향은 결코 아니었다.

4월 12일 여론조사를 『동아일보』는 보도하지 않았지만, 『조선일보』

는 보도했다. 당시의 『조선일보』가 『동아일보』처럼 노골적 극우는 아니었어도 "좌익계열 언론기관"은 터무니없는 소리다. 전가의 보도처럼 '좌익 책동'을 뒤집어씌우고 싶으나 한국여론협회가 굳이 따지자면 우익 성향 단체였기 때문에 어정쩡하게 되어 공보부장(장관급)도 아닌 국장급이 나선 것 같다. 담화 내용을 보더라도 조사방법에 대한 구체적 문제 지적 없이 군정청에 "하등 연락도 없이" 진행되었다는 사실만을 불평했다. 여론조사까지 사전 검열이 필요하단 말인가?

이 여론조사가 조작된 것이 아니라는 가정하에 당시 서울 시민들의 분위기를 생각해본다. 자발적 등록은 7퍼센트 미만이었다. 26퍼센트는 등록하지 않았다고 스스로 생각하고 있었는데 그중 정말 등록 안된 사람은 8퍼센트 미만이었다. 그리고 67퍼센트는 강요당하는 기분으로 등록했다. 강요당했다는 사람 중에 실제적 위협까지 받은 사람은 그리 많지 않았을 것 같다. 잔소리가 귀찮아서나 이웃의 눈치 정도로 내키지 않는 등록을 한 사람이 많았을 것 같다. 요컨대, 대다수 시민이 꼭 등록해야겠다는 생각도 없고, 꼭 안 해야겠다는 생각 없이 그저 귀찮고 기분 나빠서 안 하고 넘어갔으면 좋겠다는 정도 분위기였던 것 같다.

한민당-이승만 세력의 반민족적·반민중적 성격은 충분히 드러나 있었다. '가능지역 총선거'에 그들이 환호작약하는 것만 보더라도 일반 인민은 선거를 열렬히 환영하는 마음을 일으키기 어려웠을 것이다. 선거인등록에 흔연히 임한 사람은 서울 지역에서 7퍼센트 미만이었는데, 그렇지 못한 92퍼센트가 조직적으로 반대에 나설 길이 없었다. 남로당만이 조직적 반대운동에 나섰으나 그를 믿고 호응하는 사람은 극소수였다. 중간파가 확실한 노선을 세워 반대운동에 나선다면 훨씬 넓은 범위의 호응을 불러일으킬 수도 있었겠지만, 중간파의 움직임은

'합법'의 족쇄를 차고 있었다.

　이런 분위기와 상황에서 한민당-이승만 세력은 거의 아무런 견제 없이 선거의 승리를 향해 매진할 수 있었다. 그들은 선거의 자유 분위기를 요구하는 유엔위원회만을 견제세력으로 의식하고 있었다. 『동아일보』는 4월 11일, 13일, 15일 3회에 걸쳐 「조위(朝委)에 보내는 한민당 메시지」를 게재했는데, 한민당이 당시 상황을 어떻게 인식하고 어떻게 임하고 있었는지 알아볼 수 있는 문서이므로 긴 내용을 모두 옮겨놓는다. 독자들이 유의해서 읽기를 권하고 싶은 대목에 밑줄을 그어놓는다.

　　우리나라의 독립을 원조하기 위하여 유엔총회에서 결의한 총선거를 온전히 수행하도록 하려는 귀 위원단의 가지가지의 고심과 노력에 대해서 충심으로 감사를 드립니다. 귀 위원단이 늘 고조하시는 자유로운 분위기 속에서 선거를 시행해야 한다는 것은 극히 당연한 일로 생각합니다. 특히 본 당은 이에 대하여 더욱 많은 관심을 가지고 있습니다. 본 당은 과거에 있어서 당수 송진우 씨와 정치부장 장덕수 씨를 살해당한 쓰라린 경험을 가지고 있으며 금번 선거에 있어서도 입후보자를 암살할 계획을 하고 있다는 말을 듣고 있습니다. 우리의 절대적 요망은 안심하고 입후보도 하고 선거운동도 하고 투표도 할 수 있는 분위기를 만드는 것입니다. 그런데 귀 위원단이 특히 이 점에 유의하시는 것은 크게 다행한 일입니다.

　　그러나 금번 귀 위원단이 자유로운 분위기를 조성하기 위해서 취한 방침은 결과에 있어서 자유로운 분위기를 파괴하게 될 우려가 많음을 말하지 않을 수 없는 것을 크게 유감으로 생각합니다. 자유로운 분위기를 조성하려는 목적과 대상은 말할 것도 없이 선거를 잘하기 위해서 선거에 협력하는 사람들에게 마음대로 입후보도 하고 마음대로 투표도 할 수 있도록 하자는 데 있지 않겠습니까? 그런데 만일 민중으로 하여금 강제로 선거에 보이콧시킬 목적으로 폭동·파괴·방화·살육 등 수단을 불택(不擇)하는 사람들에게 그 행동을 마음대로 하도록 자유로운 분위기를 조성해서 제공한다면 그 결과는 무엇이 되겠습니까?

유엔의 결의에 보이콧하는 모국의 지령을 받아서 이번 총선거를 방해하려는 북한의 인민위원회에서는 남한의 공산주의자들에게 대해서 총선거를 결사적으로 반대하라는 지령을 내리고 평양에서는 거의 매일 이것을 방송하고 있는 것을 우리들 자신의 귀로 직접 듣고 있습니다. 이 지령을 실행하기 위해서 2월 7일 이후 그들이 범한 폭동·파괴·살인·방화 등 건수(3월 23일 현재)는 다음과 같이 전율을 금할 수 없을 만큼 많습니다.

경찰관서 108개소/ 테러 102건/ 경관 피살 24인/ 동 부상 75인/ 경찰가족 피살 1인/ 동 부상 9인/ 관공리 피살 3인/ 동 부상 16인/ 양민 피살 12인/ 동 부상 131인

총기 피탈 79건/ 탄환 피탈 1,305발/ 기관차 파괴 61량/ 객차화차 파괴 11량/ 기차노선 파괴 13건/ 전화선 절단 214건/ 통신기구 파괴 9건/ 전주 절단 72본/ 동력선 절단 5건/ 경찰관서 방화 5건/ 관공서 방화 3건/ 양민가옥 방화 28건/ 관공서 파괴 13건/ 양민가옥 파괴 15건/ 도로 교량 파괴 29건

그리고 최근 북한에서 온 사람의 말에 의하면 선거 때는 북한의 공산군이 38 이남으로 처내려온다는 것을 선전하고 있다고 합니다. 이 말은 신경전을 위한 일종의 모략적 풍설이라고 하더라도 선거일 임박해서는 지금보다 더욱 치열하게 더욱 광범위로 파괴·방화·살육 등

소위 무자비한 투쟁을 할 것은 틀림없는 일입니다. 연백 지방에서는 음료수 우물에 독약을 투입하는 등 행동도 하고 있습니다. 이와 같은 불안 공포 속에서 어떻게 안심하고 입후보를 할 수 있으며 안심하고 선거운동을 할 수 있으며 안심하고 투표장소로 나갈 수 있겠습니까? 더욱이 입후보하는 사람은 전쟁에 출전하는 병사처럼 비장한 결의를 가지지 않고는 입후보를 하지 못하게 되었습니다.

선거운동자 중에도 많은 희생자가 날 것을 미리 생각하지 않을 수가 없습니다. 유권자 중에는 위협을 느껴서 본의 아닌 기권을 할 사람이 무수히 있을 것도 틀림없는 일입니다.

투표소의 파괴·방화·유권자등록명부의 파기·소실·투표함의 운반 도중 피탈 등으로 선거를 몇 번이고 반복하지 않을 수 없는 위험성이 도시를 제한 전 선거구에 있다는 것도 알아야 할 것입니다. 우리는 이 사실을 거울 들여다보듯이 명확히 알면서도 거기 대응할 방안을 강구할 자유를 가지지 못한 것을 슬프게 생각합니다. 나라 없는 약소 민족의 억울한 심정이 이런 데서 일어나는 것을 깨달을 자유만을 가지고 있습니다.

오직 한 가지 방도가 있다면 그것은 여러분의 이에 대한 적당한 조치를 기대하는 것뿐입니다. 그런데 귀 위원단은 이러한 사태를 몰각하고 그 시선과 고려를 전연 딴 방면에 집중하고 있는 사실을 발견할 때 실망과 우려를 금할 수 없습니다. 선거를 방해하기 위해서 파괴·방화·폭행·살인을 마음대로 하는 방면에 대해서는 일언반구도 언급치 않고 그 폭동과 방해를 방지할 책임을 가진 경찰의 수족을 결박하고 선거를 수행하기 위하여 노력하는 청년의 단체행동을 구속하기에만 주력한다면 그 결과는 선거일을 기하여 남북일대를 수라장화하고 생지옥화하는 것밖에는 없을 것입니다. 지금 이 말을 여러분이 시인하실지 안 하실지 그것은 알 수 없습니다. 그러나 5월 10일까지 이것이 사실로 증명될 것은 확실히 알 수 있습니다. 다만 그것이 사실로 증명되는 때는 우리의 희생이 너무나 크다는 것을 고려하시기 바랍니다.

금번에 개변된 형사소송법은 그 주안이 귀 위원단의 요청에 응하는 데 있는 모양인데 그것이 이상적 법 이론으로는 훌륭하나 오늘날 한국의 현실에는 도리어 부적당한 법이라고 하지 않을 수 없습니다. 지금 우리나라는 준 전시상태 반 계엄상태에 있는 것이 사실인데 재판소에서 원거리에 있어서 심판관의 영장을 가져오는 데 3일이나 걸리는 경찰관서에서는 도피하는 범죄자를 보고도 손을 댈 도리가 없을 것입니다. 임시조치의 방법이 있다 하나 그런 짓을 하다가는 피의자의 교묘한 법정진술에 의해서 체포한 경찰관은 억울하게 1일 80원 미만의 봉급을 받아가지고 피의자에게 1일 1,000원의 보상금을 물어주게 될 터이니 어떤 경관이 그런 모험을 하겠습니까?

더욱이 1일 80원을 받는 경관은 어느 나라 국민이며 1일 1,000원 보상금을 받을 범죄 피의자는 어느 나라 국민이겠습니까? 범죄 피의자는 언제든지 경관에 비해서 13배 이상의 수입이 있는 사람이요 그만큼 고등한 생활을 하는 사람이란 이론이 어디서 나오는지 이해할 수가 없습니다. 이러한 법률을 초안해낸 사법 당국자가 벌써 경찰에 대해서 편견 내지 모멸감을 가지고 있는 것을 알 수 있으니 여기에 경찰은 사법관을 신뢰하고 범인을 취급할 용기가 나지 않을 것입니다. 이러한 조치는 결국 경찰의 활동을 극도로 견제하고 공산당원들에게 파괴·방화·살인 등 행위를 마음대로 하도록 무 경찰 상태를 만들어주는 것밖에 아무것도 없을 것입니다.

귀 위원단 여러분 우리의 말을 냉정히 친절히 들어주시기를 바랍니다. 여러분의 주위에서 여러분과 가장 친절히 가장 빈번히 접근하는 사람들 가운데는 복면한 공산주의자와 그 공산당의 충실한 앞잡이 노릇을 하는 사람(우리는 그 인물들을 지적할 수도 있습니다)이 많이 있다는 것을 주의하시기를 바랍니다. 그들의 교묘하고 적극적인 끊임없는 중상적 소개에 의하여 여러분이 한국민주당에 대해서 많은 오해를 가지고 있는 것도 우리는 짐작합니다.

유엔보고서에 본 당을 극우라고 규정한 데서 그것을 알았습니다. 또 여러분의 주위에 공산당계열 분자들이 싸고돌고 있기 때문에 한국의 실정을 바로 보지 못하신다는 것은 금번의 자유 분위기를 조성하기 위한 조치로서 분명히 나타났습니다. 정말 자유 분위기를 파괴하는 것은 공산당인데 그 공산당의 자유 분위기 파괴공작을 방지하는 경찰과 청년단체를 자유 분위기 파괴자로 오인한 것이 곧 그것을 의미하는 것입니다. 이런 말은 여러분에게 불쾌감을 줄는지도 모릅니다. 그러나 이것을 알면서도 우리는 이런 말을 솔직히 하지 않을 수 없는 것을 이해하여주시기를 바랍니다.

끝으로 다시 한 말씀드릴 것은 선거법 제12조와 제44조에 특히 유의해서 고려해주시기를 바랍니다. 개정 형사소송법과 선거법 제12조, 제44조를 연락해서 생각할 때 극렬파괴분자들의 원하는 대로 된 감이 있습니다.

2,000명 미만을 한 구로 한 투표구 총수가 1만 2,000 이상이 되고 경찰서 지서 출장소 파출소 수가 2,400 이상이요 군청·읍·면·동회사무소가 2,400 이상이니 합계 1만 4,800이나 됩니다. 여기에 세무서, 등기소 등을 합하면 요 경계 장소가 도시를 제하고도 1만 5,000에 달할 것입니다. 그런데 남한의 경관총수는 4월에 증원이 되어가지고도 3만 5,500명밖에 안 된다고 하니 그렇다면 1만 5,000개소에 평균 2

명의 경관 배치도 곤란하며 그들은 행동을 극도로 제약을 받고 있기 때문에 5월 10일에는 총선거를 방해하는 자들이 활동을 마음대로 할 것은 틀림없는 일입니다. 벽지에 있는 투표소가 등록완료 후 투표일까지 25일간에 한 번만 습격을 당해도 그 기일에 선거는 불가능할 것인데 습격한 의사를 가진 분자가 있기만 한다면 이것을 피하는 것도 거의 불가능한 것입니다. 그런데 맹렬히 습격을 기도하는 분자가 있는 것도 또한 부인할 수 없는 사실입니다.

아무리 그렇다 하더라도 여러분께서 기어이 그대로 한다고 하면 우리는 오직 독립을 위해서 깊은 한숨을 쉬고 뜨거운 눈물을 흘려가면서라도 이 무방비의 희생을 각오하고 선거에 최선을 다할 결심은 하고 있습니다. 그러나 여러분께서 한국의 현실사태를 좀 더 이해하실 수 있다면 다음 세 가지를 특히 재고려하여 주시기를 요청하고 싶습니다.

(1) 형사소송법의 변개를 연기하여주시기를 바랍니다.

(2) 선거법 제44조의 투표구 인원수(2,000명)를 늘려서 투표구수를 줄이고 경비를 좀 더 안전하게 했으면 좋겠습니다.

(3) 선거법 제44조 제2항의 사건이 발생할 때는 그 선거구 전체를 무효로 하지 말고 그 투표구만 다시 선거하도록 하기를 청합니다.

1948. 4. 12.

중간파의 선거 참여를 '기회주의'라니,
뭐 묻은 개가……

3월 30일 선거인등록과 함께 후보자등록도 시작되었다. 후보자등록은
4월 15일 마감이다.(실제로는 16일 마감으로 늦춰졌다.) 일사불란하던 선
거 추진세력에서 후보자등록 시작과 함께 잡음이 일어나기 시작했다.

> 민족진영애국단체대표자 정기회의는 6일 오후 2시부터 이화장에서
> 소집하고 현재 총선거 후보가 난립하고 있는 데 대하여 대책을 강구
> 하였다 하는데 총선거를 반대하고 있던 중간파에서 선거방해공작으
> 로 출마할 동향을 보이고 작금의 국내정세에 있어서 입후보 난립 방
> 지가 절실히 요청되고 있다 한다.
>
> (「난립 방지 대책 애련서 검토」, 『동아일보』 1948년 4월 8일)

5월 10일 시행될 남조선총선거는 일부의 강력한 반대가 있음에도 불
구하고 적극적으로 이를 추진시키고 있거니와 경향을 막론하고 입후
보 난립으로 상당한 혼전이 예상되고 있다.
즉 금반 선거를 지지하는 한민, 독촉계열에서는 입후보 난립 방지를
위하여 여러 가지로 노력하여왔으나 지금까지 성과를 거두지 못하고

1선거구에서 정치노선 및 소속당을 동일히 하는 인물이 4, 5인 이상 난립출마하게 되어 정당 수파의 통솔규범이 문란해지고 있는 느낌이 없지 않는바 금반 입후보 난립을 계기로 당시(黨是)에 불만을 표시하는 인사들이 있는 것으로 보아 선거완료 후에는 탈당소동이 일어날 것으로 보인다.

그리하여 입후보등록 마감까지는 정원 200명에 대하여 평균 5배에 달하는 입후보등록이 예상되며 여전히 기성 지반을 가진 인물들이 유력할 것으로 정계 옵서버는 보고 있다고 한다.

(「입후보 난립으로 한민, 독촉 내홍?」, 『서울신문』 1948년 4월 10일)

붕당론(朋黨論)은 의(義)로 뭉친 붕(朋)과 리(利)로 모인 당(黨)을 구분한다. 의로 뭉치면 물처럼 담담하나 화이부동(和而不同)이 되고 잇속으로 뭉치면 꿀처럼 달콤하나 동이불화(同而不和)에 빠진다고 했다. 총선거 추진세력이 단결해서 움직일 수 있었던 것은 이익을 함께하기 때문이었다. 그러나 총선거가 이뤄져 그 과실을 따먹게 되자 모두 제 입에 넣어야겠다고 날뛰는 상황이 바로 벌어진 것이다.

선거를 앞두고 총선거 추진세력을 망라해 구성한 애국단체연합회(이하 '애련'으로 줄임)가 교통정리를 하러 나섰지만 역부족이었다.

애국단체연합에서는 6일 하오 2시부터 이화장에서 정례 화요회를 열고 입후보 난립문제에 대하여 논의한 결과 내 15일 입후보등록이 완료된 후 애련으로서의 공인후보를 결정하기로 하였다 한다.

(「입후보 난립에 애련(愛聯)서 공인후보제」, 『경향신문』 1948년 4월 9일)

회의 장소가 이화장인 것만 보더라도 애련에 대한 이승만의 영향력을 짐작할 수 있다. 그런데 이승만은 후보자 난립을 자기 영향력을 넓히는 기회로 이용하기 바빴던 모양이다.

> 요즘 각 지역에서 출마하고 있는 일부 입후보자들이 이승만 박사의 찬의와 물질의 원조를 얻어 입후보를 하여야 한다는 등 구구한 풍설이 들리고 있는데 이것은 사실무근이라고 하여 작 14일 이승만 비서실에서는 다음과 같은 요지의 담화를 발표하였다.
> "최근 경향 각 지역에서 입후보관계로 말미암아 허무한 풍설이 유포되고 있을 뿐 아니라 더욱 이 박사께서 자기를 추천했다든가 또는 물질적 원조를 하여준다는 등 갖은 선전을 하고 다니는 일부 인사가 있는 모양이나 이 같은 것은 사실 무근인 고로 앞으로 이 같은 허설을 하고 다니는 사람이 있으면 곧 비서실까지 연락하여주기를 바란다."
>
> (「이 박사 추천 가칭하는 입후보자 허설에 속지 말라」, 『동아일보』 1948년 4월 15일)

허설(虛說)을 하고 다니는 사람이 있는 것은 진설(眞說)을 하는 사람도 있기 때문 아니겠는가. 이승만의 낙점을 받는 것이 당선의 첩경으로 총선거 추진세력 안에서는 통하고 있었던 모양이다. 게다가 '물질적 원조' 얘기까지 나온다.

정병준은 『우남 이승만 연구』(역사비평사 2005)에서 이승만이 수천만 원의 정치자금을 움직인 사실을 밝히는 데 큰 노력을 들였다(제13장). 이 연구를 통해 이승만이 정치자금에 대해 어떤 태도를 취했는지 밝힌 것은 대단히 의미가 큰 중요한 성과다. 그러나 "최소 2,700만 원, 최대 5,200만 원"(606~609쪽)이라고 밝힌 것은 '최소한'의 의미로 이해해야겠다. 정치자금은 속성상 완전히 밝혀내기 어려운 것이고, 밝혀낸 자금원 목록을 보더라도 성공적으로 감춰진 것이 적지 않음이 분명하다.

5 · 10선거와 관계된 정치자금의 움직임이 별로 밝혀져 있지 않은데, 위 기사를 보면 상당액이 이승만을 통해 움직인 것을 짐작할 수 있다.

이승만은 애련뿐 아니라 독촉국민회를 통해서도 입후보 조정에 개입하고 나섰다. 개입의 명분은 중간파의 위협이었다.

독촉국민회 선전부장 양우정 씨는 13일 입후보난립에 대하여 다음과 같은 담화를 발표하였다.

"해방 후 동일한 정강정책을 가진 정당이 난립한 것과 같이 한 당에 속한 인물이 2인 이상이 한 구역에서 출마하는 것은 이해하기 곤란하며 그들의 양심을 묻고 싶다. 그리고 총선거를 반대하는 중간파가 선거에 출마한다는 것은 웃지 않을 수 없다. 정치가라면 정치적 목표가 있어야 할 것인데 조선의 중간파는 기회주의로 민중을 위만(僞瞞)시키고 있으므로 민중은 이러한 독립을 방해하는 자에게 대하여서 투표를 보이콧하여 그들의 책동을 분쇄하여야 할 것이다."

(「후보 난립 경고-독촉 선전부 담화」, 『동아일보』 1948년 4월 14일)

독촉국민회 선전부에서는 15일 입후보 난립을 경고하여 다음과 같은 담화를 발표하였다.

"금반 총선거 출마에 있어서 국민회 동지들은 1구에서 1인 이상 출마하지 말고 호상 양보하여 독립운동자로서의 진실한 정신을 일반에게 시범하여야 할 것이며 동지 상쟁을 말고 모리배, 정치브로커 기타 조국을 송두리째 합리적으로 타국에 매도하려는 공산당 및 중간파의 모략출마자와 상대로 싸우지 않으면 아니 될 것이니 국민회 동지들은 우리가 여태 조국의 완전자주독립만을 위하여 피투성이가 되어 싸워온 우리의 투쟁역사를 회고하고 또 그 정신을 살려서 앞으로 닥

처올 독립의 방해자와 더욱더 치열한 투쟁이 남아 있다는 것을 잘 각
오하고 동지 간의 단결을 더욱더 도모하여 독립을 힐라질하는 방해
자와 싸울 전투계획을 계속하여 준비하기를 바란다."

(「입후보 난립에 독촉국민회서 경고」, 『경향신문』 1948년 4월 16일)

기회주의! 중간파를 매도하는 전가의 보도가 나오지 않을 리 없다.
선거를 반대하는 입장에서 후보로 출마하다니, 표리가 부동한 것 아니
냐는 시비다. 이 비난의 타당성을 검토하기 위해 『Wikipedia』에서
"opportunism"을 찾아보았다.

"원칙을 무시하면서, 또는 다른 사람들에게 돌아갈 결과를 살피지
않으면서 상황을 이기적으로 이용하기 위해 의식적으로 취하는 태도
와 행동"이라고 기본 정의가 되어 있다. 일관된 원칙을 지키지 않는 것
과 개인적 이득을 취하는 것이 기회주의의 기본 요건인 셈이다.

중간파가 내세운 원칙은 민족주의다. 선거 반대는 민족주의를 지키
기 위한 수단이다. 선거를 반대하더라도, 그 반대에 불구하고 선거가
시행될 때는 선거 참여가 민족주의 실현을 위한 차선책이 될 수 있다.
선거 반대가 원칙인 것처럼 뒤집어씌워 중간파의 참여에 도덕적 문제
가 있는 것처럼 트집을 잡는 것은 뭐 묻은 개가 겨 묻은 개 나무라는
격이다.

후보로 나서는 것이 개인적 이득의 추구라고 할 수 있을까? 글쎄,
국회의원 되는 것을 개인적 이득으로 본다면 중간파 노릇하는 것보다
이승만 꽁무니 따라다니는 것이 훨씬 더 좋은 길이라는 것을 모르는
바보가 몇이나 있었을까? "opportunism"의 꽤 긴 설명을 훑어보니,
아무래도 중간파보다는 한민당-이승만 세력에게 훨씬 더 잘 어울리는
말이다.

중간파-한독당의 저명인사 중에는 아무리 '기회주의' 딱지를 붙이려 해도 일반인이 도저히 수긍할 수 없는 인물이 많이 있었다. 그래서 다른 딱지를 붙여보려고 들고 나온 것이 "선거 방해공작"이었다.

> 중간파와 좌익의 선거 방해공작을 목표로 한 선거 출마는 16일 입후보자 등록마감으로 보면 예측한 바와 같이 그들은 무소속이라는 가명을 쓰고 출마하여 후보 난립상태에 빠진 민족진영은 낙관을 불허하는 현상에 있다.
>
> 그런데 금반 총선거입후보에 특이한 현상은 과반 중집회의에서 선거에 참가하지 않기로 한 한독당이 중앙당원은 물론 각 지방도지부장이 무소속 내지 개인자격의 명칭하에 출마한 것인데 당 결의를 준수하는 조건하에서 그와 같은 행동을 취할 수 있을 것인지 그렇지 않고 당을 이탈하게 된다면 한독당 지방조직에는 장차 상당한 동요가 있을 것으로 보인다 한다.
>
> (「한독당과 중간파, 무소속으로 입후보」, 『동아일보』 1948년 4월 21일)

예나 지금이나 선거철은 언론의 계절이다. 『동아일보』는 제몫을 다하기 위해 정말 열심히 뛴다. 4월 24일자 사설을 「호양 없이는 민족진영 자멸-단일후보 선출 시급-난립에 우익 공선제 실시」로 내보내 교통정리를 재촉하고, 수시로 '후보 단일화'를 찬양하고 나선다.

> 전남 장흥군에서는 민족진영 측에서 고영완, 손석두 양 씨가 입후보로 출마하였는데 그 난립을 이용하여 중간진영의 김중기 씨가 출마하여 중간파와 좌익의 협조를 얻어 민족진영의 당선이 우려되던바 손석두 씨는 자진하여 자기의 투표 지반을 동지 고영완 씨에게 일체

양보하여 후보 난립 방지에 좋은 모범을 떨치었다.

(「중간파 입후보로 징흥 손 씨 기권」, 『동아일보』 1948년 4월 21일)

입후보 난립은 의사를 동일하게 하는 자파 진영의 자멸을 초래할 것
은 물론이거니와 해방 후 3년간이나 조선 민주독립을 목표로 투쟁한
성과까지 수포로 돌아갈 우려가 있는데 과반 애국단체연합회의에서
입후보 난립 방지책을 결정한 후 점차 양심적 입후보자는 자진하여
후보를 포기하고 있다 한다.

(「일부 양심인사 입후보를 포기」, 『동아일보』 1948년 4월 27일)

4월 27일자 기사를 보면 구체적 사례가 보이지 않는다. 기사는 제목
대로 내보내고 싶은데 팩트가 채워지지 않으니 얼마나 답답했을까.

결국 4월 16일까지 200개 선거구에 936명이 등록했다.(4월 25일자
『경향신문』에 보도될 때까지 사퇴한 몇 사람을 제한 숫자임.) 정당 단체별로는
대한독립촉성회 239, 한민당 91, 한독당 7, 여자국민당 2, 대청 88, 족
청 21, 대한노총 22, 무소속 412, 기독교 10, 불교 5, 유도회 4, 청우
당 1, 기타 34명이었다.

독촉국민회 소속 후보만도 선거구 수보다 많고, 한민당-여자국민
당-대청-족청-대한노총 등 우익 정당 단체를 모두 합치면 거의 절반인
463명이다. 무소속 412명 중에도 그쪽 경향 후보가 적지 않았을 것이
다. 총선거 추진세력은 후보 난립을 막는 데 실패했다. 그 최고지도자
이승만부터 자기 영향력을 키우는 데 몰두하고 있었으니 총선거의 열
매를 따먹으려는 각개약진을 누가 막을 수 있었겠는가.

후보등록 과정에서 일어난 파문 하나를 소개한다. 경무부 수사국장
으로 있으면서 조병옥-장택상에게 대항하다가 1946년 12월 파면당했

던 최능진(崔能鎭, 1899~1951)이 이승만에 맞서 동대문갑구에 출마하려다가 등록이 되었느니 안 되었느니 옥신각신한 일이다. 5·10선거의 분위기를 단적으로 보여준 사건이므로 한 번 세밀히 살펴볼 일인데, 우선 그 발단만 소개해둔다.

딘 군정장관이 직접 임명한 국회선거위원회에서 제정한 선거법에 의하면 16일까지 선거등록 마감을 하여야 할 것인데 동대문갑구에는 등록마감까지 이승만 1인이 등록하였을 뿐이었고 등록마감 직전에 최능진 씨가 소위 이 박사를 지지하는 청년들에게 추천서를 탈취당하였다고 하여 불충분한 추천서를 가지고 등록하려고 하였으나 동대문구 선위에서는 신성한 선거법을 준수하는 의미하에서 동 씨의 등록접수를 거절하였던바 최 씨는 소위 자유 분위기를 방해하였다는 조건하에서 당국과 교섭 중이던바 서울시 선위에서 동 씨의 등록을 21일 오후 7시까지 연기하여 동 씨는 20일 오후에 등록수속을 완료하였다는데 이에 대하여서 비난이 분분하다고 한다. 즉 동 씨는 이 박사를 지지하는 청년들에게 추천서를 탈취당하여 자유 분위기를 방해하였다는 것은 하등의 근거와 증거가 없는 말이며 또 엄정하고 신성한 선거법을 최능진 일개인을 위하여 등록마감 후 116시간이나 연기한 서울시 선위의 조치는 자유 분위기를 역용하는 결과를 초래하였다고 보아도 과언이 아니라고 한다. 하여튼 자유 분위기를 역용하려는 일개인 때문에 독립정부 수립을 목표로 제정된 선거법을 위반한 데 대하여서 비난이 자못 크다고 한다.

(「최 씨 등록 연기 접수는 선거법 위반 아닌가, 시(市)선위 조치에 비난 자자」,

『동아일보』 1948년 4월 22일)

1948. 4. 15.

김규식, "평양에 가기는 가야겠지만……"

─────

지난 1월 28일 일기에서 '고쟁생(苦諍生)'이란 필명의 『경향신문』 논설을 소개했다. 2월 3일자부터 4회에 걸쳐 연재한 「3영수 협의론」이었다. 유엔의 성격과 한계에 대한 인식이 놀라울 정도로 현실적인 글이었다. 그리고 문제의식의 명석함과 논리의 정연함이 극우파의 일반 선전 문서와는 다른 수준으로 보였다.

『경향신문』은 4월 7일에서 15일까지 7회에 걸쳐 다시 고쟁생의 논설 「총선거의 환경과 태세」를 연재했다. 제목과 달리 내용의 절반 이상이 남북협상 비판에 쏠려 있고 2월의 연재에 비해 필자의 정치적 입장이 견강부회의 느낌이 들 정도로 분명해졌다. 극우파 선전 문서에 가까워지기는 했지만 다른 선전 문서보다 역시 수준이 높아 극우파의 남북협상 비판 논점을 살펴보는 데는 좋은 참고가 된다.

4월 7일자의 제1회 「총선거의 의의를 명패하자」의 요점을 담은 문단을 옮겨놓는다. 이번 총선거가 "우리 역사상 일찍 없었던 장거(壯擧)요 민족의 영예"라는 것이다.

"인민을 위한 정부를 인민의 손으로 인민이 만들어야 한다는 것이 근세 민주주의의 원칙이요 그러하기 위해서는 선거에 의하여 인민의 진정한 대표를 선정하고 이로써 국회를 구성하여야 한다는 것이 또한 민주주의 국가 형성의 필수적 조건이라는 것도 우리들에게 있어서 이미 공민적 상식이어야 할 것이다. 그뿐 아니라 우리가 내 5월 10일로 실시할 총선거는 40년간 잃었던 국권을 회복하여 독립의 자주권을 누리게 된다는 점이 더욱 중대하고 광영스러운 의의를 지녔다는 것을 명패(銘佩)하여야 할 것이다."

4월 8일자의 제2회 「선량이란 어떤 것인가」에서는 선거의 의미에 대한 기술적 설명에 이어 "법률적 기술가나 경제적 시정배"보다 "민족 정신과 문화의 전통에 통효한 대사가(大史家)"를 비롯한 학자들이 많이 뽑히기 바란다는 희망을 적었다. 아직도 '고쟁생'의 정체를 확인하지 못했는데, 이런 대목을 보면 경륜을 지닌 학자를 자처하며 현실정치에 나서고 싶어하던 안호상 같은 사람이 아니었을까 하는 생각이 얼핏 든다.

4월 10일자의 제3회 「남북협상이란 이북(以北) 독백(獨白)」에서부터 연재의 원 제목을 떠나 남북협상 비판에 뛰어든다. "상서롭지 못한 사례가 비일비재한바 자못 개탄하지 않을 수 없다."며 꺼낸 얘기가 중간파 비판에 이르면 궤변의 냄새를 풍기기 시작한다.

"한 이념의 진리성 보편성으로 보아서 1 이상이 될 수 없고 중간항을 개입시킬 여지도 없는 것이며 구합(苟合)과 타협도 성립하지 못하는 것이다. 김규식 씨나 김구 씨는 일찍 통일 이념을 발표한 일이 있는가. 김일성 장군이나 김두봉 씨는 따로 발표한 것이 있단 말인가. 설혹 통일 이념은 남북협상에서 작성할 것으로 미루어 본다 할지라도 협상의 내용이라든가 토의할 문제를 언제 이남 동포에게 제시한 일이 있는가. 여론에 부쳐본 일이 있는가. 그것도 정당이나 어떤 단체의 공리적 타산에서라면 구태여 물어볼 것도 없겠지마는 일이 민족의 장래 대계에 걸린 만큼 거사하는 편은 민중에게 알릴 필요가 있고 그것의 지지 여하를 결정할 민중은 그것을 주지할 권리가 있는 것이다. 필자의 요량 같아서는 양 김 씨와 여외의 지지 명사들도 통일 이념, 협상 내용과 방안에 대해서 하등 성안(成案), 하등의 자신도 없는 것 같이 보인다."

이념의 순수성을 강변하는 데서 다시 안호상 생각이 난다. 그리고 '통일 이념'을 민중에게 발표한 일이 없다고 트집 잡는 것을 보면 고쟁생이 생각하는 '통일 이념'이란 민족주의 얘기가 아니라 자본주의와 공산주의 사이의 양자택일을 말하는 것 같다. 그리고 양자 사이의 절충과 합작은 "진리성과 보편성" 때문에 있을 수 없다는 것이 그의 전제다.

4월 11일자의 제4회 「막부(莫府) 결정의 고집」에서는 이념의 영역을 벗어나 현실 영역으로 내려온다. 김구와 김규식 등 협상파가 협상에 나서는 순간 이남 대표 자격을 잃어버린다는 기발한 논리가 고쟁생의 현실 인식을 가로막고 있기는 하지만. 고쟁생에게는 해방 당시 임정 주석과 부주석이라는 상징성에 아무런 현실적 의미가 보이지 않았던 모양이다.

"초청을 받은 이남 인사는 하등의 선임방식을 치르지도 않았으며 이북 인민위원회의 독단으로 지정한 것으로밖에 볼 수 없으니 첫째 협상할 인민 구성방법부터가 협상적이 아니고 독단적이요, 더구나 지정받은 면면이 태반 좌익 측이요, 이여(爾餘)라 했자 중간적 회색파,

기회주의자, 180도적 전향자들뿐이니 언어도단이라고 아니할 수 없
다. 물론 지명받은 면면이 현재 이남에 거주하고 있는 것은 사실이
다. 그러나 이남에 거주한다는 사실만으로 이곳 이남의 대표가 된다
면 지명받은 그들이 이북으로 넘어가서 잠깐이라도 거주하더라도 이
사실만으로 그들을 이북인이라고 규정해야 합당할 것이 아닌가."

4월 13일자의 제5회는 「통일의 길은 총선거뿐」이란 제목을 걸었는
데 그 결론의 근거인즉 "이북 인민위원회의 초청 인사나 제시한 협상
내용 그대로의 회담이라면 이것은 남북협상이 아니라 이북 단독회담"
일 수밖에 없다는 것이다. "김구 씨, 김규식 씨가 유엔결정을 반대한
이상 벌써 이남의 대표 될 자격이 상실되었으므로 이북 대표로 쳐야
될 것"이기 때문이다. 유엔 결정 반대면 이남의 대표 될 자격이 없다?
안호상을 다시 떠올리게 하는 파시스트 화법이다.

4월 14일자의 제6회 「협상 실패면 하면목(何面目)?」에서는 목전의
선거가 단독선거가 아니라 "가능한 지역에서만 실시한다는 것"을 강
조하면서 이북이 먼저 "민주인민공화국"으로 단독정부를 세웠다고 주
장한다. 그리고 유엔 주관의 총선거가 "현재에 부여된 유일한 독립노
선"이며 이 총선거가 전 조선에서 시행되지 못하게 하는 것이 누구냐
고 따진다.

4월 15일자의 마지막 회 「선거 반대는 방해」에서는 소피스트 논법
까지 구사한다. 선거의 개인적 기권도 내란죄로 몰아붙일 수 있는 논
법이다.

"남북협상파 그 명류(名流)가 이번 선거는 반대나 방해는 하지는 않
겠다 하였으나 일언이폐지하면 개념 유희에 불과하다. 반대가 소극

적이라면 방해는 적극적이라 할 것이니 반대는 소극적 방해요, 방해
는 적극적 반대가 될 것이다. 그러므로 반대는 하나 방해는 하지 않
는다는 것은 간흉한 농사(弄辭)요 무언(誣言)이다. 반대가 극하면 방해
가 되는 것은 소-적이 원래 2원이 아니기 때문이다. 그것은 마치 우
리의 일호일흡(一呼一吸)이 2원 아닌 것과 일반이다."

고쟁생의 논설은 객관적이고 합리적인 입장을 꾸민 것이다. 그런데
마지막 회 마지막 문장에서 마각을 드러내고 만다.

"필승이 기대되는 이번의 선거가 만일에 실패하여 군정이 조금이라
도 연장된다면 그것에 대한 책임은 반대한 협상파와 파괴하는 남로
계열 내지 이북 인민위원회의 책임이라는 것을 자타가 다 같이 명기
하여야 할 것이다."

누구의 필승이 기대된다는 말인가? 두 가지 해석이 가능하다. 좌익
에 대한 우익의 필승, 아니면 선거 반대세력에 대한 추진세력의 필승.
2월 초순의 "3영수 협의론"과 달리 이번 연재에서 고쟁생은 총선거의
필승을 제창하는 파시스트 이데올로그의 면목을 드러냈다.
고쟁생의 논설을 통해 협상파에 대한 극우파 공격의 양상을 알아볼
수 있다. 당시의 협상파는 지뢰밭을 걸어가는 기분이었을 것이다. 극
우파는 정신없이 짖어대고 있었고, 미군정은 말리지 않겠다며 팔짱을
끼고 서서 넘어지기만 기다리고 있었다. 좌익 중에서 남로당은 좌우합
작 때부터 중간파를 적대해왔다. 희망을 걸 곳은 평양의 지도부뿐인
데, 그마저도 마음 놓고 믿을 수 없는 상대였다.
3월 하순 평양에서 온 메시지는 2월 중순에 보낸 메시지에 대한 단

순한 화답이 아니었다. 오고간 편지 내용의 공개를 결정하는 데도 며칠의 시간이 걸려 3월 31일에야 협상파의 입장이 정리되고 김구와 김규식 두 사람의 '소감'이 발표되었다. '담화'도 '성명'도 아닌 '소감'이라는 데서 협상파의 입지가 궁색함을 새삼 느낀다.

남북정치회담에 대한 초청장을 받은 김구 씨와 김규식 박사는 31일 이에 대한 소감을 경교장에서 양 김 씨 명의로 다음과 같이 발표하였다.

"1. 제1차 회합을 평양으로 하자는 것이나 라디오방송 시에 남한에서 여하한 제의가 있었다는 것을 아니한 것을 보면 제1차 회담도 미리 다 준비한 잔치에 참례만 하라는 것이 아닌가 의아가 없지 않다. 그러나 우리 두 사람은 남북회담 요구를 한 이상 좌우간 가는 것이 옳다고 생각한다.

2. 가는 데 있어서는 먼저 내왕수속 절차와 그 방면에 예정해놓은 프로그램 여하와 남쪽 대표의 신변보장 및 1차 회합에 성공치 못한다면 2차, 3차 내지 10여 차까지도 기어이 남북통일을 쟁취할 의사 유무까지도 알아야 할 것이다.

3. 북조선에서 지명한 15인 이외에도 누락된 정당이나 개인이 많이 있으니 어떤 정당 어떤 개인을 증가할 것을 접흡(接洽)할 것.

4. 이러므로 우리의 생각에는 먼저 그쪽에서 지명한 남쪽 인원끼리라든지 혹은 이에 찬동하는 정당 단체 개인만이라도 속히 집합하여 일체를 상의한 후 연락원 약간인을 택하여 일부 연락원은 38 이남 내왕에 관하여 당국과 연락을 할 것.

5. 일부 연락원은 북조선에 가서 이상 일체를 접흡할 것.

아직은 이상만이 우리 두 사람의 의견이다."

(「독설연(獨設宴)에 참례격(參禮格), '그러나 청했으니 가야지'-초청장 받은 양 김

씨 감회」, 『경향신문』 1948년 4월 1일)

평양 측의 일방적 회담 기획은 극우파에게 공격의 빌미를 주고 있었을 뿐 아니라 김구와 김규식을 중심으로 하는 협상파에게도 받아들이기 어려운 것이었다. 그래서 위 소감 중 제1항에서 "다 준비한 잔치"라며 불만의 뜻을 표했고 제2, 제3항에서 기획 내용의 조정 희망을 비친 것이었다. 조정을 위해서는 연락원 파견이 필요했다. 4월 5일 여운홍이 하지 사령관을 만나 협조를 요청했고 하지는 "일체 북행에 대한 편리는 원조하지 않으나 방해도 않겠다."고 대답했다(『조선일보』 1948년 4월 7일).

김구와 김규식의 대리인 격인 연락원으로 안경근(安敬根, 1896~1978)과 권태양이 4월 7일 서울을 떠나 8, 9일간에 김두봉과 김일성 등 평양 측 요인들을 만나고 10일에 돌아왔다. 민전과 근민당에서는 6일에 연락원을 보낸 것으로 알려졌는데(『조선일보』 1948년 4월 8일), 한독당과 민련은 미군정에 진행을 알리면서 공개적으로 연락원을 보낸 것이다.

남북협상 운동은 지난 10일 양 김 씨가 파견한 북조선 연락원의 귀환으로 일층 활발한 동향을 보이게 되었다. 즉 양 김 씨가 북조선 측에 제안한

(1) 4 · 14회담을 연기할 것.

(2) 참가 인원을 광범위로 할 것.

(3) 금반 예비회담에서는 백지로 환원하여 남북통일 문제에 한해서만 협의할 것

남북협상을 위해 북한을 방문한 대표들(선우진, 김규식, 김구, 원세훈). "적의 적은 나의 편"이 아니라는 사실을 이들의 행보에서 확인할 수 있다.

등 조건을 전적으로 수락하게 되어 쾌속도로 협상 공작은 진척 중인 바 정계 소식통이 전하는 바에 의하면 16, 17일경에 양 김 씨 측 인물이 북행하여 20일경에 예비회담이 평양에서 개최되리라 한다.

「백지로 돌아가자-양 김 씨, 북조선에 제안 내용」, 『경향신문』 1948년 4월 13일)

그런데 4월 13일 김규식이 북행을 보류하기로 했다는 보도가 나왔다. 연락원이 전한 평양 측 반응에 불만을 갖고 회담 전망을 부정적으로 보게 된 것 같다.

연일 경교장에서는 양 김 씨를 비롯하여 홍명희, 유림, 이극로, 엄항섭 등 제 씨가 회합하여 지난 10일 귀경한 안·권 양 연락원의 보고를 기초로 하여 남북협상에 대한 북조선의 진의를 파악하고자 부심하고 있는데 지난 13일에는 오후 4시경부터 동 장소에서 양 김 씨를 중심으로 북행 여부를 토의한 결과 김구 씨는 북행을 결정하였으나 김규식 박사는 행동을 보류하고 추후로 떠나겠다고 언명하여 항간에 는 구구한 풍설이 유포되고 있는데 가장 신빙할 만한 정계소식통이 전하는 바에 의하면 남북협상의 전망과 김규식의 북행 보류에 대하 여서는 대략 다음과 같은 이유를 열거하고 있다.

(1) 이번 남북협상을 통하여 북조선에서는 유엔반대의 구체안을 짤 것을 제의하고 이를 주장할 것이나 김 박사의 본의는 민족적 입장에 서 남북이 통일할 수 있는 방도를 강구하자는 데 있다. 즉 전자는 좌 익 본위 투쟁 위주의 자아 확집이요 후자는 민족적 입장에서 출발한 모든 외교절충까지 포함한 것이다.

(2) 10일 현재까지 동 회담에 참석차 북행한 남조선 좌익 대표는 남 조선 민전 산하단체 대표만 65명이나 민련 산하단체에서는 불과 10 명을 초과하지 못하고 한독당 대표 5명을 합하여 비율적으로 볼 때 회의 전도에 커다란 암영이 없지 않다는 것.

(3) 회의가 진행되면 반드시 남북주둔 미·소 양군의 철퇴까지 상정 될 것은 명약관화한 사실인데 양군 철퇴를 결의한다고 가정하면 진 공상태의 치안책임은 누가 질 것이며 남북 현재의 군사단체 반 군사 단체의 해체문제는 어떻게 귀결 짓겠는가?

상기 3 중요문제에 대한 확고한 결정을 짓지 못한 까닭에 김 박사는 북행을 보류한 것이라는데 오는 20일경 평양에서 열릴 남북요인회담 의 전도는 벌써부터 비관시되고 있다 한다.

(「남북회담에 암운(暗雲) 저미(低迷)-김 박사 행동보류. 김구 씨 등만 북행 결정」.

『경향신문』 1948년 4월 15일)

바로 이튿날 김규식도 역시 평양에 갈 것이라는 소식이 전해졌다. 그러나 분위기가 개운치 않다. 민전에서는 남로당, 전평, 전국농민조합총동맹(이하 '전농'으로 줄임) 등 산하단체 대표 70명이 4월 9일까지 평양을 향해 출발했다고 12일에 발표했다(『서울신문』 1948년 4월 14일). 머릿수만 갖고 결의를 도출하려는 회의라면 민련의 중간파는 들러리 서는 꼴밖에 안 된다. 게다가 가장 가까운 동맹 상대인 김구마저 남북협상의 목적에 대해 김규식과 전혀 다른 생각을 갖고 있었으니.

> 평양에서 개최될 남북요인회담에 김구 씨는 자신이 직접 참석하기로 결정하고 김규식 박사는 참가를 보류하였다 함은 기보한 바 있었는데 김규식 박사도 14일의 민련 정치–상무 연석회의의 결의와 측근자의 권고로 자신이 직접 참석키로 결정하였다 한다. 그런데 지난 13일 하오 1시부터 경교장에서 개최된 회합에서 김규식 박사는 금번의 평양회담은 예비회담으로 하고 본회의는 서울서 개최할 것과 유엔조위의 북조선 입경을 허용하여 남북총선거로 통일정부를 수립토록 북조선 측과 교섭할 것 등 4개 조건을 제시하였던바 김구 씨는 이에 반대하고 유엔조위와의 관계는 일체 포기할 것을 주장하여 양 김 씨 간에 약간의 의견대립이 있었다 하며 김 박사는 동 회합에서 불참할 것을 표명한 바 있었다 한다. 그런데 김 박사는 참석 여부에 대하여 언급을 회피하고 있어 앞으로 취할 동 박사의 태도가 또한 주목되는 바이다.
>
> (「민련 권고로 김 박사 북행?」, 『동아일보』 1948년 4월 16일)

1948. 4. 17.

남조선을 무법천지로 만든 조병옥의 '향보단'

———

18세 이상 55세 이하의 모든 남성을 의무적으로 가입시키는 '향보단(鄕保團)' 이야기가 난데없이 튀어나왔다.

향토를 방위 보호하는 것을 목적으로 한 향보단 조직이 방금 진행 중에 있다 하는데 탐문한 바에 의하면 이 조직은 군정장관의 지시로 경무부 각 관구 경찰청이 주동이 되어 각 행정관청의 협조를 얻어 조직에 착수하였다 하는바 서울시에서는 각 구청에 지시하여 조직을 촉진시키고 있다 한다. 복잡미묘한 정세에 미루어볼 때 향보단의 출현은 일반의 커다란 관심사의 하나라 아니할 수 없으며 그 중요한 내용은 다음과 같다.

조직: 경찰지서를 단위로 본단을 조직하고 행정구역 즉 동-리-가로를 단위로 분단을 조직한다.

목적: (1) 향토정신의 고취.
(2) 민족 공동 책임 관념의 앙양.
(3) 향토방위를 견고히 함으로써 외래 불순분자의 침입 내지 모략 선

동 공작의 여지를 봉쇄함.

(4) 강도, 절도, 살인, 방화 등 악질범죄의 미연 방지.

의무: (1) 각 지역의 주민으로서 만 15세 이상 65세 이하의 남녀는 공동책임을 부하함.

(2) 주민으로서 만 18세 이상 55세 이하의 남자는 단원이 될 의무가 있음.(경찰관, 경비대원, 소방관, 학생은 제외할 수 있음.)

(3) 각 지역 내의 특정 청년단체로 하여금 단의 직능을 대행케 함을 금지함.

(4) 경찰서장은 항상 단을 정리 파악하는 동시에 단원의 질적 향상을 위하여 정기적으로 사열과 필요한 교육 훈련을 실시함.

(5) 단원의 복무규율에 관한 규정은 각 관구 경찰청장이 이를 정함.

경비: 단원의 정원 급여 기타 단에 필요한 자재는 각 지역 주민의 의연금으로 충당함.

(「향토방위의 목적으로 '향보단'을 조직, 군정의 지령으로 경무부에서」, 『경향신문』

1948년 4월 16일)

전 주민에게 책임을 지우고 전 남성을(별도 조직을 가진 소방관, 학생 등을 제외하고) 경찰의 지휘 아래 조직·동원하겠다는 어마어마한 발상이다. 이 기사에서는 "군정장관의 지시"라 했는데, 4월 16일 조병옥 경무부장이 일반의 오해를 불식하겠다며 한 말을 보면 실제는 그가 꾸민 일이라는 사실을 짐작할 수 있다.

"이 조직은 경찰이 직접 간섭하는 것이 아니라 각 동리에서 자치적으로 하는 것이다. 결코 강제적인 것이 아니고 자기 동리를 방위하기 위하여 만드는 것이다. 이 문제는 앞서 열린 각도지사회의에서 결정된 것으로 총선거를 앞둔 남조선 사태는 곤란한 처지에 있는데 3만 5,000여 명의 경관만으로서는 도저히 1만 3,800개소의 투표소를 지켜낼 수는 없는 것이다. 그러므로 투표소의 자유 분위기를 확보하기 위하여 실시되는 것이다. 그리고 남조선에서는 선거사무소 습격사건이 80건이나 발생하였었다."

「향보단 조직훈련 향토방위를 기도」, 『동아일보』 1948년 4월 17일)

조병옥은 향보단 조직을 잘한 일이라고 생각한 모양이다. 그러니까 회고록에서도 자기 공적으로 열심히 내놓았을 것이다.

('CIC 수집 정보에 의하면 총선거 실시를 위한 치안 확보가 불가능할 것'이라고 하는 하지 사령관에게 대답하며) 또 둘째 이유에 대해서는 나는 다음과 같이 대답하였다.

"현재의 남한 치안문제에 대하여는 2만 5,000명의 국립경찰만으로서는 치안유지가 불가능하다는 것을 나 역시 긍정하는 바입니다. 그러므로 선거를 치르기 위하여 100만 명의 보조경찰 제도를 설비하여 선거 준비에 만반 태세를 갖출 수도 있다고 생각합니다."라고 하였더니 하지 중장은 놀란 표정을 지으면서 "그렇게는 할 수 없습니다. 왜냐하면 나 자신이 그러한 제도를 용인한다고 하더라도 미 국무성이 승인하지 않을 것입니다. 왜냐하면 미군정은 경찰국가라는 용인을 받기 쉬운 까닭에 그러한 제도를 설치하기는 좀 곤란하다고 생각합니다."라고 하면서 나의 건의에 대해서 난색을 보이는 것이었다. 그래서 나는 그날 그 자리를 물러나오고 말았던 것이다.

그러나 나는 보조경찰제도에 대하여 단념을 하지 않고 계속 연구한 결과 정다산의 목민심서와 이율곡 문헌을 참고로 하여 (…) 이 향청 또는 유향소 등을 참작하여 이것을 '향보단'이라고 명칭하고 5·10 총선거를 대비하기 위하여 조직에 착수하였다. (…)

이러한 폭도들의 만행을 대비하기 위하여 나는 미리 향보단을 조직케 하고 경찰지서 단위의 각 지역에 55세 이하 청장년의 지원자로서 경찰과의 협력하에 자발적인 자위조직을 구성케 하였다. 이 향보단은 선거가 끝난 후 선거 실시에 많은 공적을 남기고 그해 5월 22일 역사적인 해단식을 하였다. (『나의 회고록』, 186~194쪽)

마지막 문단에서 향보단이 '자발적' 조직이었다고 강변하고 선거가 끝난 후 '자발적'으로 해단한 것처럼 적었다. 실제로는 해체할 생각이 없었는데 너무나 물의를 많이 일으켜 어쩔 수 없이 폐지하게 된 사정을 잠시 후 살펴보겠다.

4월 18일자 『조선일보』의 아래 기사를 보면 경무부에서는 적어도 4월 3일부터 향보단 조직을 시작하고 있었는데 그동안 비밀에 부쳐져 있었던 것이다. 언론에 보도되자마자 원안 수정 방침이 나온 것을 보면 여론의 비난이 대단했던 모양이다.

향보단의 원안이 일부 수정될 것이라 한다. 경무부에서는 17일 각 관구경찰청장에게 통첩을 발하여 4월 3일부로서 향보단의 지방자치적 창설을 제시한 원안은 이를 해소하고 수정안이 완료되는 대로 즉시 교부할 것이니 이 사유를 각 지방장관에게도 통지할 것을 제시하였다. 탐문한 바에 의하면 향보단 조직은 군정장관이 경무부장에게 비공식으로 최촉한 것이라 하는데 법령으로 제정된 것은 아니고 또는 전국적 조직체도 아니라 한다. 또한 이는 경찰의 직속기관이 아니며 그 간부는 선거제로 하여 경찰부장은 단원의 훈련의 필요시와 비상사태 이외에는 지휘명령권이 없고 특정 청년단체가 대표할 수도 없다는 것이 명시되고 있다. 한편 경무부에서는 민간의 오해를 일소하기 위하여 그 원안을 수정하게 된 것인데 총선거 완수를 위하여 일반의 자발적 조직을 당국자는 요망하고 있다.

(「향보단 원안 해소, 민간 오해 일소에 수정안 작성」, 『조선일보』 1948년 4월 18일)

법령의 뒷받침도 없이 '비공식으로' 진행되는 일이다. 이 기사에서도 조병옥이 군정장관 지시에 따르는 것으로 되어 있다. 후에 회고록에서 자랑스럽게 자기 공적으로(『목민심서』와 율곡 문헌까지 연구한) 내놓는 것과 대조해보면 당시 이 일이 얼마나 욕을 많이 먹는 짓이었는지 짐작이 간다.

5월 20일 딘 군정장관이 향보단에 관한 특별성명을 발표했다. "5월 10일 선거일까지의 기간 중 법률과 질서를 유지하기 위하여 시장, 군수, 면장, 구, 동 및 가의 책임자는 평화유지에 경찰을 원조하고 협박, 폭동, 살인, 방화 및 기타 각종의 파업으로 선거를 방해하고자 기도하는 분자에 대하여 각기 지역을 방위함에 필요한 각기 지역의 남자시민을 대표함을 승인"한다는 것이었다. 그리고 "지방경찰 당국과 긴밀히 협력할 각 지방관청의 관할하에 둘 것"이며 "시민으로부터 여하한 기부도 갹출하지 않을 것"이라고 했다(각 신문 1948년 5월 21일자).

"승인"이라고 했다. '지시'가 아닌 것이다. 향토방위를 위한 '자발적' 조직을 군정장관으로서 '승인'한다니, 법치의 개념을 가진 군정장관인가? 옌볜 말 '행방 없음'이 생각나며 웃음이 난다. 요새 말 '개념 없음'과 비슷한 뜻이다. 주제를 모르고 나서서 엉뚱한 짓 하는 것을

'행방 없다'고 한다. 전쟁 발발 직후 딘 소장이 포로로 잡힌 것이 행방 없어서가 아니었나 하는 생각이 들어 웃음이 나는 것이다.

이렇게 조직된 향보단의 기본 장비는 완장과 곤봉이었다. 선거기간 내내 향보단이 질서유지에 공헌하는 모습이 선거 관계 기사에 한 줄씩 들어갔는데, 투표일의 서울 풍경을 그린 5월 11일자 『경향신문』 기사 「대 장안 선거 일색–열성적인 참가로 투표 90퍼센트를 돌파?」에서 한 대목을 뽑아 본다.

> 수도 서울이며 또한 이번 총선거의 중심지인 서울의 이날 광경을 그 려보기로 한다. 어떠한 선거방해 행위라도 이를 막아내고자 수도청 젊은 7천 경관을 비롯하여 향보단원, 각 애국청년단체원들이 투표소 부근은 물론 거리의 요소요소마다 물샐 틈 없는 경계를 하고 있는 가 운데 투표 시작시간인 아침 7시가 되기 전부터 유권자들은 투표소에 운집하여 투표시간만 고대하고 있었다.

이목이 번다한 서울 풍경이 이랬으니 시골에서 향보단의 역할은 더 컸을 것이 틀림없다. 그런데 완장 찬 사람들이 투표소 주변에 모여 있 는 것이 선거의 '자유 분위기'를 해칠 수 있다는 생각은 누구에게도 들 지 않았던 것일까? 투표 후 유엔위원단에서 감시 결과를 발표한 공보 제59호에 이런 대목이 있었다.

> 금번 선거 진행 중 몇몇 대표는 선거법 위반과 본 위원회의 건의사항 위반 등을 지적한 바 있다. 예거하면 우리들은 투표소 내와 그 주위 에서 향보단원을 발견한 일이 있다. 향보단은 경찰에 의하여 조직된 것이며 안녕질서를 유지함에 있어 경찰을 방조하는 것이다. 향보단

은 투표자의 자유에 대한 어느 정도의 제한이 되었을지도 모른다. 어떤 투표소에서는 투표장 안에 경관이 들어와 있은 적도 있었다. 어떤 곳에서는 청년단원(혹자는 제복까지 착용)이 투표소 내와 그 주위를 빙 돌고 있었다. 우리들 중의 혹자는 몇 개 투표소에 있어 비밀투표가 여행되지 못하고 있는 사실을 지적하였다.

(「선거는 호성적(好成績), 조위 감시결과 발표」, 『동아일보』 1948년 5월 14일)

향보단 조직이 자발적인 것이라 하여 그 대대적 동원이 관권선거가 아니라고 우기는 것은 손바닥으로 하늘을 가리는 짓이다. 그동안 테러 단체의 '자발적 조직'에 따른 혼란으로 모자라 이제 전 국민의 '자발적 조직'을 조장하겠다니 그 결과가 어떤 무법천지를 만들지 아무런 상상도 되지 않았다는 말인가?

조병옥은 회고록에서 향보단이 5월 22일 "역사적인 해단식"을 거행했다고 하는데, 역사적이고 개뿔이고 해단식 같은 것은 없었다. 5월 22일 군정장관의 해단 명령이 떨어졌고 수도청 관하의 경우 5월 25일 해체가(완장과 곤봉 등의 반납) 행해졌는데(『동아일보』 1948년 5월 26일), 군정장관 명령 직전까지도 경찰은 향보단 해산 기미를 보이지 않고 있었다.

지난 총선거 때의 경계를 비롯하여 금후 각종 범죄를 미연에 방지하기 위하여 탄생한 향보단은 경찰의 보조 역할을 하여 그동안 다대한 성과를 거두고 있어 건국도상에 아름다운 일이라 하겠거니와 동 단원 중에는 일부 난폭한 행동을 보이고 있는 자가 간혹 보이고 있어 향보단 전체에 사회적 악영향을 미치게 하는 관계로 최근 수도청에서는 이를 시정하고 참다운 향보단을 구성하기 위하여 연일 회의를

유엔위원단 대표 바비돌 싱
과 면담 중인 조병옥(1948년
4월).

거듭하고 있다 하는데 앞으로는 야간통행금지 시간에 향보단 배치
장소마다 경관 수 명씩 배치할 것으로 보인다고 한다.

（「경관과 같이 배치, 수도청서도 대책 고려」,『경향신문』 1948년 5월 22일)

5월 10일 투표일까지는 향보단의 횡포에 대한 불만이 있어도 '질서
유지'라는 명분으로 얼버무릴 수 있었다. 그러나 투표일이 지나자 향
보단을 낀 폭력 사례가 두드러지기 시작했다. 5월 22일자『경향신문』
「향보단원의 구타사건 속출」 기사에는 5월 6일과 14일 원서동에서 대
청단원 한 명씩이 향보단원들에게 끌려가 구타당한 일과 20일 돈암동
에서 미 24군단 수위감독인 39세의 사내가 향보단원들에게 구타당한
일이 보도되었다. 모두 검찰의 조사를 받고 있는 일이었다. 대청단원
이나 미군속 같은 신분을 갖지 않은 사람들이 당한 폭행은 검찰 조사
받기도 힘들었던 것이 아닐까 하는 생각이 든다.

5월 11일 밤에 한 통신사 기자가 납치, 구타당해 중상을 입은 일이

가장 눈길을 끈 향보단 폭행사건이었던 것 같다.

> 기보한 바와 같이 상공통신 기자 이영섭(48) 씨는 지난 11일 밤 성북
> 동 자택에서 향보단원에게 납치당하여 성북동1동회사무소(향보단 사
> 무실)에서 밤새도록 무수 구타를 당하여 중태에 빠진 후 성북경찰서
> 를 거쳐 이튿날 아침 여의전병원에 입원하여 방금 가료 중에 있는데
> 동 씨의 장남 이문규(27)와 이 씨가 들어 있는 집주인 임무창 양 씨도
> 같은 날 밤에 같은 장소에서 구타를 당하고 중태에 빠져 있다. 담당
> 의사 이주걸 씨의 말을 들으면 이 씨는 양쪽 팔이 부러지고 머리와
> 얼굴에 심한 타박상과 양쪽 다리가 상하였다 하며 이 씨의 장남 문규
> 씨는 팔이 부러지고 머리가 많이 상하였다 한다. 생명은 건질 수 있
> 을 것이나 완치되기까지에는 장구한 시일이 필요하다고 한다.
>
> (「상공통신 기자, 아들도 역(亦) 중태」, 『경향신문』 1948년 5월 19일)

이 참혹한 테러가 사람들 입에 많이 오르내리고 더러 과장된 오보도
유포되었던 모양이다. 이 보도가 나간 날 조병옥이 담화를 내놓았는
데, 해명이랍시고 내놓은 담화 중에서까지 피해자를 빨갱이로 몰아붙
이는 태도가 눈길을 끈다.

> 최근 시내에서 발행하는 모모 신문지면의 보도에 의하면 총선거를
> 반대하는 것이 전 인민의 일치된 부르짖음과 같이 떠들어대고 향보
> 단원들의 비행과 횡포가 누누이 보도되어 세인의 이목을 현혹케 하
> 는바 심한 바 있어 경무부에서는 신경을 날카롭게 하여 진상을 조사
> 중이거니와 그중에서도 수일 전 상공통신기자 이모가 향보단원의 폭
> 력으로 말미암아 입원가료 중 사망하였다는 보도가 유포된 진상을

19일 조 경무부장은 다음과 같이 담화를 발표하였다.

"성북동 제1향보단원에게 얻어맞은 청년 세 사람은 여자의학전문학교 부속병원에 입원가료 중으로 불일 중에 퇴원할 것으로 보이며 그 중에도 이학준 씨는 군정을 비방하고 총선거를 반대하는 삐라 등을 두 가마니나 가지고 있었고 그 동판까지도 보관하였던 것으로 보아 그들이 빚어낸 허황한 풍설과 교묘한 선전술법을 가히 짐작할 수 있는 것으로 밤을 낮 삼아 애국적 봉공을 하고 있는 향보단이 그들 음흉한 활동을 봉쇄하기 때문에 비난을 받는 것이다."

(「향보단 비난 말라, 통신기자 절명은 허설(虛說)-조 경무부장 담」, 『동아일보』
1948년 5월 20일)

조병옥이 앞장서서 만든 향보단이 우익테러에 이용되는 것은 당연한 일이다. 그런데 제도적 근거 없이 민간의 '자발적' 조직을 조장했다가는 어떤 무법천지가 만들어지는지 보여주려는 뜻에서였을까, 좌익테러에 향보단을 이용한 사건까지 벌어졌다.

서울중앙전화국 영등포전화중계소 방화·살인 사건은 기보하였거니와 그 후 경찰은 불면불휴의 활동을 계속하여 범인 전부를 체포하였다. 즉 범인은 시내 신길동 270번지 남로당 경기도유격대 백골대 제5중대장 이장수(25)와 정춘수(29), 이경래(23), 최용준(22), 이창근(20) 등 5명을 24일 밤까지 전부 검거하는 동시에 범인들이 빼앗아 갔던 카빈총 두 자루와 4식 장총 한 자루도 관악산 산정에 묻은 것과 시내 모처에 은닉하였던 것을 전부 회수하였다. 그런데 이 범인들은 소학교도 나오지 못한 무지한 청년들로서 경관을 살해·방화할 것을 약속하여 현금 8만 원씩을 받고 거사한 것이라 한다. 그리고 또 범인들은

영등포 신길동의 향보단원들로 이장수는 전 대동청년단원이었으며
현 향보단 부단장이라고 한다.

(「영등포중계소 방화 · 살인범, 24일 일당 5명 체포」, 『동아일보』 1948년 5월 26일)

5월 23일 새벽 2시 반에 범인 다섯 명이 신길동의 중계소를 습격해
직원 2명과 경찰관 3명을 살해한 사건이었다. 출신과 배경에 관계없
이 '자발적'으로 참여해서 완장과 곤봉을 얻고 야간통행금지에도 구애
받지 않을 수 있었으니, 일 저지르기에 얼마나 좋았을까.

1948. 4. 19.

막다른 골목에 들어선 김구

———

3월 25일 평양방송은 북조선 당국이 "남조선 각 정당 단체에 대하여 4월 14일 평양에서 회담할 것을 초청"하였다고 보도하였다. 그리고 그 날짜를 붙인 편지 "남조선 단독정부 수립을 반대하는 남조선 정당 단체에게 고함"이 여러 정당과 단체에 전달되었다. 발송자는 김두봉과 김일성을 위시한 북조선 주요 정당 사회단체 대표들이었고, "남조선 단독선거는 흉악한 기만에 불과"한 것이라며 이를 분쇄하기 위해 "남조선 단독선거를 반대 투쟁하는 남·북조선 모든 민주주의 정당·사회단체 대표자연석회의"를 4월 14일 평양에서 열 것을 제안하는 내용이었다.

이 회의가 4월 19일 '남북 제 정당 사회단체 대표자연석회의'란 이름으로 평양 모란봉극장에서 열렸다. 2월 중순 김구와 김규식이 김두봉과 김일성에게 부친 편지는 4인 지도자회의를 제안한 것인데 평양 측은 더 큰 범위의 회담을 역제안한 것이다. 그리고 연석회의를 보완하는 의미의 "소규모의 지도자회의"를 붙여 제안했는데, 소규모라도 25인으로 구성하는, 남측 제안보다 훨씬 대규모의 회의였다.

남측 협상파가 작은 범위의 회담을 제안한 것은 상황을 비관적으로 보고 작은 돌파구나마 만들어 통일건국 과업의 출발점으로 삼자는 뜻이었다. 그런데 북측에서 큰 규모의 회담을 역제안한 것은 자기네가 추진해온 건국 방략에 자신감을 갖고 여기에 이남의 지지자들까지 끌어들이겠다는, 출발점이 아니라 결실을 거두겠다는 자세였다. 남측 협상파에게 남북협상이 유일한 활로였던 것과 달리 북측에게는 배부른 흥정이었다. 북조선에 안정된 체제를 구축해놓았으니 남북협상이 어떤 성과를 거두건 자기네 갈 길을 가면 된다는 입장이었다.

북측의 오만한 태도는 양자택일의 강요에서 나타난다. 김두봉과 김일성 공동 명의로 보낸 편지에는 김구와 김규식의 그동안 행적에 대한 비난이 담겨 있는데 그 마지막 부분이 이런 것이었다고 한다.

> 당신들은 조선에서 소·미 양군이 철거하고 조선 문제 해결을 조선인 자체의 힘에 맡기자는 소련대표의 제의를 노골적으로 반대하기도 하였으며, 혹은 무관심한 태도로 묵과하기도 하였습니다. 더욱 유감스러운 것은 조선에 대한 유엔총회의 결정과 소위 유엔조선위원단의 입국을 당신들은 환영하였습니다. (『남·북협상-김규식의 길, 김구의 길, 우사 김규식 생애와 사상 2』, 159쪽에서 재인용)

유엔위원단을 거부하라는 것이다. 그러면 대안은? 북측에서 해온 것처럼 소련 방침을 따르자는 것밖에 없다. 며칠 전(4월 15일) 일기에서 인용한 4월 16일자 『동아일보』 기사에 이런 대목이 있었다.

> 지난 13일 하오 1시부터 경교장에서 개최된 회합에서 김규식 박사는 금번의 평양회담은 예비회담으로 하고 본회의는 서울서 개최할 것과 유엔조위의 북조선 입경을 허용하여 남북총선거로 통일정부를 수립토록 북조선 측과 교섭할 것 등 4개 조건을 제시하였던바 김구 씨는

이에 반대하고 유엔조위와의 관계는 일체 포기할 것을 주장하여 양 김 씨 간에 약간의 의견대립이 있었다 하며 김 박사는 동 회합에서 불참할 것을 표명한 바 있었다 한다.

김규식은 유엔위원단을 거부하라는 북측 제안에 응하고 싶지 않았던 것이다. 나는 김규식을 '현실주의자'로 규정한 일이 있는데(1946년 11월 7일), 이 대목에서도 현실주의자의 면모가 여실히 나타난다. 미국과 소련이 조선의 진로를 좌우하는 힘을 가진 나라라는 사실, 둘 중 어느 한쪽이라도 반대하는 길로는 조선의 통일건국이 불가능하다는 사실을 그는 현실로 받아들인 것이다. 소련을 무시하는 유엔 방침에 따르는 것도, 유엔을 거부하며 소련 방침에 따르는 것도 분단건국의 길이라고 그는 인식했다. 남북 지도자들이 민족주의 정신으로 뭉쳐 소련과 유엔, 양쪽을 모두 설득하는 것만이 통일건국의 길이라고 믿은 것이다.

이것은 김규식만의 생각이 아니었다.

「일부 요인 북향 단념, 남북협상 난항」
남북협상의 참석을 앞두고 김구·김규식 양 씨를 비롯한 중간파 요인들은 북조선 측의 초청을 받은 이래 연일 회합하여 양 김 씨의 참석 여부와 남북요인회담에 제시할 조건 등을 토의하여 오던바 양 김 씨의 참석과 4개 제안 등을 결정하고 다만 출발 일정이 미정이었는데 과반래 금번 회담에 기어코 참가하겠다는 결의를 표시하여오던 요인들이 북행을 목전에 둔 금일에 이르러서는 참가를 주저하는 요인들도 있으며 또 확정적으로 북행을 단념한 인사도 있다 한다. 그리고 배성룡·권태양 양 씨는 지난 18일 양 김 씨의 선발대로 북행하였다 한다. 그런데 김구 일행과 김규식 일행의 태도를 구별하여 보면 대략 다음과 같다고 한다.

「김구 씨 일행의 동향」

한독당을 위시한 김구의 측근자들은 금번 회담에는 김구를 대변할 만한 대표를 보내고 제2차 회담에 참석하도록 권고하여왔으나 김구 씨는 종시일관 자신이 참석해서 회담을 성공시키겠다는 주장을 하여 왔다 한다.

이리하여 출발준비를 마치고 19일 아침 숙소 경교장을 떠나려고 할 때 50~60여 명의 모 학생단체가 모여들어 김구 씨의 이번 북행을 체념하여달라고 요청하는 동시에 출발을 방해하여 결국 동일은 출발치 못하였는데 앞으로 그 출발 여부가 주목되고 있다. 한편 과반래 북행을 선창하던 엄항섭은 돌연 태도를 변경하여 북행을 단념하였으므로 김구 씨 영식 김신 씨와의 대립이 있었다 한다. 그리고 남북요인회담을 선창하던 한독당 조소앙 씨 외 수 명은 북행 여부에 대한 확정적 태도가 없어 일반은 북행치 않을 것으로 보고 있다.

「김 박사 일행의 동향」

금번의 남북협상의 기안자의 일인인 김규식 박사의 북행에 대한 태도에 대해서는 일반의 특별한 주목거리가 되어오던바 14일에 이르러 북행을 확정하였던 것이다. 최근 신병이 심하여져서 병원치료를 요하게 되었으므로 북행이 불가능하게 될 것이라 한다. 그리고 김붕준 씨는 북행을 단념하였다 하며 기외 수인도 북행에 대하여 애매한 태도를 취하고 있다 한다.

대략 이상과 같은 현상에 있다는데 만약 양 김 씨 이하 요인들이 보

조를 갖이 못하게 된다면 이미 북행한 요인들은 어떠한 행동을 취할
것이며 남아 있는 인사들의 금후 태도가 크게 주목되고 있다.

(위 기사 출처는 『동아일보』 1948년 4월 20일)

연락원 두 사람이 4월 7~10일간 평양에 다녀왔지만 3월 하순의 북
측 제안이 가진 문제점이 불식되지 않았던 모양이다. 총선거 추진세력
에서는 양 김 씨의 평양행이 협상이 아니라 '투항'이라고 비방하고 있
었는데, 만약 평양행이 '유엔위원단 거부'를 전제로 하는 것이라면
'투항'이란 말이 틀린 것이 아니다. 김구 주변에서 이번 평양회담에는
대리인을 보내 예비회담 수준으로 임하고 그 후에 서울에서 제대로 된
회담을 열자는 의견이 나온 것도 북측이 준비한 회담에 대해 문제점을
많이 느꼈기 때문일 것이다. 4월 19일 아침 경교장에 몰려들어 김구의
북행을 저지하려 한 학생대표 안기석도 이렇게 말했다고 한다.

"우리는 남북협상을 절대 지지하지만 김구 선생의 직접 출마를 반대
하고 대리 파견을 종용할 목적으로 모인 것이다. 이 목적을 관철하기
위하여 우리는 앞으로 조직을 확대할 것이며 평양회담이 끝날 때까
지 이대로 싸울 것이다."

(「학생 군(群)의 북행 만류에 "가야만 하겠다."-김구 씨 비장한 소신을 피력」,
『조선일보』 1948년 4월 20일)

그날 아침 학생들의 분위기가 어떤 것이었을지 궁금한 생각을 갖고
있었다. 김구가 남북협상을 주장하고 나오자 그때까지 그를 영수로 떠
받들던 극우단체들이 표변해서 그에게 극한적 비난을 퍼붓기 시작한
사례들이 있다. 그래서 경교장에 몰려든 이북학련과 전국학련 학생들

1948년 4월 19일 방북을 만류하기 위해 경교장에 모인 군중을 향해 연설하는 김구. 오락가락한 행보 때문에 그의 지지자들은 큰 혼란에 빠졌다. 그를 저격한 안두희는 이 혼란을 '거사'의 명분으로 내세웠다.

도 김구에게 적대적 태도를 보였을지 모르겠다는 생각이 들었다. 그런데 당시의 신문기사를 보면 학생들은 김구를 존경하고 아끼는 모습을 지켰고, 위에 인용한 발언에서는 남북협상을 지지하면서도 경솔한 평양행에 반대한다는 뜻이 진심으로 보인다.

김규식은 남북협상을 간절히 염원하면서도 막상 평양에 갈 것을 주저했다. 북측의 오만한 태도로 보아 진정한 협상이 어려울 것이라고 생각했기 때문이다. 그런데 김구는 주변의 만류에도 불구하고 조금도 주저하는 기색을 보이지 않았다. 왜 그랬을까?

김규식의 성실한 자세와 비교하여 김구의 모험주의 성향을 비판하는 마음도 든다. 귀국 한 달 후부터 극한적 반탁투쟁에 달려들어 미소공위를 실패로 몰고 간 것은 통일건국을 어렵게 만든 죄악이었다. 해방공간을 테러의 소용돌이로 몰아넣은 데는 그의 책임도 컸다. 그의 진심이 무엇이었든 그의 행위에는 민족의 비극을 불러온 책임이 작지 않다.

그러나 1948년 4월 시점으로 다시 눈을 돌려보면, 그의 북행을 탓할 이유는 없다. 김규식과도 달리, 그는 반탁운동의 이력 때문에 이북

38선상의 선우진, 김구, 김신. 아들 김
신은 김구 암살의 원흉으로 지목되는
이승만에게 우대를 받았다.

지도자들에게 불신의 대상이었다. 지금 그들이 그를 대화상대로 인정
해주는 것은 오직 민족주의 하나 때문이었다. 그에게는 성패를 저울질
하며 행동의 완급을 조절할 여유가 없었다. 상대방이 들어주든 들어주
지 않든 만나서 최선을 다해 호소하는 길밖에 그에게는 남아 있지 않
았다.

그의 발걸음은 무겁고 그의 목소리는 비장하지 않을 수 없었다. 19
일 아침 경교장 마당에서 만류하는 학생들에게 이렇게 말했다고 전해
진다.

"여러분이 나를 사랑하고 아끼는 마음에서 나의 북행을 만류하는 것
을 감격하여 마지않는다. 그러나 조선의 현 정세는 최후 단계에 다다
랐다. 분열이냐 통일이냐 자주냐 예속이냐 이러한 중대시기에 있어

서 내가 남조선에 주저앉아서 일신의 안일을 원하여 주저할 것인가!
우리 민족의 정의와 통일을 위하여서는 전 남조선 2,000만 동포가
억제하여도 나의 결의대로 가겠다. 나는 21세 때부터 나라를 위하여
싸운 한 사람이니 오늘이나 내일이나 당신들 젊은이를 위하여 몸을
바치겠다."

(「이미 생명을 던진 몸 나를 막지 마시오. 북행 중지 간청하는 청년에 노성(怒聲) 질
책」, 『서울신문』 1948년 4월 20일)

그는 오후 3시경 아들 김신, 비서 선우진(鮮于鎭, 1922~2009)과 함께
경교장을 빠져나와 뒷담 밖에 대기시킨 차를 타고 북으로 달렸다. 저
녁 무렵 개성을 지나 여현에서 38선을 넘었다. 미리 준비했던 성명서
에는 이런 구절이 들어 있었다.

"나를 애호해주는 수많은 동지 동포 중에는 나의 실패를 위하여 과도
히 염려하는 분도 있고 나의 성공을 위하여 또한 과도히 기대하는 분
도 있다. 그러나 이번 길에 실패가 있다면 그것은 전 민족의 실패일
것이요, 성공이 있다 하여도 그것은 전 민족의 성공일 것이다. 그러
므로 개인은 문제가 되는 것은 아니다."

(「학생 군(群)의 북행 만류에 "가야만 하겠다." 김구 씨 비장한 소신을 피력」, 『조선일
보』 1948년 4월 20일)

1948. 4. 22.

되돌아온 콤비, 김구 주석과 김규식 부주석

4월 19일 북으로 떠난 김구의 뒤를 이어 김규식도 21일 평양으로 향했다. 지난 13일 경교장 회의 때 김규식이 북행 보류의 입장을 보인 것이(4월 15일 일기) 정말로 안 가겠다는 생각은 아니었을 것이다. 서중석은 김규식의 속내를 이렇게 풀이했다.

우사가 4월 13일 북행을 보류한다고 밝힌 것은 계산 또는 복안이 있었기 때문이었다. 그것은 미군정이나 북행 만류 인사들에 대한 '인사치레'일 수도 있었고, 극우에 대한 보호막이기도 했다. 그러나 그것을 넘어서서 우사는 그보다 훨씬 중요한 다른 것을 생각하고 있었다. 그는 북행을 보류한다고 발표하고 곧 6개항을 마련하였다. 그러나 그것을 강하게 고집하지 않고, 다음 날인 4월 14일 민련의 수정안을 받아들였다. 이처럼 북과 교섭할 5개항을 마련하였음에도 불구하고, 우사는 '특사'를 바로 보내지 않고 4월 18일 또는 4월 19일에야 보냈다. (…)
남북회담은 민족의 명운이 걸린 중차대한 것으로, 속이거나 이용당하는 차원이 되어서는 안 되었다. 그 회담은 민족자주의 정신을 최대한 살리는 것이어야 했다. 그것은 차려놓은 잔칫상인 연석회의가 아

김구와 김일성. 왜 두 사람은 더 일찍 만나
려는 노력을 하지 않았던가?

니라, 요인회담을 통해서 5개항을 살리는 방향에서 가능하였다. 요
인회담에서는 김규식의 '5원칙'을 중심으로 논의가 전개되었는데,
그것은 그 뒤에 어느 쪽이 약속을 지키지 않았느냐에 대한 매서운 준
칙이 되기도 하는 것이다. 병마를 그림자처럼 달고 다니고, '무기력'
을 의미하기도 하는 '학자형'이라는 얘기를 들어온 우사는 북측과 소
군의 의도를 넘어서는 무서운 힘을 가지고 있었다. (『남·북협상-김규식
의 길, 김구의 길, 우사 김규식 생애와 사상 2』, 197~198쪽)

평양 지도자들은 2월 중순 김구와 김규식의 편지를 받은 뒤 두 사람
을 평양으로 부르기만 한다면 무슨 일이 있어도 올 것이라고 확신했을
것이다. 두 사람이 바라볼 길이 남북협상밖에 없었으니까. 자기네 좋
을 대로 회의 방식과 내용을 다 정해놓고 자기네 편리한 시점에서 초

남북연석회의 3일째인 1948년 4월 22일 대회장에 참석하여 인사말을 하고 있는 김구. 김구와 김규식은 연석회의 아닌 지도자회담을 더 중시했다. 김구는 연석회의에서 인사말만 했고, 김규식은 대회장에 들어가지도 않았다.

청장을 보낸 것도 그 까닭일 것이다.

예컨대 김구와 김규식에게 보내는 김두봉과 김일성의 편지에서 유엔위원단을 당연히 거부해야 할 것처럼 주장했다. 자기네 건국 노선에 따라오라는 것이 담긴 주장이다. 유엔이 그 시점에서 결정해놓고 있던 '가능지역 선거'에 대한 반대가 남북협상의 공통분모였다. 그러나 김규식은 유엔의 전면 거부에 동의하지 않았다. 유엔도 동의할 만한 통일건국의 길을 찾기를 그는 원했다. 그런데 이북 측은 가능지역 선거를 반대하려면 유엔을 전면 거부하는 자기네 입장에 따라오라고 강요하는 것이었다.

김규식은 북행의 '거부'가 아니라 '보류'라는 완곡한 표현을 쓰면서 이북 측의 요구에 무조건 따르지 않을 뜻을 밝힌 것이다. 가능지역 선거 반대라는 공통분모 외의 서로 다른 생각은 모두 존중하며 협의 대상으로 해야 한다는 것이다. 이북 측에서 일방적으로 참가 범위와 의제를 정해놓은 '연석회의'는 협상의 본무대가 될 수 없다는 점을 그는 분명히 했다. 그는 북행 보류 의사표시와 함께 참여 조건 6개항을 내놓았다.

1. 북조선이 소련의 위성국가라는 인상을 줄이기 위하여 스탈린의 초상화를 공공기관에서 세거할 것.

2. 평양회담을 예비회담으로 하고 첫 공식회담은 서울에서 열 것. 회담에는 관심 있는 모든 정당이 참여할 것.

3. 북조선 지역에서는 100명의 대표를 선출하여서 200인의 대표를 선출한 남한의 대표들과 회합할 것.

4. 북조선은 유엔조선임시위원단의 최소한 1인 정도를 선거 감독을 위해 초청할 것.

5. 평양 혹은 서울회담은 독립실현의 방법만을 토의하며, 헌법의 채택, 국가의 명칭, 국기의 선정 등이 토의되어서는 안 됨.

6. 미·소 양군의 공동철병에 관한 선전이 중지되어야 함. 군대철수의 조건에 관하여 미·소 간에 회합을 갖도록 소련 측에 요구함.

제3항을 보면 남조선에서 200인의 의원 선출을 목표로 유엔위원단이 추진하고 있던 '가능지역 총선거'를 그대로 추진하게 하면서 그 의미를 '정부 수립'이 아니라 독립 실현 방법의 토의를 위한 남북회담 대표 선출로 후퇴시키자는 것이다. 유엔위원단의 체면을 살려주면서 남북협상 방향으로 끌어들이려는 뜻이다. 제4항에서 이북 대표를 뽑는데 유엔위원단이 참여하게 한다는 것도 같은 뜻이다.

4월 14일 민련 정치-상무 연석회의는 이 6개항을 검토하고 4개항으로 수정했다. 김규식이 21일 출발에 앞서 발표한 '협상 5원칙'은 이 4개항에 끝의 한 조항을 보탠 것이었다.

김규식 박사는 북행 당일인 21일 북행 소감을 다음과 같이 피력하였다.
"우리 민족은 지금 불행히도 국토 양단과 동족 분열의 위기에 임박하였다. 우리의 힘으로써 얻는 해방만이 진정한 해방이요, 우리의 손으로써 이루는 통일만이 영원한 통일이라는 데서 남북협상을 제안하였던 것이다. 북조선 동지들은 우리의 제안을 접수하였다. 그러한 견지에서 남북 정치협상에 대하여 과분의 기대도 조계(무계)이나 비관적 우려도 불필요한 것이다. 나는 오직 남북 정치지도자가 한자리에 앉아서 성의껏 협상 토의하는 것만이 통일단결의 기본공작이라는 신념에서 북행을 결정하였다. 남북협상은 연합국 간, 특히 미·소 양국의 협조 위에서 통일건국을 완수할 방안을 찾을 것이요, 친미반소 혹은 친소반미의 착오를 범해서는 안 될 것이다. 여기에 나는 5개 원칙을 주장하였다."

「협상 5원칙」

우리는 안으로 민족의 통일을 성취시키고 밖으로 연합국의 협조를 통하여 우리의 자주독립을 전취하기 위하여 다음과 같은 원칙을 제시함.

1. 여하한 형태의 독재정치라도 이를 배격하고 진정한 민주주의국가를 건립할 것.

2. 독점자본주의 경제제도를 배격하고 사유재산제도를 승인하는 국가를 건립할 것.

3. 전국적 총선거를 통하여 통일중앙정부를 수립할 것.

4. 여하한 외국에도 군사기지를 제공치 말 것.

5. 미·소 양군 조속 철퇴에 관하여서는 먼저 양국 당국이 철퇴 조건 및 기일 등을 협정하여 공포할 것을 주장할 것.

(「북행 앞서 김 박사 성명」, 『경향신문』 1948년 4월 22일)

애초 김규식이 제안한 6개항이나 민련 회의에서 수정한 4개항이나 기본 취지는 같은 것인데 표현에서 '최대주의'와 '최소주의'의 차이가 있는 것이다. 애초의 6개항은 구체적이고 공격적인 것이었다. 김규식은 6개항의 적극적 표현을 이미 내보낸 이상 공식적으로는 표현을 최대한 완화한 수정 4개항으로 만족할 수 있었다. 그러나 현실적으로 가장 중요한 주둔군 철수문제에 대해서는 원래의 주장을 최종적인 '5원칙'에 끼워넣었다.

4월 14일 개회로 애초에 제안되었던 연석회의는 4월 19일로 연기되어 열렸다. 이북 측에서는 이것이 남북협상의 주 무대로 기획된 것이었기 때문에 김구와 김규식이 도착하기를 더 기다릴 수 없었고, 따라서 이남 측에서는 거의 민전 계열 대표만이 참석했다. 김구가 19일 오후에야 출발한 사실이 알려지자 김일성의 제안으로 20일은 휴회하고 21일에 제2일 회의가 열리게 되었다. 그리고 17, 18일에 김규식이 보낸 연락원(권태양과 배성룡)이 알려준 대로 '5원칙'을 수락한다는 뜻의 암호방송을 19일 밤 평양방송으로 내보냈다고 한다. 김규식은 "모든 준비는 다 되었으니 빨리 오시기 바랍니다." 하는 이 방송을 듣고 나서 20일 민련 간부회의를 소집, 21일 출발 방침을 확정했다고 한다. (『남·북협상–김규식의 길, 김구의 길, 우사 김규식 생애와 사상 2』, 200쪽)

이북 측은 김구의 참석을 종용하기 위해 20일 연석회의를 휴회까지 했다. 그러나 20일 오후 평양에 도착한 김구는 22일에야 회의장에 인사차 들르기만 했다. 서중석은 『레베데프 비망록』의 이 장면 서술을 위 책 204~205쪽에 인용해놓았다.

김구: 나는 김일성과 단독회담에 큰 의미를 부여한다.

김일성: 근본과업은 독립에 대한 위협이다. 당수는 회의에 꼭 참가해

1948년 남북연석회의 후
남북공동성명에 서명하는
김규식. 그는 북측이 주도
한 연석회의를 가능한 한
무시하려고 애썼지만 소
극적 입장의 '추인'까지도
마다할 수는 없었다.

야 한다.

김구: 나는 주석단에 들어가지 않겠다. 그런 곳에 참석하는 것은 습
관이 되지 않았다. 그러니 당신들 계획대로 회의를 계속하라. 나는
단지 김일성을 만나러 왔다. 단독회담에서 우리가 당면한 긴박한 문
제를 해결해야 한다. 나는 김규식이 제안한 전제조건을 작성하는 데
참여하지 않았다. 그것은 김규식이 한 것이다.

다음 날(4월 21일) 김구는 김일성과 다시 얘기할 기회를 가졌다.

김일성: 만일 당신이 연석회의에 참가하지 않는다면 여기에 온 목적
이 무엇인가?

김구: 나는 정치범 석방, 38선 철폐 등의 문제를 해결하려고 왔다.
내가 어떻게 총선거를 실시하는 데 동의하는 서명을 할 수 있겠는
가? 그렇게 되면 우리 당은 비합법적 처지에 처하게 될 것이다.

김구는 22일 연석회의장에 인사하러 들렀다가 홍명희, 조소앙, 조완구(趙琬九, 1881~1952)와 함께 주석단에 추가로 선임되었다. 한편 22일 새벽 평양에 도착한 김규식은 연석회의가 끝날 때까지 회의장에 얼씬도 하지 않았다. 두 사람의 생각과 스타일에 큰 차이가 있지만, 민족주의 입장을 평양 지도자들에게 전하는 데는 두 사람의 서로 다른 행보 방식이 어울려 효과적인 '콤비'를 이뤘다고 볼 수 있다. 충칭에서 몇 해 동안 주석과 부주석으로 어울리던 가락이 있어서 그런 것인지.

1948년 1월 말 김구가 남북협상 노선으로 나서자 그를 영수로 모시던 극우파가 극한적 비난으로 표변했다. 2월 1일부터 5일까지 5회에 걸쳐 '김희경'이란 이름으로『동아일보』가 연재한 글「김구 선생님에게 올리는 글월」이 대표적 사례다. 이 글에 김구가 얼마나 분노했는지 역사에 남은 비장한 글「3천만 동포에게 읍고함」(2월 10일) 중에서 "xxxx는 xxx란 여자의 이름까지 빌려가지고 나를 모욕하였다."고 분통을 터뜨리기까지 했다(1월 28일자와 2월 11일자 일기).

4월 19일 김구의 경교장 출발 때 학생들이 몰려들어 가로막은 장면에서도 학생들이 김구에게 적대적인 태도를 보이지 않았을까 생각을 해왔는데, 막상 그 장면에 대한 보도 내용을 찾아보니 김구를 존경하는 학생들의 분위기가 분명했다. 지금까지 반탁운동에서 '극우' 성향을 보여온 세력 중 일부만이 이승만·한민당의 단독건국 추진 노선을 따라가고 일부는 김구를 따라 민족주의 입장을 지킨 것으로 생각된다.

특히 청년층에서 김구의 민족주의 노선에 대한 애착이 강했던 것 같다. 4월 20일 노농학생총연맹의 남북협상 지지 성명이 있었는데, 그것보다 더 두드러진 것이 4월 23일 서북학생총연맹(이하 '서북학련'으로 줄임)의 지지 성명이었다(『서울신문』1948년 4월 21일, 『조선일보』1948년 4월 25일).

서북학련은 서청과 연계된 학생조직으로 '이북학련'이란 이름으로도 알려졌다. 1947년 8월 15일자 『경향신문』에는 서북학련 결성 기사가 실렸는데 제목이 「이북학련을 결성」으로 되어 있다. 문제안 외, 『8·15의 기억』(한길사 2005), 350~359쪽의 채병률 회고 「왜 빨갱이가 사람 죽인 얘기는 안 합니까」가 서북학련 활동을 서술한 것이다. 애초에는 단체등록을 안 한 채로 '서북학련' 또는 '이북학련'으로 불리는 이북 출신 학생들의 조직이 있다가 이 시점에서 결성식을 갖고 등록을 한 것으로 보인다.

1947년 여름 이청천의 대청으로 우익 청년단체를 통합하는 움직임에서 서청은 합동파와 독립파로 갈라졌는데, 서북학련은 독립파 입장이었던 모양이다. 대청은 김구가 남북협상 노선을 발표할 때 이승만에게 줄을 섰다.

> 대동청년단에서는 지난 27일 상오 11시부터 본회 회의실에서 27일의 유엔소총회의 가결에 대하여 긴급 상무회의를 개최하고 신중히 토의한 결과 이청천 단장 이하 참석 전원이 소총회 결의안을 지지할 것을 표명하였다 하는데 앞으로 그 준비책을 강구하기 위하여 금 29일 다시 상임위원회를 개최하고 선거 실시에 대한 구체안을 토의 결정하리라 한다.
> 그리고 작 28일 상오 11시 이청천 장군은 이화장으로 이승만 박사를 방문하고 유엔소총회의 결의안대로 남조선 총선거 실시에 대하여 장시간 요담하였다 한다. 그런데 종래 동 청년단은 김구 씨의 노선을 전폭적으로 지지하여오던 것인데 금반 이러한 태도로 이청천 단장 이하 단원들이 김구 씨의 노선과 상위되는 태세를 취하게 된 것은 일반의 이목을 끌고 있는데 동단 부단장 이성주 씨는 다음과 같이 말하

였다.

"우리는 종래 김구 선생의 노선을 전폭적으로 지지하여왔는데 현 국
내외의 정세로 보아 남북통일이 불가능할 것이므로 우선 남조선만이
라도 선거하여야 할 것을 주장한다."

(「이청천 장군 이 박사 방문-대청. 남조선 선거지지」, 『동아일보』 1948년 2월 29일)

이청천은 며칠 후 독촉국민회 상무위원으로 선임되었고(『동아일보』
1948년 3월 4일) 다시 보름 후에는 부위원장으로 뽑혔다(『동아일보』 1948
년 3월 27일). 그리고 5 · 10선거에서는 성동구 선거구에서 당선되었다.
1년 전 이승만의 귀국 길에 같은 비행기를 타고 들어오면서부터 그의
진로는 결정되어 있었던 것일까? 한편 이범석과 족청은 정치적 움직
임을 아직 보이지 않고 있었다. 분단건국 노선은 아직 극우파를 석권
하지 못하고 있었다. 김구의 지도력은 아직 살아 있었다.

1948. 4. 24.

홍명희는 왜 '연석회의'에 들러리로 나섰을까?

─────

3월 25일 평양방송에서 이북 측의 남북회담 제안이 발표된 후 4월 19일 '연석회의'가 열릴 때까지 이남 신문에서는 "남북협상", "남북회담", "지도자회의", "남북 요인회담" 등 용어가 쓰이고 '연석회의'란 말은 보이지 않는다. 4월 19일의 회의 개막을 보도한 4월 23일자 신문에서 이 말이 처음 나타난 것 같다.

남북협상에 참석할 남조선 요인들의 북행은 21일까지 끝마쳤는데 21일의 평양방송이 전하는 바에 의하면 김구, 김규식 양 씨를 비롯한 남조선 측의 한독, 민독, 민련 등 중간파 요인들이 참석치 않은 채 19일 모란봉 회장에서 김일성 장군의 사회로 제1차 남북요인연석회의를 개최하였다 한다. 그런데 이 회의에 참석한 인사들은 북조선 측 요인들과 남조선 민전 계열이 주로 참석하였다 한다.

즉 동 회의에 참석한 정당 사회단체는 회의장 왼편에 남로당, 인민공화당, 노동인민당, 민주한독당, 신진당, 사회민주당, 민중동맹, 전국노동조합평의회, 전국농민총연맹, 민주애국청년동맹, 민주여성동맹, 문화단체총연맹, 건민회, 건국청년회, 기독교민주동맹, 민주총연맹 등 남조선 제 정당 사회단체 대표자들이 자리를 잡고 회의장 오른편에는 북조선노동당, 민주당, 청우당, 전평, 농맹, 여맹, 민청, 민애청, 공업기술연맹 등 북조선 제 정당 사회단체 대표들이 자리를 잡았다 한다.

그리고 연단에는 김일성 장군을 선두로 북로당 김두봉, 남로당 허헌·박헌영, 북조선민주당 최용건, 북조선청우당 김달현, 인민공화당 김원훈, 남조선노동인민당 백남운 등이 참석하여 있었다 한다. 김일성 장군의 개회선언이 있은 다음 이상 연단에 앉은 제 씨의 축사가 있었다 한다. 그런데 김구, 김규식 양 씨가 평양에 도착치 않은 채 19일 회의를 개막한 것은 일반의 이목거리가 되어 있다.

(「공산파 주도하 남북협상 개회」, 『동아일보』 1948년 4월 23일)

이북 측에서는 이 연석회의를 남북협상의 본무대로 만들려 했다. 많은 정당 단체가 참석한다는 점에서 '밀실회의'의 느낌을 주는 소수 지도자의 회담보다 넓은 대표성과 큰 공식성을 가질 수 있는 회의이기는 하다. 그러나 참가자들의 합의가 준비되어 있지 않은 상황에서는 군중대회 비슷한 이런 회의는 효율적 운영이 불가능하다. 21일의 참석자 자격심사 보고에 따르면 460개 정당 단체의 대표 545명이 참석했다고 한다. 회의가 끝날 때는 참가 대표가 695명까지 늘어나 있었다. 김규식의 비서 송남헌은 회의 분위기를 이렇게 전했다.

김 박사는 몸이 불편하다는 핑계로 초대소에서 쉬며 연석회의에 참석하지 않았다. 협상을 하러 온 것이지 연석회의를 하러 온 것은 아니라는 판단에서였다. 뒤늦기는 했지만 나는 회의가 어떻게 진행되는지 궁금하여 참석해보았다. 회의는 참석자가 많아 진행상의 필요에 의해 사전에 발언내용이나 순서를 정하고 이에 따라 당별로 발언

남북연석회의에 참석한 남북요인 축사. 왼쪽 위부터
시계방향으로 박헌영, 조소앙, 허정숙, 홍명희.

자를 신청하도록 했다. 그리하여 발언을 할 사람은 미리 원고지에 10
장 정도로 발언요지를 써서 읽는 형식을 취했다. 발언이 끝나면 박수
를 쳤는데, 이렇게 발언한 내용들을 종합하여 결정서 기초위원들이
최종적으로 결정서 문안을 작성했다. (『송남헌 회고록』, 106쪽)

결정서 기초위원들이 작성한 결정서를 놓고 채택 여부를 회의 마지
막에 결정하는 진행 방식이다. 물론 채택 과정에서 다수의 요구가 있
을 경우 가감과 수정이 행해질 수도 있지만 쉬운 일이 아니다. 이처럼
규모가 큰 회의는 진행 측 의도가 관철되기 쉽다. 그러지 못할 경우
'깽판'이 나버린다.

이북 측은 이남의 '가능지역 총선거' 반대세력을 자기네가 추진해온
건국노선에 끌어들이기 위해 연석회의를 준비했다. 이남의 총선거 반
대세력을 좌익과 우익으로 갈라 볼 수 있다. 물론 대단히 엉성한 구분
인데, 민전 계열을 좌익, 한독당과 민련 계열을 우익으로 보는 것이다.
좌익은 이북의 건국노선을 받아들이는 입장이고, 따라서 연석회의에
도 적극적으로 참여했다. 반면 김구와 김규식을 대표로 하는 우익은

1948년 남북연석회의 때 수행했던 측근들이 평양 상수리 특별호텔 정원에서 기념촬영을 하고 있다. 앞줄 왼쪽부터 송남헌 민족자주연맹 비서처장, 엄항섭 한국독립당 선전부장, 선우진 김구 선생 수행비서, 뒷줄 왼쪽부터 권태양 민족자주연맹 비서처 비서, 여운홍 사회민주당위원장.

연석회의를 회피했다.

21일의 2일차 회의 경과를 보도한 4월 24일자 『조선일보』 기사를 보면 545명의 대표가 "모든 점으로 봐서 남북조선의 각계각층을 망라한 진정한 애국자들로 구성되었다는" 자격심사 보고에 이어 오전에 김일성의 보고가 있었다. 오후에는 백남운과 박헌영의 보고에 이어 토의가 있었는데, "북조선의 현실과 남조선의 현실을 대조하고 전 조선 전체가 민주적 건설로 통일한 자주독립을 세워야겠다."는 주장과 "단독선거 단독정부를 파탄시키며 외국군대 동시철퇴하자는 소련군의 제안을 실현"시키기 위한 공동적 투쟁의 제안이 중요한 토의 내용이었다고 한다.

22일의 3일차 회의 경과를 보도한 4월 25일자 『조선일보』 기사에 따르면 오전과 오후에 모두 토의가 진행되었고 홍명희와 엄항섭을 결정서 기초위원으로 보선했다고 한다. 토의 내용으로는 유엔위원단의 철퇴, 단정 반대와 양군 철퇴 등이 소개되었다. 그리고 오후 7시 10분에 토의 종결을 거수 가결하였다고 한다. 결정문은 이튿날(23일) 회의에서 만장일치로 채택되었고, 이어 '3천만 동포에게 호소하는 격문'이 채택되었다. 결정문 내용은 『남·북협상-김규식의 길, 김구의 길, 우사 김규식 생애와 사상 2』, 208~209쪽에 이렇게 인용되어 있다.

남조선 반동분자들의 협조하에서 미국대표가 소미공동위원회 사업을 결렬시키고 조선통일을 파탄시킨 이후 미국정부는 조선인민의 대표도 참가시킴이 없이 또는 조선인민의 의사에도 배치되게 조선 문제를 비법적으로 유엔총회에 상정하였던 것이다.

조선인민의 절대다수가 소위 유엔조선위원단 자체를 단호 거부하고 그 활동을 절대 배격함에도 불구하고, 미국정부는 유엔소총회를 이용하여 남조선에 단독선거를 실시하고 괴뢰적인 소위 '전민족정부'를 수립할 것을 결정하였다. 이 결정은 우리 조국에서 남조선을 영원히 분리하여 미국 식민지로 변화시키려는 기도의 구현이다.

우리 조국에 가장 엄중한 위기가 임박한 이 시기에 남조선에서는 우리 조국을 분열하여 예속화하려는 미국의 반동정책을 지지하여 우리 민족과 조국을 팔아먹는 이승만, 김성수 등 매국노들이 발호하고 있다.

우리는 그들을 배족적(背族的) 망국노로 낙인함은 물론 그들에게 투항하여 그들과 타협하는 분자들도 단호히 단죄하며 배격한다. 그들의 배족적·망국적 책동으로써 남조선인민들은 초보적인 민주주의 자유까지도 박탈당하였으며, 생활을 향상시킬 아무런 희망과 조건도 갖지 못하고 있다.

우리는 북조선에 주둔한 소련군이 북조선 인민들에게 광범한 창발적 자유를 준 결과 북조선에서는 인민들이 자기가 수립한 인민위원회를 확고히 하여 민주개혁을 실시하며 만족자립경제 노선을 구축하며 문화를 부활시키며 우리 조국의 민족주의적 독립자유국가로 발전될 모든 토대를 공고히 함에 거대한 성과를 거두고 있다는 것을 우리는 인정한다. 우리는 미제국주의자들의 식민지 예속화정책과 그들과 야합한 민족반역자 친일파의 매국적 기도에 반대하며 소위 유엔조선위원단의 기만적 선거를 반대하여 궐기한 남·북조선인민의 반항을 조국의 완전 자주독립을 위한 가장 정당한 애국적 구국투쟁이라고 인정한다.

우리 조국의 절반인 남조선을 미제국주의자에게 예속시키려는 것을 용허(容許)치 않기 위하여 우리 남북조선제정당사회단체는 자기의 역량을 총집결하여 단선분쇄운동을 전국적으로 전개함으로써 남조선 단선 기도를 파탄시키고 조선인민의 손으로 통일적 민주주의자주독립국가를 수립할 권리를 부여하자는 소련의 제안을 반드시 실현시키기 위하여 강력히 투쟁하여야 할 것이라고 인정한다.

'협상'의 분위기를 조금도 풍기지 않는 단호한 내용이다. 끝 문단에서 "소련의 제안"이라고 명기한 데서 분명히 드러난다. "조선인민의 손으로 통일적 민주주의 자주독립국가를 수립"하자는 얘기에 왜 꼭 소련이 나와야 하나? 이 결정문을 준비한 사람들에게는 소련 찬양이 자주독립국가 수립 못지않게 중요한 일이었던 것이다.

김구와 김규식은 연석회의에 참석하지 않았지만 한독당과 민련은 참가했고, 그 단체명은 결정문의 서명에 들어가 있었다. 왜 그들이 찬성하지 않는 결정문에 한독당과 민련이 서명했을까? 서중석은『남북협상-김규식의 길, 김구의 길, 우사 김규식 생애와 사상 2』, 209~210쪽에서 연석회의 결정문을 둘러싼 상황을 이렇게 서술했다.

결정서초안작성위원회는 북조선로동당의 주영하·김책·고혁·기석복, 남로당의 허헌·박헌영·조일명·박승원, 근민당의 백남운, 사민당의 여운홍, 민련의 권태양, 민독당의 홍명희, 한독당의 엄항섭 등 15명으로 구성되었다고 한다. 그러나 실질적으로 초안 작성을 주도한 사람은 김일성, 백남운, 박헌영 등 보고자와 고혁, 기석복 등이었다. 여운홍 등은 미국을 일방적으로 공격하는 것에 부당하다고 이의를 제기하고 항의하였고 한독당 대표와 민련 대표 등도 반대의사를 표명하였으나, 같은 기초위원인 박헌영이 이를 무시한 채 일방적으로 통과시켰다고 한다. (…) 김구는 왜 제 결정서가 통과되던 연석회의에 나오지 않았느냐는 기자의 질문에 "당 대표가 서명한 만큼 결정서의 근본취지엔 나도 찬동한다."라고 답변하였다. 백범이 말한 근본취지란 남·북 단선·단정 반대, 외군 철수, 자주독립국가의 실현으로 해석된다.

결정서를 읽었을 때 홍명희의 마음은 어떠하였을까? 벽초는 북행을 하기 전까지 소련과 미국을 동렬에 놓고 비판하였다. 그 점은 4월 21일에 있었던 그와 김두봉의 대화에서도 마찬가지였다.

홍명희: 당신들은 유엔에 조선 사람들의 참여가 없었다는 이유 하나만으로 불법이며 부당하다고 주장하고 있다. 모스크바 3상회의에도 조선인의 참여가 없지 않았는가. 그럼에도 당신들은 모스크바회의에 대해서는 반대하지 않았다. 왜 소련정부의 철군제안을 지지해야 한

다고 강조함으로써 미국에 비해 소련을 더 유리한 입장에 놓으려 하는가?

김두봉: 그것은 사실이 아니다. 주둔군 철수문제를 제의한 것은 미국이 아니라 소련이다.

홍명희: 물론 그게 사실이다. 그러나 강조할 필요는 없다. (대화 내용은 『레베데프 비망록』에서)

민련이나 한독당의 대표가 서명한 것은 다음의 요인회담을 생각하였을 터이고 회의장의 분위기가 압박한 것이 요인일 수 있지만, 그것을 요식행위로 치부할 수도 있다. 그러나 그것을 낭독한 사람은 서명과 같을 수 없다. 벽초는 이 결정서를 읽었을 때 어떠한 정신적 쇼크를 받지 않았을까? 23일 격문을 읽은 이극로도 남녘으로 돌아오지 않았지만, 필자는 종종 왜 홍명희가 돌아오지 않았을까를 생각해보는데, 이때 받은 정신적 '변화' 또는 의식의 전이현상이 김일성 특유의 '극진한 대접' 등과 함께 북에 남게 한 요인이 아니었을까 하는 생각을 해본다.

15명의 작성위원 중 확고한 우익은 엄항섭 1인뿐이고, 백남운, 홍명희, 여운홍, 권태양 4인을 중간파로 볼 수 있다. (그중 권태양은 좌익의 프락치였다고 동료 송남헌이 회고했다.) 연석회의건 작성위원회건 남로당·민전의 지지를 받는 주최 측 의지가 관철되었고, 그에 대한 강경한 반대는 잡음에 지나지 않았다. 중간파와 우익은 '근본취지'에 반대하지 않는 결정문에 들러리를 서줌으로써 그들이 원하는 '지도자회의'의 대가를 지불한 셈이다.

그런데 서중석에게는 홍명희의 입장이 도저히 납득이 가지 않는 모

한글운동의 중심인물 이극로(1893~1978)는
"이북에도 한글학자가 필요하다."며 이북으로
넘어가 북한 어문정책을 이끌었다.

양이다. 홍명희는 결정문을 채택한 23일 회의에서 결정문 낭독을 맡
았다. 서중석은 홍명희를 "허튼소리 한 번 안 하고 평생 자신이 한 말
대로 살고자 했던 점에서 존경받던 선비 중의 선비"로 그리며(같은 책,
210~211쪽) 그런 그가 나서서 결정문을 낭독한 것을 도저히 이해할 수
없는지 "정신적 쇼크"까지 들먹인다.

　나 역시 잘 납득이 가지 않지만 정신적 쇼크까지 생각할 필요는 없
다고 본다. 이극로가 우리말사전 편찬의 목적을 위해 북으로 와달라는
김두봉의 권유를 받아들이는 사정을 정재환이『한글의 시대를 열다』,
47~61쪽에서 밝혀놓았는데, 민족국가 수립을 위한 문화정책 측면에
서 이북의 전망이 이남보다 나았던 사정을 알아볼 수 있다. 홍명희 역
시 문화정책 수립과 시행에 공헌한다는 구체적 목적을 위해 이북에 정
착할 결심을 연석회의 전에 굳혀놓았을 것으로 생각된다.

　지도자회의의 대가로 연석회의 결정문에 반대하지 않는 것과 마찬
가지로 이북 정착의 대가로 결정문 낭독에 나설 수도 있는 것 아니겠

는가. 결정문에서 미국 책임을 강조할 필요가 없지 않으냐고 홍명희가 김두봉에게 말했다지만, 미국에 큰 책임이 있다는 것이 홍명희의 마음에 없는 소리는 아니었을 것이다. 아무튼 23일 회의에서 홍명희와 이극로, 투철한 민족주의자이면서 이북에 눌러앉아 이북 문화정책에 큰 역할을 맡을 두 사람이 결정문과 격문 낭독에 나란히 나선 것이 그냥 우연한 일로 보이지 않는다.

1948. 4. 26.

민족갈등과 좌우대립이 겹쳐진 '한신(阪神) 교육투쟁'

———

여러 갈래 중요한 사태가 긴박하게 펼쳐지고 있다. 2월 말의 유엔 소 총회 결의를 기점으로 시작된 '가능지역 선거' 추진이 막바지에 이르 고 있고, 이에 맞선 '남북협상'이 평양에서 진행되고 있다. 그리고 제 주에서 터진 4·3사태는 미군정의 모순과 문제점을 여실히 드러내는 사건이라는 점에서 중요한 의미가 있는 것이다.

"해방일기" 작업 초반에는 뚜렷한 지표가 되는 사건이 그리 많지 않 았기 때문에 평온한 것처럼 보이는 일상의 진행 속에서 미묘한 의미를 짚어내는 데 힘을 쓸 수 있었다. 조선 밖으로 눈을 돌려 세계적 변화를 살필 여유도 있었다. 그런데 지금은 조선의 운명을 가름하는 중요한 사태를 쫓아다니며 꼭 필요한 해설을 하기가 바쁘다.

상황의 분화와 고착 때문일 것으로 생각된다. 일본제국 붕괴는 여러 분야에서 많은 변화를 가져오게 되어 있었다. 그러나 붕괴 직후에는 예정되어 있는 변화들이 아직 뚜렷한 방향을 잡지 못하고 잠재되어 있 거나 혼선을 빚고 있었다. 시간이 지남에 따라 변화의 주체들이 형성 되어 각자 분명한 지향성을 갖고 서로 어울리고 부딪치는 단계에 온 것이다.

한 달 넘게 일기 내용이 가능지역 총선거, 남북협상, 4·3사태의 세

조선인 민족학교의
교육을 강제로 중단
시키려고 몰려온 경
관들이 학생들을 쫓
아내고 있다(아이치
현의 모리야마조선
인소학교).

가지 주제를 벗어나지 못하고 있고 그런 상황이 앞으로도 몇 주일 동
안 계속될 것으로 보인다. 그러나 오늘은 다른 주제를 한 차례 다뤄야
겠다. 4월 하순 일본에서 일어난 '한신(阪神) 교육투쟁'이다.

해방 당시 조선에는 약 70만 명의 일본인이 살고 있었고 일본에는
200여 만 명의 조선인이 살고 있었다. 종전 후 재조선 일본인은 거의
남김없이 일본으로 돌아간 반면 재일 조선인은 3분의 1 이상이 일본
에 남았다. 여러 가지 이유가 있었지만, 남조선 여건이 귀환민 정착에
좋지 않은 것이 큰 이유였다는 사실은 많은 귀환민의 일본으로의 역류
현상이 입증한다. 1947년 7월부터 매월 1만 명 전후의 조선인 밀항자
가 일본에서 체포되기 시작했는데, 밀항에 실패한 사람보다 성공한 사
람이 더 많았기 때문에 밀항 시도가 늘어났을 것은 당연한 사실이다.
1948년 초 시점에 약 80만 명의 조선인이 일본에 눌러앉을 생각으로
머물고 있었던 것으로 보인다(1946년 6월 21일, 9월 2일, 11월 4일자 일기).

맥아더사령부 점령하의 일본에서 조선인 집단의 위상에는 근본적인
불안정성이 있었다. 맥아더사령부는 종래의 피압박민족에게 얼마간의

우대와 보호를 베풀려는 입장이었다. 그런데 조선인 중에는 주어지는 정도의 우대와 보호를 넘어 전승국 국민의 대접을 받고 싶어하는 경향이 있었다. 그런 경향이 많은 일본인을 격분시키고 있었다는 사실을 보여주는 발언이 1946년 가을 중의원에서 나왔다. 시이구마 사부로(椎熊三郎) 의원의 대정부질문이었다.

"(…) 종전 당시까지 일본에 재주하여 일본인으로서 생활하고 있었던 대만인·조선인 등이 종전과 동시에 흡사히 전승국민과 같은 태도를 하고 방약무인의 행동을 감행해왔던 것은 실로 아등이 취시할 수 없는 바이다. (박수)

최근에 이르러 한번 귀국하였던 그들이 특히 조선인에 있어서는 혹종의 조직력을 가지고 재차 일본에 밀항 잠입하려는 자가 축일 증가하여 규슈(九州) 산인(山陰) 방면에 있어서 그 수 실로 수만에 달한다고 듣는다. 그리고 그들은 일본 경찰력의 미약함을 틈타서 흉기를 가지고 도당을 짜고서 놀랄 만한 흉악성을 발휘하여 당해 주민의 생활을 위협하는 것은 실로 언어에 절하는 감이 있다고 듣는다. (박수)

지금 아직 내지에 있어 외국인이란 특수한 지위를 악용하여 경찰력의 무력화에 틈타서 모든 불법을 감행하는 자가 다수 있다는 것은 이미 제군도 양지할 것이다. 우리는 유감하나마 패전국민이기는 하지만 종전의 순간까지 동포로서 같이 이 나라의 질서 밑에서 생활한 자로 갑자기 변해서 흡사히 전승국민과 같이 게다가 (…) 그 행동은 패전의 고통에 신음하고 온 우리에게 있어서 참말 전신에 혈조가 역류하는 감정을 갖게 하는 것이다. (박수)"

(「일 진보당 총무회장 이누가에(犬養), 소속의원 발언 취소와 진사의 뜻 전달」, 『서울신문』 1946년 11월 7일)

패전 직후의 일본경제는 참혹한 상황이었다. 생존을 위해 암시장 등 불법행위가 치열하게 벌어지고 있었다. 그런 상황에서 조선인 중에는 점령군의 단속을 덜 받는다는 이점을 활용, 조직활동과 불법행위를 자행하는 사람들이 있어서 일본인들의 원성을 사고 있었던 것이다.

그릇된 월권행위가 아니라 압박에서 풀려난 민족으로서 당당한 권리를 되찾으려는 노력도 있었다. 민족교육을 위한 조선인학교 운동이 그런 예다. 200여 만 거류민 자제들이 일본교육을 강요당하던 상황을 벗어난 이제 일본의 소수민족으로서 제자리를 잡겠다는 것이다.

그런데 많은 일본인은 조선인들의 당연한 권리 주장에서조차 피해의식을 느꼈다. 그들이 처해 있던 열악한 환경 때문에 조선인을 질시한 면도 있고, 일부 조선인의 난폭한 행동 때문에 편견을 가지게도 되었을 것이다. 그리고 맥아더사령부도 조선인 집단을 치안 불안요소로 보게 되어 일본에 정착할 조선인은 일본인으로 간주하는 정책을 굳히게 된다.

재일 조선인 사회가 이 시기에 처해 있던 사정에 관해서는 많은 연구가 있을 텐데, 나는 이런 연구를 많이 찾아보지 못했으나 대략의 사정이라도 밝혀두고자 한다. 조선에서 좌우대립이 격화되고 미국과 소련의 노선이 부딪치는 상황이 재일 조선인 사회에도 투영되어온 사실을 알아볼 수 있는 기사가 보인다.

〔도쿄 2일 발 AP 합동〕 당지에서는 3·1운동 제29주년 기념일을 축하하기 위하여 약 1만 명의 조선동포 남녀노소가 2개 단체로 나누어 영·미·소 등의 기를 들고 시가행진을 하였다. 그런데 그중 한 단체는 조선으로부터의 양군의 동시철퇴를 부르짖었다. 그러나 또 한 단체는 조선정부 수립 촉진을 부르짖고 조선을 통일시키려는 유엔안을

지지하였다.

(「재일동포도 3·1절 기념」, 『경향신문』 1948년 3월 3일)

재일 조선인의 귀환이 같은 미군정 아래 있던 이남 쪽이 이북 쪽보다 순조로웠을 것은 쉽게 짐작이 가는 일이다. 그런데 재일 조선인 집단에 대한 정책은 군정청 지배하의 이남에 비해 자주성이 강한 인민위원회 체제의 이북 쪽이 더 활발했으리라는 것 또한 짐작이 가는 일이다. 그리고 재일 조선인의 권리운동에는 공산당 등 좌익 일본인들의 참여와 동조가 있었다. 1945년 10월 결성된 재일본조선인연맹(이하 '조련'으로 줄임)은 좌우 구분 없는 민족주의단체였는데 1년 후 우익 성향의 재일본조선인거류민단(이하 '민단'으로 줄임)이 떨어져나가면서 조련이 좌익 쪽으로 기울어지게 되고, 그를 기반으로 1955년 5월에 재편된 재일본조선인총연합회(조총련)가 재일동포 사회에서 오랫동안 민단을 압도하게 되는 출발점이다.

한신 교육투쟁의 발단에 대한 『위키백과』 "한신 교육투쟁" 조의 설명을 옮겨놓는다.

1947년 10월, 연합군최고사령부 사령관 더글러스 맥아더는 일본 정부에게 재일조선인을 일본의 교육기본법, 학교교육법에 따르게 하도록 지령을 내렸다.

당시 재일 조선인의 아이들은 전쟁 전·전시의 황민화교육 때문에 조선어를 읽고 쓰기가 어려웠다. 그래서 일본 각지에 국어 강습회가 개최되어 한글과 한국어를 아는 사람이 재일 조선인의 아이들에게 독자적으로 제작한 교재로 조선어를 가르쳤다. 국어 강습회는 재일본조선인연맹(약칭 '조련') 사무소나 공장 철거지, 현지의 초등학교 교사

등을 빌려 열렸다. 그 후 국어 강습회는 조선인 학교로 개편되어갔다. 이 학교는 전국에 500여 개, 학생 수는 6만여 명에 이르렀다.

1948년 1월 24일, 문부성 학교국장은 각 도-도-부-현 지사에 대해 '조선인 설립 학교 취급에 대해서'라는 통지를 내려 조선인 학교를 폐쇄하고 학생을 일본인 학교로 편입시키도록 지시했다. 이것이 조선학교폐쇄령이다. 오사카부와 효고현은 이에 근거해 조선학교의 폐쇄를 명령했다.

같은 해 1월 27일, 조련은 제13회 중앙위원회를 개최해 조선학교 폐쇄령에 대해 반대를 밝혔다. 그리고 '3·1 독립운동투쟁 기념일'에 맞추어 민족 교육을 지키는 투쟁을 전국에서 전개할 것을 호소했다.

4월 하순의 사태 진행을 『위키백과』 같은 조 내용을 통해 살펴본다. 4월 10일 효고현 지사가 조선인학교 폐쇄 명령을 내리고, 이 명령이 4월 23일 두 곳 학교에서 시행되었다. 이튿날 이에 항의하는 조선인과 일본인 군중이 현청에 몰려들어 시위하다가 현청에 진입해 점거하는 사태로 발전했고, 기시다(岸田幸雄) 지사를 일시 감금하기까지 했다. 이 사태로 미군 점령 후 최초의 비상사태가 효고현 군정부에서 발령되기도 했다. 1,000여 명이 검거되었고, 그중 23명이 군사재판에 회부되었다.

한편 오사카에서는 4월 23일 아침에 7,000여 명이 참가한 '조선인 학교 탄압 반대 인민대회'가 열렸다. 이 대회에서 뽑힌 16인 대표단이 부청에 가서 교섭을 요구했고, 지사가 부재중이라 부지사가 교섭에 나섰으나 합의에 이르지 못하고 있던 중 오후 3시경 군중이 부청에 진입하기 시작했다. 이날 충돌로 조선인 한 명이 죽고 20명이 다쳤으며 경찰도 31명이 부상당했다. 26일 다시 열린 인민대회에는 2만 명이 모였고, 그중 일부가 부청을 향해 시위에 나섰다가 경찰과 충돌, 조선인 한 명이 죽었다.

이 사태를 수습하기 위해 일본정부는 조련과 교섭, 5월 5일에 조련 교육대책위원장과 문부대신 사이에 각서가 체결되었다. 조련 측은 "교육기본법과 학교교육법을 준수한다.", 일본정부 측은 "사립학교의 자주성의 범위 안에서 조선인 독자적인 교육을 인정하고, 조선인 학교를 사립학교로서 인가한다."는 내용의 각서였다.

4월 들어 일본정부의 조선인학교 폐쇄 방침이 실행 단계로 접어들면서 국내에서도 재일동포의 상황에 대한 관심이 크게 일어났다. 1945년 4월 15일자 『서울신문』에는 「그들은 안전하게 귀국한 감사를 무엇으로 갚고 있는가?」 하는 질문을 앞세워 "심지어는 공부하는 권리까지 빼앗는 전대미문의 만행"을 일삼는다며 일본 내의 민족갈등 사례를 열거한 기사가 실렸다. 일방적 비판이기 때문에 시비를 살핌에 주의를 요하는 것도 있지만, 갈등이 심각한 정도를 보여주기에는 충분한 사례들이다.

● 일본대의원의 폭언: 1946년 4월 일본선거 때 가메다(龜田)라는 대의원은 깜찍하게도 조선과 만주는 당연히 일본이 위임통치를 해야 할 것이라는 폭언을 토하여 그들의 야욕과 치몽(痴夢)의 일단을 보여 우리를 놀라게 하는 동시에 세계의 물의를 샀다.

● 중의원의 발악: 동년 8월 17일 중의원회의 때 시이구마(椎熊)라는 자는 말하기를 일본에 있는 조선 놈들은 모두 도적놈들이다. 그러니 이들을 모조리 조선으로 추방시켜야 한다는 발악을 하여 의원 전부로부터 일대 갈채를 받았다는 것이다.

● 일인 취급으로 자주권 박탈: 1946년 12월 안으로 모두 귀국하라. 귀국 않는 조선인은 모두 일본인으로 간주하여 일본법을 준수시키게 한다는 법령을 내려 떳떳한 외국인으로서의 권리를 박탈하며 조선인의 자주성을 빼앗으려 했다.

● 재일동포자산 반입 방해: 갖은 학대 아래서 온갖 피땀 흘려 벌어 놓았던 고귀한 동포들의 재산을 찾아오려는 것을 그들은 갖은 모략을 세워 그것은 모두 일본 재산이라느니 무어니 간계를 꾸며 못 가져가도록 맥아더사령부에 중상을 하고 있다.

● 재일동포 대표자들의 추방: 1946년 12월 24일 재일 조선인생활보장위원회에서는 동포의 모든 권리의 옹호와 등록 항의, 재산세예금보험금의 봉쇄 반대대회를 궁성 앞에서 열고 요시다(吉田) 수상에게 진정 간 대표 10명을 수위와 경관이 구타 검거, 폭도라는 죄명으로 군율재판에 걸어 결국은 고국으로 추방당했다.

● 홋카이도사건: 1947년 9월 11일 홋카이도 기타미(北見)라는 곳에서는 일인 80명이 동포 40명을 둘러싸고 구타해 동포 2명이 죽고 다섯 명의 빈사자가 생긴 일대 불상사가 일어났다.

● 소위 등록문제: 1946년 12월 오사카(大阪)에서는 특히 조선인을 상대로 한 소위 외국인등록제를 발표했는데 이것은 조선인의 손과 발을 얽어매는 법령임에 일대 반대로 법령을 거둬들였으나 1947년 9월 다시 발포하여 등록 안 하면 체형까지 한다고 협박, 물의를 일으켰다.

● 악질 시즈나가(靜永)의 악행: 경성지방검사국 경제과장이라면 모
르는 사람이 없던 시즈나가란 놈은 귀국 후 오사카에서 여전 검사의
직을 가지고 동포 학대가 어찌 심한지 맥아더사령부에서 조선에 있
을 때 그놈의 행장을 조사하겠다고까지 한다.

● 재일 학생의 추방 간계: 1947년 2월경 귀국 못하고 그대로 남아
있으며 면학의 길을 걷고 있는 학생들을 쫓아내려는 음모를 세워 못
된 계획을 꾸미고 있다.

● 도적놈 취급: 1947년 1월경 전쟁 후 도적이 성행하여 골머리를
앓고 있던 나머지 방범주간을 설치했는데 그 포스터에다 도적놈을
그리고 태극기를 머리에 그려 붙여 도적놈은 전부 조선 놈이니 잡아
죽이라고 떠들어댔다는 것이다.

한신 교육투쟁이 막바지로 치닫고 있던 4월 23일자 『동아일보』에는
민단 박열(朴烈, 1902~1974) 단장의 비서 박성진의 진술이 보도되었
다. 「남북협상은 현실을 무시─문교부 제정 교과서 사용한 재일동포학
교에는 간섭 없다」란 제목의 이 기사 중 "일본의 우리 동포 교육문제
의 진상" 부분을 옮겨놓는다. 박성진은 4월 16일에 일본에서 건너왔
다고 한다.

"나는 본국에 돌아오기 전에 이번 오사카에서 일어난 일본정부에서
탄압을 가한 우리 동포 교육문제에 대하여 오사카에 들러 당지 교육
회장 최 씨와도 만나 실정을 듣고 보았다. 이번 일본정부에서 우리
조선인학교에 탄압을 가하였다는 문제는 이미 오래전부터 내포하여

오던 문제가 이번에 폭발된 것이다.

발단은 우리 농포가 경영하는 오사카사범학교에서 폭발된 것인데 즉 해방 후 일본에는 조선인의 경영으로 703교가 있다. 그중 정식으로 연합국 사령부와 일본정부에 인가를 얻어 남조선과도정부 문교부에서 편찬한 교과서로 교수하는 학교는 불과 3할밖에 안 된다. 그 나머지 7할이란 것은 좌익단체인 조선인연맹이란 단체 산하에 속하여 정식인가도 없이 교육을 시키는 학교들이다.

그러면 이 조선인연맹 산하에 7할이란 학교는 교육은 제2요, 좌익사상 선전기관으로 북조선과 연락하여 검정도 없는 교과서를 사용하고 애국가 대신 해방의 노래를 부르며 교학기관이라기보다 좌익선전 기관화하고 있다. 한 말로 말하면 일본정부는 그동안 기회를 노리고 있다가 필경 이번과 같은 조치로 나오게 된 것이다. 거룩한 우리 동포의 교육기관이 좌익사상적 침해로 말미암아 교육이 침해당하고 민족이 박해를 당하게 된 큰 원인이다.

다만 한 가지 국내 동포에게 알리고자 하는 것은 일본정부가 우리의 국어를 사용 못하게 한다든가 우리의 역사를 못 가르치게 하는 등 명령을 내린 사실은 없다. 정당히 당국의 허가를 받고 남조선에서 편찬한 교과서를 사용한다면 이런 폐단은 없을 것이다. 그의 한 예로는 조선교육회 경영인 경도의 조선공업학교라든가 조선중학교 같은 것은 일본인도 놀라고 찬사를 하고 있을 만큼 훌륭한 조선교육을 시키고 있다. 문제는 재일동포의 교육문제를 해결하려면 본국에서 교본과 충실한 교원을 일본에 파견하여 재일 조선인 교육기관을 개편하면 문제는 해결될 줄 안다."

민단이 미군정에게 얼마나 순종적이고 국내 총선거 추진세력과 얼마나 밀착되어 있는지 보여주는 진술이다. 몇 주일 후 5월 19일자 『동아일보』 기사는 민단이 이승만 측과 어떤 관계를 갖고 있었는지 역설적으로 보여준다.

> 이화장 비서국 및 박열 씨 비서 박성진 씨는 18일 재일본거류민단 본국 연락소 설치와 동 단 부서에는 이 박사는 하등의 관계가 없다는 요지의 공동담화를 발표하였다.
>
> (「재일거류민 연락소 이 박사와는 무관」, 『동아일보』 1948년 5월 19일)

조선인학교 폐쇄 반대운동을 좌익과 연결시키는 민단의 관점을 맥아더사령부 고위층도 공유하고 있었다는 사실을 주일 미8군사령관의 발언에서 알아볼 수 있다.

> 〔오사카 28일발 UP 조선〕 조선인과 일본공산당은 다 같이 부정하고 있는데도 불구하고 미국 측 옵서버 측에서는 당지 및 고베에서 발생한 조선인과 일본공산당이 공동으로 계획한 학교법에 반대하는 소동과 당국에 대한 시위행동은 5월 10일의 남조선 선거에 앞서서 반미 감정을 전파하기를 목적으로 한 것이라고 생각하고 있다. 제8군사령관 로버트 에컬버거 중장은 고베에서의 조선인사건에 공산주의자는 관계가 없다는 도쿄 요코하마지구의 지명(知名) 조선인 성명을 반박하는 성명서를 발하여 다음과 같이 말하다.
>
> "우리는 현재 고베사건에 관계한 것이 확인된 7명의 자백한 일본 공산주의자를 고베에서 검거하여왔다. 그리고 오사카의 부지사청에서 행한 폭동에 참가하고 있는 유명한 조선 공산주의자의 사진을 가지고 있다. 고베·오사카지구 정세는 현재 정온하여 완전히 진정되었다.

한편 미국 점령 당국에서는 폭동화한 금번의 군중 데모를 주최한 재일조선인연맹은 과거에 있이 누차나 소련의 조선점령정책을 지지하고 북조선의 민주인민공화국을 칭양(稱揚)하였으며 국제공산당노선에 추종하였다고 주장하고 있다. 그리고 미국 최고 당국자가 조선인 선동자를 탄핵한 결과로 필연적으로 남조선 공산주의자 및 극좌분자의 술중(術中)에 빠지게 될 것이 염려된다. 조선인의 학교문제에 관한 의논은 일본재류 전 외국인은 점령군에 속하지 않는 한 일본 법률에 복종하여야 한다는 미국점령정책을 대상으로 하는 것이다.

효고현 지사 기시다(岸田) 씨는 24일의 조선인사건 결과로 사직하기로 결정하였다 한다. 그는 여차한 사건을 발생케 하고 또한 폭도와 타협한 까닭으로 체면을 손상하였다 한다. 그는 억류되어 있는 동안에 조선인의 압박하에 구금되어 있었던 73명의 조선인 석방을 지령하였던 것이며 현회 의장에 사의를 표명하였다. 그리고 스즈키(鈴木) 사법상, 후쿠이(福井) 검사총장 및 후쿠지마(福島) 내각서기한장보 일행은 현재 조사를 위하여 당지에 내착할 예정이다. 그들은 27일 맥아더사령부 정치국장대리 C. 케이디스 씨와 협의하였다.

한편 16명의 조선인 및 9명의 일본인이 24일 현청 포위 중 공공건물 틈입(闖入)한 이유로 27일에 검거되었다. 그들은 일본법정에서 기소될 것이다. 33명의 조선인은 증거불충분으로 석방되었다. 오사카 현청에서는 학교문제로 새로운 조선인폭동에 경계하여 비상대책본부를 설치하였다.

(「재일동포 소요는 선거 견제가 목적?」, 『동아일보 1948년 4월 29일)

1948. 4. 29.

목소리마저 빼앗긴 민족주의자들

———

서울의 기자 여러 명이 남북협상을 취재하러 평양에 갔지만 통신 여건
이 안 좋았는지 그 취재 내용이 잘 보도되지 않았다.『조선일보』의 경
우 4월 27일의 김구 인터뷰와 4월 29일의 김일성 인터뷰가 모두 5월 3
일자 신문에 게재되었다. 기자들이 돌아올 때까지 남북협상 보도는 거
의 전적으로 평양방송에 의존하고 있었다. 4월 29일자『조선일보』에
남북협상 진행을 개관한 기사가 게재된 것은 귀환자 인편에 본사로 보
낸 것 같다.

> 민족자결주의원칙에 의거한 남북통일정권을 확립하기 위한 전조선
> 정당사회단체대표자회의는 지난 19일 오전 10시부터 평양 모란봉극
> 장에서 개회되어 23일에 폐회되었는데 그간의 종합적인 회의 경과를
> 회고하여보면 다음과 같다.
> 회의 초일인 19일에는 46개 정당 사회단체와 545명의 대표들이 참
> 석한 가운데 김월송의 개회선언, 애국가 주악이 있은 후 김일성·김
> 두봉·허헌·박헌영·최용건·김원봉·백남운·김달현 제 씨를 비롯
> 하여 28명의 주석단을 선거하고 이어 김일성의 사회로 회의는 진행
> 되었다. 위선 각 9명의 대표 심사위원 및 서기부와 7명의 편찬위원을

선출하였다.

익일인 20일에는 휴회하고 제2차 회의는 21일부터 재개되었으나 시종 토론으로 끝마치고 제3일째인 22일 12시 28분경에는 한독당 김구를 비롯하여 조소앙·조완구 양 씨와 민독당 홍명희가 우레 같은 환호리에 입장하자 곧 4씨를 주석단에 보선하고 이어 김구·조소앙 양 씨의 축사로써 오전의 회의를 끝마치었는데 그 후는 홍명희 이외의 전기 3씨는 최종 회의일인 23일에는 참석지 않았으며 22일에 평양에 도착한 김규식도 23일 회의에 참석지 않았다.

그리하여 제4일째인 최종회의일(23일)에는 김원봉 사회로 조선정치정세에 대한 결정서에 이어 동 회의의 명의로 3천만 동포에게 호소하는 격문 및 미·소 양국에 보내는 요청서를 만장일치로 가결하고 뒤늦게 참가한 단체 및 대표를 합하여 16개 정당 40개 단체 대표에 의하여 서명되었으며 끝으로 남조선 선거를 반대하는 결정서를 통과시킨 후 이어 투쟁위원을 선출 발표하였다. 이리하여 연 4일간에 걸친 남북연석회의는 김두봉의 폐회사로 원만 종막을 고하였다. 한편 측문한 바에 의하면 북조선의 유일한 우익지도자인 조만식은 김두봉으로부터 양차에 걸쳐 동 회의에 참석하기를 간청하였으나 이에 불응하였다 한다.

지난 19일부터 평양에서 개최되었던 전조선정당사회단체대표자회의는 그동안 평양방송으로써 남북협상으로만 보도되었으나 그 실은 전조선정당사회단체대표자회의로 정명(定名)된 것으로 23일의 최종회의로써 일단 종막을 고하였는데 남북협상에 대한 구체적인 토의는 금후 남북요인회담이 계속될 것으로 보인다.

(「평양회담 현지보고, 회의는 23일로 종막」, 『조선일보』 1948년 4월 29일)

『동아일보』는 5월 1일자에 여운홍 인터뷰를 바탕으로 한 기사를 1면 머리기사로 실었다. 여운홍은 연석회의로부터 미국 측에 보내는 요청서의 전달 책임을 맡아 다른 요인들보다 먼저 돌아와서 남북협상의 진행 상황을 언론에 알렸다.

유엔위원단의 결의로써 5월 10일 실시될 총선거를 반대하고 남북자주통일이라는 명목하에 남북정치요인회담을 제안한 김구, 김규식 양 씨를 위시한 일부 불평정객은 과거 3개년간 전 조선을 적화하려는 공산주의자들의 의도를 목격하여왔음에도 불구하고 적도(赤都) 평양으로 행하였던 것이다. 그들이 서울을 떠날 때에는 단시일에 대성공이라도 할 듯이 민심을 자극시키면서 200여 명이라는 다수가 북행한 지 불과 2주일에 지나지 않은 지난 29, 30 양일간에 김구, 김규식, 최동오, 홍명희, 이극로, 조소앙, 조완구, 엄항섭 씨 등을 제외하고는 전부 남하하였다.

남북연석회담에서 가결한 미·소 양국에 보내는 요청서를 미 측에 전달하기 위하여 지난 29일 서울에 선착한 여운홍, 정운영, 김성규 3씨의 말을 종합하여보면 이번 회의는 하등의 성과를 거두지 못하고 다만 남북 요인이 일석(一席)에 회합하였을 뿐이며 회의에 있어서 중간파 요인들은 무조건 거수가결하였을 뿐 하등 발언한 일이 없다 한다. 그리고 한독당 계열에서는 동 회의에서 가결된 결정서 중에 3상결정 추진에 대한 조목에 대하여 과거 반탁투쟁을 하여오던 남조선 측의 주요 정당임에도 불구하고 동의 날인하였다 한다.

그리고 평양에 잔류하고 있는 김구, 김규식 양 씨 외 6명은 북조선 측의 김일성, 김두봉 양 씨 외 5명 합 15명으로 구성된 남북요인회담을 작 30일부터 개최하였다 하는데 5월 4, 5일경에 남하할 예정이라고 한다. 그러나 남북 정당 사회단체 대표자연석회의에서 결정서를 일방적으로 채택하여 기성사실을 확립한 후 이 원칙에 의하여 협상하는 이상 4김 회담이든 수석단회의든 간에 하등 기대할 것이 없다고 보고 있으며 남북통일을 위한 협상이 아니라 국련총선거 반대를 위한 협상에 지나지 않았다고 한다.

지난 29일 서울에 선착한 여운홍, 정운영, 김성규 3씨는 작 30일 기자와 회견하고 다음과 같은 문답을 하였다.

"조(曺)씨와의 면회 거부, 귀경한 인사와 문답 내용"

문: 금번 회의의 성과는 무엇인가?

답: 이번 회의는 남조선 단선 단정의 방해운동에 대한 결의가 있었을 뿐이고 현재로 보아 성공하였다고는 볼 수 없으나 남북 요인이 일당에 모였다는 것뿐이다.

문: 회의에 통과된 결정서에 김구, 김규식 양 씨가 직접 날인하였는가?

답: 양 김 씨 자신이 직접 날인하지는 않았으나 한독, 민련이 날인한 것은 사실이다.

문: 조만식 씨를 만나보았는가?

답: 면회를 요청했으나 북조선인민위원회 측에서 지금 어디 갔다고 하여 면회치 못하였다.

문: 회의에서 불만한 점에 대하여 발언한 일이 있는가?

답: 무조건 거수 찬성하였으며 발언한 일은 한 번도 없다.

문: 평양방송에 의하면 김규식 박사가 대표초대연에서 남조선청년단체를 테러단이라고 말한 일이 있다는데 사실인가?

답: 그런 말은 전혀 한 일이 없다. 그 방송이 모략이다.

문: 기초위원회는 어떠한 인사들로 구성되었는가?

답: 북조선 측 대표 11명과 남조선 측은 여운홍, 엄항섭, 홍명희, 이
극로 씨 등 4인만이 참가하였을 뿐이다.

문: 김구, 김규식 양 씨가 잔류한 이유는 무엇인가?

답: 평양에 잔류한 김구, 김규식, 조소앙, 홍명희, 최동오, 엄항섭, 조
완구, 이극로 씨 등 남조선 측 요인과 북조선 측 요인 7씨는 금일(30
일)부터 남북요인회담을 개최하고 남조선 측의 5원칙 제안과 북조선
측 제안을 토의할 것인데 이 회의는 약 3, 4일간 계속할 것이므로 5
월 4, 5일경에는 남하하게 될 것이다.

문: 남북협상축하대회의 광경은 어떠하였는가?

답: 질서 있게는 보였으나 어느 단체든지 앞에 스탈린 사진과 김일성
장군 사진을 높이 들고 나오는 데는 불안을 느꼈다.

문: 북조선을 보고 그 시정(施政)에 대한 감상은 어떠하였는가?

답: 너무 지나친 정책을 시행하지 않았는가 하는 감상이 있었다.

(남선 측 발언 봉쇄, 통일 위한 협상이 아니라 총선거 방해가 목적」, 『동아일보』
1948년 5월 1일)

『동아일보』의 정치적 편향성을 뚜렷이 보여주는 기사다. 본문 중
"하등 기대할 것이 없다고 보고", "국련총선거 반대를 위한 협상에 지
나지 않았다고" 한 것이 누구란 말인가? 자기네 주장을 마치 여운홍
등 귀환인사의 의견인 것처럼 꾸며놓았다. 그리고 인터뷰 상대가 3인
인 것처럼 설명했는데, 『자료대한민국사』에는 거의 같은 내용이 여운
홍 한 사람의 인터뷰 내용으로 『서울신문』과 『조선일보』에는 보도되었
다고 한다. 문답 내용 역시 같은 문답임이 분명한데도 『동아일보』 기
사에는 자기네 주장을 뒷받침하는 쪽으로 손을 본 것 같다.

인터뷰 끄트머리에 나타난 '스탈린 숭배'에서는 중간파 참가자들이

문제를 많이 느낀 것 같다. 남북협상을 앞두고 김구를 '극우파쇼'로 욕하는 포스터를 길거리에서 서둘러 떼어냈다는 이야기가 있고, 연석회의에서도 태극기를 걸고 애국가를 불렀다고 한다. 그러나 아무리 회담 분위기를 좋게 만들기 위해서라도 스탈린 사진까지 치울 생각은 없었던 모양이다.

> 남북연석회의에 출석하였던 대표들이 방금 육속(陸續) 귀환 중인바 대표들이 이구동성으로 언명하는 바에 의하면 북조선은 확실히 건설적이라는 점인데 금번 회담에 있어서 대표적인 양설을 소개하면 다음과 같다.
>
> * A씨 담: 북조선은 확실히 건설적이며 질서정연하였다. 공장도 흥왕(興旺)하였으며 통일정부를 세우려 하는 의욕이 왕성한 점에 경의를 표하였다.
>
> * B씨 담: 시위 행렬에 김일성 씨의 사진을 들고 가는 것은 무방하였으나 스탈린 씨의 사진을 들고 가는 데는 수긍할 수 없었다. 그리고 금번 회담에 민족의 영도자 조만식 씨가 출석 못함도 유감이었다. 그리고 회의의 진행을 다수결의를 채택하는 것도 수긍할 수 없었다. 그것은 대표의 수를 여하한 방법으로 선출하였는가 하는 점에서이다.
>
> (「북조선 인상, 대표적인 양설(兩說)」, 『자유신문』 1948년 5월 1일)

이 무렵 강용흘(姜鏞訖, 1898~1972)이 미국의 한 잡지에 기고한 글 중 조선 남북의 사정을 비교한 대목이 외신으로 전해졌다. 『초당』(The Grass Roof)의 작가이며 뉴욕대 교수인 강용흘은 1946년 8월부터 1년 반 동안 조선에 체류했는데, 이 글에서는 이북도 방문해서 관찰한 일이 있는 것 같은 느낌이 든다. 고향이 함경도인 저명한 문인으로서 그

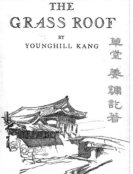

강용흘과 『초당』(*The Grass Roof*) 초판본. 조선의 문화전통에 대한 깊은 이해와 영어의 뛰어난 구사 능력을 그만큼 겸비한 사람은 다시 나타나지 않았다.

런 기회를 가질 수 있었던 것이 아닐지. 그의 발언에는 정치적 편향성은 물론 미국식의 문화적 편향성도 보이지 않는다.

〔뉴욕 30일발 UP 조선〕 "소련지대에는 자유가 없고 식량이 부족하며 세금이 많고 공포심에 싸여 있다. 이는 매우 불호(不好)한 사태이다. 그러나 미국지대에도 동양(同樣)으로 사태는 불량하다. 미국정부는 초연한 태도로 불순·부정·반동적인 조선인 정부가 사실상의 독재권을 장악하도록 방임하고 있으며 이 정부는 인플레를 격화시키고 경찰국가적 수단으로 그의 의사를 강행하고 있다. 소련지대에는 공산당당원 또는 지지자만이 비교적 잘살고 있으나 남방에서는 인민과 경제가 금전으로 살고 있어 거의 기아상태에 있고 거의 부정부패에 중독되고 있다."

(「남조선은 부패에 중독, 귀미국(歸美國)한 강용흘 씨 미국 지(誌)에 기고」,
『조선일보』 1948년 5월 1일)

다시 남북협상으로 돌아와서, 위의 『동아일보』 기사는 남북협상의 의미를 깎아내리고 그 전망을 부정적으로 보는 단독선거 추진세력의 입장이 표출된 것이다.

연석회의만을 놓고 본다면 "총선거 반대를 위한 협상"이라는 『동아일보』 표현이 틀린 것이 아니다. 평양 측의 연석회의 기획 목적은 이남의 총선거를 반대하고 자기네 건국노선으로 이남 민족주의자들을 끌어들이는 데 있었다. 여운홍의 지적대로, 수백 명이 모인 회의에서 세밀한 토론이 불가능했기 때문에 초청받은 손님들은 아예 발언을 포기해야 했다.

그러나 연석회의의 결과가 이미 나와 있기 때문에 이제부터의 지도자회담에서는 더 이상 "하등 기대할 것이 없는" 상황이었을까? 서중석은 그렇게 생각하지 않는다.

> 1948년 4월 연석회의와 요인회담의 두 가지로 열렸던 남북회담은 그 당시 남한의 미군정-극우가 매도하였듯이 또 후세의 여러 학자들이 평가한 것처럼, 북과 소련에 의하여 이용당하고 속은 것일까? 그렇지 않다. 당시 남과 북의 언론들이 당파적으로 보도하였고 심한 중상모략과 허위보도 등이 심하여 남과 북의 인민들이 그것을 정확히 파악하기가 아주 어려웠다. 요인회담보다 연석회의가 먼저 열린데다가 결정서 등이 지나치게 일방적이었고, 그것과 김규식 등과의 관계가 부정확하게 보도되어서 그것이 미친 영향 또는 선입견이 많을 수밖에 없었다. 또 이 부분에 대한 연구나 주장은 많은 경우 색안경을 쓰고 이루어져 객관성과 깊이 있는 분석이 약했다. (『남·북협상-김규식의 길, 김구의 길, 우사 김규식 생애와 사상 2』, 224쪽)

언론의 편파성은 남쪽만의 문제가 아니었다. 여운홍의 인터뷰 중 평양방송으로 전해진 김규식의 발언에 대해 "그런 말은 일체 한 일이 없다."며 그 방송의 모략이라고 했다. 회의기간 중 서울의 남북협상 보도는 거의 전적으로 평양방송에 의지하지 않을 수 없었다. 이남의 인민은 궁금해 하고 있는데 주최 측이 이남 기자들의 통신 여건을 통제했기 때문이다. 그리고 평양방송에서 이남 요인들이 인사치레로 한 발언을 부풀려 이북 건국노선의 정당성을 주장하는 근거로 이용하는 바람에 발언자들이 곤욕을 치르는 일이 속출했다.

대표적 사례가 4월 25일 연석회의 경축 군중대회에서 김규식의 발언이다. 4월 26일 평양방송을 통해 전해진 발언 내용에는 소련의 제의를 중시하고 이북의 상황을 찬양하는 뜻이 담겨져 있다. 이남 극우파에게 '종북주의'로 몰릴 만한 내용이다. 서중석은 위 책 212~215쪽에서 이 발언의 실제 내용을 따졌는데, 따질 근거로 『레베데프 비망록』 제22회(『매일신문』 1995년 2월 23일)에 관계되는 내용이 있기 때문에 가능한 일이었다. 자료의 형식으로는 평양방송 보도가 더 확실한 것이지만, 『레베데프 비망록』은 레베데프가 상급자 스티코프에게 보고한 내용이기 때문에 윤색의 필요가 없는 자료라는 점에서 신뢰성을 가진 것이다.

지금이라도 김규식의 진의가 제대로 밝혀진 것은 반가운 일이다. 그러나 당시에는 협상파의 민족주의노선이 양쪽의 왜곡과 비방에 뒤덮여 많은 사람에게 제대로 전해지지 못했다. 이북 측은 민족주의노선에 부분적으로 공명하면서도 기존의 자기네 건국노선에 이용하려는 마음이 더 앞섰고, 이남 극우파는 중간파를 바보(좌익에 속아넘어가는)나 나쁜 놈(속으로는 빨갱이)이나 사기꾼(기회주의자)으로 몰아붙였다.

협상파는 사면초가의 형세였다. 오른쪽도 왼쪽도 믿을 수 없는 상대들에게 둘러싸여 있었고 인민대중에게 뜻을 전할 길까지 막혀 있었다.

그래도 이남의 총선거 추진세력보다는 평양의 공산주의자들이 민족주의노선에 동조해주는 쪽이 훨씬 컸기 때문에 남북협상에 매달리지 않을 수 없었다. 4김 회담과 15인 남북지도자협의회를 거쳐 4월 30일에 발표된 전조선정당사회단체지도자협의회 공동성명은 민족주의자들이 얻어낼 수 있었던 최대의 성과였지만 이 성명 내용은 이남의 언론에 제대로 소개되지도 못했다.

남조선 단독선거를 반대하는 조선 정당 사회단체 대표자연석회의를 뒤이어 평양시에서 4월 30일에 남북조선 제 정당 사회단체지도자들의 협의가 진행되었다. 이 협의회에서는 전조선정당사회단체대표자연석회의의 남조선 단독선거를 파탄시키는 문제와 함께 채택된 양국 군대 철퇴문제와 그 철퇴 실시 후에 당면하는 제 문제에 관하여 토의하였다. 이 협의회에서는 상정된 제 문제를 충분히 토의한 결과 지도자들 사이에는 다음과 같은 제 문제에 대하여 협의가 성립되었다.

1. 소련이 제의한 바와 같이 우리 강토로부터 외국군대를 즉시 동시에 철거하는 것은 우리 조국에 조성된 현하 정세하에서 조선 문제를 해결하는 가장 정당하고 유일한 방법이다. 미국은 이 정당한 제의를 수락하여 자기 군대를 남조선으로부터 철퇴시킴으로써 조선 독립을 실제로 허여하여야 할 것이다. 민주조선의 통일을 원하는 일체 애국인사들은 반드시 양군 철병안을 지지하여야 할 것이다. 일제가 우리 조국 강토에서 구축된 이후 우리 조선인민들은 자력으로 외국의 간섭이 없이 우리 문제를 능히 해결할 수 있도록 장성되었으며, 우리 조국에는 이를 해결할 수 있는 준비된 간부들이 다수히 있다.

2. 남북 제 정당 사회단체 지도자들은 우리 강토에서 외국군대가 철거한 이후에 내전이 발생할 수 없다는 것을 확인하며, 또한 그들은

통일에 대한 조선인민의 지망에 배치되는 어떠한 무질서의 발생도 용허하지 않을 것이다. 민족통일을 조성하려는 인민들의 불요불굴한 지망과 남·북조선의 제 정당 사회단체들 간에 성취된 약속은 우리 조국의 완전한 질서를 수립하는 튼튼한 담보이다.

3. 외국 군대가 철거한 이후에 하기 제 정당들의 공동명의로 전조선 정치회의를 소집하여 조선인민의 각계각층을 대표하는 민주주의 임시정부가 즉시 수립될 것이며, 국가의 일체 정권과 정치·경제·문화 생활의 일체 책임을 가지게 될 것이다. 이 정부는 그 첫 과업으로서 일반적·직접적·평등적 비밀투표에 의하여 통일적 조선입법기관 선거를 실시할 것이며, 선거된 입법기관은 조선헌법을 제정하여 통일적 민주정부를 수립할 것이다.

4. 1,000만여 명 이상을 망라한 남북조선 제 정당 사회단체들이 남조선 단독선거를 반대하느니만큼 유권자 수의 절대다수가 반대하는 남조선 단독선거는 설사 실시된다 하여도 절대로 우리 민족의 의사를 표현하지 못할 것이며, 다만 기만에 불과한 선거로 될 뿐이다. 현하 남조선 단독선거가 극히 가혹한 탄압과 테러의 환경하에서 준비되고 있는 것은 우연한 사실이 아니다.

상기 사실에 의거하여 본 성명서에 서명한 정당 사회단체들은 남조선 단독선거의 결과를 결코 승인하지 않을 것이며, 또 이러한 선거로 수립하려는 단독정부를 결코 인정하지 않을 것이며 지지하지 않을 것이다. (『남·북협상─김규식의 길, 김구의 길, 우사 김규식 생애와 사상 2』, 219∼220쪽)

안 재 홍
선 생 에 게
묻 는 다

"미국의 잘못입니까, 조선인의 잘못입니까?"

김기협 │ 오늘 오전 장덕수 살해사건의 판결이 군정재판에서 나왔습니
│ 다. 3월 2일의 첫 공판 후 꼭 한 달 만이군요.

실행범 박광옥, 배희범과 김석황, 조상항, 신일준, 손정수, 김중목,
최중하 6인의 교사범, 모두 8인이 사형 판결을 받았습니다. 그 밖에 조
엽과 박정덕 두 사람은 10년형이고요.

한 사람을 죽인 책임으로 여덟 사람의 목숨을 내놓으라는 것이 법리
에 합당한 것인지 의문이 떠오르지 않을 수 없습니다. 아무리 군사재
판이라 하더라도 나름의 공정성과 타당성을 갖지 않는다면 사법제도
로서 신뢰를 얻을 수 없죠. 군정재판에 대한 민심이 어떻습니까?

안재홍 │ 군정재판에 대한 민심은 기본적으로 미군정에 대한 민심과
│ 통하는 거죠. 해방 후 첫 겨울의 식량사태에는 미군정의 책임
이 컸고, 그때 인민의 신뢰가 사라졌습니다. 그리고 1946년 7월 말 정
판사사건 재판정 소요사건 때 체포된 50명 중 44명에게 일주일도 안
되어 3년 이상의 징역형이 떨어지는 것을 보고는 '엿장수 재판'이란
말이 생겼습니다. 경범죄 정도의 사안을 놓고 그런 중형 판결을 무더
기로 내놓다니……

힘을 가진 자는 힘없는 자의 질시를 받게 되어 있지 않습니까. 그래

서 힘의 활용에는 절제가 필요한 것인데 미군 군정재판은 그런 절제의 기색을 보인 일이 없습니다. 사법제도의 원리에 깊은 이해를 갖지 않은 일반인들도 미군의 횡포가 일본인보다 못하지 않다는 비판을 하게 된 바탕에는 힘없는 자의 피해의식도 깔려 있는 것이죠.

한편 식자들 간에는 재판관할권의 혼란이 걱정거리입니다. 똑같은 사안을 조선인 사법부에 맡기느냐, 군정재판에 회부하느냐 결정이 군정사령관 마음대로예요. '포고령 위반'은 군정재판 소관이라고 하는데, 그 포고령이라는 게 걸리지 않는 게 없는 거잖아요? 법령이 미비한 진주 초기에 쓰라는 것이 포고령이었는데, 필요도 없게 된 그 포고령을 생각날 때마다 도깨비방망이처럼 꺼내서 휘두르니 사법제도에 대한 신뢰가 자리 잡을 길이 없죠.

김기협 | 하지만 최근 대한민청 사건으로 군정재판의 인기가 좀 올라가지 않았을까요? 작년 4월 김두한 일당이 좌익 운동원 10여 명을 납치해 마음껏 고문·학대하다가 그중 한 명을 죽이기에 이른 것은 단순 살인사건과 차원이 다른 끔찍한 범죄였죠. 제가 형법에 관해 잘 모르지만 지금도 조직폭력은 단순폭력과 다른 차원의 중죄로 취급하는 것으로 압니다.

그런데 조선인 사법부에서는 이 사건에 상해치사죄 등을 적용해서 직접 살해자에게 7년형을, 그리고 두목인 김두한에게는 "벌금 2만 원 또는 160일간 육체노동"을 판결해서 세간의 냉소와 분노를 불러일으켰죠. 김두한이 무법천지로 날뛰는 배경이 경찰총수 조병옥과 장택상임을 세상이 다 알고 있는데, 이제 사법부마저 흉악무도한 범인을 풀어주는 것을 보며 사람들이 울분을 느끼지 않을 수 없었습니다.

이 사건이 상고 단계에 있을 때 군정재판으로 이관되었습니다. 결국 지난 2월 중순 판결이 나온 것을 발표하지 않고 있다가 3월 15일 하지 사령관의 형량 조절을 거쳐 발표되었죠. 재판에서는 14명에 사형, 2명에 종신형의 판결을 내렸는데 하지가 김두한 한 명의 사형만 확정하고 나머지 15명은 한두 등급씩 감형한 결과였습니다.

하지가 너무 깎아준 것 아니냐는 불만은 있어도, 조선인 사법부에서 처리했던 결과에 비하면 제대로 처리한 셈이라고 많은 사람이 만족했죠. 그래서 군정재판이란 것이 쓸 만한 데도 없지 않다는 의견도 나오고요.

안재홍 │ 나는 대한민청 사건 이관이 크게 잘못된 일이라고 생각합니다. 재판 결과만 놓고 보면 사법 정의가 살아난 것처럼 보이죠. 그러나 사법제도에서 중요한 것은 결과보다 과정입니다. 새로운 혐의가 나타난 것도 아닌데 이미 조선인 사법부에서 다루고 있는 사건을 사령관의 결단으로 이관한다는 것은 조선인 사법부의 권위를 여지없이 짓밟은 짓입니다.

1심 판결은 물론 형편없이 잘못된 것이었죠. 죄질이 나쁠 뿐 아니라 법질서를 정면으로 유린한 사건이었습니다. 그런 범죄에 '상해치사죄'라고? 우발적인 싸움에서 죽음이란 결과가 우발적으로 나온 것이라고? 백주 대낮에 수십 명이 떼거리로 달려들어 10여 명을 납치해서 저항도 못하는 상대를 죽이고 병신 만든 극악한 사건의 수괴에게 벌금형이라니, 이것이 바로 '살인면허' 아닙니까. 일반 백성은 어떻게 숨 쉬고 살라는 말입니까. 조선인에게 사법권이라고 쥐어준 것을 이런 식으로 행사하다니, 정말 부끄러운 일입니다. 일본인들이 "조선인은 안 돼." 하던 게 이 사건의 검사와 판사 같은 조선인들 때문입니다.

하지만 잘못된 일을 바로잡는 데도 길을 가려야 합니다. 왜 1심 같은 잘못된 판결이 나왔는가? 사법권을 주되 올바른 사람에게 제대로 주지 않았기 때문입니다. 김병로 사법부장과 이인 검찰총장은 훌륭한 인격자들이지만 그분들에게는 재판과정을 관리할 충분한 권한이 없고, 그 밖의 사법부 간부들 중에는 자질이 부족하고 편파적인 사람들이 많습니다. 좌익 법관들을 추방할 때 양심적이고 중립적인 인물들이 많이 쓸려나갔어요. 김병로 부장과 이인 총장으로서는 역부족인 상황입니다.

대한민청 1심 판결이 잘못되었다고 생각한다면 2심에서는 올바른 판결이 나오도록 할 수 있는 일이 많습니다. 사법부가 사법부 노릇 제대로 할 수 있는 조치를 취할 것이 많이 있어요. 그런데 타당한 이유도 없이 사건 하나만을 쏙 빼서 이관한다면 그러지 않아도 바보이던 조선인 사법부를 완전히 병신 만드는 거죠. 하지 사령관이 사안의 본질을 살필 줄 모른다는 것이 늘 문제인데, 대한민청 사건 이관은 그중에도 심한 일이었습니다.

김기협 | 그렇습니다. 하지가 모처럼 올바른 생각을 하긴 했는데 방법이 엉망이었네요. 사건 하나 제대로 처리하겠다고 사법부 얼굴에 먹칠을 했으니 "빈대 한 마리 잡으려고 초가삼간 태우는 격"이라 할지요.

장덕수 살해사건으로 돌아와서, 사건의 본질은 정치적 암살인데 사형 8인이라는 건 아무리 군사재판이라도 심한 것 같습니다. 대한민청의 경우 14명에게 사형 판결을 내렸다가 사령관 조정을 거쳐 한 명 사형으로 줄였지만, 그때는 판결 내용을 조정 전에 공개하지 않았죠. 대폭 조정이 예정되어 있었던 겁니다. 그런데 이번에는 판결 내용을 그대로 공개한 것으로 보아 사령관 조정에서도 큰 감형이 없을 것 같습니다.

　교사범으로 사형 판결을 빋은 6인이 김구 선생의 가까운 추종자들이고 그분 자신의 연루 소문까지 떠돌았습니다. 그분이 원래 하지 사령관과 사이가 안 좋은데다가 최근 총선거 반대로 적대관계가 심해진 상황이 이 재판에 영향을 끼친 것이 아닌가 하는 시각도 있죠.

안재홍 | 판결 자체는 미군정재판의 틀을 벗어난 게 아닙니다. 문제는 사령관 조정에 있으니까 두고 봐야죠. 그런데 2월의 대한민청 경우와 달리 이번에 판결 내용을 바로 공개했다는 점에서는 미군정이 김구 선생을 대하는 태도가 비쳐 보이는 것 같습니다. "사령관 조정에는 당신 태도가 감안될 것이다." 하고 압박을 가하는 느낌이 들어요.

　김구 선생이 증인으로 두 차례 출정한 것을 놓고도 그분 주변에서는 그분에 대한 음해의 뜻으로 해석하는 사람들이 있는데, 그건 그렇게 볼 일이 아닙니다. 그분을 증인으로 요청한 것은 변호인단이었어요. 그분의 수하로 자타가 공인하는 피고들이 그분의 연루를 주장하고 있었으니 그분의 출정은 해명을 위해서라도 꼭 필요한 일이었습니다.

　작년 6월 23일의 반탁시위 때 미군정 인사들이 김구 선생이 선동에 나섰다며 의법처리를 주장할 때 내가 끝끝내 막았습니다. 그분이 간접적 작용은 했을지 몰라도 현장에는 나서지 않았다는 사실을 확인해 두었기 때문이죠. 그러나 이번은 시위사건이 아니라 살인사건이고, 피의자들이 선생의 연루를 주장하고 있는 판입니다. 위신 따질 일이 아니죠.

김기협 | 그 재판 얘기는 그 정도로 하고…… 요즘 모든 조선인의 관심이 총선거와 남북협상에 쏠려 있습니다. 선생님이 1년 남짓

맡아온 민정장관직의 사의를 표한 것도 거기에 관계가 있는 것이겠죠? 안재홍선집간행위원회, 『민세 안재홍 선집 2』, 지식산업사 252~253쪽에 수록되어 있는 "하지 사령관에게 보낸 공한"을 옮겨놓습니다.

나의 민정장관 취임은, 행정권 이양의 취의에 따라, 남조선 미군정에 협력하면서 조선인 자신에 의한 정치의 민주주의적 쇄신과 민생문제의 해결을 위한 산업경제 재건, 건설 등 적극 추진으로, 미국과 외타 연합국의 원조에 관한 남북통일과 진정한 민주주의 독립국가의 완성을 조속 실현하고자 하는 염원에서, 남조선 미주둔군사령관 존 R. 하지 장군의 추천을 수락함으로써 된 바이다.

이래 1년이 넘는 동안, 미·소 협조는 파열되었고, 본인의 정치노선의 일 주요 부분을 구성한 좌우합작도 실패되었고, 정치적 혼란과 민생문제의 곤란도 가중한 현상으로써, 최초 소기한 목적이 성취되기 어려운 사태인 위에 '가능한 지역의 총선거' 단행으로 된 현 단계에 있어서는, 평일 그 정치노선이 본 단계성과 합치되는 인물로서 민정 최고책임을 부하게 함이, 정치도덕상 지당한 조처이고, 공인의 출처로서도 의당한 태도임이 명백합니다.

그러므로 나는 그 덕망·역량 및 신임이 아울러 적합한 인물에게 이 직무가 이동될 수 있게 하기 위하여, 이에 남조선과도정부 민정장관의 임을 사퇴합니다.

또 본관 재직의 중에 거듭하여 상당한 정치적 도의적 비방을 받았사오나, 본인으로서는 그 점에는 관심 아무런 애체(碍滯)되는 바 없는 사실이오며, 주둔군사령관-군정장관 등 줄곧 나에게 대한 근본적인 신뢰는 변치 않으신 점을 감하(感荷)합니다.

또 정국 다난한 즈음, 홀로 현직을 떠나는 의리상 결함되는 점 있지 않을까 숙려하였사오나 역량 있는 인물을 당무케 함이 더욱 큰 책무라고 판단하옵기 여차 사임을 단행키로 한 바이오니, 이상의 사정 심량(深諒)하시고 취허(就許)하심을 근기(謹冀)합니다.

'가능한 지역의 총선거'를 반대하는 입장에서 그 총선거를 관리하는 민정장관직에 머무를 수 없다는 뜻을 둘째 문단에서 분명히 하셨습니다. 그런데 선생님의 평소 태도로 본다면 아무리 개인적으로 반대하는 총선거라도 그 선거가 조금이라도 제대로 실시되도록 하기 위해 최선을 다할 생각을 하실 것 같은데, 아예 관여하지 않으려 하시는 것이 뜻밖입니다. 후임자가 누가 될지는 차치하고, 선생님이 빠진 후 과도정부의 다른 간부들이 공정하지 못한 태도로 임할 것이 걱정되지 않습니까?

안재홍 │ 그렇습니다. 아무리 힘들고 괴롭더라도 기왕 앉아 있는 자리에서 최선을 다하고 싶은 마음은 있어요. 그러나 1년 남짓 이 자리에서 겪은 일을 생각하면 더 이상 용기가 나지 않습니다. 온갖 욕설과 협박을 들으면서도, 그래도 이 일을 열심히 하는 것이 않는 것보다 낫지 않겠는가 하는 마음으로 자리를 지켜왔습니다. 그러나 이제 돌이켜보면 이뤄진 것이 아무것도 없어요. 취임할 때 김구 선생께서 "금후 그대는 도로무공(徒勞無功)일 것이고, 결국 득담(得談)만 많이 할 것"이라고 하셨는데, 그 말씀 그대로입니다.

왜 이런 결과가 되었을까, 혼자 앉아 생각에 잠기곤 합니다. 결기가 부족한 샌님 기질을 스스로 탓하는 마음이 많이 듭니다. 난세에는 영웅이 필요하다고 하는데, 꼭 세상이 알아주는 영웅이 아니더라도 영웅다운 기개 없이는 지금 조선이 처한 난세에서 조그만 성취라도 이룰 수 없는 것이 아닌가 하는 생각이 듭니다. 이런 시국에서 성실한 노력만으로 내 입장을 떳떳이 한다는 것이 소인배의 자기기만이 아닐까 생각하면서, 민족의 운명이 백척간두의 위기에 처한 이제 나도 더 결연한 태도를 세워야겠다고 결심했습니다.

김기협 │ 위 편지에서는 생각하신 것을 다 적지 못하셨죠. 그런데 끝내 자리에서 물러나신 후 7월에 「민정장관을 사임하고-기로에 선 조선민족」이란 긴 글을 발표하셨습니다(『민세 안재홍 선집 2』, 258~284쪽). 해방 후 겪어온 일에 비추어 시국의 변화를 서술한 글입니다. 아직 쓰지는 않았어도 지금 마음속에 있는 내용이겠죠. 그중 민정장관 직에 관련된 내용에 지금 말씀하신 뜻이 담겨 있는 것 같아서 옮겨놓습니다.

민정장관 재임의 전말은 후회함은 없다. 다만 그를 통하여 민족운동상의 득실을 일별하건대, 제일로 미군정 개시 당시 '인공' 방지의 때문에 보수적 세력과 결련하게 된 이유는 증설(曾說) 있고, 다음에 김규식 박사를 의장으로 입의를 열고 나를 민정 수반에 들어 정부 각계에 애국자를 더 많이 등장케 하여, 써 인심을 일신한다고 서둘렀으나, 무위로 마칠 수밖에 없이 된 것이 제2차적 단계요, 이리하여 김-안의 등장이 중도반단으로 무위일밖에 없이 된 때 공포되었던 행정권 이양은 결국 조선인의 무능 또는 불공명(不公明)과 건과(愆過)가 조건과 같이 되어 전연 취소 말살됨과 같은 결과로 된 것은 또 제3단계라고 하겠다.

요컨대 조선인은 자체 상호의 취송배제(聚訟排除)에서 민족적 총력을 자신 말살하였고, 미국인은 1차의 전폭적 신임을 조선인에게 표현치 못한 채로 3수년을 지나, 지금 바야흐로 가능지역의 총선거에서 조선인의 독립정부를 산출하려고 하는 것이다. 독립정부 됨에 대하여 그 거대한 기여 있기를 기원치 아니치 못할 것이다. 그런데 지금 북조선에서는 예상하였던 인민공화국 선포 준비의 비보(飛報) 왔다. 오호. 기로는 의연 기로이구나.

미국인의 조선인 불신, 그리고 조선인의 무능, 공명치 못함과 잘못된 행동이 민족을 위기로 몰고 온 원인이라고 지적하셨습니다. 앞에서 이야기한 군정재판 문제에서도 그대로 드러나는 구조적 문제지요. 그런데 미국인과 조선인 양측의 문제를 나란히 지적하는 데 그쳐서는 애매한 양비론이 될 수 있지 않습니까? 문제를 극복하기 위해 노력하려면 초점을 더 명확히 할 필요가 있습니다. 어느 쪽으로 초점을 맞춰야 하겠습니까?

안재홍 힘을 가진 쪽의 문제를 먼저 봐야겠죠. 조선인의 문제라 함은 일부 조선인의 문제입니다. 극좌와 극우의 문제죠. 그런데 미국인이 극우 조선인에게 힘을 실어주었기 때문에 좌우 대립이 극심해지고 양심적 조선인이 힘을 쓰지 못하게 된 겁니다.

미국인의 문제도 엄밀히 따지면 일부 미국인의 문제죠. 그런데 바로 그 일부 미국인이 조선 문제를 좌지우지하는 열쇠를 쥐고 있단 말입니다. 과거 일본인도 양심적인 사람이 많았지만 조선 문제를 좌지우지한 것은 침략주의적 일본인이었죠. '해방'이라고 하지만, 제국주의적 외세에 민족의 휴척이 걸려 있는 상황에는 근본적으로 변함이 없습니다.

먼저 봐야 할 문제는 외세의 문제이지만, 궁극적으로 중요시할 문제는 조선인의 문제입니다. 앞으로 세계대전을 몇 차례 더 겪는다 해도 민족의 힘이 충분치 못하면 외세의 힘에 민족의 운명이 좌지우지되는 상황에서 벗어날 길이 없습니다. 해방을 계기로 우리는 큰 희망을 일으켰지만, 이제 굳어져가고 있는 분단건국이 지금 상황에서 우리의 운명이라고 받아들이지 않을 수 없습니다. 다음 단계에는 더 나은 길을 찾을 수 있도록 그 운명 속에서 최선의 노력을 기울일 수밖에 없습니다.

일지로 보는 1948년 4월

2일	농무부, 3만여 정보의 경작지 증가목표 추진
3일	물가행정처, 저물가정책으로 선정탁(善政鐸) 설치
4일	신라 고찰 광흥사의 극락전 법당 전소
6일	경무부장 조병옥, 제주도 소요사건 진상 발표
8일	선거등록사무소 피습사건 빈발
10일	군정재판소, 형사소송법 개정 언급
15일	조선어학회 주최 재일조선인 국어대책 간담회 개최
18일	북악산, 인왕산에 봉화 발포사건 발생
20일	상무부장 오정수, 북조선의 송전중단 시 대책 언명
21일	생활난으로 이농현상이 두드러지다
23일	용산 공장지대 종업원 5% 결핵환자로 판명
28일	제주도의 소요사태는 한라산 중심의 게릴라전으로 계속 진행
29일	민정장관 안재홍 38선 시찰
30일	조선신문기자협회, 자유분위기 실태 등 조사 발표

찾아보기

ㄱ

각정당협의회 42, 113, 262~265, 268, 343

강용홀(姜鏞訖) 496

『격동의 해방 3년』 210, 211, 218

경교장 135, 255, 259, 293, 455, 457~459, 466

경성전기주식회사 93~96, 99~101, 107, 163

경전→경성전기주식회사

국민청년대 113

국선위→국회선거위원회

국회선거위원회 400, 402, 404~407

권태양(權泰陽) 344, 345, 436, 464, 476

그로미코(Andrei Gromyko) 90, 92

근로인민당 51, 243, 255, 264, 436

근민당→근로인민당

김구 31, 45, 47, 69~72, 76, 92, 109, 111, 113, 116, 117, 135, 137, 167, 169, 175~177, 194~196, 209, 217, 218, 233~236, 238, 244, 246~248, 255, 257, 259, 260, 264, 267, 273~276, 278, 298, 301, 302, 304, 307, 308, 318, 320, 321, 324, 329, 331, 339, 343, 349, 353, 355~357, 360, 373, 432, 435, 436, 439, 451, 452, 455, 456, 459~461, 464~468, 471, 474, 496, 506, 508

김규식(金奎植) 62, 71, 92, 110, 137, 195, 196, 217~222, 233, 234, 236, 238, 240, 244, 257, 260, 264, 267, 324, 339, 343, 346, 348~350, 352, 353, 355~357, 360, 362, 402, 432, 436~439, 451~453, 456, 459~462, 464~466, 471, 474, 499

김동리(金東里) 143

김두봉(金枓奉) 92, 233, 236, 246, 339~341, 348~350, 355, 357, 436, 452, 461, 475, 477, 478

김두한(金斗漢) 319, 321~323, 503, 504

김법린(金法麟) 143

김병로(金炳魯) 313, 505

김봉준(金朋濬) 364

김석황(金錫璜) 68, 69, 71, 76, 77, 273~275, 298, 301, 302, 307, 502

김성수(金性洙) 48, 62, 92, 110, 178, 308

김용중(金龍中) 134

김일성 92, 201, 233, 236, 246, 339~342, 347, 349, 355, 451, 461, 464, 465,

472, 476, 491

김정설(金鼎卨) 143

김준연(金俊淵) 414

김창숙(金昌淑) 362

김호(金乎) 134

ㄴ

『나의 회고록』 297, 443

『남·북 협상-김규식의 길, 김구의 길, 우
    사 김규식 생애와 사상 2』 235, 237,
    352, 452, 460, 464, 473, 498, 501

남로당→남조선노동당

남조선과도입법의원 205

남조선과도정부 205, 245, 294, 337, 507

남조선노동당 42, 51, 58, 82, 163~165,
    167, 193, 238, 243, 262, 264, 297,
    343, 345~347, 407, 434, 476

남조선대한국민대표민주의원 42, 43, 49,
    66, 135, 194, 330, 331

노덕술(盧德述) 76, 273

ㄷ

대동청년단 80, 99, 393, 428, 467

대청→대동청년단

대표자연석회의 340, 343, 346, 352, 356,
    357, 451, 461, 464, 466, 469, 470,
    471, 472, 474, 475, 477, 493, 498,

499

대한노동조합총연합회 95, 96, 98, 100,
    163, 428

대한노총→대한노동조합총연합회

대한독립촉성국민회 113, 318, 320, 321,
    323, 325, 425, 428, 468

『대한민국 건국과 나』 69

『대한민국의 기원』 340, 341

독립촉성중앙협의회 320

독촉국민회→대한독립촉성국민회

독촉협의회→독립촉성중앙협의회

「동백꽃 지는 계절」 379

딘(William Dean) 367, 401, 444, 445

ㄹ

랭든(William Langdon) 226

레베데프(Nikolai Georgievich Lebedev)
    341, 499

『레베데프 비망록』 464, 476, 499

류위완(劉馭萬) 33, 34, 196

ㅁ

메논(K. P. S. Menon) 34, 59, 60, 85, 89,
    90, 120, 122, 129, 157, 191, 196, 198,
    199, 200, 207, 211~214, 225, 226,
    234, 244, 280, 281, 284~287, 293,
    295, 297

멜치오 아란즈(Melccio Arranz) 33, 34, 59

모윤숙(毛允淑) 35, 120, 122~124, 126,
157, 210, 214

『미국인의 집』 128

미소공동위원회 80, 87, 89, 113, 134,
136, 163, 176, 200, 222, 242, 244,
247, 329, 333, 353, 355

미소공위→미소공동위원회

민단→재일본조선인거류민단

민대→민족대표자회의

민독당→민주독립당

민련→민족자주연맹

『민세 안재홍 선집 2』 132, 133, 136,
507, 509

민애청→조선민주애국청년동맹

민족대표자회의 45, 47, 136, 248, 321,
323

민족자주연맹 42, 51, 195, 234, 235,
264, 265, 267, 268, 343, 357,
363~365, 436, 439, 462, 464, 471,
474, 475

민족주의적 사회주의 81

민주독립당 52, 246, 268, 407

민주의원→남조선대한국민대표민주의원

ㅂ

박병엽 164, 167, 202, 238, 345~347,
359, 360

박열(朴烈) 487

박헌영(朴憲永) 23, 92, 164, 167, 238,
346, 347, 472

백남운(白南雲) 359, 360, 361, 363, 472,
476

백영엽(白永燁) 110

『벽초 홍명희 연구』 237, 238

북로당→북조선노동당

북민전→북조선민주주의민족전선

북조선노동당 164, 167, 194, 238, 342,
343, 345, 347

북조선민주주의민족전선 357

북조선임시인민위원회 205

『북한 민족주의운동 연구』 355

『북한의 역사 1』 333

『비록 조선민주주의인민공화국 하』 165,
203, 268, 346, 359

ㅅ

『사랑이 그녀를 쏘았다』 123, 125

4 · 3사건 380, 398

『4 · 3은 말한다 1』 381~384, 389, 393,
398

『4 · 3은 말한다 2』 392

사회주의적 민족주의 81

3 · 22총파업 162, 163

「삼천만 동포에게 읍고함」 169, 175, 466

서북청년회 99, 113, 388, 394~399, 467

서북학련→서북학생총연맹

서북학생총연맹 466, 467

서재필(徐載弼) 135, 326

서청→서북청년회

선우진(鮮于鎭) 458

성시백(成始伯) 349

손문(孫文) 83

『송남헌 회고록: 김규식과 함께한 길』
   71, 222, 234, 345, 350, 471

송남헌(宋南憲) 221, 233, 234, 344, 349,
   352, 370, 476

송진우(宋鎭禹) 176, 271

스티코프(Terentii Fomich Shtykov) 341,
   499

신익희(申翼熙) 320

신탁통치반대국민총동원위원회 320

ㅇ

안경근(安敬根) 436

안호상(安浩相) 83, 180, 431~433

알베르 그랑(Albert C. Grand) 64, 65, 92,
   283, 324

애국단체연합회 423, 425

애련→애국단체연합회

양우정(梁又正) 83

양주동(梁柱東) 414

엄항섭(嚴恒燮) 76, 473, 476

여운형(呂運亨) 136, 137, 239, 240, 243,
   271, 358~361

여운홍(呂運弘) 110, 436, 476, 493, 495,
   498, 499

여자국민당 113, 428

『역사 앞에서』 108

연석회의→대표자연석회의

오기영(吳基永) 53, 57, 58, 103

5당 캄파 264, 267

오세창(吳世昌) 31

오정수(吳楨洙) 395

오종식(吳宗植) 143

『우남 이승만 연구』 258, 259, 424

운수경찰평의회 29

웨드마이어(Albert Coady Wedemeyer)
   337, 366

『위키백과』 483

유림(柳林) 320

유엔위원단→유엔임시조선위원단

유엔임시위원단→유엔임시조선위원단

유엔임시조선위원단 31, 33, 41, 47, 52,
   53, 57, 59, 64, 65, 85, 89, 90, 92,
   109, 113, 116, 151, 153, 154, 156,
   157, 163, 164, 167, 178, 184, 185,
   188, 191, 193, 194, 196, 199, 201,

202, 207, 212, 213, 225, 228, 229,
234, 235, 239, 242~245, 261, 264,
280, 281, 283, 284, 289, 295, 297,
309, 314, 324, 326, 329, 330, 353,
408, 409, 445, 452, 453, 455, 461,
462, 472

유엔조선위원단→유엔임시조선위원단

「6·25전쟁과 유엔의 역할」 288

윤기섭(尹琦燮) 364, 402

윤봉길(尹奉吉) 272

『Wikipedia』 426

이강국(李康國) 124, 126

이극로(李克魯) 365, 477

이대위(李大偉) 395

이범석(李範奭) 79, 80, 82, 83, 468

이북학련 455, 467

이승만 31, 43~45, 47, 48, 80, 82, 83,
92, 109, 111, 113, 120, 122, 128, 134,
135, 137, 158, 159, 176, 178, 187,
196, 197, 209, 217, 218, 238, 244,
245, 248, 255, 257~260, 270, 278,
279, 318, 320, 321, 323, 325, 326,
329, 331, 338, 354, 402, 423~426,
428, 429, 466~468, 489

『이승만과 메논 그리고 모윤숙』 120

이승엽(李承燁) 238, 346

이시영(李始榮) 31

이용설(李容卨) 395

이인(李仁) 313, 505

이주하(李舟河) 347

『이주하 연구』 166

이청천(李靑天/池靑天) 80, 99, 467, 468

2·7총파업 162, 163, 164, 167, 194

『이현상 평전』 163

일민주의 83

『임꺽정』 52

임시정부 80, 176, 208, 259, 362, 432

임시정부수립대책협의회 113

임정→임시정부

임협→임시정부수립대책협의회

입법의원 138, 143, 186, 203, 215, 217,
219~222, 245, 318, 331, 369~371,
381, 382, 402

ㅈ

『자료대한민국사』 63, 69, 495

장 폴 봉쿠르(Jean Paul-Boncour) 33, 34,
59

장개석(蔣介石) 83

장덕수(張德秀) 47, 68, 77, 113, 176,
248, 271, 298, 301, 307, 308, 321,
372, 373, 414, 502, 505

장면(張勉) 62, 143

장택상(張澤相) 22, 69, 71, 72, 152, 153,

271~273, 314, 315, 335, 367, 368, 372, 382, 428, 503

재일본조선인거류민단 483, 487~489

재일본조선인연맹 483~485

재일본조선인총연합회 483

잭슨(S. H. Jackson) 33, 59, 87, 234

전국농민조합총동맹 438

전국학련→전국학생총연맹

전국학생총연맹 113, 455

전농→전국농민조합총동맹

전진한(錢鎭漢) 95

정일형(鄭一亨) 395

정협→각정당협의회

제3세계주의 87

제섭(Philip Caryl Jessup) 226, 260

제이콥스(Joseph E. Jacobs) 200

『제주4·3 연구』 382, 396

「제주4·3항쟁과 우익 청년단」 396

제키 자비(Zeki Djabi) 33, 59, 60, 62, 63, 65~67, 87, 153

조련→재일본조선인연맹

조민당→조선민주당

조병옥(趙炳玉) 22, 23, 27, 28, 30, 31, 33, 271, 273, 296, 297, 315, 317, 328, 368, 382, 386~388, 390, 394, 398, 428, 442, 444, 446, 448, 449, 503

조선민족청년단 79~83, 428, 468

조선민주당 42, 43, 113, 403

조선민주애국청년동맹 394

조선위원단→유엔임시조선위원단

조선인민군 203, 355

조지 패터슨(George Paterson) 34, 59, 281, 283, 284, 289

조총련→재일본조선인총연합회

족청→조선민족청년단

『존 하지와 미군 점령통치 3년』 219, 220

「주도세력을 통해서 본 제주4·3항쟁의 배경」 382

죽첨장 69

중선위→중앙선거위원회

중앙선거위원회 245, 402, 404

지도자연석회의 343, 352, 357

지도자회담→지도자연석회의

『진짜 무궁화』 57, 107

ㅊ

차경석(車京石) 71

청년조선총동맹 113

『초당』(The Grass Roof) 496

총동원위원회→신탁통치반대국민총동원위원회

최난수(崔蘭洙) 76

최능진(崔能鎭) 429

『친일인명사전』 76

ㅍ

『파시즘과 제3세계주의 사이에서』 80

『8 · 15의 기억』 467

ㅎ

하지(John Reed Hodge) 89, 90, 167, 200,
  217~220, 222, 261, 284, 313, 322,
  327, 331, 388, 396, 407, 411, 436,
  504~507

한경직(韓景職) 110, 414

한국독립당 42, 76, 115, 135, 186, 246,
  247, 255, 259, 264, 268, 273, 321,
  357, 363, 373, 428, 436, 471, 474,
  475

한국독립정부수립대책협의회 113, 115,
  143, 246, 248, 275

한국민주당 24, 42, 43, 48, 67, 69, 72,
  113, 117, 128, 134, 143, 178~180,
  183~187, 217, 245, 248, 262, 275,
  329, 338, 402, 415, 416, 426, 428,
  466

『한국사데이터베이스』 182

「한국의 노동운동과 미국 1945~1950」

98

『한국전쟁의 발발과 기원 2』 204, 205

『한국현대민족운동연구』 359

『한국현대사의 재조명』 288

『한글의 시대를 열다』 365, 477

한독당→한국독립당

한민당→한국민주당

한성임시정부 257~259

한신 교육투쟁 480, 483, 487

한협→한국독립정부수립대책협의회

할브단 리(Trygve Halvdan Lie) 90, 92

『항일 독립투쟁과 좌우합작: 우사 김규식
  생애와 사상 1』 221

『해방전후사의 인식 2』 96

『해방전후사의 인식 4』, 78

『해방전후사의 재인식 2』 98

향보단(鄕保團) 297, 328, 440, 442~449

홍명희(洪命熹) 52, 246, 268, 359~362,
  407, 466, 473, 476~478

『화랑외사(花郎外史)』 143

화폐개혁 331~335, 337, 338

후스쩌(胡世澤) 59, 89, 196, 198~200,
  234, 280, 293